《适情雅趣》
象棋经典残局

（明）徐芝／选编
（明）陈学礼／校正
李艾东／注

化学工业出版社
·北京·

图书在版编目（CIP）数据

《适情雅趣》象棋经典残局 /（明）徐芝选编；（明）陈学礼校正；李艾东注. —北京：化学工业出版社，2021.1（2025.1 重印）

ISBN 978-7-122-38039-5

Ⅰ.①适… Ⅱ.①徐… ②陈… ③李… Ⅲ.①中国象棋-古谱（棋类运动） Ⅳ.①G891.2

中国版本图书馆CIP数据核字（2020）第244581号

责任编辑：史 懿 杨松淼　　装帧设计：李子姮
责任校对：赵懿桐

出版发行：化学工业出版社（北京市东城区青年湖南街13号 邮政编码100011）
印　　装：北京天宇星印刷厂
710mm×1000mm 1/16 印张23½ 字数350千字 2025年1月北京第1版第2次印刷

购书咨询：010-64518888　　售后服务：010-64518899
网　　址：http://www.cip.com.cn
凡购买本书，如有缺损质量问题，本社销售中心负责调换。

定　　价：68.00元

前　言

《适情雅趣》公元 1570 年首次出版，是由徐芝选编、陈学礼校正的明代古谱，是我国现存最完整、最具规模、影响几百年的一部棋谱。

这本象棋谱分为两大部分，第一部分是残局谱，相传选自《梦入神机》，计 550 局；第二部分是全局普，选自《金鹏十八变》，主要介绍顺手炮、列手炮的各种变化。该谱为内容最丰富、局例最多、规模最可观最完整的象棋古谱。

《适情雅趣》在象棋界久负盛名。有“南杨北谢”之称的北京著名老棋手谢小然谈及《适情雅趣》时指出，其精华是它的杀法，特点是各种杀法应有尽有，且非常有实用价值。谢老认为初中级棋手若能精读此谱，细心揣摩，并在实战中灵活运用，棋艺必有大进。

许多专业棋手介绍他们自己的切身体验时说，精读《适情雅趣》一遍，即可提高一马的实力。

紫气东来（网名）说，我 20 年前读过 3 遍《适情雅趣》，棋力最少进步了 3 先，原来被县里的高手（都是得过县冠军的）让马，精读 3 遍后都只能让先了。《适情雅趣》在我的印象中最深刻，从那时起才真正地喜欢上了象棋。

《适情雅趣》作为很系统很全面的象棋教科书，它有四个特点：一是编排科学，先是中残局，然后是开局和全局，由浅入深，循序渐进，非常有利于象棋爱好者及专业人员学习；二是着法精妙，且非常典型实用，绝无故弄玄虚、哗众取宠、矫揉造作之感；三是杀法全面，应有尽有，几乎包括了实战中可能遇到的各种类型的杀法；四是前后连贯，前边的残局谱，有不少在后面的全局普里得到了应用，学以致用，体现了完美结合。

本书是《适情雅趣》的残局谱。为了便于象棋朋友们打谱学习，在力求保持古谱原貌的基础上，增添了新的注解和棋图。由于古谱棋局精奥玄妙，诠释中的文字不尽如意之处在所难免，希望象棋界朋友和读者不吝指正，以便日后再版时进一步修订改正。

李艾东

2020.10

目录

第1局　气吞关右

古人称西为右。关右即今函谷关以西地带。气吞关右：形容气魄很大，可以吞掉山河。

如图1，红先。

图 1

① 炮五平九　马7进5

黑方如走士6进5，则兵六平五，士4进5，车七进九！象1退3，炮九进五，象3进5，马八进七，士5退4，车五进五，红胜。

② 兵六进一　将5平4

黑方如走将5进1，则车七进八，将5进1，马二进四，将5平6，马八进六，将6退1，马六退五，将6进1，马五退三，红胜。

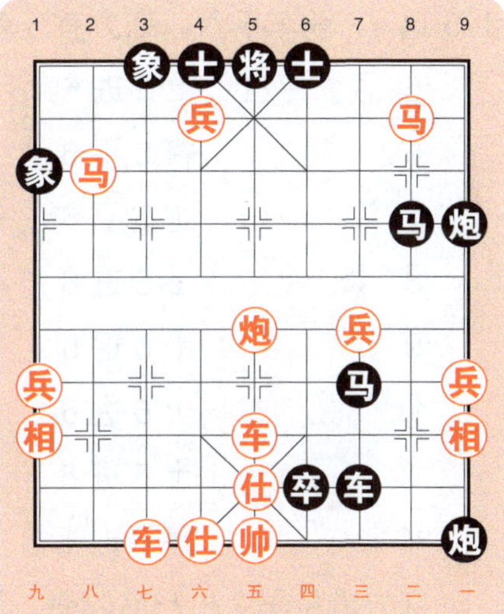

③ 车七进九！象1退3　④ 炮九进五　象3进5

⑤ 马八进七　将4进1　⑥ 马二进四　红胜

第2局　马蹀阏氏

蹀，即踏；阏氏，汉代匈奴单于正妻的称号。马蹀阏氏：形容力量很大，势如破竹，不可阻挡。

如图2，红先。

① 前车进四　士5退4　② 前车退一　士4进5

黑方如走马1退2，则前车平五，同正变，红方速胜。

③ 炮七进八　马1退2　　④ 炮七退八

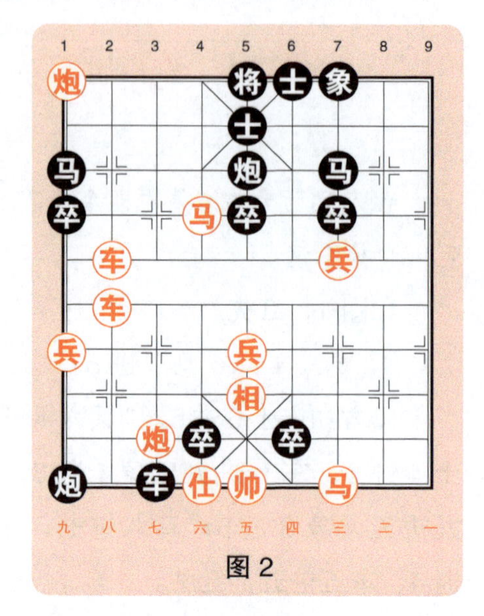

图2

如红方走炮七退二，则士5退4，马六进七，将5进1，马七退五，马2进4，至此，红方无连杀，黑胜。

④ …………　士5退4

如黑方马2进4，则前车进一，士5退4，前车平六，红方有连杀！

⑤ 前车平五！士6进5

⑥ 马六进七　将5平6

⑦ 车八平四　炮5平6

⑧ 车四进三　士5进6

⑨ 炮七平四　士6退5

⑩ 马三进四　士5进6　　⑪ 马四进二　士6退5

⑫ 马二进四　士5进6　　⑬ 马四进五　士6退5

⑭ 马五进三　将6进1　　⑮ 马三退五　将6退1

红方借将军之机扫除障碍，形成胜势。

⑯ 马五退四　士5进6　　⑰ 马四进三　士6退5

⑱ 马三进二　将6进1　　⑲ 马二退四　将6进1

⑳ 兵三平四　绝杀！

第 3 局　羝羊触藩

羝羊即公羊；藩指篱笆。《易·大壮》云：“羝羊触藩，不能退，不能遂。”意思是羊角扎进篱笆里出不来，进退两难。

如图 3，红先。

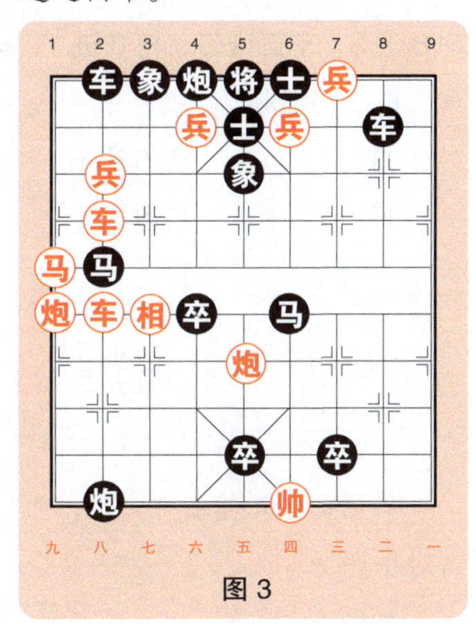
图 3

① 兵三平四　炮 4 平 6
② 兵六平五　将 5 平 4
③ 兵五进一　将 4 进 1
④ 前车平六　马 2 退 4
⑤ 马九进七　将 4 进 1
⑥ 兵八平七　将 4 退 1
⑦ 车八进四　车 2 进 1
⑧ 兵七平八　将 4 进 1
⑨ 炮九进三　红胜

第 4 局　良将安边

指优秀的将领镇守边关，形容十分安全，让人放心。

如图 4，红先。

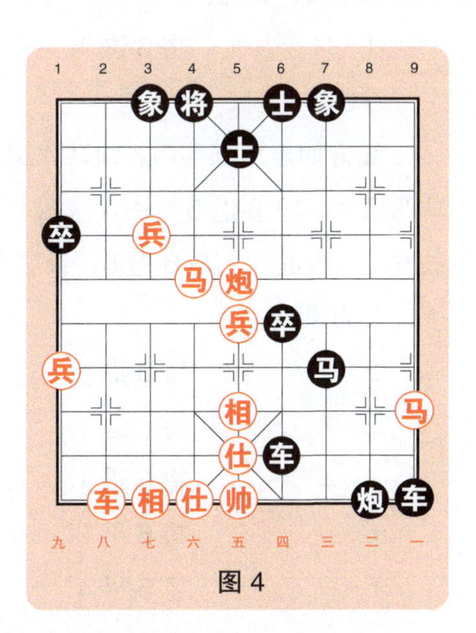
图 4

① 马六进七　将 4 进 1
② 车八进八　将 4 进 1
③ 兵七平六　将 4 平 5
④ 马七退五　将 5 平 6
⑤ 马五退三　将 6 退 1

黑方如走将 6 平 5，则车八退一，士 5 进 4，兵六平五杀，红方速胜。

⑥ 马三进二　将 6 进 1　　⑦ 马二进三　将 6 退 1

⑧ 马三退二　将 6 进 1　　⑨ 车八退一　象 3 进 5

⑩ 炮五平一　车 9 退 2　　⑪ 马二退三　将 6 退 1

⑫ 车八平五　马 7 进 8

黑方如走马 7 退 8，则马三进五，士 5 退 4，兵六进一，士 6 进 5（如炮 8 退 3，车五进二，将 6 进 1，车五平四，红胜），车五平三，将 6 退 1，车三进二，红胜。

⑬ 车五平四　士 5 进 6　　⑭ 马三进五　将 6 平 5

⑮ 炮一平五　红胜

第 5 局　淮阴遇汉

淮阴，今江苏省淮安市，西汉名将韩信的故乡。淮阴遇汉：指遇到强劲对手。

如图 5，红先。

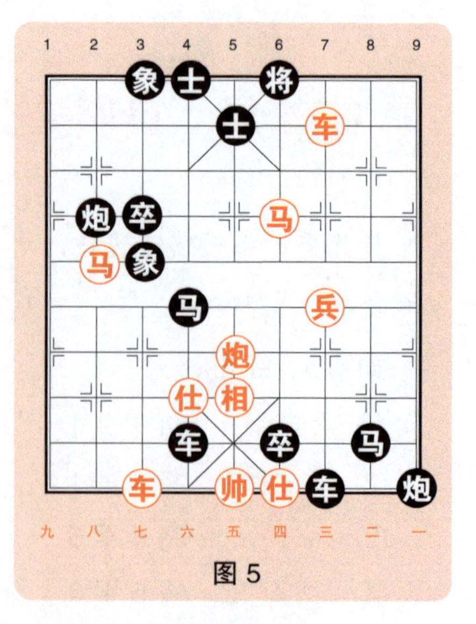

图 5

① 车三进一　将 6 进 1

② 马四进二

红方如走炮五平四，则马 4 退 6，马四退六，马 6 退 5，马六退四，马 5 进 6，马四进六，马 6 退 5，红方无连杀，反为黑胜。

② …………　将 6 进 1

③ 车三退二　将 6 退 1

④ 车三进一　将 6 进 1

⑤ 马二退三　将 6 平 5

⑥ 马三进五　将 5 平 4　　⑦ 车三退一　象 3 进 5

⑧ 车三平五　象3退5　　⑨ 炮五平六　马4退2

黑方如走马4退5，则马八退六，红速胜。

⑩ 马五退六　马2退4　　⑪ 马六进七　马4进3

⑫ 炮六退二　马3退4　　⑬ 马七进八　将4退1

⑭ 车七进八　将4进1　　⑮ 车七平五　红胜

第6局　蝇垂骥尾

骥，指千里马。蝇垂骥尾：苍蝇附在千里马的尾巴上，指借助其他力量，达到自己的目的。

如图6，红先。

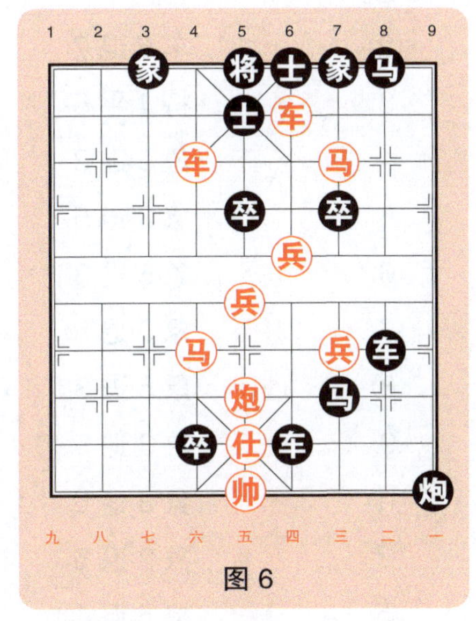

图6

① 炮五进四　士5进6

② 车六平五　将5平4

③ 车四平六　将4进1

④ 马三进四　将4退1

⑤ 车五平六　将4平5

⑥ 马四退五　士6退5

⑦ 马五进三　将5平6

⑧ 车六平四　士5进6

⑨ 炮五平四　士6退5

⑩ 炮四退五　士5进6

⑪ 兵四平五　士6退5　　⑫ 马六进四　士5进6

⑬ 马四进三　士6退5　　⑭ 后马退四　士5进6

⑮ 马四进二　士6退5　　⑯ 马二进四　士5进6

⑰ 马四进六　士6退5　　⑱ 马三退四　士5进6

⑲ 马四进二　士6退5　　⑳ 马二进四　士5进6

㉑ 马四进二　士6退5　　㉒ 马二退三　红胜

第7局　春雷惊蛰

惊蛰，古称“启蛰”，是二十四节气中的第三个节气。此前，昆虫入冬藏伏土中，不饮不食，称为“蛰”；到了“惊蛰”，天气转暖，渐有春雷，雷声惊醒了蛰居的动物，称为“惊”。此处比喻一声春雷，惊动四方。

如图7，红先。

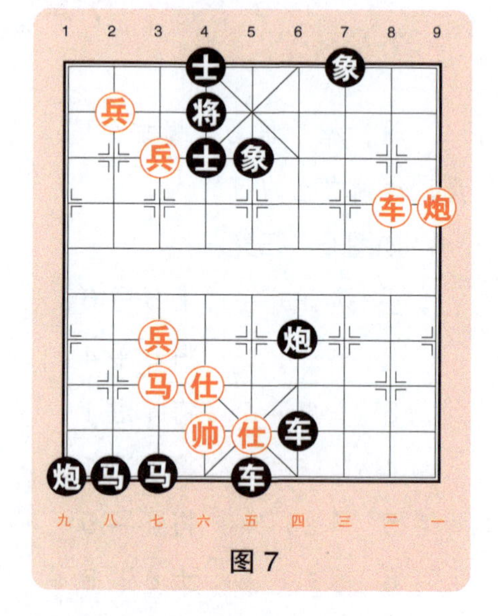

图7

① 车二进二　炮6退5

② 车二平四

红方弃车精妙，为以后的着法埋下伏笔。

② …………　车6退7

③ 兵八平七　将4平5

④ 炮一平五　象5进3

⑤ 炮五退六　象3退5

⑥ 仕五退六　象5进3

⑦ 仕六退五　象3退5

⑧ 仕五进四　象5进3

⑨ 马七进五　象3退5　　⑩ 马五进七　象5进3

⑪ 马七进五　象3退5　　⑫ 马五进六　象5进3

⑬ 马六退五　象3退5　　⑭ 马五进三　象5进3

⑮ 前兵平六　将5退1　　⑯ 兵六进一　将5进1

黑方如走将5平6，则马三进五，象3退5（如车6平5，炮五平四杀），兵六平五，红速胜。

⑰ 马三进五！将5进1　　⑱ 前兵平六　将5退1

⑲ 仕四退五　象3退5　　⑳ 后兵平五　红胜

原谱着法第六回合走的是仕五进四，黑方可垫马，反为黑胜，故改为仕五退六，其他着法维持原谱。

第 8 局　珠藏韫柜

韫柜：藏在柜子里。珠藏韫柜：原意指把珍珠藏在柜子里不容易被发现。本局中形容红方杀法隐蔽，令对手不易察觉。

如图 8，红先。

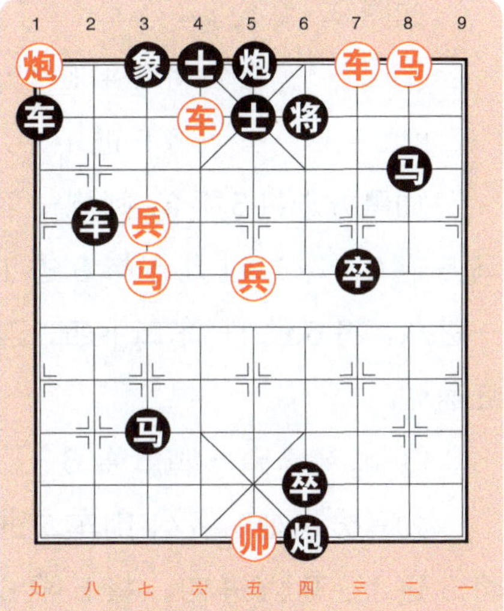

① 车三平五　将 6 进 1

黑方如走马 8 退 7，则马七进五，将 6 进 1，马五退三，将 6 退 1，马三进二，将 6 进 1，后马进三，将 6 退 1，马三退二，将 6 进 1，马二退三，将 6 平 5，兵五进一，红胜。

图 8

② 车五平四　士 5 退 6

③ 车六退一　象 3 进 5

④ 车六平五　将 6 平 5

⑤ 兵五进一　将 5 退 1

黑方如走将 5 平 6，则兵五进一杀。又如将 5 平 4，则兵七进一，将 4 退 1，兵七平六，将 4 平 5，兵五进一，红胜。

⑥ 兵五进一　将 5 平 4　　⑦ 兵五平六

送兵露帅且引将上行，一着两用，为后续杀着铺路。

⑦ …………　将 4 进 1　　⑧ 兵七进一　将 4 退 1

⑨ 兵七平六　红胜

第9局　神龟出洛

本局红方照将，黑方老将被迫左右摇摆，上浮下沉，不安于位，犹如神龟出水的样子，用来形容红方着法巧妙。

如图9，红先。

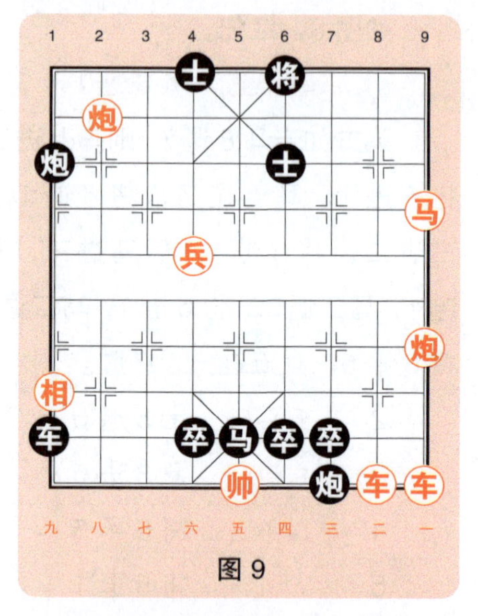

图9

① 马一进二　将6平5

② 马二退四　将5进1

如黑方走将5平6，则炮一平四，马5退6，车二进九，将6进1，车一进八，将6进1，车二平四，连杀，红速胜。

③ 马四退六　将5平6

如黑方走炮1平4，则车二进八，将5退1，马六进四，将5平6，炮一平四，马5退6，车一进九，红速胜。又如黑方将5进1，则马六退四，将5退1，车二进八，将5退1，炮八进一，士4进5，炮一平五，将5平4，车一进九，将4进1，车二平五！将4平5，车一退一，将5退1，马四进五，马后炮杀，红胜。

④ 车二进八　将6退1　　⑤ 车二进一　将6进1

⑥ 马六进七　士4进5　　⑦ 马七退五　士5进4

黑方如士5退4，则车二平四，将6平5，马五进七，马后炮杀！红胜。

⑧ 车二平四　将6平5　　⑨ 炮一平五　将5进1

⑩ 兵六平五　红胜

第 10 局　鸳鸯戏水

鸳鸯，是一种水鸟，鸳指雄鸟，鸯指雌鸟，雌雄常在一起。因为人们见到的鸳鸯都是出双入对，后被引用于夫妻和睦相处、相亲相爱。

如图 10，红先。

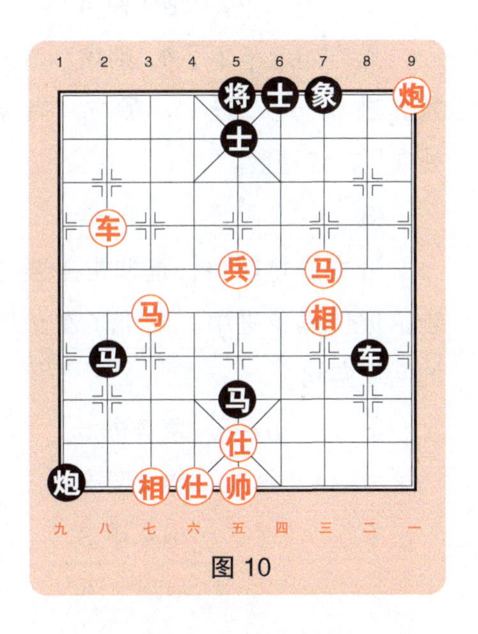

图 10

① 车八进三　士 5 退 4
② 马三进四　将 5 进 1
③ 车八退一　将 5 进 1
④ 兵五进一　将 5 平 6
⑤ 兵五平四　将 6 平 5
⑥ 兵四进一　将 5 平 6
⑦ 马七进六　将 6 平 5
⑧ 车八退一　红胜

本局红方先弃马再弃兵，引将至绝地，为车马攻杀创造条件。

第11局 群鼠争穴

如图11，红先。

① 车七进二 象5退3

② 车二平六 炮1平4

黑方如走车2平4，则炮八进七！象3进5，炮二进七，黑方“有象无处飞”，红速胜。

③ 炮二进七

红方进炮叫将，是非常重要的一步，促使黑象进中，缩小了左边黑炮的活动空间。

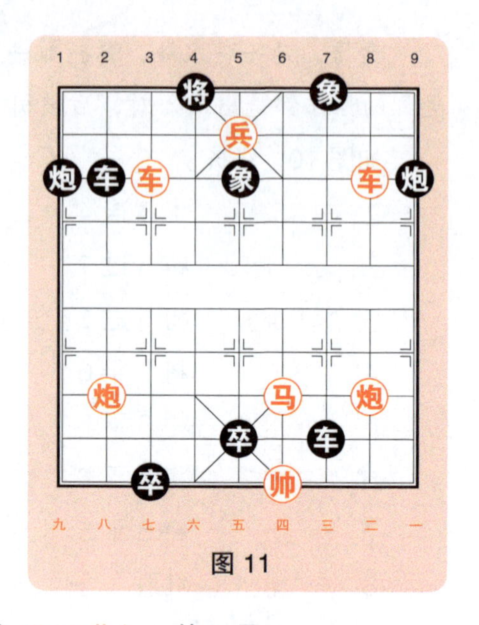

图11

③ ………… 象7进5

④ 炮八平六 炮4平3

⑤ 马四进六 炮3平4

⑥ 马六进五 炮4平3

⑦ 马五进六 红胜

第12局 颠猿饮涧

猿猴来山涧饮水行动敏捷，借以形容本局车马炮灵活多变的着法。

如图12，红先。

① 车四进五 将5平6

黑方如士5退6，则马八进六，车3退2，车二平九，车3平2，炮二平五，炮5平4，马六退五，士6进5，车九平五，将5平4，车五平四，红胜。

② 马八进六 车3退2

③ 车二平四 将6平5

④ 炮二进七　士5退6

⑤ 车四进一　将5进1

⑥ 车四退一　红胜

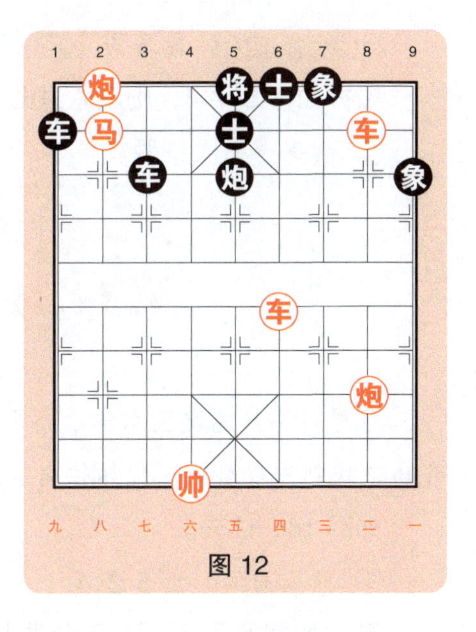
图12

原谱着法十分精彩，同时红方还有另一种杀法亦可胜：

① 马八进六　车3退2

② 车二平五　将5进1

黑方如走士6进5，则炮二进七，士5退6，车四进五，将5进1，车四退一，红胜。又如车1平5，则车四进五，将5平6，炮二进七，闷杀！红胜。

③ 车四进四　将5退1　　④ 车四进一　将5进1

⑤ 车四退一　将5退1　　⑥ 炮二进七　红胜

第13局　目视横流

横流，指洪水泛滥，水多势猛。本局红方首着弃车，切合题意，藐视一切，具有不怕牺牲的精神。

如图13，红先。

① 车三平五　象3退5

② 车七进九

红方如兵六平五，则将5进1（将5平4，马六进八，红胜），车七进八，红速胜。

② …………　象1退3

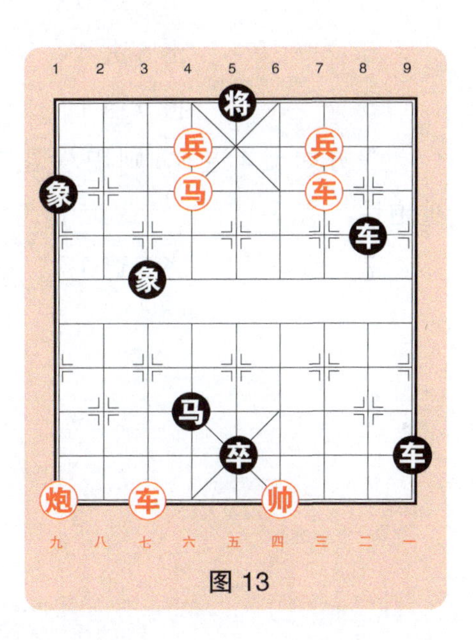
图13

③ 炮九进九　象3进1　　④ 兵六平七！ 将5进1

黑方如将5平4，则马六进七，红胜。

⑤ 兵三平四　红胜

第14局　独鹿鸣泽

意思是一只鹿发现水源后高声鸣叫，呼唤同伴来饮水。本局红方首着弃马，找到进攻路线，犹如独鹿鸣泽，让车炮进行侧面攻杀。

如图14，红先。

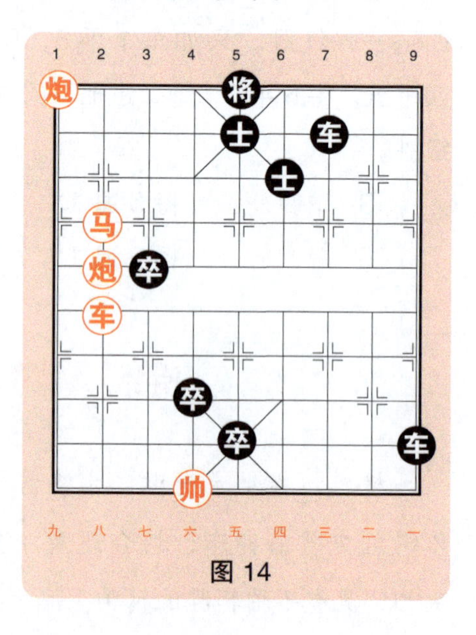

图14

① 马八进六　士5进4

黑方如将5平4，则马六进七，将4进1，车八平六，士5进4，车六进三，红速胜。

② 炮八进四　将5进1

③ 车八进四　将5进1

④ 炮九退二　士4退5

⑤ 车八退一　士5进4

⑥ 车八退一　将5退1

黑方如士4退5，则炮八退二，重炮杀。

⑦ 车八进二　将5退1　　⑧ 炮九进二　红胜

第 15 局　妙振兵铃

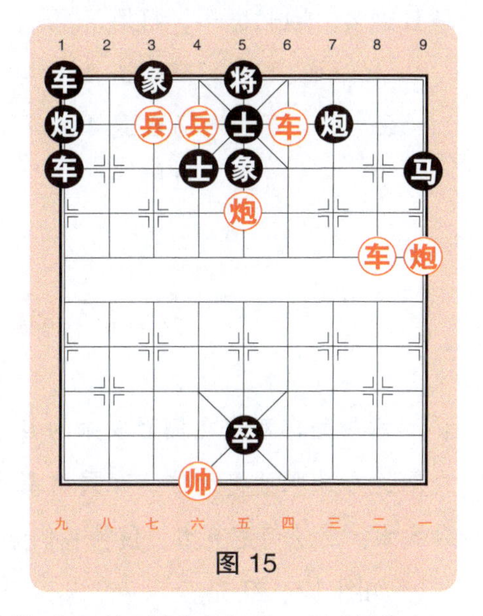

图 15

兵铃，指古代军队驻地周围的栅栏上系的铃铛，一触即响，有报警的作用。本局中用来形容红方巧妙弃子，调动黑方防守子力，最终形成妙杀。

如图 15，红先。

① 车二进四　马 9 退 8

② 兵六进一　将 5 平 4

③ 车四进一　士 5 退 6

④ 兵七平六　将 4 进 1

⑤ 炮一平六　士 4 退 5

⑥ 炮五平六　红胜

本局红方连续弃子，辗转腾挪，为构成重炮杀创造条件，计算精确，精彩而实用。

第 16 局　退思补过

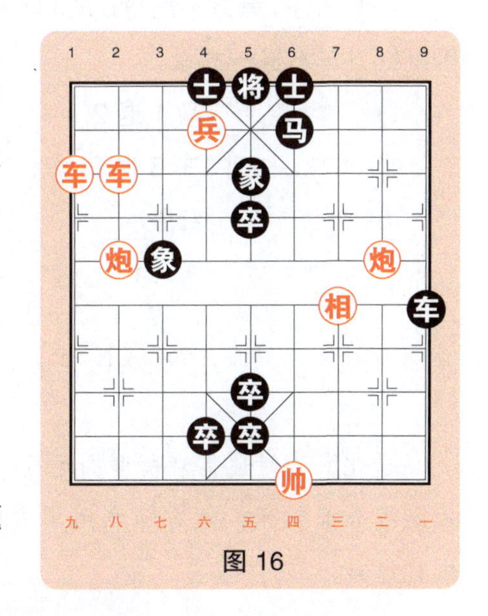

图 16

原意为事后省察自己的言行，有没有错误需要修正的地方。本局用于突出红方退炮连攻带守，巧妙化解危机。

如图 16，红先。

① 车八平五　象 3 退 5

② 炮八进四　士 4 进 5

③ 炮八退九

红方退炮妙手，攻防兼备，点题要着。

③ ………… 车 9 平 8

黑方如走车 9 平 7，则炮二进四，车 7 退 5，车九进二，士 5 退 4，炮八进九，士 4 进 5，炮八退一，士 5 退 4，炮八平七！车 7 平 8，车九平六，马 6 退 4，炮七进一，红胜。

④ 炮二平九　卒 4 进 1　　⑤ 车九进二　士 5 退 4

⑥ 车九平六！马 6 退 4　　⑦ 炮八进九　马 4 进 2

⑧ 炮九进四　红胜

第 17 局　退闲式步

本局是车双炮在侧面攻杀的典型定式，红方采取抽将选位、弃兵堵塞等多种战术，着法简洁有力，值得我们学习。

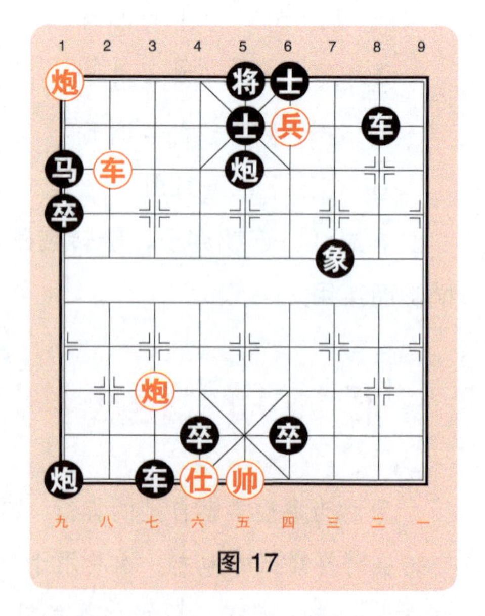

图 17

如图 17，红先。

① 车八进二　士 5 退 4

② 兵四平五　士 6 进 5

弃兵妙手，黑方不能将 5 进 1 吃兵，否则红方车八退一立杀。

③ 车八退九　马 1 退 2

④ 炮七进七！车 3 退 9

⑤ 炮九平七　红胜

第 18 局　播弄造化

造化，古时迷信者所谓的运气、天意。初看局面，黑方几乎将红方进攻路线全部封死，红方却利用黑方微小的漏洞，借车使炮，取得胜利，堪称经典。

如图 18，红先。

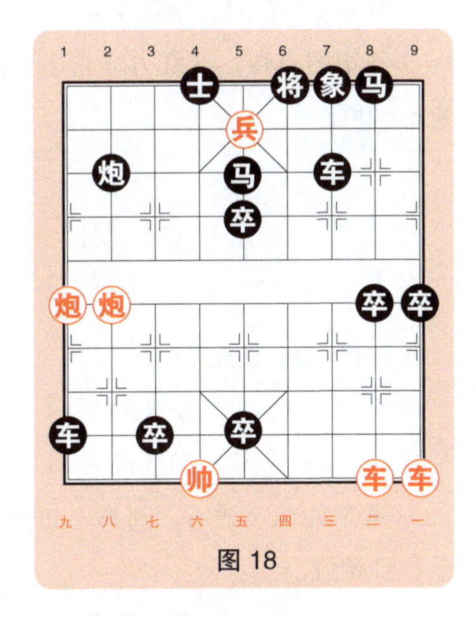

图 18

① 车二平四　车 7 平 6
② 炮八平四　车 6 平 7
③ 炮四平三　车 7 平 6
④ 炮九平四　车 6 平 7
⑤ 炮四平二　车 7 平 6
⑥ 炮三平四　车 6 平 7
⑦ 炮四平一　车 7 平 6
⑧ 炮二平四　车 6 平 7
⑨ 炮四平八　车 7 平 6
⑩ 炮一平四　车 6 平 7
⑪ 炮四平七　车 7 平 6
⑫ 车四进七　炮 2 平 6
⑬ 炮八进五　士 4 进 5
⑭ 炮七进五　将 6 进 1
⑮ 车一进八　红胜

第 19 局　遁世不见

本局中红方连续弃炮弃马，调虎离山，削弱黑方的防守力量，把黑将引至高位，形成炮兵错杀之局面。

如图 19，红先。

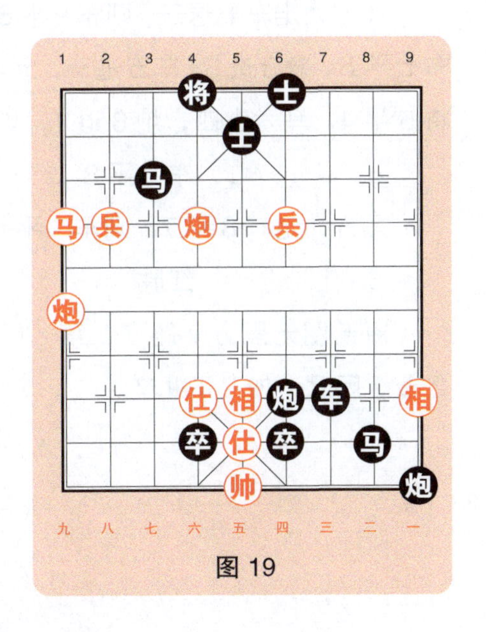

图 19

① 马九进八　将 4 进 1

黑方如将 4 平 5，则炮九平五，马 3 进 5，马八退六，红速胜。

② 炮九进四　马 3 退 1
③ 马八退六　将 4 进 1
④ 炮六退五　将 4 平 5
⑤ 兵四平五　将 5 平 6

⑥ 炮六平四　炮 6 平 4　　　⑦ 仕五进四　红胜

原谱图有误，在红方马右边一格处增加一兵，否则红方第一着走马九进七速胜。

第 20 局　推强扶弱

如图 20，红先。

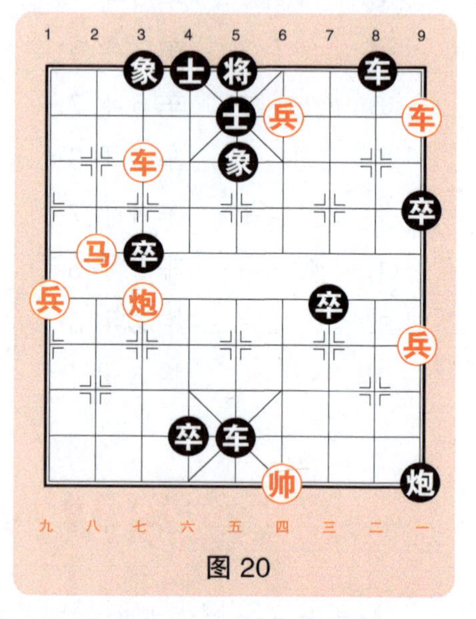

图 20

① 车一进一　车 8 平 9

② 车七平五　卒 3 进 1

黑方如象 3 进 5，则马八进九绝杀！红速胜。

③ 马八进六　车 5 平 6

红方进马要杀，黑方无奈弃车。

④ 帅四进一　炮 9 平 3

⑤ 车五平七　士 5 进 4

⑥ 车七平六

红方如走车七退三，则车 9 平 8，车七平五，象 3 进 5，车五进三，士 4 进 5，兵四平五，士 4 退 5，车五进一，将 5 平 4，马六进四，炮 3 退 1，帅四进一，车 8 进 7，黑胜。

⑥ …………　车 9 平 8　　　⑦ 车六平二　车 8 进 2

黑方如走车 8 平 7，则车二平七，仍有马进卧槽杀。

⑧ 兵四进一　红胜

原谱图无黑方 7 路卒，第七回合黑方有车 8 平 7 避兑，并伏有反杀之着。因此，加上了此卒。

第 21 局　尽善克终

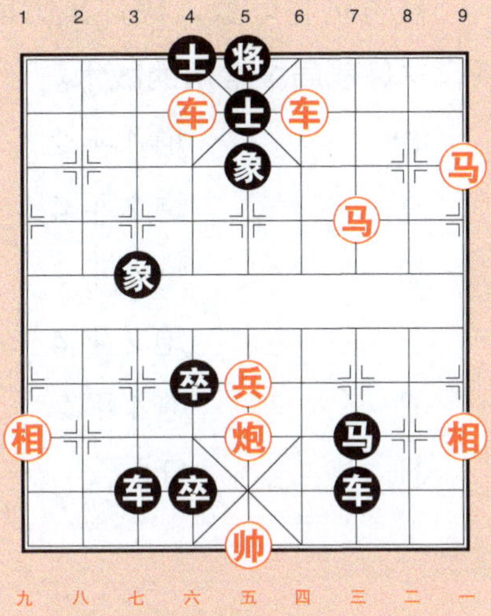

如图 21，红先。

① 车四进一！　将 5 平 6

黑方如士 5 退 6，则马一进三，红速胜。

② 马三进二　将 6 平 5

③ 马一进三　将 5 平 6

④ 马三退五　将 6 平 5

黑方如将 6 进 1，则马五退三，红速胜。

⑤ 马五进三　将 5 平 6

⑥ 车六进一　将 6 进 1

图 21

黑方如走士 5 退 4，则马三退四，将 6 进 1，马四进二，红胜。

⑦ 马二退三　将 6 进 1　　⑧ 车六平四　士 5 退 6

⑨ 前马进五　士 6 进 5　　⑩ 炮五进六

红方进炮吃士，妙手，既固守中路，又伏闪将绝杀！红胜。

第 22 局　及第思乡

及第，指古人科举考试应试中选。本局又名“跃马还乡”，局中红方利用抽将战术，借炮用马，千里回防，解放红车，一举取胜。

如图 22，红先。

① 车七进八　将 4 退 1　　② 炮九平六　将 4 平 5

③ 车七平五　士 4 退 5　　④ 兵四平五　将 5 平 4

⑤ 马七退六　炮2平4

⑥ 马六退八　炮4平2

⑦ 马八退六　炮2平4

⑧ 马六进五

红方借将吃象，破坏黑方防守体系，这是残局中常用的战术。

⑧ …………　炮4平2

⑨ 马五退六　炮2平4

⑩ 马六退七　炮4平2

⑪ 马七退六　炮2平4

⑫ 马六退四！炮4平2

⑬ 车三进九　红胜

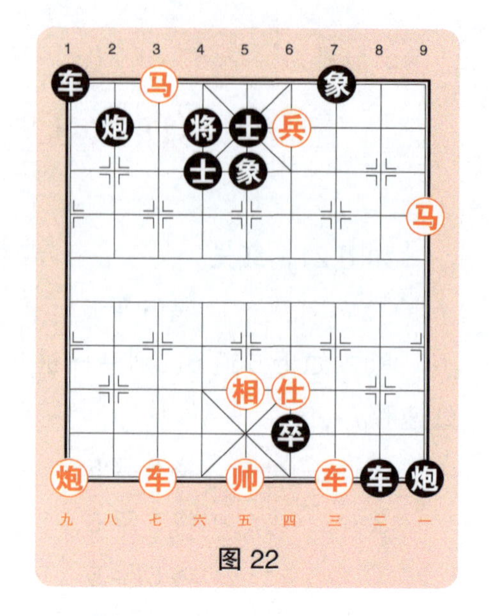

图22

第23局　沧海遗珠

局中红方勇弃双车，为马的进攻铺路，马成为攻杀主角，犹如“沧海遗珠”。

如图23，红先。

① 车三进三　后车退7

黑方如将5进1，则车六进二，将5平4，马二进四，将4平5，马四退六，将5进1，车三平五，将5平4，炮八平六，红速胜。

② 马二进四　将5进1

黑方如将5平6，则车六进三，将6进1，车六退一，将6退1，炮八进七，红胜。

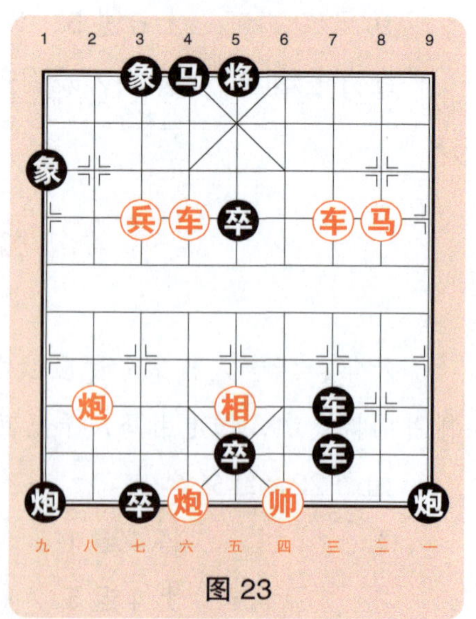

图23

③ 车六进二　将 5 进 1　　④ 车六平五！将 5 退 1

⑤ 马四退六　将 5 进 1　　⑥ 马六进七　将 5 退 1

黑方如将 5 平 4，则兵七平六，将 4 退 1，炮八进六，马后炮杀，红亦胜。

⑦ 炮八进六　红胜

第 24 局　垂缰救主

传说前秦皇帝苻坚在一次战役中不幸战败，落荒而逃，不料失足掉进了山涧，爬不上来，眼见敌兵马上就要追到，他的坐骑突跪在涧边，将缰绳垂落下来，苻坚抓住缰绳爬上来，才脱了大难。本局形容红方的马着法精彩异常，犹如垂缰救主。

如图 24，红先。

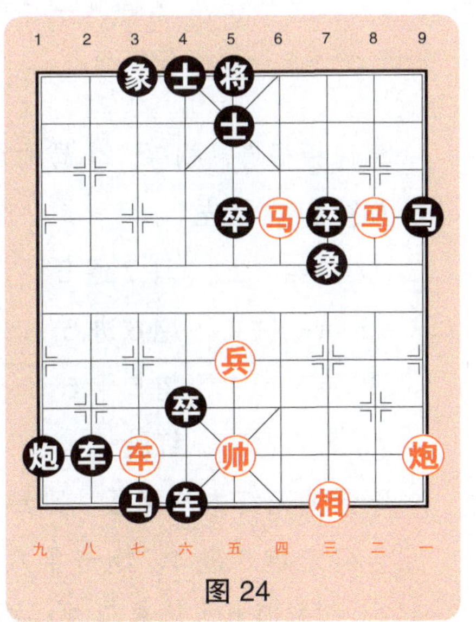

图 24

① 马二进三　将 5 平 6

② 炮一平四　士 5 进 6

③ 马四退三　士 6 退 5

④ 后马退四　士 5 进 6

⑤ 马四进二　士 6 退 5

⑥ 马二进四　士 5 进 6

⑦ 马四进五

红方抽将吃卒，为以后进攻扫除障碍。

⑦ …………　士 6 退 5

⑧ 马五退四　士 5 进 6　　⑨ 马四进六　士 6 退 5

⑩ 马六进四　士 5 进 6　　⑪ 马四进六

红方形成八角马控制将位，然后用另一马借炮攻杀。

⑪ …………　士 6 退 5　　⑫ 马三退四　士 5 进 6

⑬ 马四退六　士 6 退 5　　⑭ 后马退四　士 5 进 6

⑮ 马四进三　士 6 退 5　　⑯ 马三进四　士 5 进 6

⑰ 马四进六

红方抽将吃士，为最后用车攻杀铺平道路。

⑰ …………　士 6 退 5　　⑱ 前马退四　士 5 进 6

⑲ 马四退二　士 6 退 5　　⑳ 马二退四　士 5 进 6

㉑ 马四退三　士 6 退 5　　㉒ 马三退四　士 5 进 6

㉓ 马四退六

回马贴帅，代替红车防守。

㉓ …………　士 6 退 5　　㉔ 车七进八　士 5 退 4

㉕ 车七平六　红胜

第 25 局　患在几席

患，指祸患，祸害。本局的窝心马为败局之患，故名。

如图 25，红先。

① 车四平五！　马 7 退 5

② 炮一进七　炮 6 进 5

③ 炮一平六　将 5 平 6

④ 炮六退一　红胜

原谱图无红方八路兵，则黑方第二回合可走炮 6 进 4，炮一平六，炮 5 平 3，相七退九，炮 6 平 3，车七平九，后炮平 2，车九平七，炮 2 平 3，双方和棋。为保持原谱着法，增加了此兵。

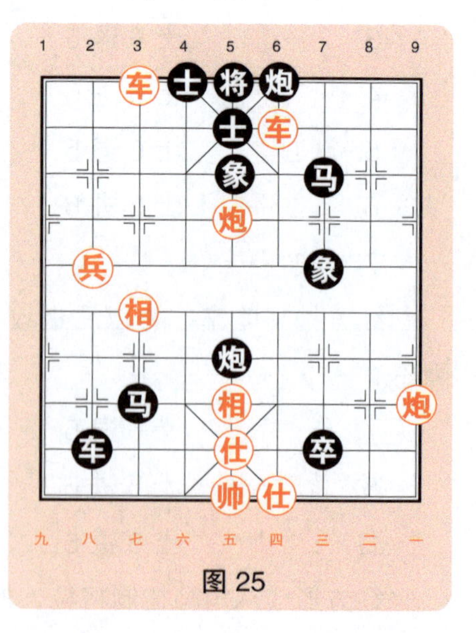

图 25

第 26 局　结草衔环

比喻感恩戴德，至死不忘。后世用结草衔环代指报恩。本局中指双马连环形成双炮架，一举成杀。

如图 26，红先。

图 26

①　马一进二　　士 5 退 6

②　炮三进二　　士 6 进 5

③　炮三退四　　士 5 退 6

④　马二退三　　士 6 进 5

黑方如车 8 退 8，则兵六进一，红方速胜。

⑤　兵六进一　　士 5 退 4

⑥　兵七平六　　将 5 平 4

⑦　马三进二　　将 4 进 1

⑧　马四进五　　将 4 进 1　　⑨　马二退四

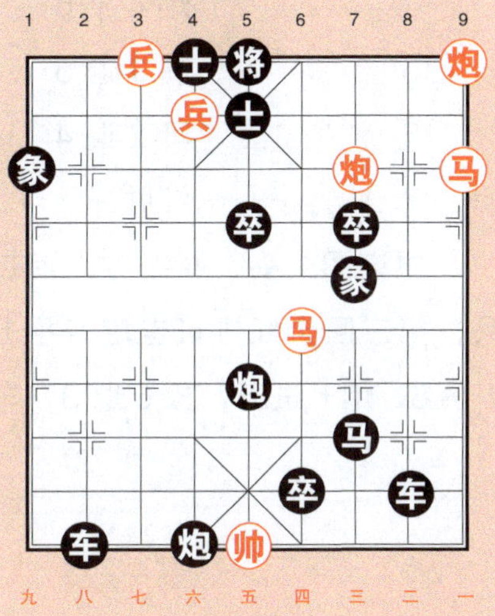

红方双马连环，构成炮架，为最后炮的攻杀铺路。

⑨　…………　　将 4 平 5　　⑩　炮三平五　　将 5 平 6

⑪　炮一平四　　红胜

第 27 局　藕断丝牵

藕已折断，还有许多丝连接着，比喻表面上断了关系，实际上仍有牵连，本局中形容红方攻势看似分散，实则环环相扣。

如图 27，红先。

①　车二进五　　车 9 平 8　　②　炮一平四　　炮 6 平 7

黑方如走炮6进6，则兵三平四，红胜。

③ 炮四平六！ 炮7平6

红方平炮借将占位，计算周密，为杀局做准备。

④ 车四进六　炮4平6

⑤ 兵六平五　马3退5

⑥ 前炮进五　马2退4

⑦ 炮六进九　红胜

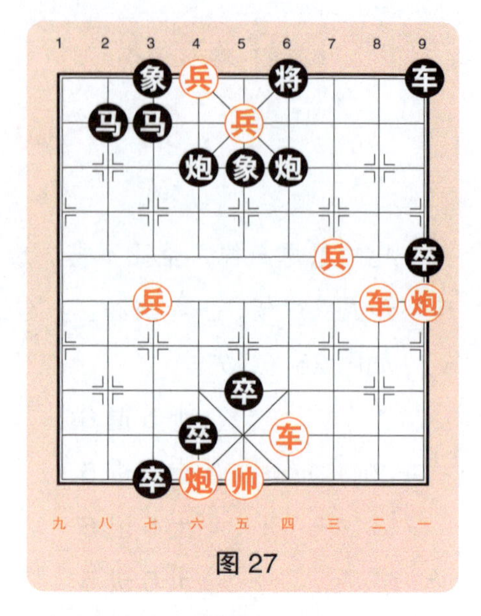

图 27

原谱图欠妥，原红方无河口七路兵，第三回合红方可走炮四平七，炮7平6，炮七进五，象5退3，车四进六，红速胜。故增加了此兵。

第28局　计罗并照

本局中红方连续弃子，最终形成跳马双将杀。

如图28，红先。

① 兵四进一　将5平6

② 车二平四　将6平5

黑方如将6进1，则车七平四，红速胜。

③ 车四进一　将5平6

黑方只能出将，如士5退6，则马二进四，红胜。

④ 车七平四　将6平5

⑤ 马二进三　马9退7

⑥ 炮二进七　象7进9

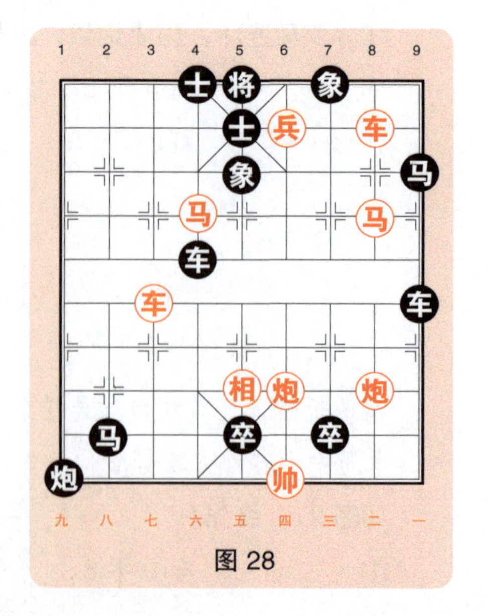

图 28

⑦ 车四进五　将5平6　　⑧ 马六进四　车4平6

⑨ 马四进三　双将杀

在对攻中有时候己方的子力会形成阻碍，如本局中红方二路车遮挡了炮沉底的进攻线路，要勇于舍去。无论棋盘上还是生活中，善于取舍是一种勇气，更是一种智慧！本局是舍子取胜的典范！

第29局　四面楚歌

秦末楚汉交战时，项羽的军队驻扎在垓下，兵少粮尽，被汉军层层包围起来，夜间听到四面都唱起楚地的民歌，项羽吃惊地说："汉军把楚地都占领了吗？为什么他们的部队里楚人这么多呢？"后比喻四面受敌，处于孤立危急的困境。本局红方将黑方四面包围，胜券在握，黑方四面楚歌，危在旦夕。

如图29，红先。

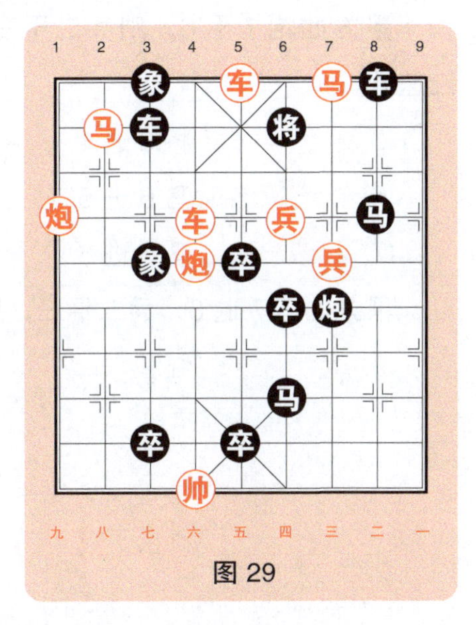

图29

① 车六进二　车3平4

② 兵四进一　马8退6

③ 马八退六　象3退5

黑方如走车4进1，则炮九平四，后马进8，车五退一，将6退1，马三退四，马后炮杀，红速胜。

④ 炮九平四　后马进8

⑤ 车五退一！　车4平5

⑥ 马三退四　将6进1

⑦ 马六退五　将6退1

⑧ 马五进四　将6进1　　⑨ 炮六平四　马8进6

⑩ 炮四退二　后马进4　　⑪ 兵三平四　红胜

第 30 局　国庶兵强

指国家富裕，军队强大。本局形容红方子力雄厚。

如图 30，红先。

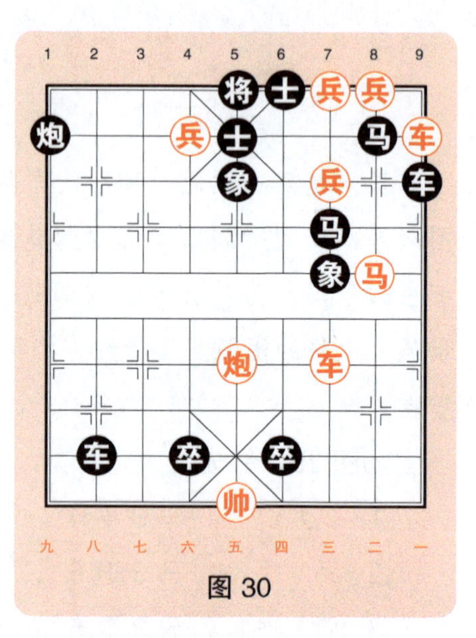

图 30

① 前兵平四　将 5 平 6

② 车三平四　士 5 进 6

黑方如走将 6 平 5，则兵六平五，将 5 平 4，车四进六，马 8 退 6，兵五进一，红速胜。

③ 车四进四　马 8 进 6

④ 车一平四　将 6 进 1

黑方如炮 1 平 6，则兵二平三！红速胜。

⑤ 兵六平五　将 6 退 1

⑥ 炮五平四　马 6 进 5

⑦ 兵三平四　马 5 进 6　　⑧ 兵四进一　炮 1 平 6

黑方如马 7 退 6，兵二平三，红亦胜。

⑨ 兵二平三　红胜

第 31 局　兵贵拙速

明代著名学者李贽注《孙子兵法》曰：“宁速毋久，宁拙毋巧，但能速胜，虽拙可也。”本局红方连续弃兵、弃车、弃马，连续追杀，一气呵成，局名若用“兵贵神速”更为贴切。

如图31，红先。

① 兵四进一　将5平6

黑方如走士5退6，则车七进二，红速胜。

② 车七进二　象5退3

③ 车三平四

红方亦可走车三进一，将6进1，前兵平四，士5进6，炮一平四，士6退5，马二退四，将6进1，兵三平四，红胜。

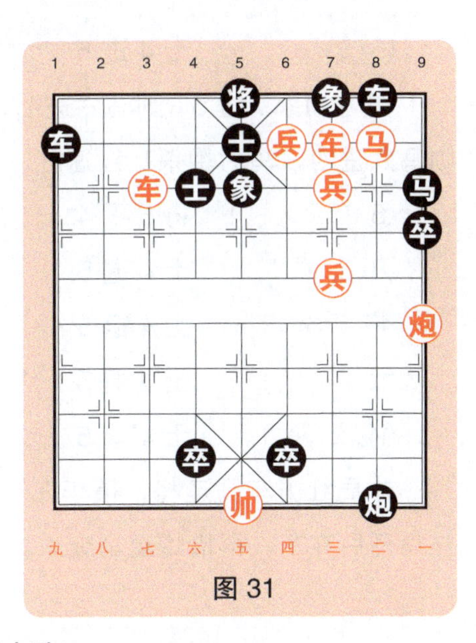

图31

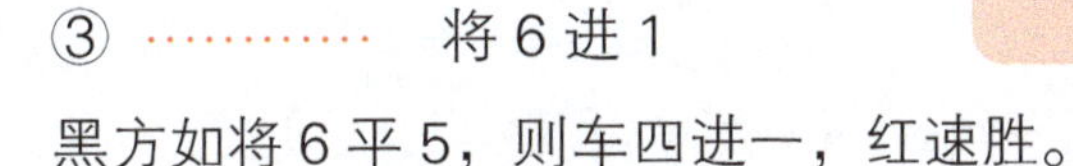
③ ………　将6进1

黑方如将6平5，则车四进一，红速胜。

④ 前兵平四　士5进6　⑤ 炮一平四　士6退5

⑥ 马二退四　将6进1　⑦ 兵三平四　红胜

第32局　士马如云

本局展示车炮双马的配合杀法。红炮借抽将吃卒，退归左肋，接着以士和马作炮架借照将占位，构成双马配合的典型杀局。局中红方以士和马为炮架，忽隐忽现，犹如云雾，故题“士马如云”。

如图32，红先。

① 马五进四　将5进1

② 车八进二　将5进1

③ 车八退一　将5退1

④ 马四退六　将5退1

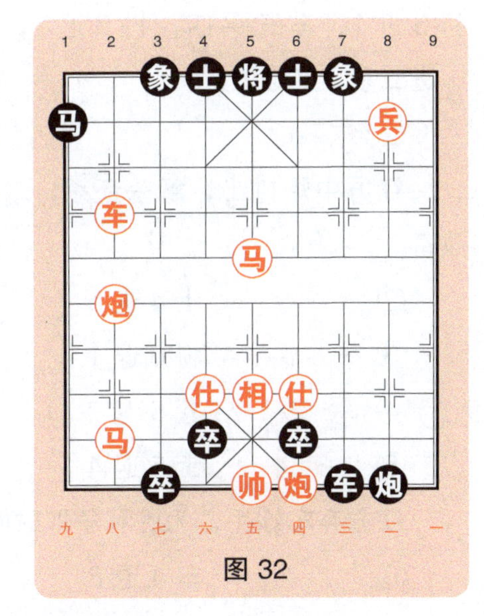

图32

⑤ 车八平五　士4进5

黑方如象7进5，则马六进七，将5进1，炮八进四杀。又如士6进5，则马六进四，马后炮杀！红速胜。

⑥ 马六进四　将5平4　　⑦ 车五平六　士5进4

⑧ 炮八平六　士4退5　　⑨ 炮六退三　士5进4

⑩ 仕六退五　士4退5　　⑪ 马八进六　士5进4

⑫ 马六进八　士4退5　　⑬ 马八进六　士5进4

⑭ 马六进七　士4退5　　⑮ 马七进八　红胜

本局红方车马连将，精华在于第五回合，车八平五，直入险地，形成挂角马后弃车，再借炮运马成杀。

第33局　计定千里

形容本局计算谋略之深远。

如图33，红先。

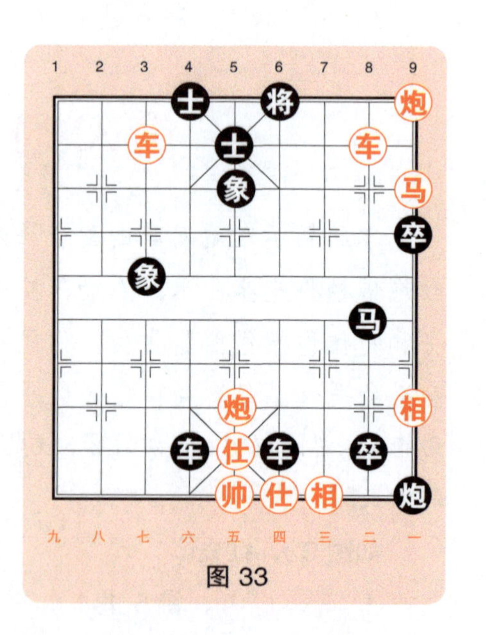

图33

① 车二进一　将6进1

黑方如走象5退7，则车二平三，将6进1，车三平四，将6退1，马一进二杀，红速胜。

② 炮五进六

红方中炮打士，解杀还杀，攻杀兼备。

② …………　士4进5

③ 车二退一　将6退1

④ 马一进二　象5退7

⑤ 车七进一　士5退4　　⑥ 车七平六

红方弃车妙手，为胜利争取时间，否则黑方车6平5绝杀。

⑥ …………　车4退8　　⑦ 车二平五　红胜

第 34 局　忙里偷闲

忙里偷闲：在繁忙中抽出一点空闲时间。本局中形容红方在看似必须连将杀的局面中，走出进炮打卒，连攻带守的妙着。

如图 34，红先。

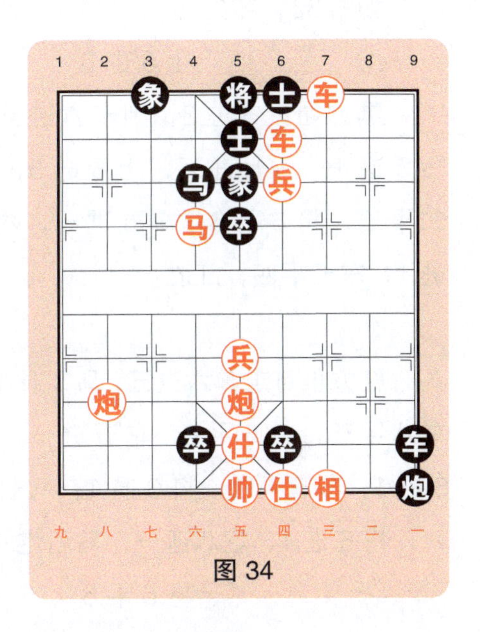

图 34

① 炮八进七　象 3 进 1

② 车四平五　将 5 进 1

③ 兵四进一　将 5 平 6

黑方如将 5 平 4，则马六进八，将 4 退 1，车三平四，马 4 退 5，车四平五，将 4 平 5，马八进七，红胜。

④ 车三退一　将 6 进 1

⑤ 炮五进四

进炮打卒攻防兼备，一着两用。

⑤ …………　象 5 进 7

⑥ 炮八退二　马 4 退 5

⑦ 炮五进二！将 6 平 5　⑧ 车三退一　红胜

著名象棋家谢侠逊曾举另一种着法：

① 车四平五　将 5 进 1　② 兵四进一　将 5 平 6

黑方如将 5 平 4，则马六进八，将 4 退 1，炮八平六，马 4 退 5，马八退六，马 5 进 4，车三平四，将 4 进 1，马六进八，红胜。

③ 车三退一　将 6 进 1　④ 炮五进四　卒 6 平 5

⑤ 炮五退五　红胜

充分体现了红方炮五进四“忙里偷闲”之妙。

第35局　龙翻潭底

龙翻潭底，形容力量或声势非常大，借喻红方在黑方底线发动联合攻势，最终弃车于黑将背后成杀。

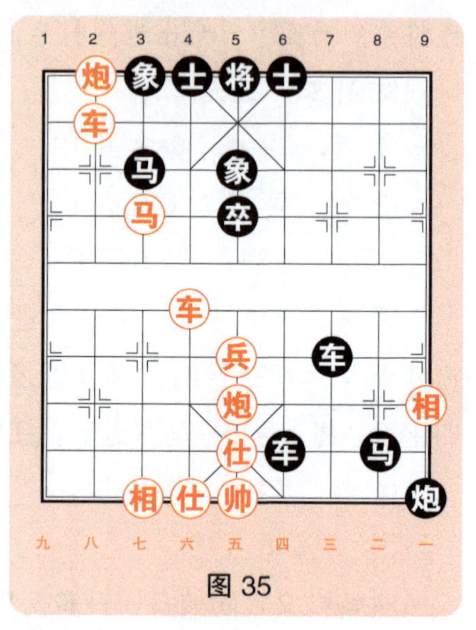

图35

如图35，红先。

① 炮五进四　士6进5

黑方如象5进3，则车六进五，马3退4，马七进五，士6进5，车二平五，将5平6，车五进一，将6进1，车五平四，红胜。

② 车八平五

红方也可走车六进五，马3退4，车八平五，将5平6，车五进一，将6进1，车五平四，将6退1，马七进六，将6进1，炮八退一，马后炮杀，红亦胜。

② ……　将5平6　③ 车五进一　将6进1

④ 车六进四　马3退5　⑤ 车五平四　将6退1

⑥ 车六进一　将6进1　⑦ 车六平四　红胜

第36局　鹤鸣九皋

诗曰："鹤鸣九皋，声闻于野。"指鹤鸣于湖泽的深处，它的声音很远都能听见。比喻贤士身隐偏僻之地，但名声在外远播。本局中红方四路炮虽远在己方底线，却在其他子力的配合下遥控局势成杀。

如图36，红先。

① 车七进三　后车退4

② 马八进六　将5平6

③ 车三平四　士5进6

红方再次弃车，为马炮的联合攻势开辟道路。

④ 炮五平四　士6退5

⑤ 炮四退四　士5进6

⑥ 仕四退五　士6退5

⑦ 马三进四　士5进6

⑧ 马四进二　士6退5

⑨ 马二进四　士5进6

⑩ 马四进三　士6退5

⑪ 马三进二　将6进1

⑫ 马二退四！将6进1

⑬ 仕五进四　红胜

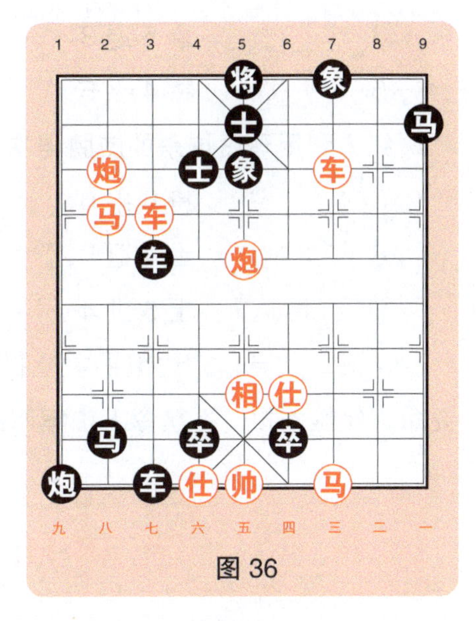

图 36

第37局　损人安己

损害别人的利益而使自己得到安宁。本局中黑方只需卒4平5即可成杀，红方若想取胜，必须步步将军，原题名改为“攻敌安己”更为贴切。

如图37，红先。

① 前车退一　将4退1

② 后车平六　士5进4

红方弃车有腾挪和堵塞的双重作用，一方面给边马让出一条出路；另一方面迫黑士吃车后夺去黑将的一个退路。

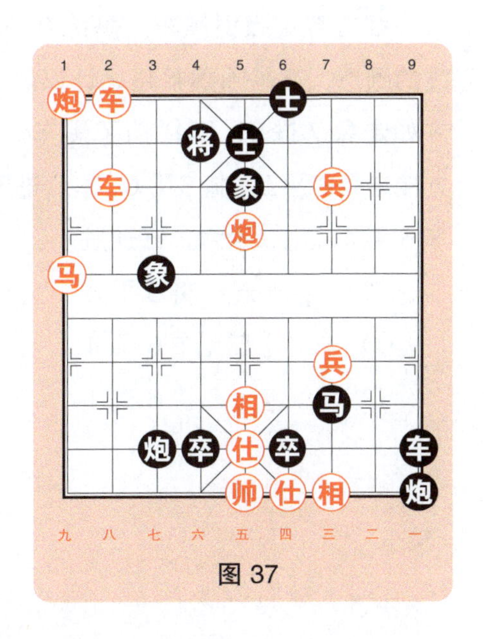

图 37

③ 车八进一　象 5 退 3　　④ 车八平七　将 4 进 1

⑤ 马九进八　将 4 平 5　　⑥ 车七平五

红方利用马后炮杀的威胁再次弃车照将。

⑥ …………　将 5 平 6　　⑦ 前兵进一　将 6 进 1

⑧ 马八退六　士 4 退 5　　⑨ 车五退一　士 6 进 5

⑩ 炮九平五　士 5 进 4　　⑪ 后炮进二　红胜

从第二次弃车、边炮平中控制将路，到炮塞中心杀死黑将，红方着着要命，丝丝入扣，不禁令人拍案叫绝。

第 38 局　百计无由

如图 38，红先。

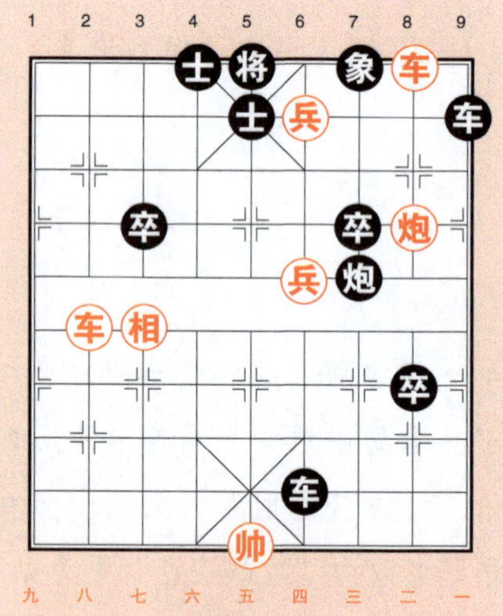

① 车二平一　车 9 退 1

黑方如走车 9 平 6，则炮二平七绝杀。

② 炮二进三　车 9 平 8

红方弃炮吸引黑车，解除红方底线的顾虑，乃是围魏救赵之计谋。黑方如走象 7 进 9，则拦挡了黑车，红方接走兵四平五，将 5 平 6，车八进五，车 6 平 4，炮二平六，红速胜。

图 38

③ 前兵平五　将 5 平 6

④ 车八进五　车 6 平 4　　⑤ 兵五进一　将 6 进 1

⑥ 车八退一　将 6 进 1　　⑦ 兵四进一　红胜

第 39 局　博望烧屯

东汉末年，曹操命大将夏侯惇率军攻打刘备。诸葛亮初出茅庐，在博望坡设伏，火烧夏侯惇的军队，曹军死伤惨重。本局中红方双炮步步借黑方子力为炮架，最终还令黑士自挡将路而闷杀。

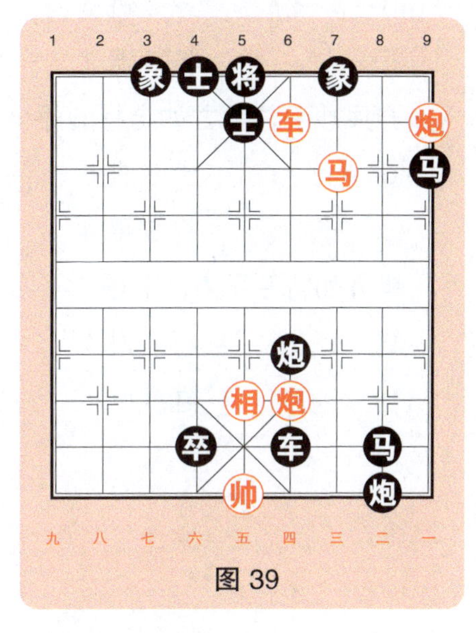

图 39

如图 39，红先。

① 炮一进一　马 9 退 8

② 车四进一　士 5 退 6

③ 炮一平三　士 6 进 5

④ 马三进四　红胜

本局短小精炼，双炮配合天衣无缝，实用价值很高。

第 40 局　决策九重

此局中红方双车先后从九宫中杀出，连续弃车，最后形成绝杀，真有决策朝堂之中，决胜千里之外的含意。

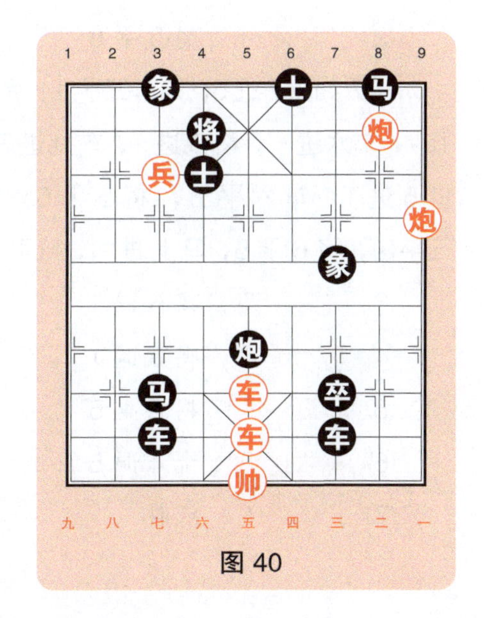

图 40

如图 40，红先。

① 兵七进一　将 4 退 1

② 兵七进一　将 4 平 5

③ 前车进一　马 3 退 5

④ 车五进二　士 4 退 5

⑤ 车五进五　士 6 进 5

⑥ 炮一进三　马 8 进 6　　⑦ 炮二进一　红胜

特级大师杨官璘曾举另一着法，也非常精彩。具体着法如下：

① 兵七进一　将 4 平 5　　② 前车进一　马 3 退 5

③ 车五进二　象 3 进 5　　④ 炮一平五　象 5 退 7

⑤ 兵七平六　将 5 退 1

弃兵妙手，黑方如走将 5 平 4 吃兵，则炮五平六，红方速胜。

⑥ 炮五平四　士 6 进 5　　⑦ 兵六平五　士 4 退 5

⑧ 车五进五　将 5 平 4

黑方如将 5 平 6，则炮二平四，红速胜。

⑨ 车五进一　将 4 进 1　　⑩ 炮四进二　将 4 进 1

⑪ 车五平六　红胜

第 41 局　镇压远庭

如图 41，红先。

① 炮七平五　士 5 进 4

② 车四平五　将 5 平 6

黑方如象 7 进 5，则车五平九！象 5 退 7，车六进一，将 5 进 1，车九进三，将 5 进 1，车六平五，将 5 平 6，车五平四，将 6 平 5，马七进六，红胜。

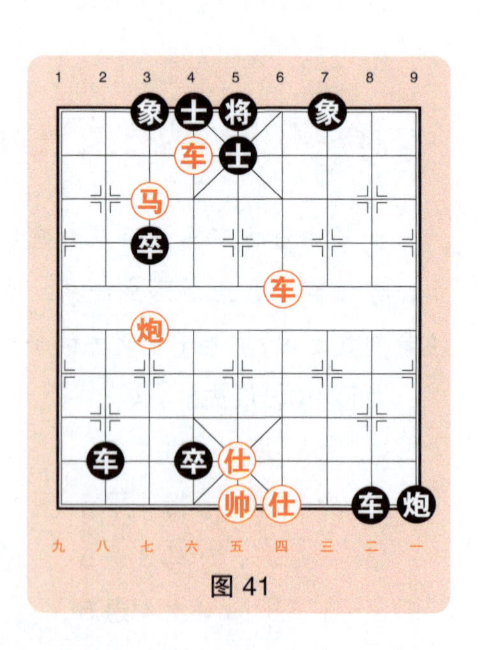

图 41

③ 车六平四　将 6 进 1

④ 马七进六　将 6 退 1

⑤ 车五平四　将 6 平 5

⑥ 马六退五　士 4 退 5

⑦ 马五进三　红胜

第 42 局　参辰卯酉

参、辰，为两个星星的名字，此出彼没，不同时出现。卯、酉指时间。参星酉时出于西方，辰星卯时出于东方。参与辰、卯与酉相对立，故用以比喻互不相关或势不两立。

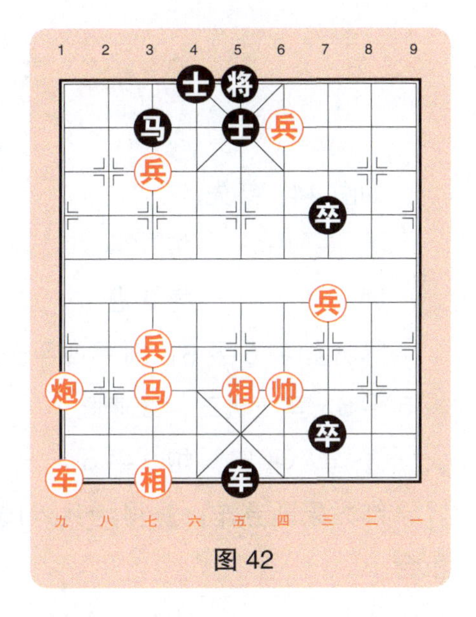

图 42

如图 42，红先。

① 炮九进七　马 3 退 1

② 相七进九　车 5 平 1

③ 相五退七　红胜

至此，红方用兵和马双相把黑方车马两子软禁起来，最后七兵渡河，吃掉黑方 7 卒，形成四兵擒王之势，红方胜定。

第 43 局　精忠报国

岳飞是南宋著名军事家，抗金名将。在他出征之前，其母在其背上刺上“精忠报国”四字，以期岳飞日后能够为国竭尽忠诚。本局中比喻红方连续弃子，终成连将杀。

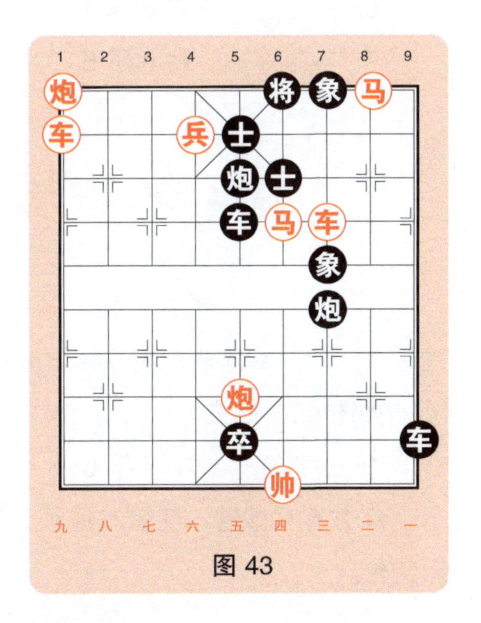

图 43

如图 43，红先。

① 车三进三　炮 7 退 5

② 兵六进一　将 6 进 1

红方先弃车杀象，再进兵叫将，使黑将升高便于其他子力攻杀。

③ 马四进二　炮 5 平 8　　④ 车九平五　车 5 退 2

⑤ 炮五平四　红胜

第 44 局　近悦远来

如图 44，红先。

① 车四进一　将 5 平 6

② 兵四进一　将 6 进 1

黑方如将 6 平 5，则兵四平五，将 5 平 6，马一进三，红速胜。

③ 车八平四　炮 9 平 6

红方果断弃车，赢得炮兵入局的机会。

④ 炮一平四　炮 6 平 1

⑤ 兵三平四　炮 1 平 6

⑥ 兵四进一　将 6 退 1

⑦ 兵四进一　将 6 平 5　　⑧ 兵四进一　红胜

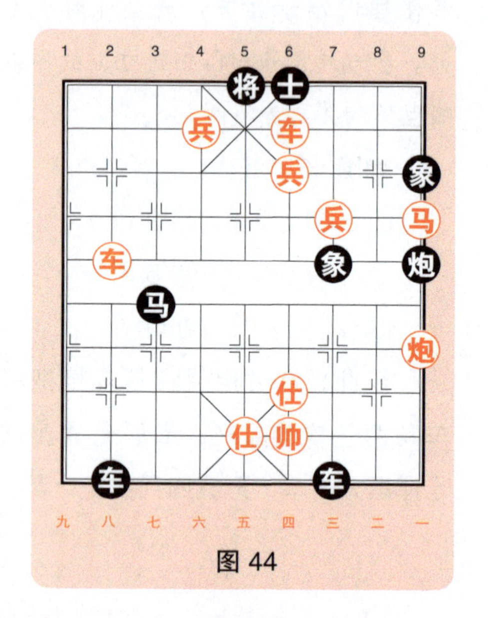

图 44

第 45 局　遇水叠桥

“逢山开路，遇水搭桥”，形容不畏艰险，开道前进，后泛指打通前进道路上的层层障碍。本局红方两度弃子逼黑车让路，以马双炮组成杀局。

如图 45，红先。

① 兵四进一　车 7 平 6

红方弃兵妙着，使黑车必须让出红马卧槽的路线，以便进马攻杀，精彩绝伦。

② 马二进三　车6进1

③ 车二进五　士5退6

④ 车二平四　将5进1

⑤ 车四退一　将5退1

⑥ 车四平六　将5平6

⑦ 车六进一　车4退8

⑧ 炮八平四　卒7平6

⑨ 前炮平五　卒6平7

⑩ 马三退四　卒7平6

⑪ 马四退二　卒6平7

⑫ 马二进三　将6进1

⑬ 马三退四　卒7平6

⑭ 马四退二　卒6平7

⑮ 马二退四　红胜

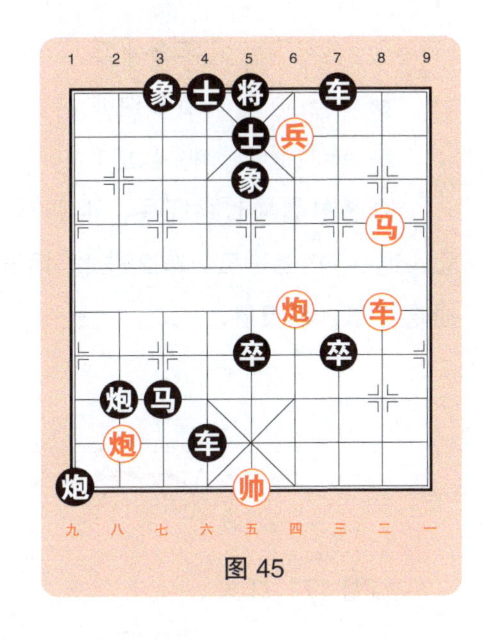

图 45

第46局　远交近攻

远交近攻，意思是联络距离远的国家，进攻邻近的国家。这是战国时秦国采取的一种外交策略。后也指待人处世的一种手段。

如图46，红先。

① 前车进二　将4进1

② 前车退一　将4退1

③ 前车平五　车2进1

黑方如士6退5，则车七进四，将4进1，马四退五，将4进1，车七退二，红胜。

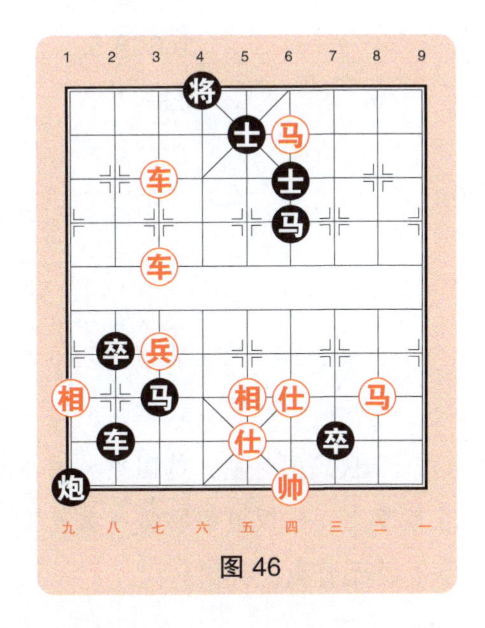

图 46

④ 相五退七　车2平3　　⑤ 仕五退六　车3平4

⑥ 车五退八　士6退5　　⑦ 车七进四　将4进1

⑧ 马四退五　将4进1　　⑨ 车七退二　红胜

原谱图漏画七路红兵，否则第三回合黑方可走马3进4，相五退七，马4退5，相七进五，车2进1，相五退七，车2平3，仕五退六，车3退5，抽吃红车，黑反胜。

第47局　守边告归

如图47，红先。

① 炮九平一　车9退1

② 兵五平四　士5进6

③ 车八平四！

红方弃车叫将为以后的马后炮杀创造条件。

③ …………　将6退1

④ 炮一平四　士6退5

⑤ 马六进四　红胜

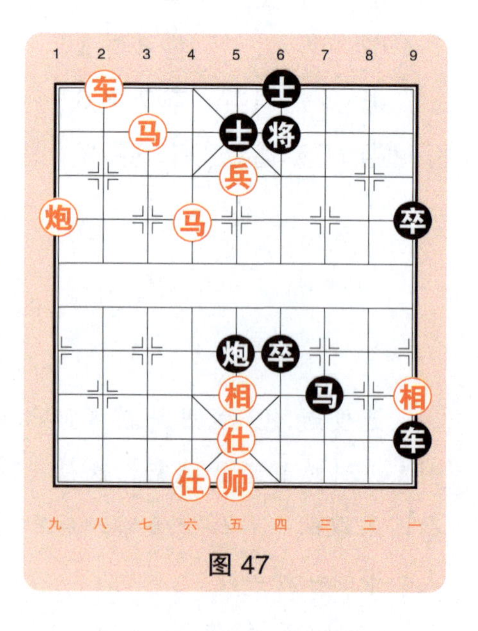

图47

第48局　卧薪尝胆

春秋战国时期，越国被吴国打败，越王勾践立志报仇。据说他睡觉睡在柴草上，吃饭前都要尝一尝苦胆，时刻提醒自己不忘耻辱。经过长期准备，终于打败了吴国。

如图 48，红先。

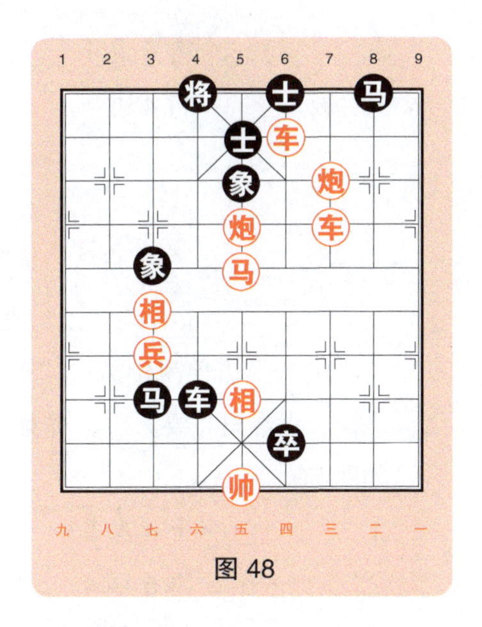

图 48

① 炮三进二　将 4 进 1

② 马五进七　将 4 进 1

③ 马七进八　将 4 退 1

④ 车四平五　士 6 进 5

⑤ 炮三平六

红方献炮石破天惊，解杀妙着。

⑤ …………　士 5 退 4

⑥ 车三进二　马 8 进 6

⑦ 车三平四　士 4 进 5

⑧ 车四平五　红胜

第 49 局　独步出营

如图 49，红先。

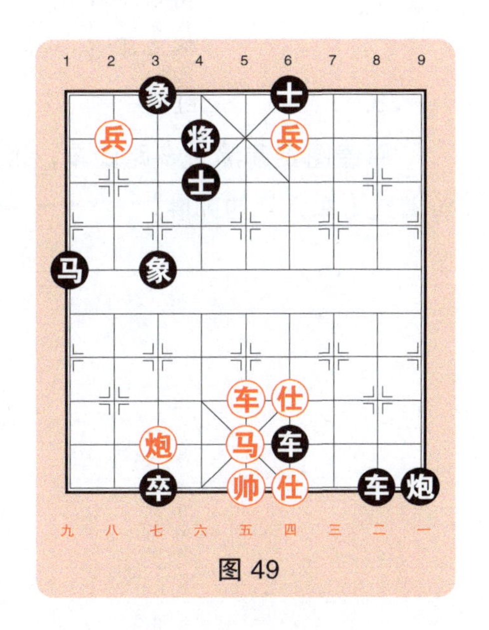

图 49

① 兵八平七　将 4 退 1

② 兵七进一　将 4 进 1

红方进兵继续叫将，迫使黑将上升，为以后的车马攻杀创造条件。

③ 炮七平六　士 4 退 5

④ 车五平六　士 5 进 4

⑤ 车六平八　士 4 退 5

红方借抽将而平车占位。

⑥ 马五进六　车 6 平 4

红方出窝心马助攻，与题名“独步出营”呼应。

⑦ 车八进六　将 4 进 1

⑧ 马六进七　马 1 退 3

⑨ 车八退一　将 4 退 1　　⑩ 马七进五　马 3 退 5

⑪ 车八进一　将 4 进 1　　⑫ 马五退七　红胜

第 50 局　秦鹿方走

《史记·淮阴侯列传》："秦失其鹿，天下共逐之。"鹿，常比喻帝位、政权。指秦朝将要灭亡，群雄并起，争夺天下。

如图 50，红先。

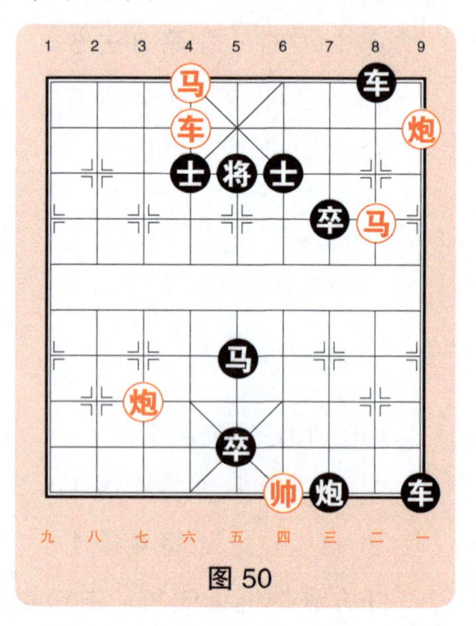

图 50

① 炮七进五　士 4 退 5

② 车六退一　将 5 平 4

③ 马六退八　将 4 平 5

④ 马八退七　将 5 平 4

⑤ 马七退五　将 4 平 5

⑥ 马五进三　将 5 平 4

⑦ 马三退五　将 4 平 5

⑧ 马二进三　红胜

原谱图疑漏黑方 8 路底车，否则首着红方车六平四即胜。

第51局　下车伏谒

如图51，红先。

① 炮七进二　士4进5

黑方如将5进1，则马八退六，红速胜。

② 车四进三　将5平6

③ 炮七退一　将6进1

④ 兵二平三　将6进1

⑤ 车九平四　士5退6

⑥ 炮七退一

黑方中象无处进退，闷杀，红胜。

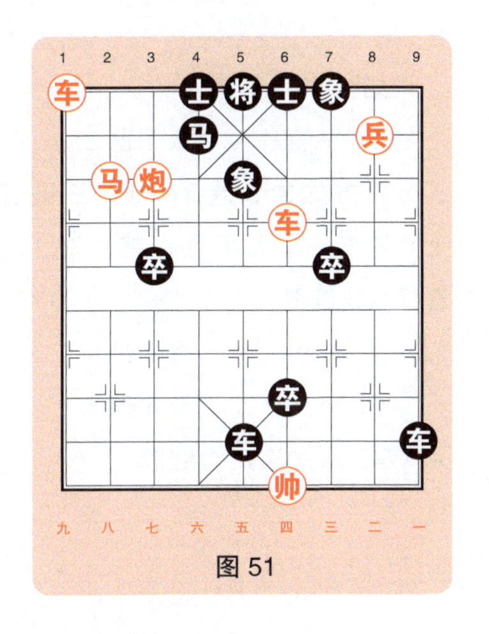

图51

第52局　担雪填井

如图52，红先。

① 炮七进二　象1退3

首着弃炮看似漏着，其实不然，以下自明。

② 车三进一　车9平7

③ 马八进七　将5平6

④ 马一进三　车7进2

黑方如将6进1，则炮五平四，红亦胜。

⑤ 炮五平四　红胜

本局红方连弃车马炮，巧妙成杀。这种杀法在高手比赛中经常出现，实用价值极高。

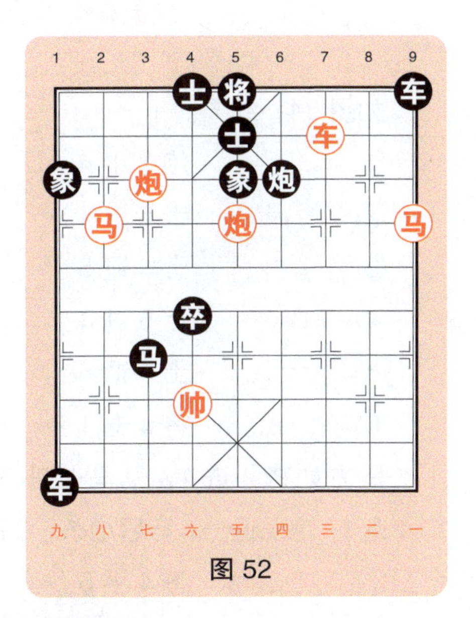

图52

第 53 局　开窗邀月

如图 53，红先。

① 车七进三　象 1 退 3

黑方如象 5 退 3，则炮三进五，士 6 进 5，车九平六，将 4 进 1，炮五平六，红胜。

② 车九平六　将 4 进 1

③ 炮三平六　士 4 退 5

④ 炮五平六　红胜

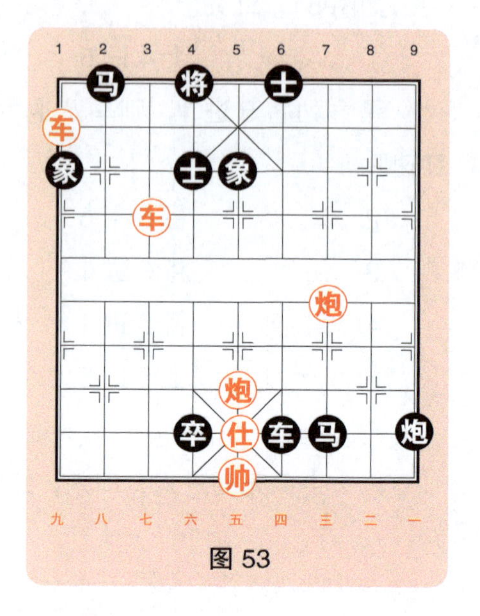

图 53

第 54 局　五虎靠山

如图 54，红先。

① 车八平六　炮 3 平 4

② 车六进一　士 5 进 4

③ 后炮平六　士 4 退 5

④ 马四退六　士 5 进 4

⑤ 马六退八　士 4 退 5

⑥ 马八进七　将 4 退 1

黑方如将 4 进 1，则马七进八，将 4 退 1，炮九退一，马后炮杀，红胜。

⑦ 马七进八　将 4 平 5

⑧ 炮六进五　象 5 退 3

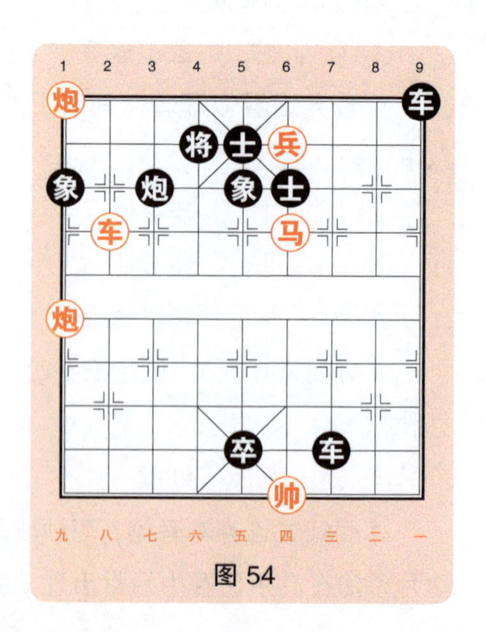

图 54

⑨ 马八退六　士5进4

红方弃马叫杀，让黑士离开防守要点，令人拍案叫绝。

⑩ 炮六退一　红胜

第55局　背水战胜

如图55，红先。

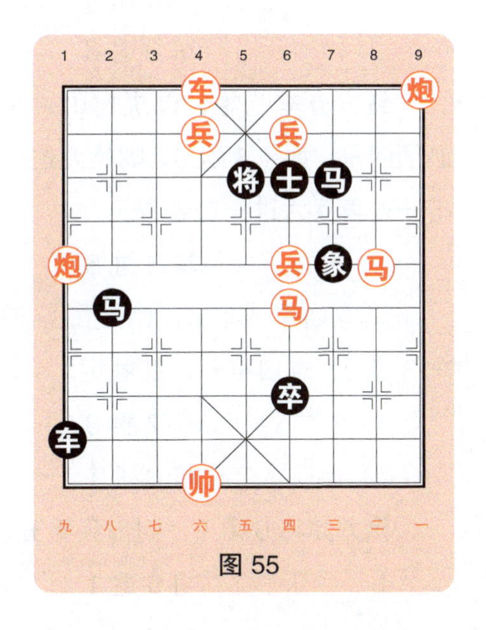

图 55

① 车六平五　士6退5

② 车五退一　马7退5

黑方如将5平6，则兵四进一，红速胜。

③ 炮一平五　将5平6

④ 后兵进一　马5进6

黑方如将6退1，则炮九平四，红速胜。

⑤ 炮九平四　马6进4

黑方如走马6进8，则炮四退三，将6平5，兵四平五，红速胜。

⑥ 炮四退三　将6平5

黑方如马4退6垫将，则马四进三，将6平5，兵四平五，红速胜。

⑦ 兵四平五　将5平4　　⑧ 炮五平六　将4平5

⑨ 马四进三　将5平6　　⑩ 马三退五　将6平5

⑪ 炮六平五　红胜

第56局　百川归海

江河流入大海。比喻大势所趋或众望所归。也比喻许多分散的事物汇集到一个地方。

如图56，红先。

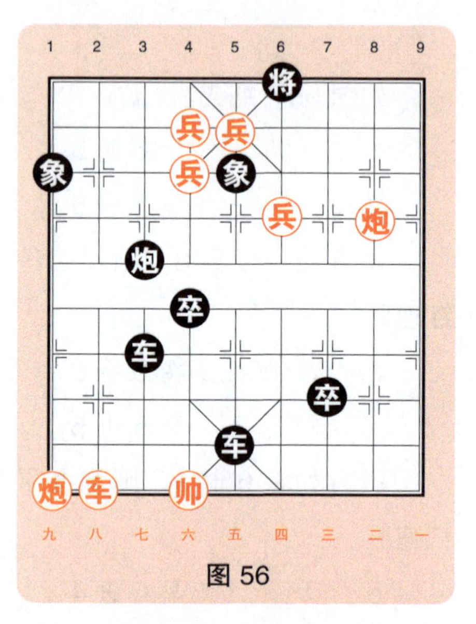

图56

① 车八进九　炮3退4

② 车八平七　车3退6

红方弃车吃炮，调虎离山，黑方必须回车，如象1退3，则炮九进九，下一着再兵六进一有连杀。

③ 炮二退六　车3进6

黑方如车5平6，则炮二平四，车3进9，炮四平七，红胜定。

④ 炮二平四　卒7平6

⑤ 兵五平四　将6进1

黑方如将6平5，则前兵平五，将5平4，兵六进一，红胜。

⑥ 兵四进一　将6退1　　⑦ 兵四进一　将6平5

⑧ 兵四平五　红胜

第 57 局　放弥六合

六合，指天地东西南北。古诗有“秦王扫六合，虎视何雄哉。”意思是秦王嬴政以虎视龙卷之威势，统一了中原六国。

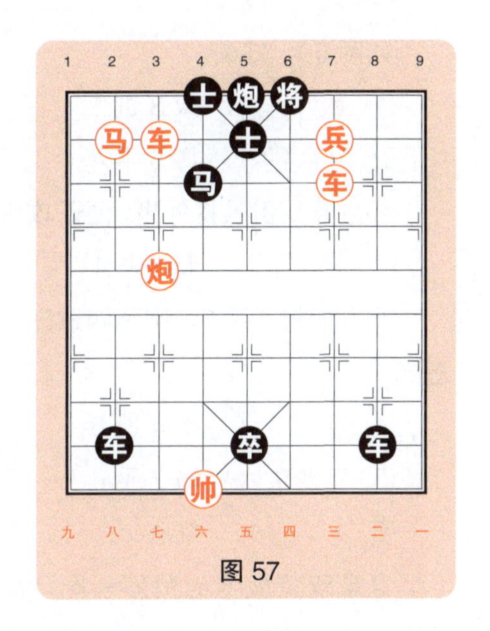

图 57

如图 57，红先。

① 车三平四　士 5 进 6

黑方如马 4 退 6，则车四进一，红速胜。

② 车七平四　马 4 退 6

③ 兵三进一　炮 5 平 7

④ 炮七进四　士 4 进 5

⑤ 马八进六　红胜

第 58 局　中外二圣

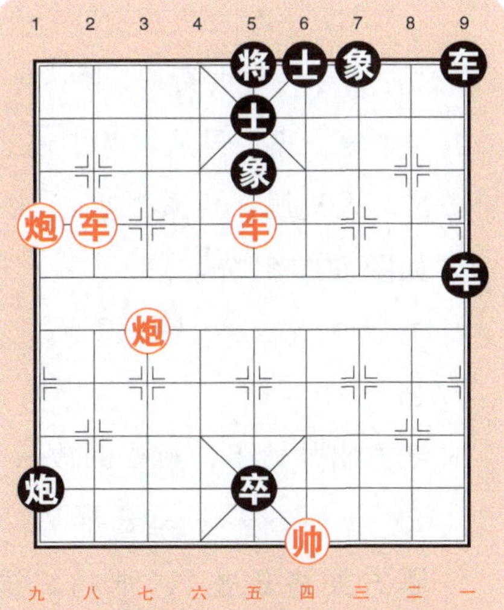

如图 58，红先。

① 车八进三　士 5 退 4

② 炮七进五　士 4 进 5

③ 炮七退二

妙手，红炮占位极佳。

③ …………　士 5 退 4

④ 车五进一！象 7 进 5

黑方如士 6 进 5，则炮七进二，闷宫，红胜。

⑤ 炮九平五　象 5 退 3

⑥ 炮七平五　红胜

图 58

本局演示了双车双炮攻杀的典型战例，有很高的实用价值。

第 59 局　变现出没

如图 59，红先。

① 炮九进八　象 3 进 1

② 兵六进一　将 5 平 4

红方弃兵引黑将外出，便于攻杀。

③ 车四平六！士 5 进 4

黑方如将 4 平 5，则马四进三，红速胜。

④ 炮二平六　士 4 退 5

⑤ 马四进六　车 7 平 4

⑥ 马六进七　红胜

这是双将战术的精妙杀局，高水平的比赛中经常见到。

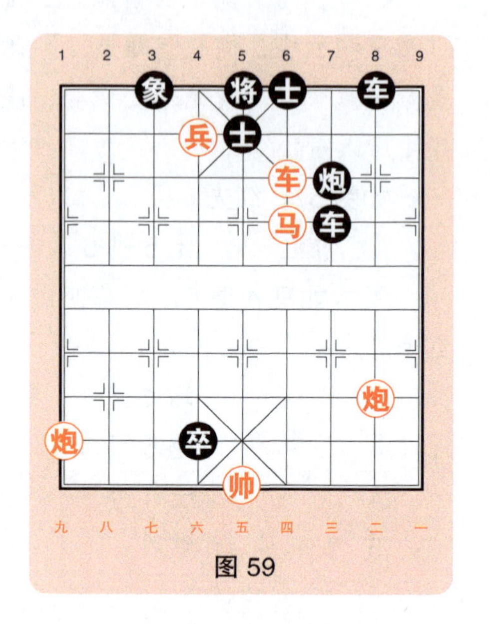

图 59

第 60 局　虎兕出匣

兕：犀牛一类的野兽。匣：同“柙”，关兽的木笼。虎、兕从木笼中逃出。比喻凶恶的人逃脱，后果严重。

如图 60，红先。

① 马一进二　士 5 退 6

② 帅五平四

红方出帅妙手，解杀助攻。

② …………　卒 8 平 7

黑方如将 5 进 1，则马二退三，将 5 平 4，马三进四，将 4 平 5，兵四平五，红胜。

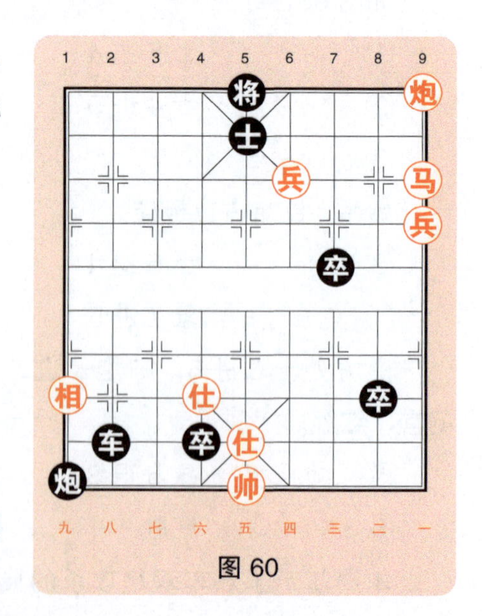

图 60

③ 马二退三　士6进5　　④ 马三进四　将5平6

⑤ 兵四进一　将6平5　　⑥ 兵四进一　红胜

第61局　群虎争餐

如图61，红先。

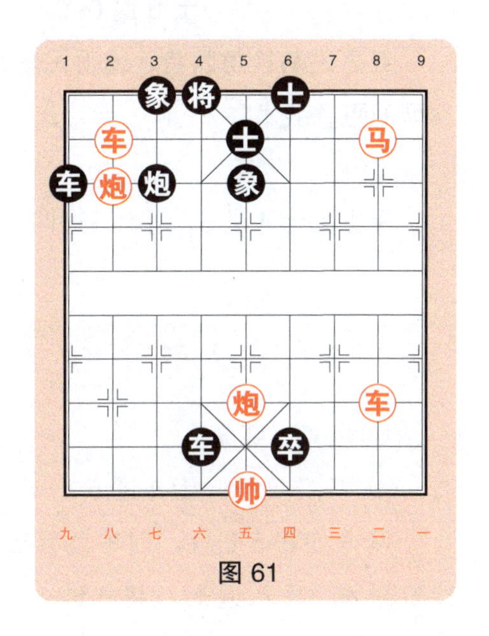

图61

① 车八平六！将4进1

黑方如将4平5，则炮八进二，红速胜。

② 马二进四　士5退6

③ 车二进六　士6进5

④ 车二平五　将4退1

⑤ 炮八进二　红胜

本局中红方利用黑方“有象无处飞”的弱点，组织车马炮联合攻势，终成杀局。

第62局　控告无门

比喻申诉无门，无处诉说自己的痛苦或冤屈。本局红方五个强子联合进攻，弃子取胜。

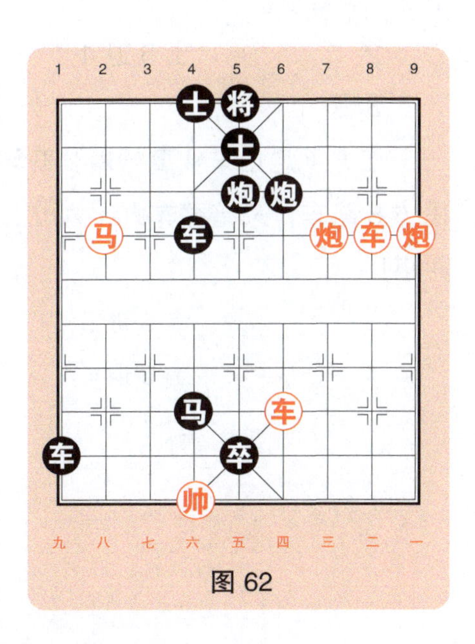

图62

如图62，红先。

① 车二进三　炮6退2

黑方如士5退6，则炮三进三，士6进5，炮三退四，士5退6，炮一平五，车4平5，马八进七，将5进1，车二退一，红胜。

② 车四进七　士5退6　③ 炮三进三　士6进5

④ 炮三退四

红方退炮抽将，调整双炮之间的相对位置，使一路边炮有了横向活动的空间。

④ …………　士5退6　⑤ 马八进六　车4退1

红方进马挂角照将，逼得黑车必须吃马，否则车二退一杀。这是一种典型的阻塞战术。

⑥ 炮一平五

黑方如士4进5，则炮三进四杀。又如炮5平6，则炮三平五杀，红胜。

第63局　头辆舆轮

如图63，红先。

① 兵四平五　士4进5

黑方如将5进1，则车九平五，将5平4，马八退七，将4进1，车五进二，红胜。

② 车九进四　士5退4

③ 炮七平二

红方平炮拦车实属妙着，既堵住黑方8路车，又暗藏车九平六吃士的杀棋！

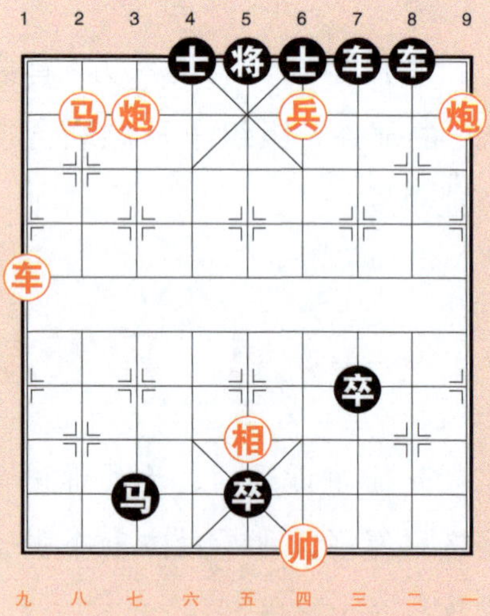

③ …………　士6进5

④ 车九平六　士5退4　⑤ 马八退六　红胜

图63

第 64 局　倒转干戈

如图 64，红先。

① 炮九进一　象 3 进 1

② 炮六进八　象 1 退 3

③ 车六平一　车 9 进 3

红方弃车，为退炮腾出空间。

④ 炮六退九　象 3 进 1

⑤ 炮六平四　卒 6 进 1

红方献炮，化解黑方的杀着。黑方如车 9 平 6，则兵七进一，车 6 平 5，帅五平六，车 5 平 4，帅六平五，黑方仍阻挡不了红方的杀着。

⑥ 兵七进一　红胜

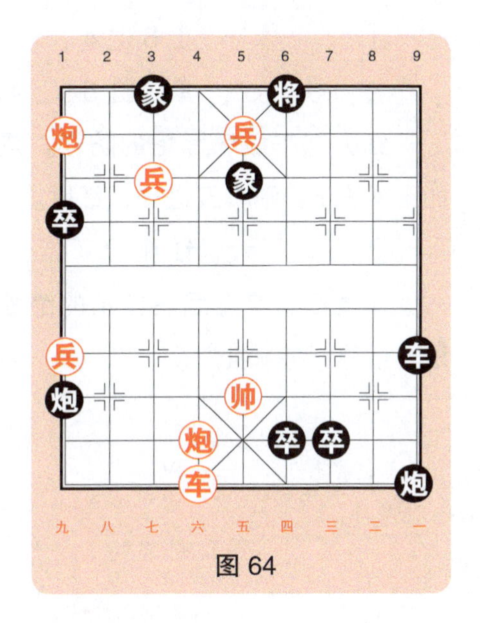

图 64

第 65 局　推窗观月

如图 65，红先。

① 车六进七　将 6 进 1

② 相五进三

红方飞相挡车，露帅助攻。

② …………　车 7 退 2

黑方如象 3 进 5，则车六平三，再双车错杀，红速胜。

③ 车二进八　将 6 进 1

④ 车六平四　士 5 退 6

⑤ 车二退一！　将 6 退 1

⑥ 马五进六　红胜

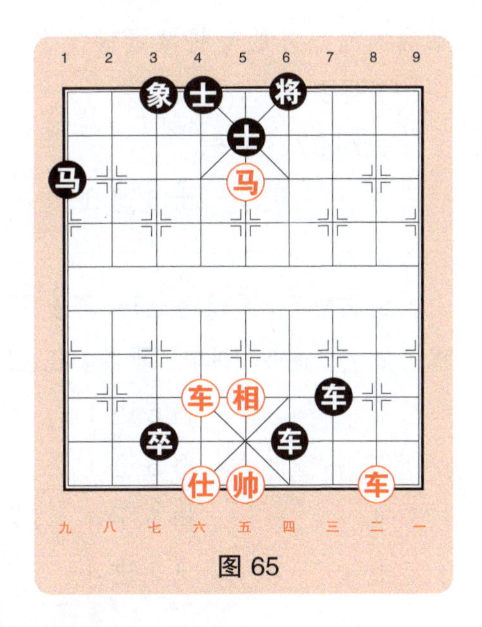

图 65

第 66 局　见危致命

如图 66，红先。

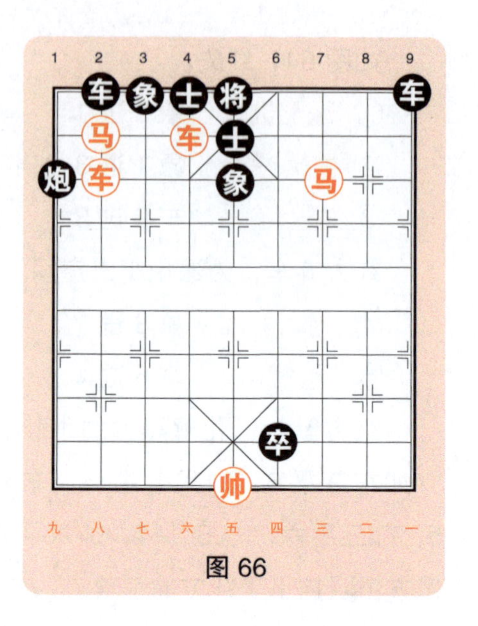

图 66

① 车六进一　士 5 退 4

② 车八平五　象 3 进 5

红方弃车破坏黑炮的防守。黑方如士 4 进 5，则车五进一，红胜。

③ 马八退六　红胜

本局红方弃车后马挂角的绝妙杀法，俗称“掖车挂”。

第 67 局　凫罗鱼网

凫，野鸭，生长在江河湖泊中。形容本局黑方的老将像野鸭撞上了渔网，不得安稳。

如图 67，红先。

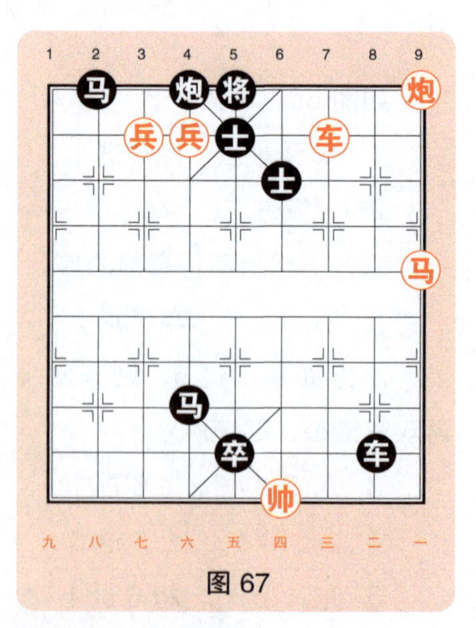

图 67

① 车三进一　士 5 退 6

② 兵六平五

红方妙手，逼黑将上升，算度深远。黑方如士 6 退 5，则车三平四，红速胜。

② …………　将 5 进 1

③ 车三退一　将 5 进 1

④ 马一进三　将 5 平 4

⑤ 车三平六　马 2 进 4

⑥ 炮一平六　红胜

第 68 局　鸿门碎斗

楚汉战争时期，项羽邀请刘邦赴宴于鸿门。酒席间，项羽的谋士劝项羽杀掉刘邦。项羽犹豫不决，刘邦乘上厕所之机逃走。“鸿门碎斗”即指鸿门宴。

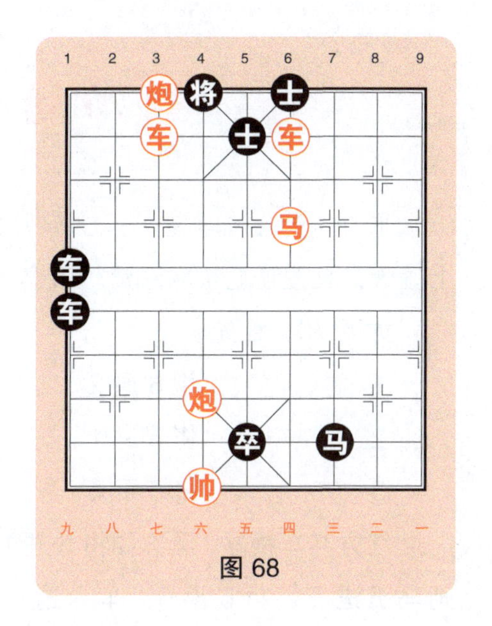

图 68

如图 68，红先。

① 马四进六　　前车平 4

② 车四进一！ 士 5 退 6

③ 马六进四

妙！红方借双将之机把黑方老将逼入绝地。

③ …………　　将 4 平 5

④ 马四进六　　红胜

第 69 局　举趾触罝

如图 69，红先。

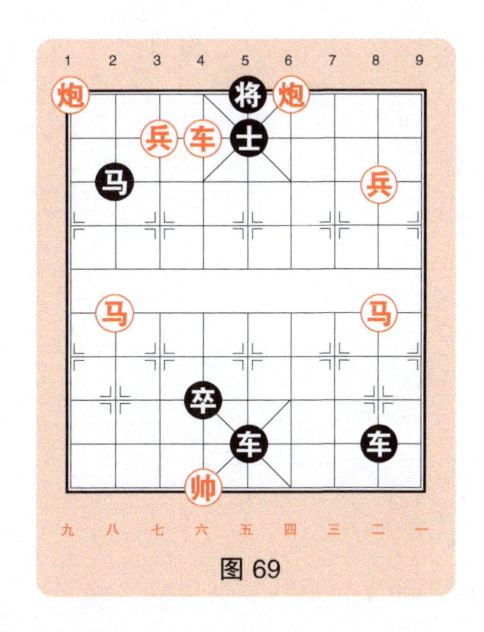

图 69

① 车六进一　　将 5 平 4

② 兵七进一　　将 4 进 1

③ 马八进七　　将 4 进 1

④ 马七进八　　将 4 平 5

黑方如将 4 退 1，则炮九退一，马后炮杀。

⑤ 马二进三　　将 5 平 6

⑥ 兵二平三

红方也可走炮九退二，马 2 进 3，马八退六，马 3 退 2，马六进四，红胜。

⑥ ………… 将6退1 ⑦ 兵三进一 将6进1

⑧ 兵三平四 士5退6 ⑨ 炮九平四 红胜

第70局 鸢飞唳天

取自《诗经·旱麓》："鸢飞唳天，鱼跃于渊。"意思是老鹰展翅飞上蓝天，鱼儿摇尾跃在深渊。形容本局红方双马迅猛异常。

如图70，红先。

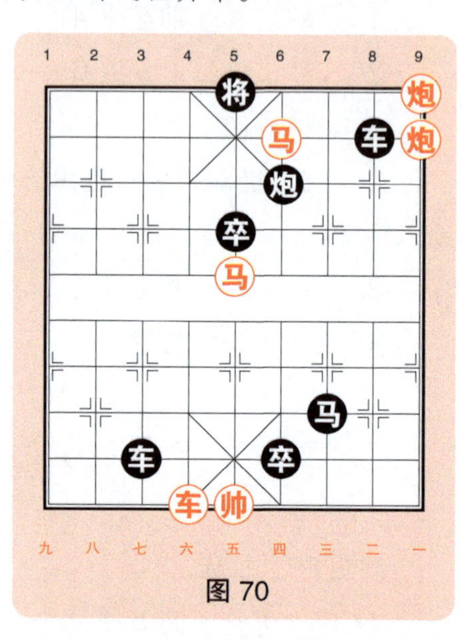
图70

① 马四进二 炮6退2

② 马二退四 将5进1

③ 车六进八 将5平4

红方弃车精妙，黑方如将5进1，则马五进三，将5平6，车六退一，红速胜。

④ 马四退五 将4进1

⑤ 前马进七 将4平5

⑥ 马七退六 红胜

第 71 局　触目惊心

如图 71，红先。

① 车六平五　士 6 进 5

② 马四进六　将 5 平 4

③ 马六进七　车 1 退 8

黑方如将 4 进 1，则车三平六，士 5 进 4，车六进一，红胜。

④ 车三平六　将 4 平 5

⑤ 马七退六　将 5 平 4

⑥ 马六退八　将 4 平 5

⑦ 马八进七　红胜

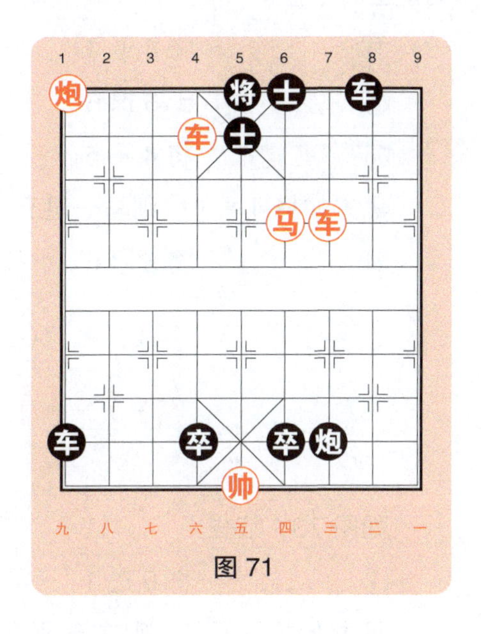

图 71

第 72 局　骏骑追风

骏骑：骏马，良马。形容本局马的着法非常迅速，像风儿一样轻快。

如图 72，红先。

① 马一退三　将 5 平 4

② 马九进八　将 4 进 1

③ 马三退五　士 5 进 6

黑方如士 5 进 4，则马八退七，红速胜。

④ 马八退七　将 4 进 1

⑤ 马七退五　将 4 退 1

⑥ 前马退七　将 4 退 1

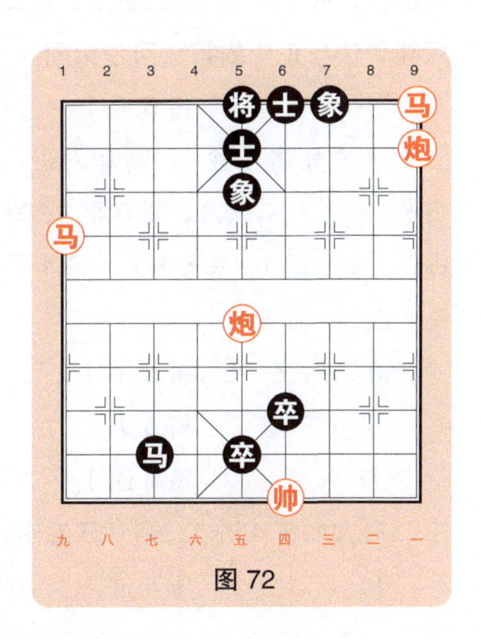

图 72

⑦ 马七进八　将4进1　⑧ 马五进四　象7进5

黑方如将4平5，则马四进二，将5进1，马八退七，将5平4，马七退五，红胜。

⑨ 马八退七　将4退1　⑩ 炮一进一　士6进5

⑪ 马四进三　士5退6　⑫ 马七进五　将4进1

⑬ 马五退七　将4平5

黑方如将4平1，则马七退五，将4退1，马三退四，红胜。

⑭ 马七退五　将5平6　⑮ 马三退二　红胜

第73局　鱼跃于渊

如图73，红先。

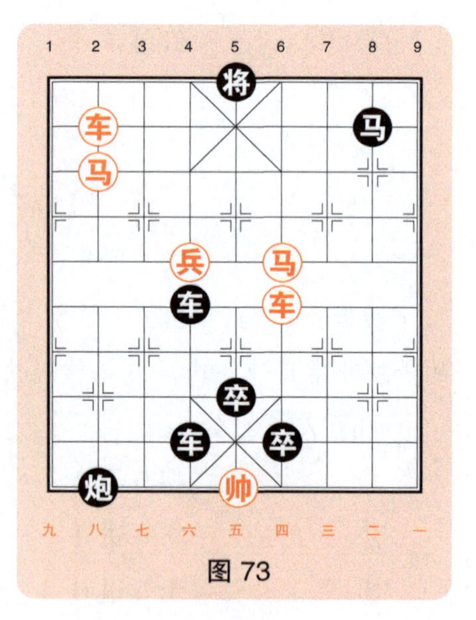

图73

① 车八平五　将5进1

黑方如将5平4，则车五平六，将4平5，车六进一，将5平4，马四进五，将4平5，马五进三，至此，后续着法与正变的第五回合相同。

② 马四进六　将5退1

黑方如将5进1，则马六进七，将5退1，马八退六，将5平4，车四进四，将4退1，马七退五，将4平5，马六进七，红速胜。

③ 马六进七　将5平4　④ 马七退五　将4平5

⑤ 马五进三　将5进1　⑥ 马八退六　将5平4

⑦ 车四进四　将4退1

黑方如将4进1，则马三退四，将4平5，车四平五，红胜。

⑧ 车四进一　将4进1　⑨ 马六进八　将4平5

⑩ 马三退四　马8进6

黑方如将5进1，则车四平五，将5平6，马八退六，将6退1，马四进六，红胜。

⑪ 马八退六　将5平4　　⑫ 马六进四　将4平5

⑬ 前马退六　将5平4　　⑭ 马六进八　红胜

第74局　登高履险

如图74，红先。

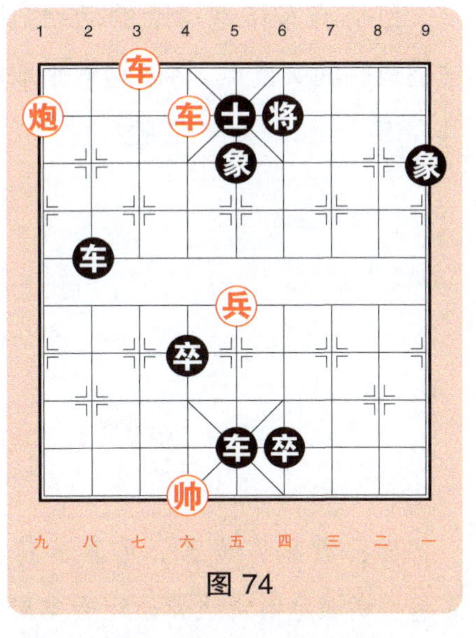

图74

① 车六退三　将6进1

黑方如走士5进4，则车七退一，将6进1，车六平八，象5进3，车八平七，卒4进1，后车平四，将6平5，炮九退一，士4退5，车七退一，士5进4，车四平五，将5平6，车七退一，将6退1，车七平四，红胜。

② 车六平四

红方弃车缓解黑车的杀着。如误走车六平八，则象5退3，车八平六，车5平1，车六平四，将6平5，兵五进一，将5平4，兵五进一，车1平4，帅六进一，卒4进1，帅六退一，卒4进1，帅六平五，卒4平5，黑胜。

② …………　车2平6　　③ 车七平二

红方闪车奇袭，巧妙地利用黑士作炮架。与上着弃车前后呼应，可谓妙绝。

③ …………　车5平4　　④ 帅六进一　卒4进1

⑤ 帅六进一　车6平4　　⑥ 帅六平五　车4退3

⑦ 车二退八　象5进7　　⑧ 兵五进一　车4平1

⑨ 车二平四　将6平5　　⑩ 兵五进一　红胜

第 75 局　豪帅心服

如图 75，红先。

① 车七平四　士 5 进 6

② 车四平五　士 6 退 5

③ 仕五进四　士 5 进 6

④ 车五进六　车 5 进 1

红方弃车堵塞黑士的活动范围，这是取胜的关键点，将以炮闷杀取胜。

⑤ 仕四退五　红胜

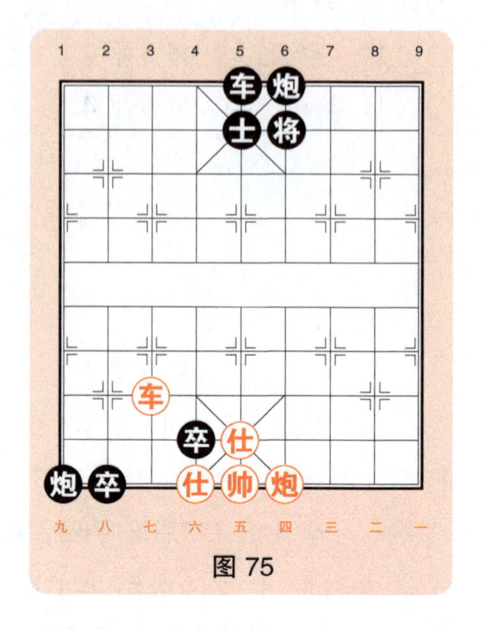

图 75

第 76 局　莺慵蝶懒

莺：黄鹂、黄莺。形容黄莺显得倦怠，蝴蝶也懒得飞舞。比喻本局黑方在红方炮马兵联攻之下没有还手之力。

如图 76，红先。

① 兵六进一　将 4 平 5

黑方如将 4 退 1，则马六进五，将 4 平 5，炮三平五，马后炮杀，红胜。

② 马六进四　将 5 退 1

③ 马四进三　将 5 平 6

黑方如将 5 退 1，则炮一进五，士 6 进 5，炮三平五，士 5 进 6，兵

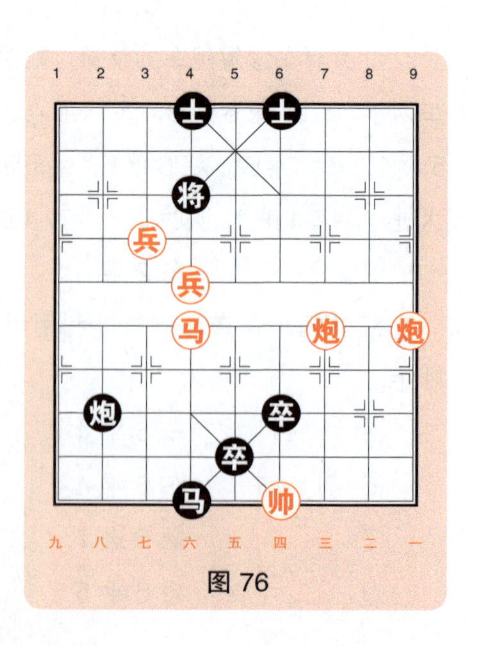

图 76

六平五，士 4 进 5，马三进二，红速胜。

④ 马三退五　将 6 进 1　　⑤ 马五退三　将 6 退 1

黑方如将 6 平 5，则兵六平五，将 5 平 4，兵七平六，将 4 退 1，炮三平六，将 4 平 5，炮六平五，将 5 平 6，马三进二，再以马后炮杀，红胜。

⑥ 马三进二　将 6 平 5　　⑦ 马二退四　将 5 进 1

⑧ 兵六进一　将 5 平 6　　⑨ 炮三平四　红胜

第 77 局　双蝶翻风

指蝴蝶双双迎风上下飞舞。形容本局红方双车上下左右照将的姿态优美。

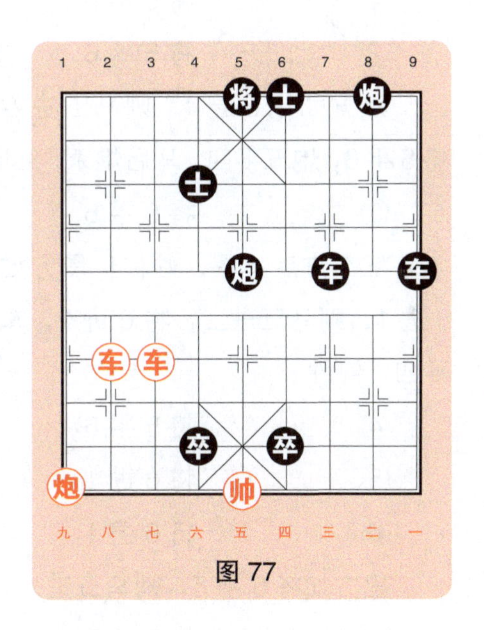
图 77

如图 77，红先。

① 车七进六　将 5 进 1

② 车八进五　将 5 进 1

③ 炮九进七　士 4 退 5

④ 车七退二　士 5 进 4

⑤ 车七退一　士 4 退 5

⑥ 车八退一　士 5 进 4

⑦ 车七平五　将 5 平 6

⑧ 车八退一！士 4 退 5

黑方如将 6 退 1，则车八进二，士 4 退 5，车五平四，红胜。

⑨ 车五平四　将 6 平 5　　⑩ 车八平五　将 5 平 4

⑪ 车五平六　将 4 平 5　　⑫ 车四平五　将 5 平 6

⑬ 车六进一　将 6 退 1　　⑭ 车五平四　士 5 进 6

⑮ 车四进一　将 6 平 5　　⑯ 车四平五　将 5 平 6

⑰ 车六进一　士 6 进 5　　⑱ 车五进一　将 6 退 1

⑲ 车五平四　将6平5　⑳ 车六平五　将5平4

㉑ 车四进一　红胜

本局中红方双车照将、顿挫，运子上下翻飞，犹如蝴蝶飞舞。

第78局　翻江搅海

形容力量或声势非常浩大。

如图78，红先。

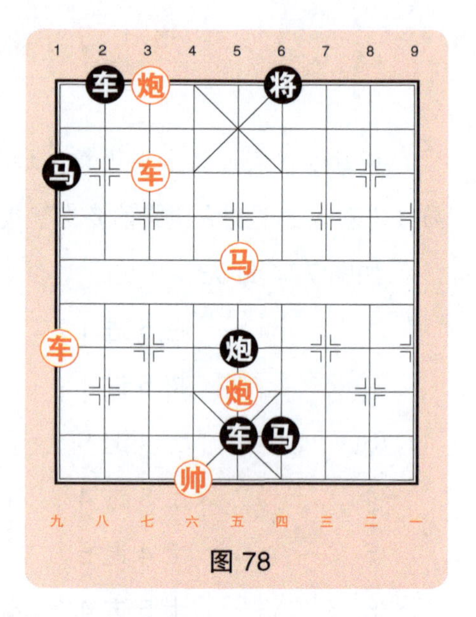

图78

① 车七平四　将6平5

② 车四平五　将5平6

黑方如炮5退4，则马五进四，将5平6，炮五平四，马后炮杀，红胜。

③ 车五进二　将6平5

红车进底将军，妙极！黑方如将6进1，则马五进三，将6进1，车五平四，红胜。

④ 马五进四　将5平6

⑤ 马四进二　将6进1

⑥ 马二退三　将6退1　⑦ 马三进五　将6进1

黑方如将6平5，则马五进六，双将杀，红胜。

⑧ 马五进六　炮5退6　⑨ 车九平四　将6平5

⑩ 马六退七　将5进1　⑪ 马七退六　将5退1

⑫ 马六进四　将5进1

黑方如将5平6，则马四退五，红胜。

⑬ 车四平五　将5平6　⑭ 炮五平四　红胜

第79局 四七并列

如图79，红先。

① 炮六进三

红方首着弃炮鬼斧神工，引出黑将后，双马盘旋追杀黑将，着法紧凑。

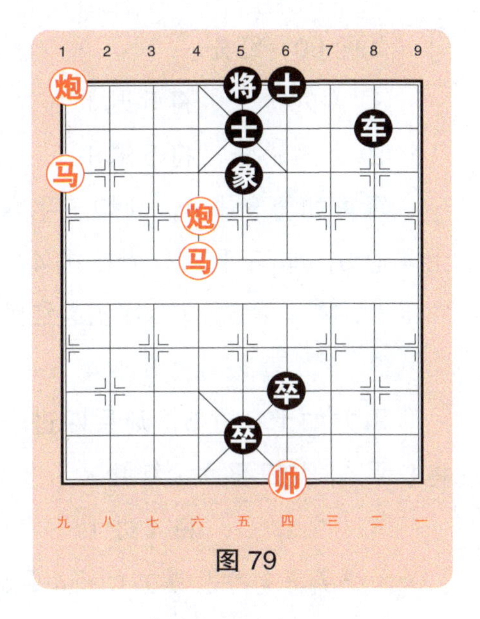

图79

① ………… 将5平4

② 马九进八 象5退3

③ 马八退七 将4进1

④ 马七退五 将4进1

⑤ 马五退七 将4退1

⑥ 马七进八 将4进1

⑦ 马八进七 将4退1

红马借将吃象，为取胜扫除障碍。

⑧ 马七退八 将4退1 ⑨ 马六进七 将4平5

黑方如将4进1，则马七进八，将4进1，炮九退二，红胜。

⑩ 马八进七 士5退4 ⑪ 前马退六 将5进1

⑫ 马六退七

红方也可走马六退五，将5平4，马五进四，将4进1，炮九退二，红亦胜。

⑫ ………… 将5平6 ⑬ 后马进五 将6进1

⑭ 炮九退二 红胜

第80局　士卒星散

如图80，红先。

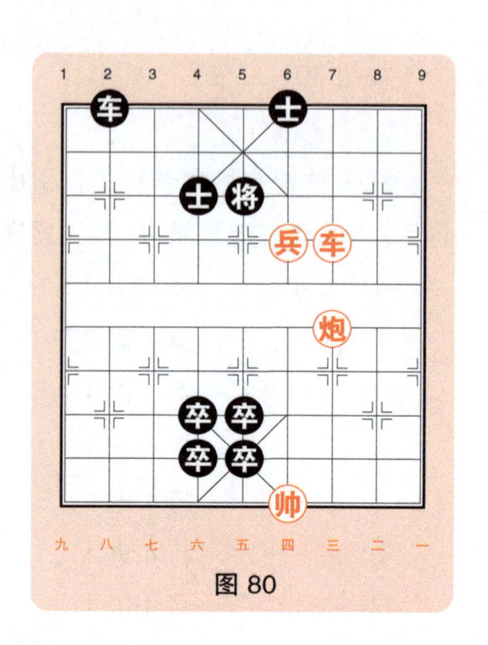

图80

① 兵四进一　将5退1

② 兵四进一　将5退1

黑方如将5平4，则炮三平六，士4退5，车三平六，士5进4，兵四平五，将4平5，车六平五，红胜。

③ 车三平五　将5平4

黑方如士6进5，则兵四进一，将5平4，炮三平六，红胜。

④ 车五进三！将4进1

红方弃车妙手！黑方如将4平5，则炮三进五，士6进5，兵四进一，红胜。

⑤ 车五平八

红方吃车正确！如误走炮三进四，黑方则士4退5，兵四平五，将4进1，车五平八，将4平5，兵五平四，前卒5进1，帅四平五，卒5进1，帅五平四，卒5进1，帅四进一，前卒4平5，帅四进一，卒4平5，黑胜。

⑤ ………　士4退5　　⑥ 车八退六　将4进1

黑方如走前卒4进1，则车八平六，士5进4，炮三平六，士4退5，炮六退二，士5进4，兵四平五！士6进5，车六平五，后卒平4，车五退二吃卒，红胜定。黑方又如后卒5平6，则车八平六，士5进4，炮三平六，士4退5，炮六退二，士5进4，车六平四，士4退5，车四退一，卒4进1，炮六平五，红亦胜定。

⑦ 车八平六　将4平5　　⑧ 车六平五　将5平4

⑨ 炮三平五　红胜

至此，红方胜定。举例：黑方如接走将4退1，则车五平六，士5进4，炮五平六，士4退5，炮六退二，士5进4，炮六进五，将4退1，炮六平二，将4平5，炮二进二，士6进5，兵四进一，红胜。

第81局 寻踪觅迹

寻：找。踪：迹，脚印，指行踪。本意到处寻找别人的行踪。比喻本局细微处见真章，双马盘旋，一炮定音。

如图81，红先。

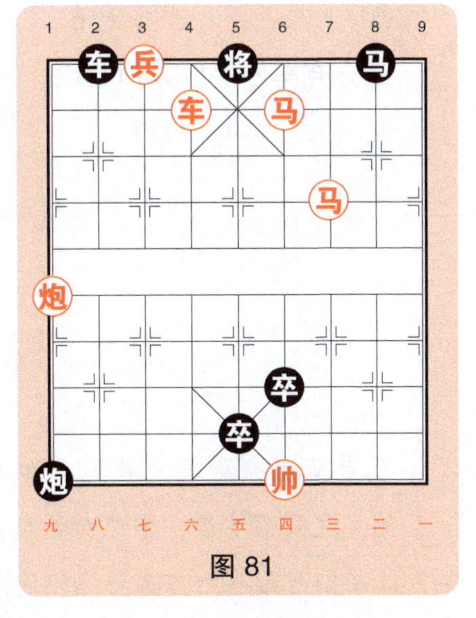

图81

① 兵七平六　车2平4

② 车六进一　将5进1

③ 车六平五

红方弃车妙手，为以后的马炮攻杀开辟了道路。

③ …………　将5退1

④ 马四退六　将5进1

⑤ 马六进七　将5平4

⑥ 马七退八　将4平5

黑方如将4退1，则马三进五，将4平5，炮九平五，马后炮杀，红速胜。

⑦ 马八退六　将5退1　　⑧ 马六进七　将5平4

黑方如将5平6，则马三进二，将6进1，炮五进四，红速胜。

⑨ 马三进五　将4进1　　⑩ 马五进四　将4进1

黑方如将4退1，则马七退五，将4平5，炮九平五，红胜。

⑪ 马七退八　红胜

第 82 局 祸不单行

指本局红方的杀着一个接一个施展，最后形成双将绝杀，黑方真是祸不单行。

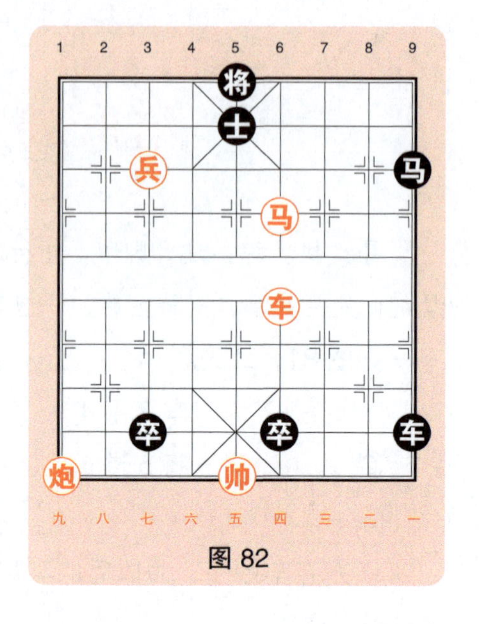

图 82

如图 82，红先。

① 马四进六　将 5 平 4

② 炮九平六　卒 3 平 4

③ 车四进五　士 5 退 6

红方弃车妙手！露帅助攻。

④ 马六进四　红胜

第 83 局 沉鱼落雁

沉鱼落雁：意思是鱼见之潜入水底，雁见之降落沙洲，形容女子容貌美丽。本局则是形容红方车马炮接连沉入黑方底线成连将杀。

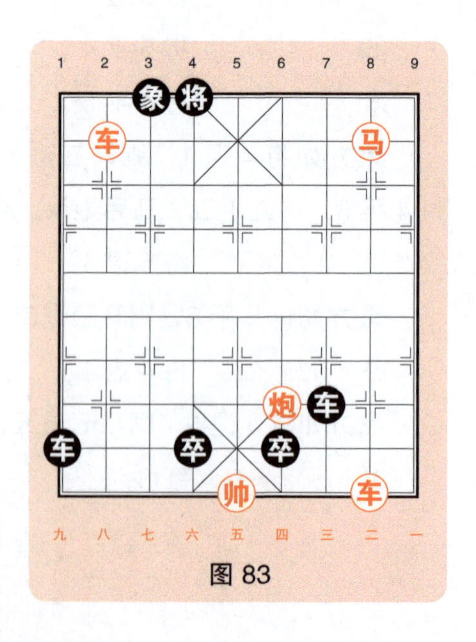

图 83

如图 83，红先。

① 车八平六　将 4 进 1

② 马二退四　将 4 进 1

③ 马四进五　将 4 退 1

④ 车二进八　将 4 退 1

⑤ 炮四进七　红胜

第 84 局　双蜓点水

蜻蜓点水，指蜻蜓在水面飞行时用尾部轻触水面的动作。双蜓点水比喻本局双马叫将如两只蜻蜓点水，精妙异常。

如图 84，红先。

① 马七进六　象 5 退 3

② 兵五平四　将 6 平 5

③ 马六退七　象 3 进 5

④ 马八退六　红胜

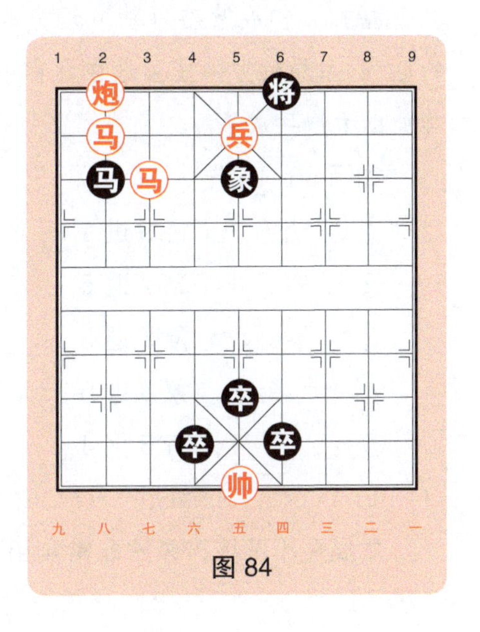

图 84

第 85 局　骥不称力

如图 85，红先。

① 兵四进一　将 5 平 6

② 车五平四　士 5 进 6

红方弃车露帅控制中路，同时又阻塞了黑将上升。

③ 后马进三　将 6 进 1

④ 马三进二　马 9 退 7

⑤ 马一退三　将 6 退 1

⑥ 马二退三　将 6 进 1

⑦ 前马进一　红胜

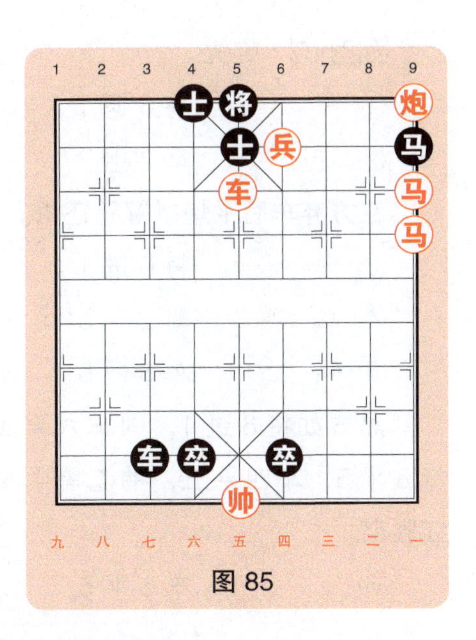

图 85

第 86 局　运筹决胜

指拟订作战策略以获取远方战斗的胜利。本局红方帅仕虽远在九宫中，却能助力炮兵成杀。

如图 86，红先。

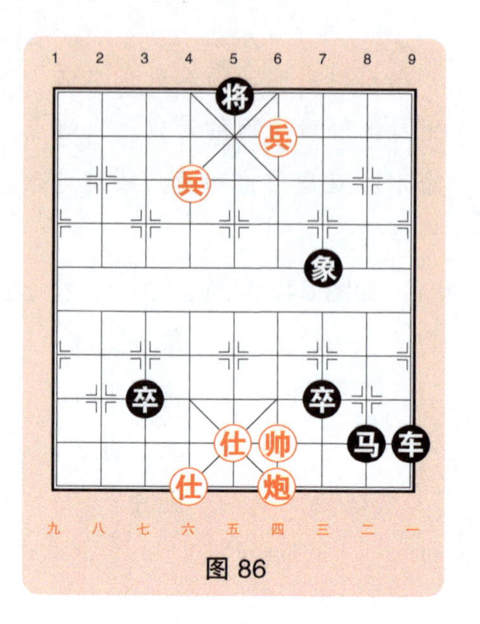

图 86

① 兵四平五　将 5 进 1

② 炮四平五　象 7 退 5

③ 仕五进六　象 5 退 3

④ 仕六进五　象 3 进 5

⑤ 兵六平五　将 5 平 4

⑥ 炮五平六　红胜

本局短小精炼，杀法非常实用。

第 87 局　开渠引水

如图 87，红先。

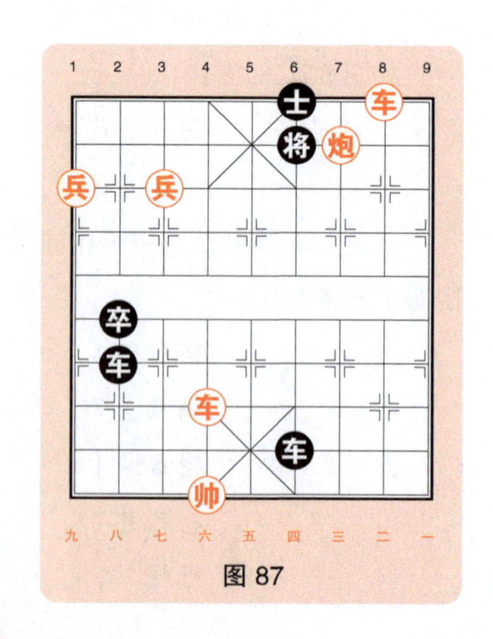

图 87

① 车二平四　将 6 退 1

② 炮三平八　卒 2 平 3

红方弃车后平炮以解杀还杀。

③ 车六进七　将 6 进 1

④ 兵九平八　车 2 平 5

⑤ 兵七进一　车 5 退 5

黑方如将 6 进 1，则车六平四，将 6 平 5，车四平五，抽吃黑中车，红胜定。

⑥ 车六平五　车 6 平 5

⑦ 兵七平六　前车退3

黑方如前车退6，则兵六平五，将6进1，车五平四，红速胜。

⑧ 兵六平五　将6进1　　⑨ 兵八平七　红胜

原谱图黑方有4路底士，现改为6路。因本局红方第二回合平炮打车解杀还杀时，黑方可以改走上士而弃车，弈成和棋。试演如下：炮三平八，士4进5，炮八退五，卒2进1，兵九平八，卒2平3，帅六平五，车6退2，车六平五，卒3平4，兵七进一，车6平5，兑车成和。

第88局　边兵成功

如图88，红先。

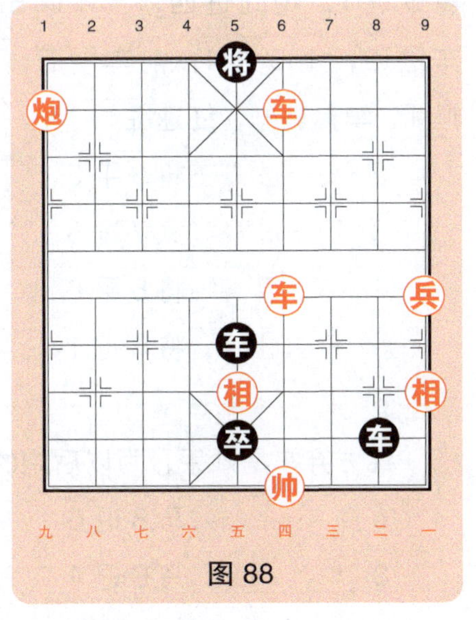
图88

① 前车进一　将5进1

② 后车进四　将5进1

③ 前车平五　将5平4

红车中路照将是重要的顿挫，如直接走前车平三，则卒5进1，帅四平五，车5进1，黑胜。

④ 车五平三

红方平车攻守兼备。如走车五退六吃车，则卒5平6，帅四平五，车8进1，相一退三，车8平7，黑胜。

④ …………　车5进1　　⑤ 炮九平五

红方平炮至中路，控制黑中卒，黑方攻势瞬间被瓦解，以后红方以车炮兑去黑方车卒，边兵渡河即胜。

⑤ …………　卒5平6　　⑥ 车四退七　车8平6

⑦ 帅四进一　车5退6　　⑧ 车三退四　车5进4

⑨ 兵一进一　红胜

形成车兵对单车的局面，红方边兵渡河方可取胜。

第89局　七雄争霸

七雄，指战国时期七个最强大的诸侯国，分别是齐、楚、燕、韩、赵、魏、秦。春秋时期经过多个诸侯国旷日持久的争霸战争，最后形成战国七雄争霸中原的混战局面。

如图89，红先。

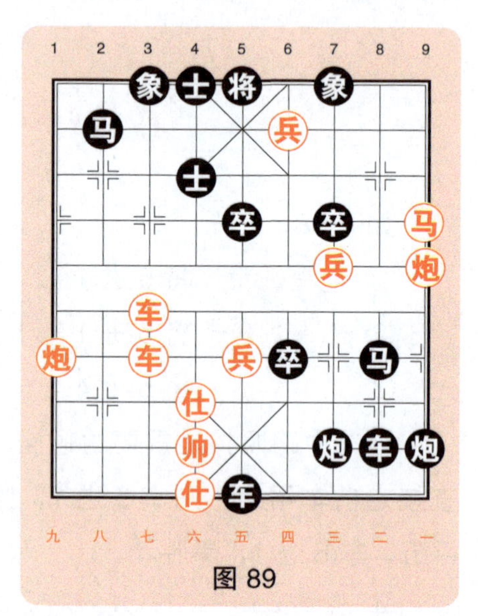

图89

① 兵四进一　将5平6

黑方如将5进1，则前车进四，将5进1，炮九进四，士4退5，后车进四，士5进4，前车平五，将5退1，车七进一，红速胜。

② 马一进二　将6平5

③ 炮一进四　象7进5

④ 马二退四　将5平6

⑤ 马四进三　将6进1

⑥ 前车平四

红方弃车是妙手，为以后炮的攻杀开辟道路。

⑥ …………　马8退6

⑦ 车七进五　士4退5

⑧ 炮九平四　马6退4

⑨ 马三退四！将6进1

黑方如走马4退6，则马四进二，马6退7，兵三平四杀，红速胜。

⑩ 兵三平四　马4进6

⑪ 兵四进一　将6退1

⑫ 兵四进一　将6退1

⑬ 兵四进一　将6平5

⑭ 兵四进一　红胜

红方连续进兵送佛归殿，形成妙杀。

第 90 局　骅骝争先

骅骝，指赤红色的骏马。唐朝诗人杜甫在《奉简高三十五使君》中有：“骅骝开道路，鹰隼出风尘。”形容本局红马的杀法非常精彩。

如图 90，红先。

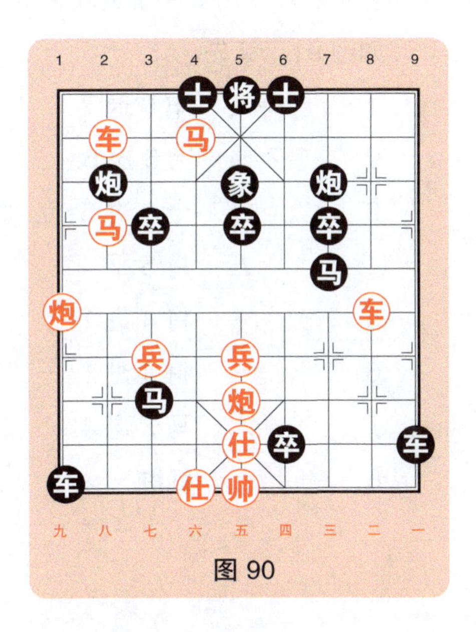

图 90

① 马六退四　炮 2 平 6

② 马八进七　将 5 进 1

③ 马七退六　将 5 退 1

④ 车八平五　士 4 进 5

黑方如士 6 进 5，则马六进七，将 5 平 6，炮九平四杀，红速胜。

⑤ 马六进七　将 5 平 4

⑥ 车二平六　士 5 进 4

⑦ 车六进三　炮 6 平 4

⑧ 炮九平六　炮 4 进 7

⑨ 炮五平六　红胜

第 91 局　六国抗秦

战国七雄中，秦国仗着强盛不断发兵进攻邻国，占领不少地方。当时有个叫苏秦的人，他提出“合纵”抗秦，意思是六国联合起来共同抗秦。本局中红方六个强子联手进攻，势不可挡。

如图 91，红先。

① 马四进三　车 6 退 7

② 车三平四！士 5 退 6

③ 炮三平五　士 6 进 5

④ 车六平五　将 5 平 4

⑤ 车五进一　将 4 进 1

⑥ 马八进七　将 4 进 1

⑦ 车五平六　马 2 退 4

⑧ 马七退五　红胜

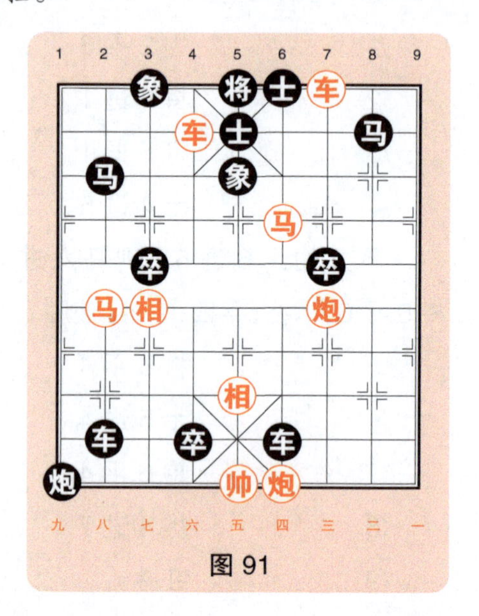

图 91

第 92 局　五丁凿路

公元前 316 年，秦惠王为了诱使蜀人引路入川，招来石匠制作了 5 头石牛，并把金子挂在牛尾下面，遣使告诉蜀王：石牛拉粪可以变成金子，而蜀道难行无法运输。蜀王听后信以为真，便挑选了 5 个大力士，令其出川把石牛拖回蜀国。秦惠王此后便顺着此路领兵攻入四川，占领了蜀国。这一故事称为“五丁凿路”。借喻本局红方车马炮双兵 5 枚棋子配合，凿开一条杀路而妙手获胜。

如图 92，红先。

① 车一进二　士 5 退 6

红方也可走车六平五，士 4 进 5，炮八进三，士 5 退 4，车一进二，将 5 进 1，炮八退一，红胜。

② 车六平五　士 4 进 5

③ 炮八进三　士 5 退 4

黑方如象 3 进 1 吃马，则炮九进一重炮杀。

④ 马九进七　红胜

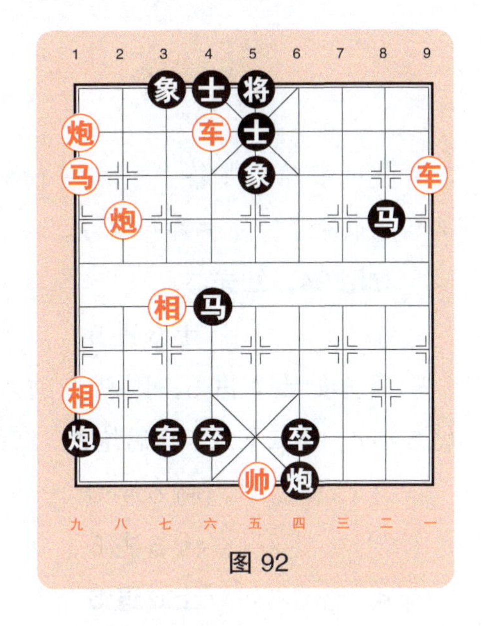

图 92

第 93 局　鱼骇月钩

如图 93，红先。

① 前车进一　将 4 进 1

② 马八进七　马 1 退 3

黑方如将 4 平 5，则车四进二，红速胜。

③ 后车进二　将 4 进 1

④ 前车平六　马 3 退 4

黑方如炮 4 退 3 吃车，则马七退五，红速胜。

⑤ 车四平六！炮 4 退 2

⑥ 马七退五　红胜

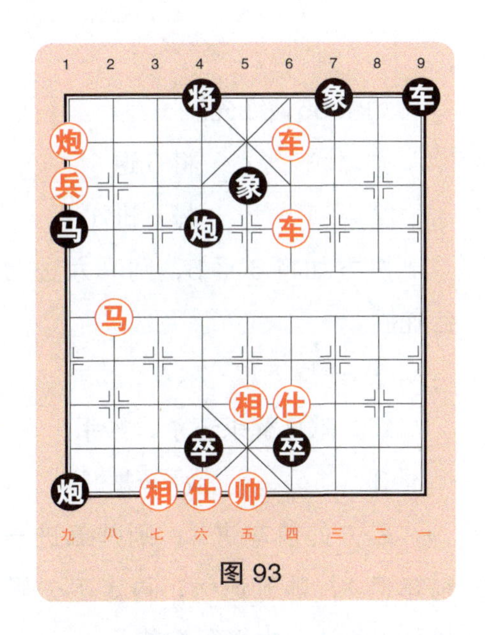

图 93

第 94 局　负笈追师

笈：书箱，书籍。形容一个人学问已经很深了，还去拜师学习。

如图 94，红先。

① 车五进一　士 6 进 5

黑方如士 4 进 5，则马五进六，将 5 平 4，炮二平六，马后炮杀，红胜。

② 马五进六　将 5 平 6

③ 车五平四　士 5 进 6

④ 炮二平四　士 6 退 5

黑方如马 8 进 6，则车八平六，红胜。

⑤ 马一进三　红胜

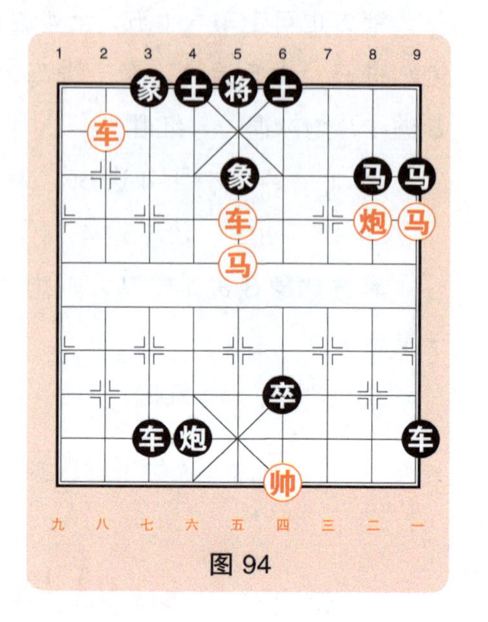

图 94

第 95 局　英雄贯斗

如图 95，红先。

① 兵三进一　将 6 退 1

② 兵三进一　将 6 进 1

黑方如将 6 平 5，则马六进七，红速胜。

③ 前炮平四

红方献炮解杀还杀，妙手！

③ …………　后车进 1

黑方如前车进 1，则帅五进一，前车退 1，帅五退一，再走下去黑方属禁止着法，也必须变着。

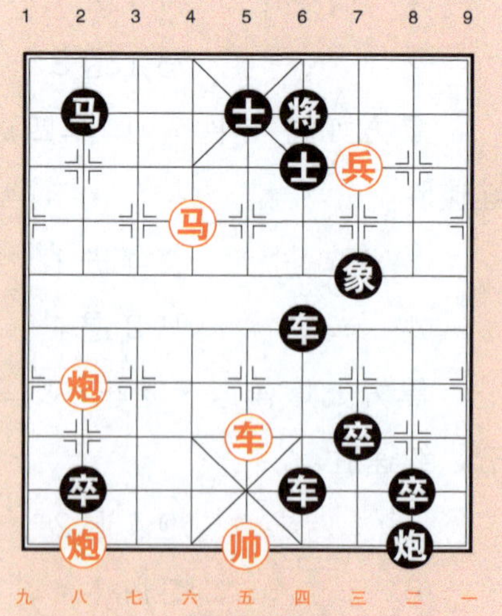

图 95

④ 炮八进八　士 5 进 4　　⑤ 车五进六　红胜

第 96 局　勇退急流

是指在急流中勇敢地立即退却。旧时比喻仕途顺利的时候毅然退出官场，现在也比喻在复杂的斗争中及早抽身。

如图 96，红先。

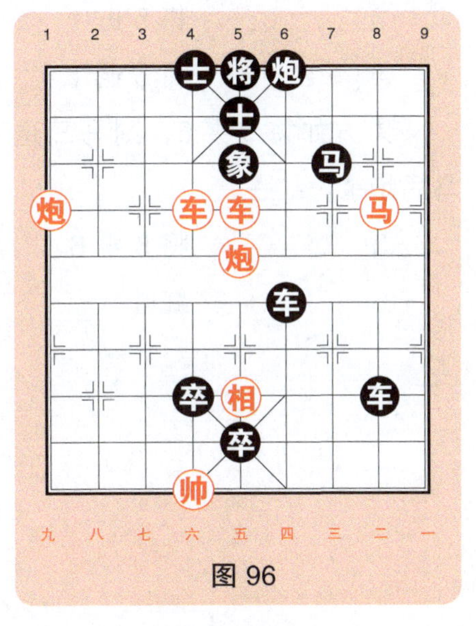

图 96

① 马二进三　车 6 退 4

黑方如炮 6 进 1，则炮九进三，象 5 退 3，车六进三，红速胜。

② 炮九进三　象 5 退 3

③ 车五平二　马 7 进 5

黑方如走士 5 进 4，则炮五退四，士 4 退 5，车二退四，车 6 平 7，车二进七，马 7 进 5，相五进三，卒 4 平 5，炮五进五，士 5 进 4，相三退五，红必胜。

④ 车二退四　卒 4 进 1　　⑤ 车六退五　卒 5 平 4

⑥ 帅六进一　车 6 平 7　　⑦ 车二进四　车 7 进 5

黑方企图在红方车二平五吃马以后，牵住红方中路车炮。

⑧ 车二进二　车 7 平 4　　⑨ 帅六平五　车 4 退 5

⑩ 帅五平四　车 4 平 1　　⑪ 车二进一　红胜

第 97 局　敌居万人

如图 97，红先。

① 马一退三　马 7 退 6

② 车一进三　车 9 退 4

③ 兵六平五　将 5 进 1

④ 车四进五　将 5 退 1

黑方如将 5 平 6，则马三退四，马后炮杀，红胜。

⑤ 车四平六　将 5 平 6

⑥ 兵五平四　红胜

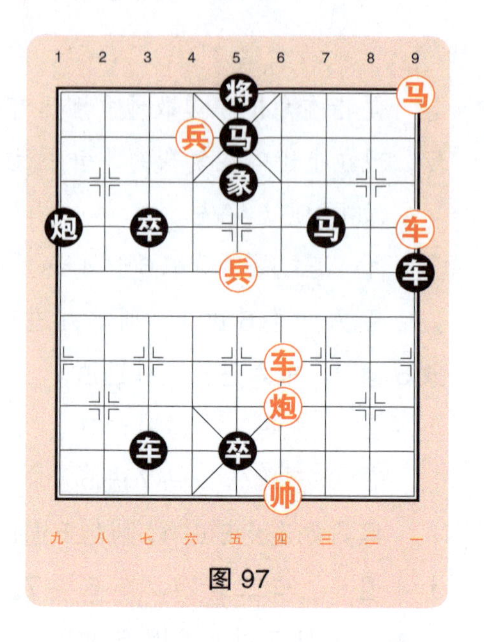

图 97

第 98 局　姜公钓渭

姜公，即姜太公，姓姜名尚字子牙。传说姜太公用直钩无饵垂钓于渭水，愿意上钩的鱼，就自己上钩。比喻心甘情愿地中别人设下的圈套。

如图 98，红先。

① 车九进三　士 5 退 4

② 炮八进三　将 5 进 1

黑方如士 4 进 5，则炮八退二，士 5 退 4，马四退六，将 5 进 1，车九退一，红胜。

③ 车九退一　将 5 进 1

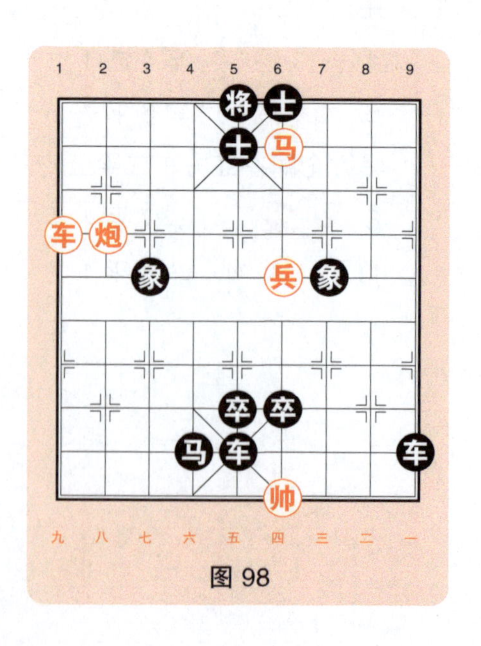

图 98

④ 马四退三　将5平4　⑤ 马三退五　将4平5
⑥ 马五进七　将5平6　⑦ 兵四进一　红胜

第99局　偷营劫寨

营：军营，军队驻扎的地方。劫：强夺。寨：防守用的栅栏，引申为军营。指偷袭敌方的营寨。

如图99，红先。

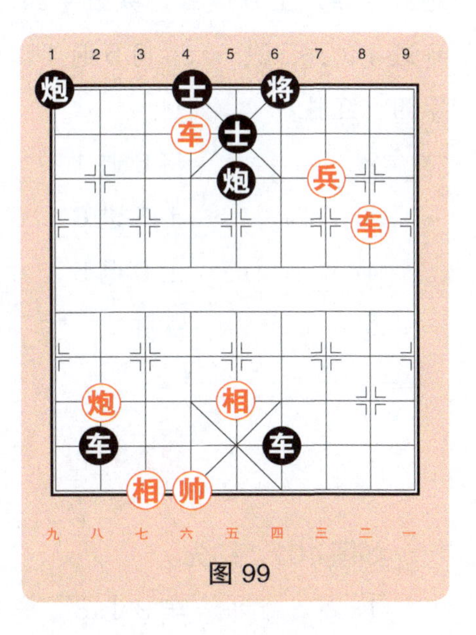

图99

① 炮八进七

红方弃炮拦截，阻断黑方边炮对其左翼的防御联系。

① …………　车2退8
② 车二进三　将6进1
③ 兵三进一　将6进1
④ 车二平四　士5退6
⑤ 车六平四　红胜

第 100 局　飞黄结路

如图 100，红先。

① 车一平四　炮 8 平 6

② 炮九进一

红方亦可走车四进三，士 5 进 6，炮八平四，士 6 退 5，兵五平四，将 6 进 1，兵三进一，将 6 退 1，炮九平四，红胜。

② …………　将 6 退 1

③ 车四进三　士 5 进 6

④ 炮八平四　士 6 退 5

⑤ 兵五平四　红胜

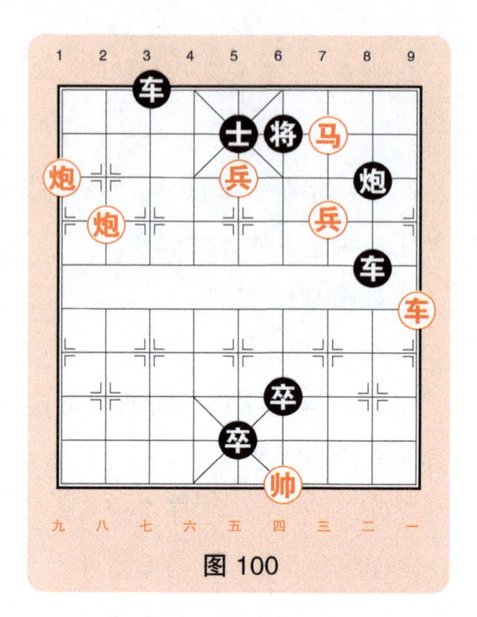

图 100

第 101 局　震惊百里

如图 101，红先。

① 炮二平六　车 9 退 8

② 车九平七　车 2 平 3

③ 炮六平一　车 3 退 5

④ 炮一平七

形成炮兵必胜低单卒的局面，红胜。

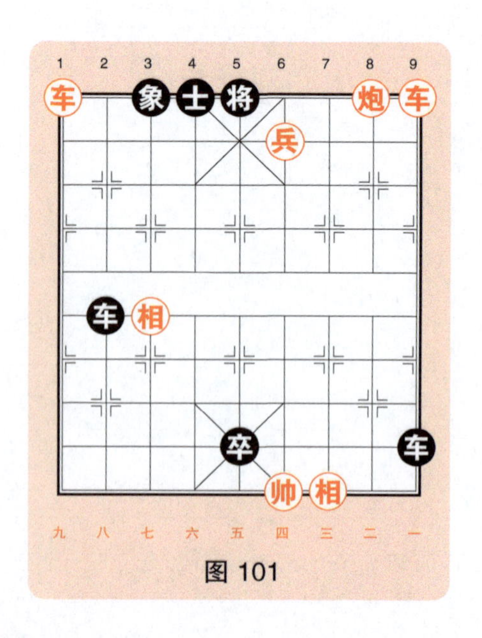

图 101

第 102 局　金门待漏

金门：汉代宫门名，又名金马门。漏：古代计时器。金门待漏：指在皇宫庭殿门外等待皇帝召见。

如图 102，红先。

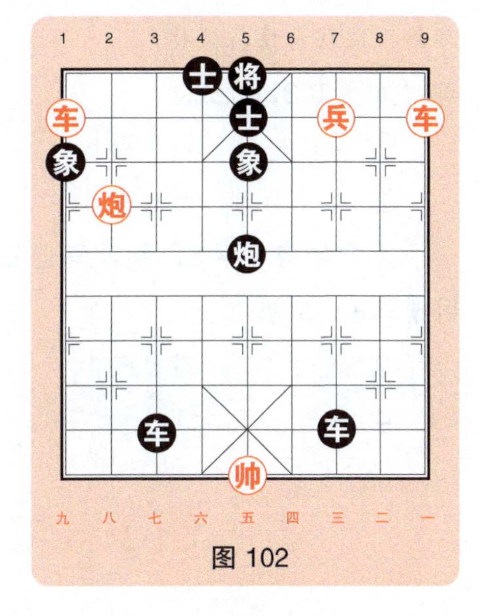

图 102

着法（一）

① 车一进一　象 5 退 7

② 炮八进三　象 1 退 3

③ 车一平三　士 5 退 6

④ 车三平四　将 5 平 6

⑤ 兵三平四　将 6 平 5

⑥ 车九平五　红胜

着法（二）

① 车一进一　士 5 退 6

② 车一平四　将 5 平 6

③ 兵三平四　将 6 平 5　　④ 炮八平五　士 4 进 5

黑方如象 5 退 3，则车九平五，红速胜。

⑤ 兵四平五　将 5 平 6　　⑥ 兵五进一　红胜

第 103 局 双鹭窥鱼

鹭，是鹳形目鹭科鸟类的通称，多指白鹭，一种水鸟，颈、腿都长，周身有白色的羽毛。本局中红方连弃车兵，以双马擒住黑将。

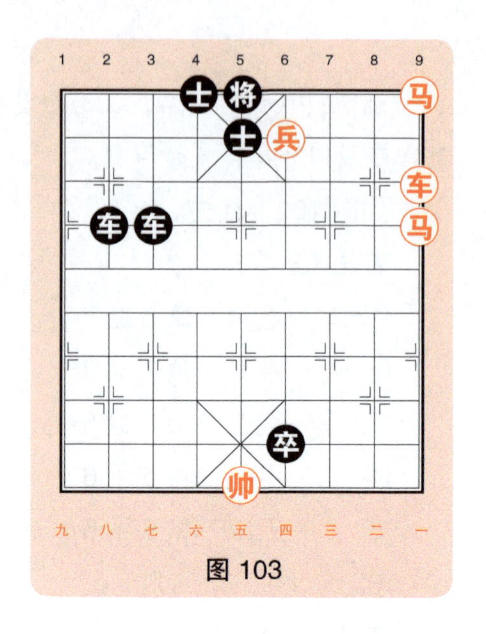

图 103

如图 103，红先。

① 兵四进一　将 5 平 6

② 车一平四　士 5 进 6

黑方如将 6 平 5，则前马退三，卧槽马杀，红胜。

③ 后马进二　将 6 进 1

④ 马一退二　红胜

第 104 局 径行自遂

径行，直接进行。形容做事不拐弯抹角，直接进行，达到自己的目的。

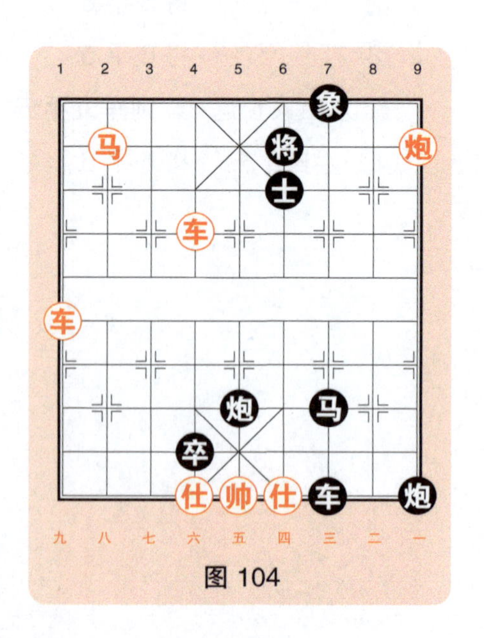

图 104

如图 104，红先。

① 车六进二　士 6 退 5

黑方如炮 5 退 6，则马八退六，将 6 退 1，车九进五，炮 5 退 1，车九平五，红速胜。

② 马八退六　炮 5 退 5

黑方如走将 6 进 1，则马六退五，将 6 退 1，马五进三，将 6 进 1，马三进二，将 6 平 5，车九进三，士 5

进 4，车九平六，红速胜。

③ 车六平五　将 6 进 1　　④ 车五退一　象 7 进 5

⑤ 马六退五　将 6 退 1　　⑥ 马五进三　将 6 平 5

⑦ 马三进二　将 5 退 1　　⑧ 车九进五　红胜

第 105 局　战如烈火

如图 105，红先。

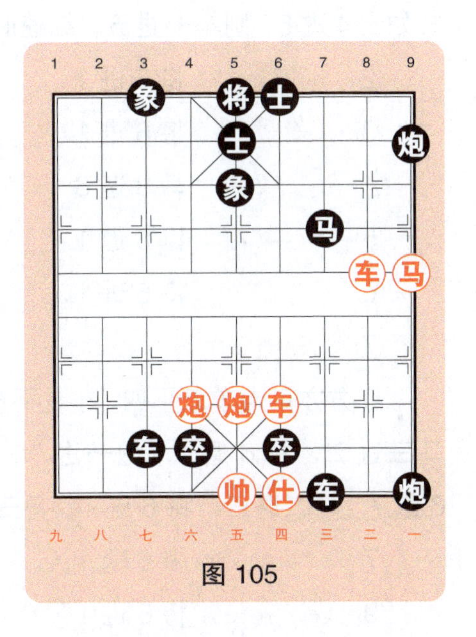

图 105

① 车四进七　将 5 平 6

② 车二进四　将 6 进 1

黑方如象 5 退 7，则车二平三，将 6 进 1，炮六进六，士 5 进 4，炮五进六，将 6 进 1，车三退二，红速胜。

③ 马一进二　将 6 进 1

④ 车二平四　士 5 退 6

黑方如后炮平 6，则马二进三，闷杀，红速胜。

⑤ 炮六进五　象 5 进 3

⑥ 炮五进五　红胜

第 106 局　兵马出塞

塞，边界上险要地方。唐朝诗人王昌龄有七言绝句《出塞》诗：“秦时明月汉时关，万里长征人未还。但使龙城飞将在，不教胡马度阴山。”

如图 106，红先。

① 车六平五　将 5 平 6

红方弃车采用大胆穿心杀法。黑方如士 4 进 5，则车七进五，红速胜。

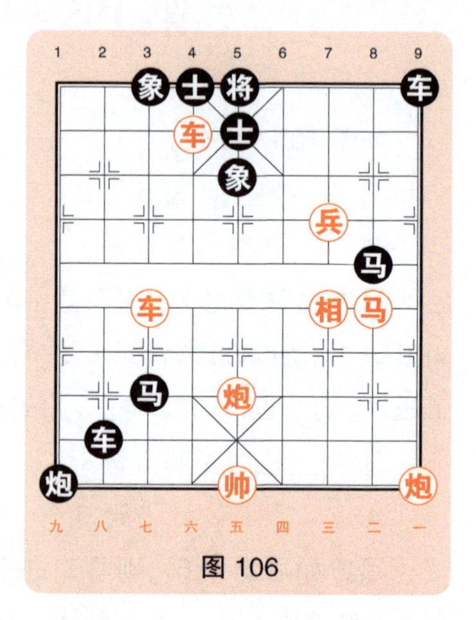

图 106

② 车五进一　将 6 进 1

③ 车七进四　将 6 进 1

④ 兵三平四　马 8 退 6

⑤ 车七平四　将 6 退 1

⑥ 马二进三　将 6 进 1

⑦ 马三进二

红方亦可走车五平四，车 9 平 6，马三进二，将 6 退 1，炮一进八，马 6 退 7，马二退三，将 6 进 1，马三退五，红胜。

⑦ …………　将 6 退 1　　⑧ 炮一进八　马 6 退 7

⑨ 马二退三　将 6 进 1　　⑩ 马三退五　红胜

第 107 局　丹山起凤

如图 107，红先。

① 车八退一　炮 4 进 1

黑方如走士 6 退 5，则车六平四，车 4 平 6，马一进三，红速胜。

② 车八平六　车 4 退 1

③ 马一进三　将6平5

④ 车六平五　象7退5

⑤ 车五进三！

红方弃车吃象，石破天惊，为以后借炮运马夺取胜利创造了条件。

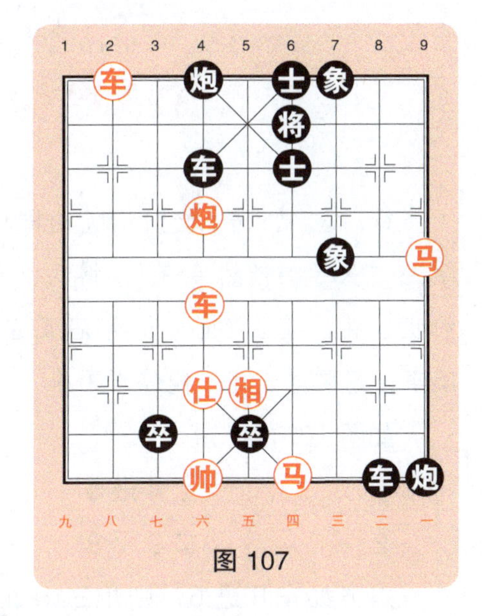

图 107

⑤ …………　象7进5

⑥ 炮六平五　象5进3

⑦ 炮五退五　象3退5

⑧ 相五退三　象5进3

⑨ 马四进五　象3退5

⑩ 马五进六　象5进3

⑪ 马六进五　象3退5　　⑫ 马五进七　红胜

第108局　争舟走渡

如图108，红先。

① 兵四进一　将5平6

② 车六平四

红方亦可走兵三平四，将6平5，兵四进一，将5平6，车六平四，将6平5，马六进四，将5平6，马四进二，将6平5，车四进七，红胜。

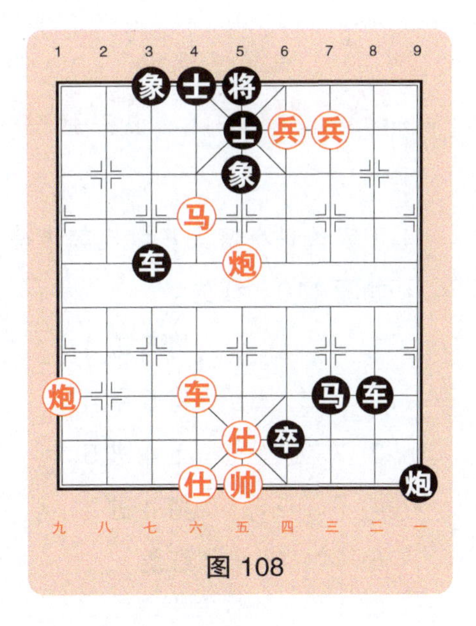

图 108

② …………　将6平5

③ 马六进四　将5平6

④ 兵三进一　将6进1

黑方如象5退7，则马四进二，红速胜。

⑤ 马四退二　士5进6　　⑥ 车四进五　红胜

第 109 局　欲罢不能

欲：想。罢：停，歇。出自《论语·子罕》：“夫子循循然善诱人，博我以文，约我以礼，欲罢不能。”形容正在做某事，想要停止却不能停止下来。

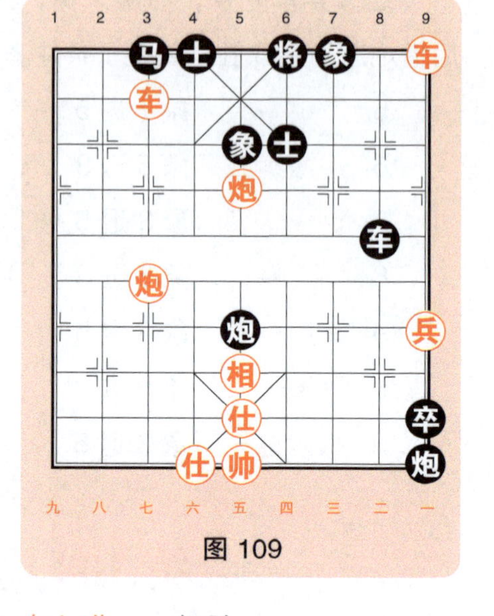

图 109

如图 109，红先。

① 炮七进五　士 4 进 5

② 炮七平三　卒 9 平 8

黑方如车 8 进 5，则炮三退九，车 8 退 9，炮三进四，车 8 平 9，炮三平四，将 6 平 5，车七进一，红胜。

③ 炮三退三　炮 9 退 9

④ 炮三平四　将 6 平 5

⑤ 车七进一　红胜

第 110 局　料事多中

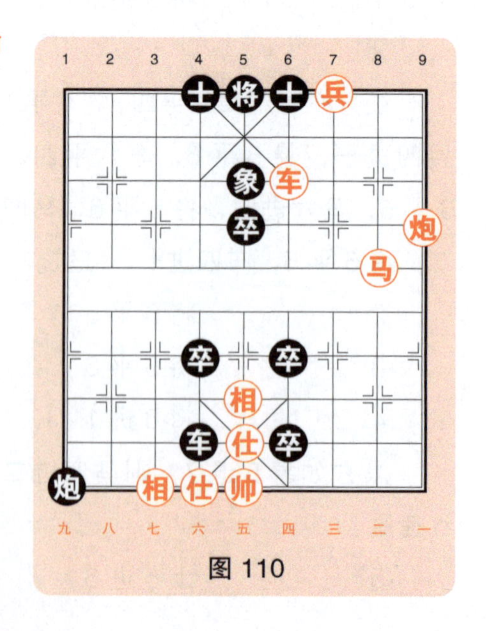

图 110

形容预料事情大多数比较准确。

如图 110，红先。

① 车四进二　将 5 进 1

② 马二进四　将 5 平 4

③ 车四退一　士 4 进 5

④ 车四平五　将 4 进 1

⑤ 炮一平五　红胜

第 111 局　兴戎出好

如图 111，红先。

① 车六进一　将 5 平 4

② 车九平六　将 4 平 5

黑方如炮 2 平 4，则马九进八，将 4 平 5，炮九进七，红速胜。黑方又如士 5 进 4，则马九进八，将 4 进 1，炮九进七，马后炮杀，红胜。

③ 车六进四　将 5 平 4

④ 马九进八　将 4 平 5

⑤ 炮九进七　红胜

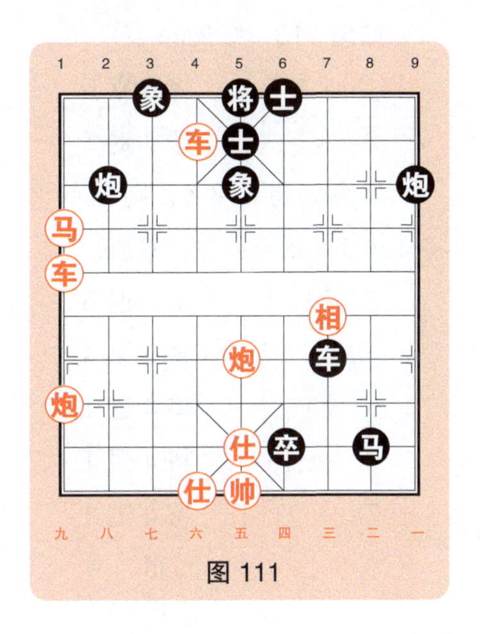

图 111

第 112 局　飞鲸吞钓

如图 112，红先。

① 马二退四！将 5 平 6

黑方如士 5 进 6 吃马，则车六进九，将 5 平 4，炮九进一，象 3 进 1，炮八进五，重炮杀，红胜。

② 车一平四　将 6 平 5

③ 车四平五　将 5 进 1

④ 炮八进四　红胜

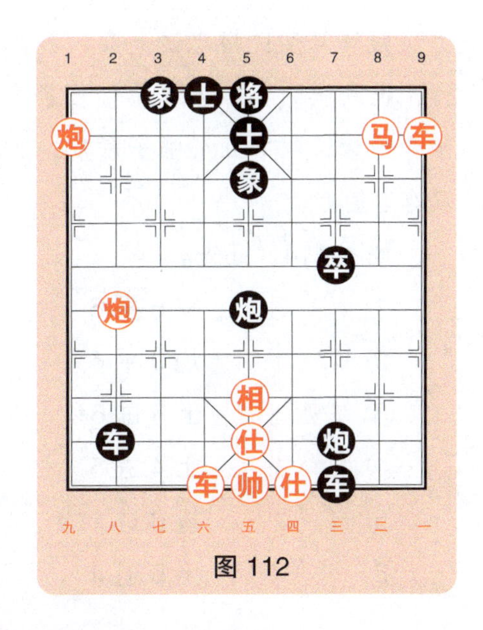

图 112

第 113 局　威震四海

如图 113，红先。

① 兵三平四　将 6 平 5

② 炮五进四　象 7 退 5

黑方如将 5 平 4，则车八平六，将 4 进 1，炮五平六，红胜。

③ 兵四平五　士 4 退 5

④ 车八平五　将 5 平 4

⑤ 车五进一　将 4 进 1

⑥ 车五平六　将 4 退 1

⑦ 马三进四　将 4 进 1

⑧ 炮三进六　红胜

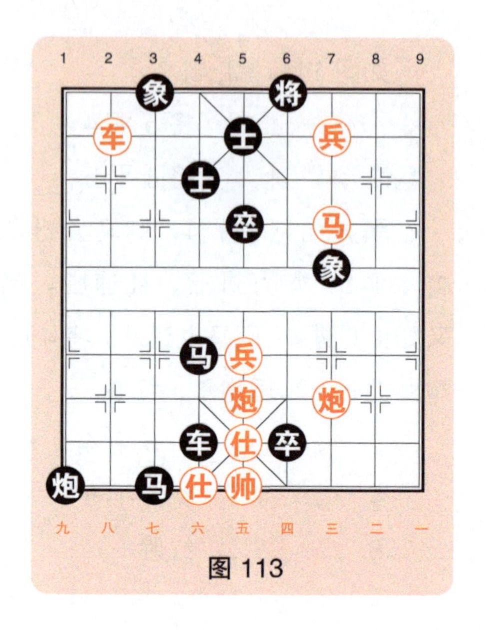

图 113

第 114 局　践履笃实

践履笃实：指忠诚老实，身体力行，说到做到。形容本局着法紧凑，步步为营，红方五个强子联攻，勇弃双车取胜。

如图 114，红先。

① 马二进三　将 5 平 6

② 车一平四　炮 9 平 6

③ 车四进七！士 5 进 6

④ 马八进六　士 4 进 5

⑤ 车七进五　将 6 进 1

⑥ 马六退七　士 5 退 4

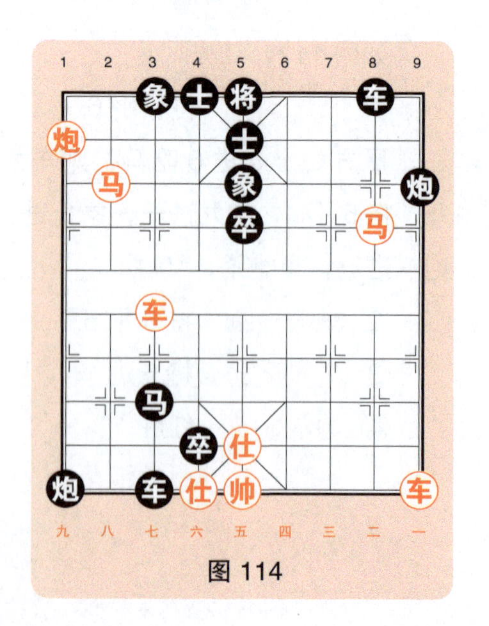

图 114

⑦ 车七退一　士 4 进 5

黑方如士 6 退 5，则车七平五，将 6 进 1，车五退一，将 6 退 1，马七进八，士 4 进 5，车五进一，将 6 进 1，车五退一，红胜。又如将 6 退 1，则马七进五，士 6 退 5，炮九进一，将 6 进 1，马五退三，将 6 进 1，车七退一，士 5 进 4，车七平六，红胜。

⑧ 车七平五　将 6 平 5　　⑨ 马七进八　红胜

第 115 局　耕莘待聘

夏朝末年，履癸统治天下，因残暴无道致使诸侯反叛。方伯也起兵造反，但苦于无贤士相助。当时有一伊尹，耕于有莘之野，颇有学识，且贤名远播，方伯于是令大夫前往征聘，伊尹应征。履癸率兵前来与方伯交战，伊尹详细分析用兵之理，并且亲临军中布阵，打败敌兵，辅佐方伯灭了夏朝，建立商朝。

如图 115，红先。

① 兵六进一　将 5 平 4

② 马七进八　将 4 平 5

③ 马六进七　将 5 平 4

④ 马七退五　将 4 平 5

黑方如将 4 进 1，则马五退七，红速胜。

⑤ 马五进七　将 5 平 4

⑥ 车四进一　将 4 进 1

黑方如士 5 退 6，则马七退六！将 4 进 1，马六进八，红速胜。

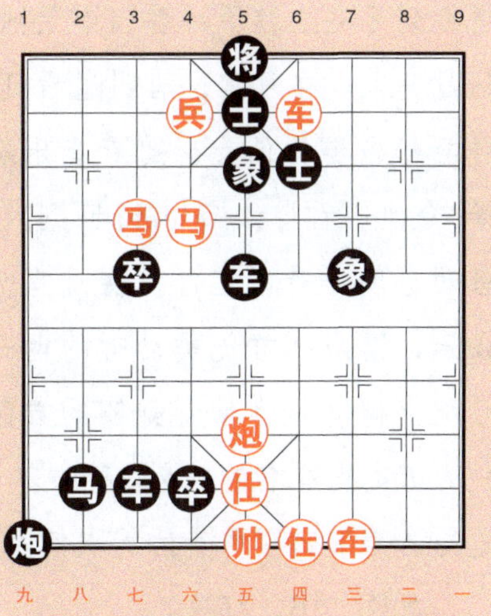

图 115

⑦ 马八退七　将 4 进 1　　⑧ 车四平六！士 5 退 4

⑨ 后马退五　将 4 退 1　　⑩ 马五进四　象 7 退 5

黑方如走将4进1，则马七退八，将4平5，马四退五，马后炮杀，红胜。黑方又如将4平5，则马七退六，将5进1，马四退五，红胜。

⑪ 车三进八　士4进5　　⑫ 车三平五　将4退1

⑬ 车五进一　将4进1　　⑭ 车五平六　将4退1

⑮ 马七退五　将4进1　　⑯ 马五退七　将4平5

黑方如将4退1，则马七进八，红速胜。黑方又如将4进1，则马四进五，立杀。

⑰ 马四进三　将5平6　　⑱ 马三退二　将6平5

⑲ 马二退四　将5平6　　⑳ 炮五平四　红胜

第116局　明皇游宫

唐明皇非常喜欢赏月，据说有一年的中秋节，唐明皇邀请申天师和鸿都道人一起赏月，就在三人望着月亮把酒言欢之际，他突然心血来潮，想要到月亮上游历一番，申天师马上做起法术，带着唐明皇、鸿都道人来到月亮上。在月宫，唐明皇看到一座写着“广寒宫”的巍峨宫殿前，有一群婀娜多姿的仙女，随着音乐翩翩起舞，令他们看得如痴如醉。回到人间后，唐明皇便凭着记忆，把在月宫听到的音乐，谱成一首优美动听的曲子，然后配上模仿月宫仙女舞姿的舞蹈，就成为历史上有名的“霓裳羽衣舞曲”。此局名是形容棋局着法特点的。

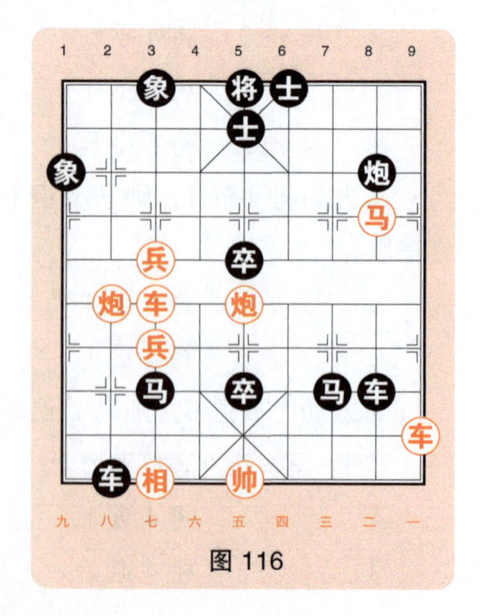

图116

如图116，红先。

① 马二进四　将5平4

② 车一平六　士5进4

③ 炮五平六　士4退5

④ 前兵平六	士5进4	⑤ 兵六平五	士4退5
⑥ 车七进五	象1退3	⑦ 炮六平三	士5进4
⑧ 炮八平六	士4退5	⑨ 炮三进五	红胜

第117局　曲突徙薪

“曲突徙薪”一词出自《汉书·霍光传》，传说齐国人淳于髡去邻居家做客，见主人家烟囱是直的，旁边堆着柴草，就劝告主人应将烟囱改成弯曲的，把柴草移到远处，主人不听。后果然失火，主人为感谢救火的人设宴，请功劳最大的坐于上席，而不请劝他的人，经别人指明，才去请劝告者。后以此典故指事先采取预防措施，防止祸患发生。

如图117，红先。

① 车八平二

红方献车，妙着，解杀还杀。

① ………… 车8进5

② 炮八进七 象3进1

黑方如士5退4，则车六进一，将5进1，车六退一，红胜。

③ 车六进一 将5平4

④ 兵六进一 将4平5

⑤ 兵六进一 红胜

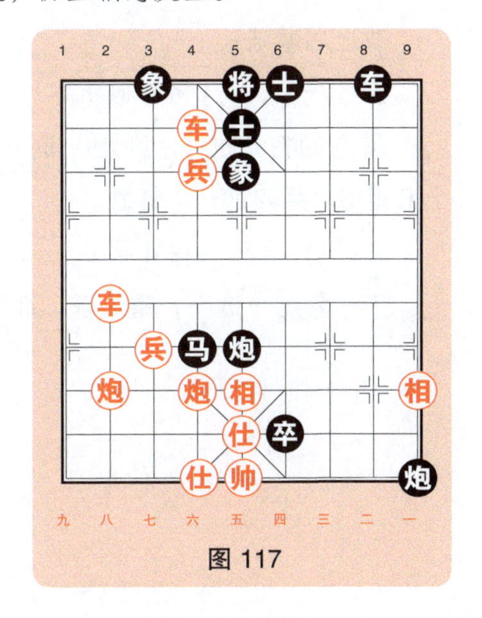

图117

第118局　多士莫及

如图118，原谱着法，红先。

① 马三进四　士6进5

② 车七进一　将4退1

③ 炮一平五　将4平5

④ 帅五平六　马3进5

⑤ 炮五退七　卒6平5

⑥ 马四进六　炮2退7

⑦ 马六退八　红胜

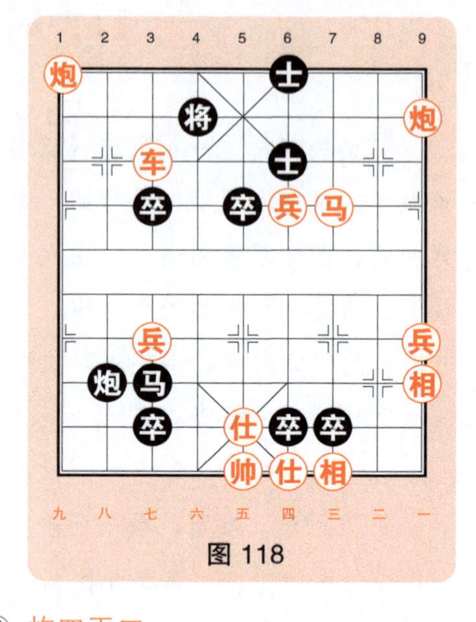

图118

改进后着法：

① 车七进一　将4退1

黑方如将4进1，则炮一退一，士6退5，兵四进一，红胜。

② 炮九平四　将4平5　　③ 炮四平二

下一着炮一进一，重炮杀，红胜。

第119局 力敌万人

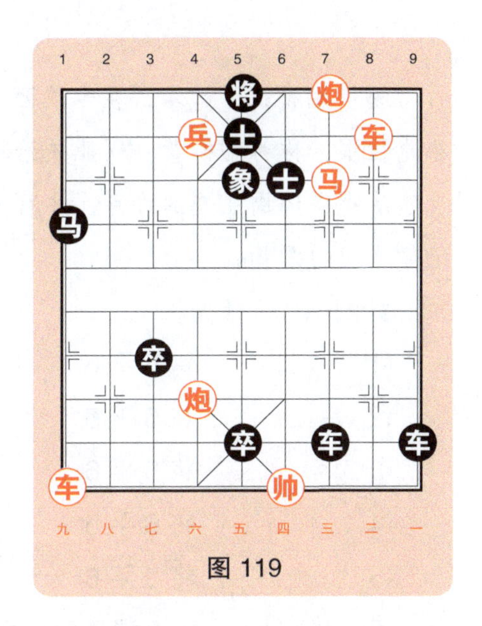

图 119

如图119，红先。

① 车二平五　士6退5

② 兵六平五　将5平4

③ 马三进四　象5退7

④ 马四退六　卒3平4

⑤ 马六进八

红方亦可马六退七，卒4进1，马七进八，马1退2，车九进九，红胜。

⑤ …………　卒4进1

⑥ 马八退七　马1退3

⑦ 车九进九　红胜

第120局 龟玉毁椟

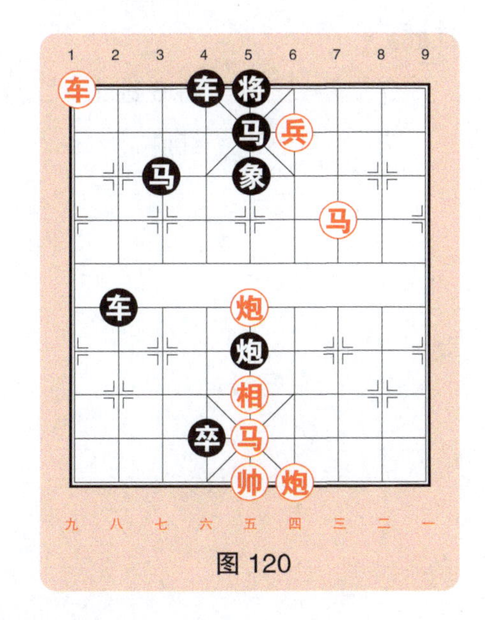

图 120

指龟甲和宝玉在匣中被毁坏。比喻辅佐之臣失职而使国运衰败。本局中黑方窝心马的弱点迟迟难以解决，招致败局。

如图120，红先。

① 兵四进一！　将5平6

② 车九平六　马3退4

③ 马三进二　将6进1

④ 炮五平四　炮5平6

⑤ 前炮平六　炮6平5

⑥ 炮六进四　红胜

第121局　柳营射猎

柳：细柳，古地名，在今陕西省咸阳西南。西汉著名军事家周亚夫曾在此驻军，称为细柳营。周亚夫治军严谨，纪律严明，军容整齐，连文帝及随从也得经周亚夫的许可，才可入营，文帝极为赞赏。后用“柳营”称纪律严明的军营。

如图121，红先。

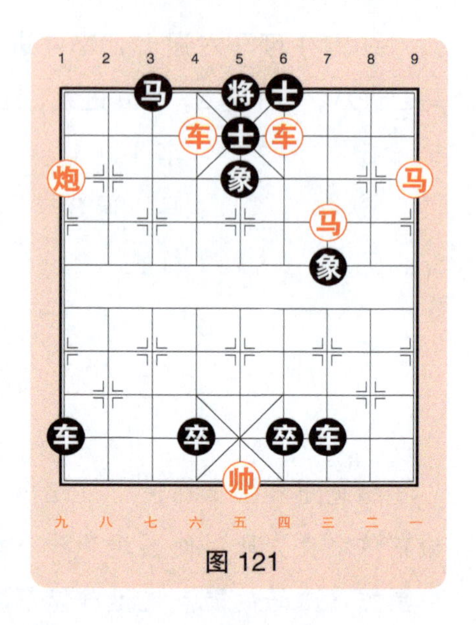

图121

① 车四进一　将5平6

② 马三进二　将6平5

③ 马一进三　将5平6

④ 马三退五　将6平5

⑤ 马五进三　将5平6

⑥ 车六进一！士5退4

黑方如将6进1，则马二退三，将6进1，车六退二，象7退5，车六平五，红胜。

⑦ 马三退四　将6进1

⑧ 马四进二　红胜

第 122 局　地富兵强

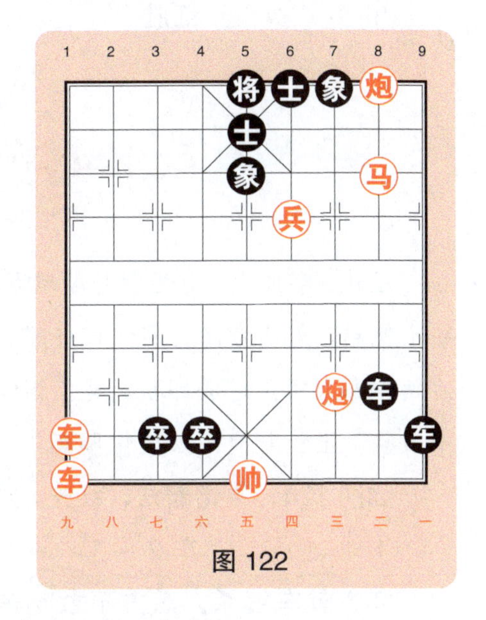
图 122

如图 122，红先。

① 前车进八　士 5 退 4

② 前车平六！将 5 平 4

③ 马二进四　将 4 平 5

④ 车九进九　将 5 进 1

⑤ 炮三进六　将 5 平 6

⑥ 兵四进一　将 6 平 5

⑦ 兵四平五　将 5 平 4

黑方如象 7 进 5 吃兵，则车九退一，红速胜。

⑧ 兵五平六

红方亦可走兵五进一，将 4 进 1，车九退二，红胜。

⑧ …………　将 4 进 1　　⑨ 车九平六　红胜

第 123 局　逢山开路

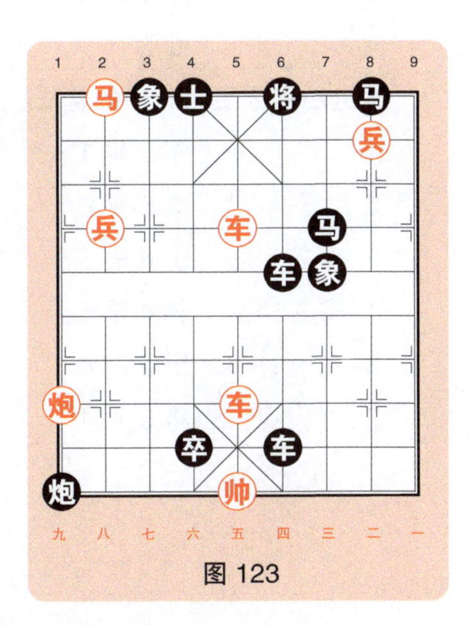
图 123

形容不畏艰险，在前开道。本局红方首着弃车，巧妙打开局面。

如图 123，红先。

① 前车平四　后车退 1

② 车五进七　将 6 进 1

③ 兵二平三　将 6 进 1

④ 车五退二　象 3 进 5

⑤ 马八退六　士 4 进 5

⑥ 炮九进五　象 5 进 3

⑦ 马六退八　士5进4

黑方如象3退5，则马八退六，红亦胜。

⑧ 马八退六　红胜

第124局　王俭坠车

王俭，字仲宝，南北朝时期琅琊临沂（今山东临沂）人。王俭自幼勤学，手不释卷。宋明帝时，历任秘书郎、秘书丞、义兴太守、太尉右长史等职。后辅佐齐太祖萧道成即位，礼仪诏策，皆出其手。齐武帝时官至太子少傅、中书监。王俭曾有一次受惊坠车。

如图124，原谱着法，红先。

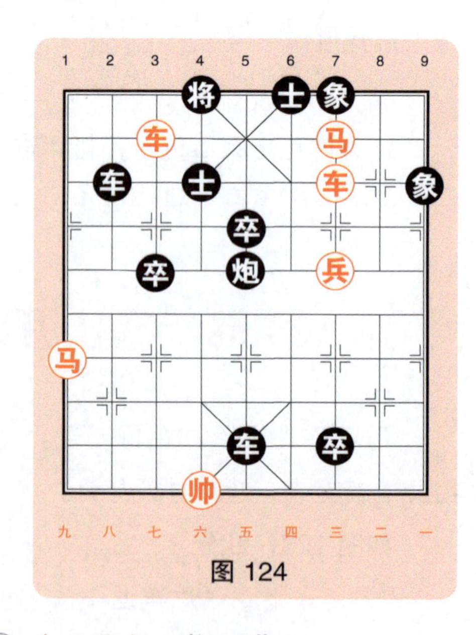

图124

① 车七平八　车2平1

红方献车解杀，黑方不敢吃车，只有避让。

② 车三平四　士6进5

③ 马三退五　炮5退2

④ 车八平五　红胜

改进后黑方更为顽强的着法。

① 车七平八　车2平1

② 车三平四　车5平6

③ 兵三平四　士6进5

④ 马三退五　将4平5

⑤ 车八进一　士5退4

⑥ 车八平六　将5进1

⑦ 车六退一　将5平4

⑧ 车四进一　红胜

第 125 局　五虎下川

将本局中红方的双车双马和炮比作五虎。本局若去掉红方七路马，红方也可取胜，需连将 16 步成杀，同样非常精彩。

如图 125，红先。

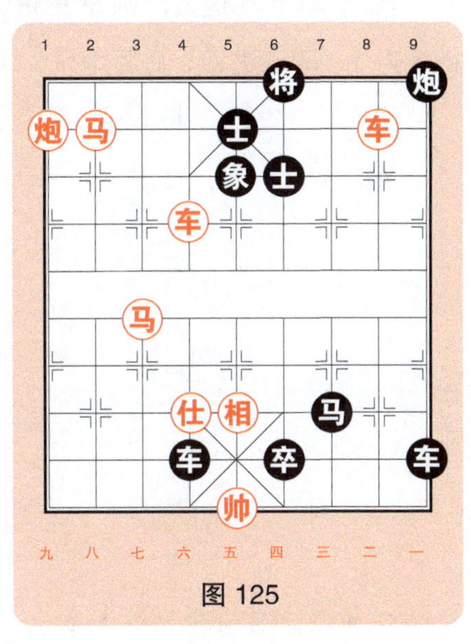

图 125

① 车二进一　将 6 进 1

② 马八退七　士 5 进 4

③ 前马进六　士 4 退 5

④ 马六进八　士 5 退 4

黑方如士 5 进 4，则车二退一，将 6 退 1，炮九进一，象 5 退 3，马八退七，象 3 进 5，前马进六，象 5 退 3，车二进一，红胜。

⑤ 车六进二　士 6 退 5

⑥ 车六平五　将 6 平 5

⑦ 马七进六　将 5 平 6

⑧ 马六进七　士 4 进 5

⑨ 马七退五　士 5 进 4

⑩ 马八退六　士 4 退 5

⑪ 马五退三　将 6 进 1

⑫ 车二退二　红胜

第 126 局　叶落归秋

如图 126，红先。

① 车五平四　士 5 进 6

② 车四平三！将 6 平 5

黑方如士 6 退 5，则车三进二，将 6 退 1，马五进四，马后炮杀，红胜。

③ 车三进二　将 5 退 1

④ 马五进四　红胜

图 126

第 127 局　雪夜访贤

本局红方首着果断弃车砍士，强破黑方防线是取胜的关键。

如图 127，红先。

① 车四进四　车 7 平 6

黑方如将 5 平 6，则车二平四，将 6 平 5，兵六平五，将 5 平 4，兵五平六，将 4 进 1，马九退七，将 4 退 1，马七进八，将 4 进 1，车四进二，红胜。

② 兵六平五　将 5 平 4

③ 兵五平六　将 4 进 1

④ 马九退七　将 4 退 1

⑤ 马七进八　将 4 进 1

⑥ 车二进二　红胜

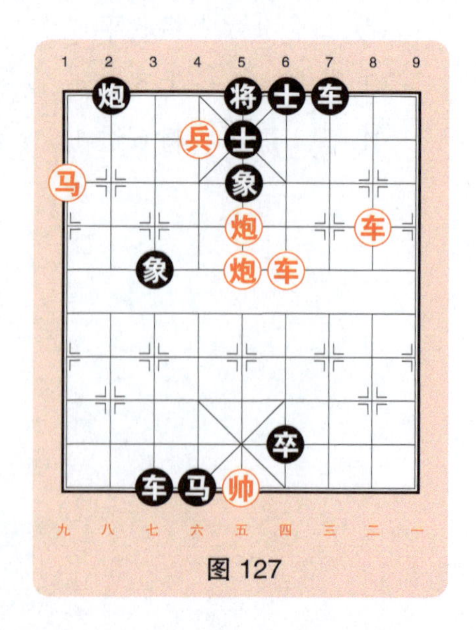

图 127

第 128 局　耿恭拜井

耿恭，东汉扶风郡茂陵人，字伯宗。永平十八年（75 年），北匈奴在疏勒城攻打耿恭，并堵绝汉军的水源。耿恭在城中掘井十五丈，仍然没有出水。官兵焦渴难耐。耿恭仰头叹息说："听说从前将军李广利拔佩刀刺山，飞泉从山中喷出。如今汉室恩德神圣，怎么可能走投无路呢？"于是整理衣服向井拜了两拜，替将士祈祷。过了一会儿，井里水柱喷出，众人齐呼万岁。耿恭命人在城上泼水给北匈奴人看。北匈奴人感到意外，以为有神明在帮助汉军，于是领兵撤退。本局指红方在看似走投无路的形势下，巧妙连将杀胜。

如图 128，红先。

① 兵六平五　士 4 进 5

② 车三平五　将 5 平 4

③ 马三进四　象 5 退 7

④ 车五平六　将 4 平 5

⑤ 马一进三　后车退 5

⑥ 炮四平五　将 5 平 6

⑦ 车六进一　红胜

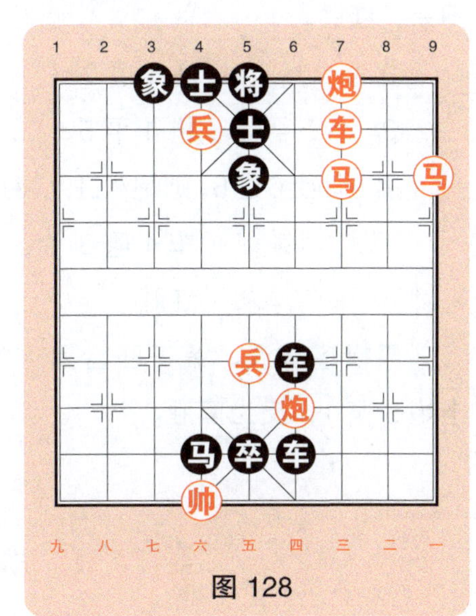

图 128

第 129 局　凿壁偷光

据《西京什记》载：汉代的匡衡勤奋好学，但由于家贫没有蜡烛，每每晚上便不能继续学习，为此很是苦恼。后来发现邻家有烛光，匡衡就在墙壁上凿了洞引来邻家的光亮，让光亮照在书上读书。后来匡衡成了一个大学问家。现用来形容家贫而读书刻苦的人。

如图 129，红先。

① 车八平六　马 3 退 4

黑方如车 4 退 7，则炮八进五，闷杀，红胜。

② 前炮进五！ 马 4 退 2

③ 车五平八　将 4 平 5

黑方如士 6 进 5，则炮八进九，红胜。

④ 炮八进九　车 4 退 8

⑤ 马四退六　红胜

原棋谱有误，第三回合黑方如改走炮 5 退 1，反为黑胜。

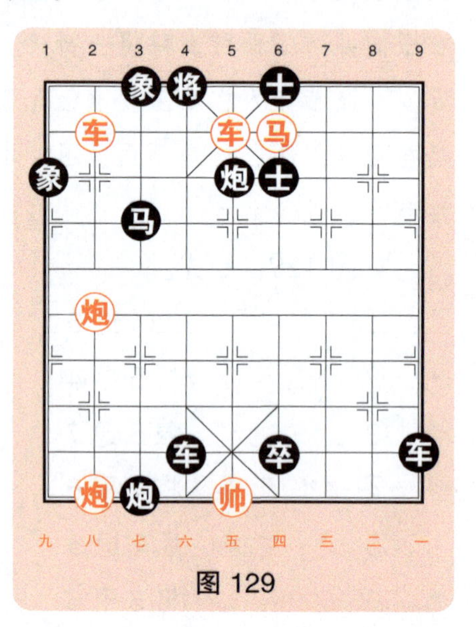

图 129

第 130 局　鸦鹊争巢

鸦鹊：指鸦鸟和喜鹊。宋朝著名诗人陆游有《游卧龙寺》诗："翻翻林表鸦鹊语，渺渺烟边鸥鹭行。"

如图 130，红先。

① 马五进四　炮 8 退 2　　② 马四退二　炮 8 进 3

③ 前马进四　炮 8 退 3　　④ 马四退二　炮 8 进 4

⑤ 前马进四　炮8退4

⑥ 马四退二　炮8进9

⑦ 炮五进四　将5平4

⑧ 马二进四　炮8退9

⑨ 马四退二　将4进1

⑩ 马二退四　将4进1

⑪ 炮一退二　炮8进2

⑫ 马四退六　炮8进3

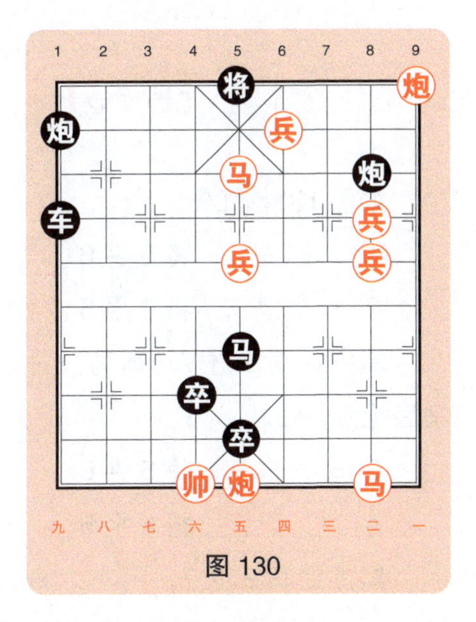

图130

黑方如将4退1，则炮五平六，炮8平4，马六进四，炮4平5，兵五平六，红速胜。

⑬ 炮五平六　将4平5　⑭ 兵五进一　将5平6

⑮ 兵五平四　将6退1

黑方如将6平5，则兵四进一，红速胜。

⑯ 炮六平四　炮8平6　⑰ 兵四进一　将6退1

⑱ 兵四进一　将6平5　⑲ 兵四平五　将5平4

⑳ 炮四平六　炮6平4　㉑ 马六进四　炮1平4

㉒ 兵五进一　红胜

第131局　入幕之宾

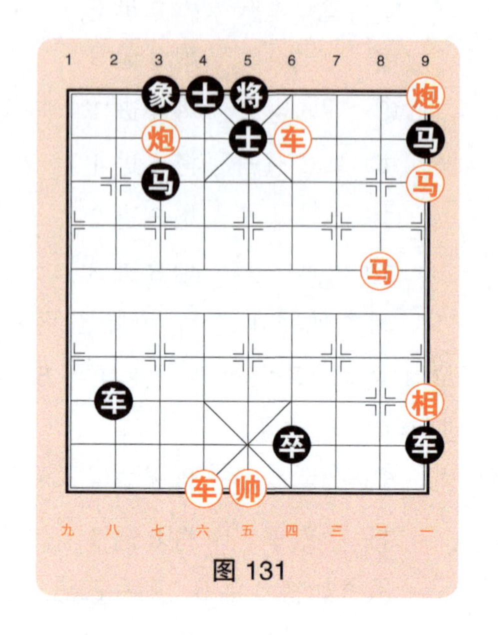

图 131

如图131，红先。

① 车四进一　将5平6

② 马二进三　将6平5

黑方如马9进7，则马一进二，马后炮杀，红胜。

③ 马一进三　将5平6

④ 前马退五　将6平5

黑方如马9退7，则车六进九，红胜。

⑤ 马三进四！将5平6

⑥ 车六进九　红胜

第132局　五霸争雄

春秋时期，周朝王室势力衰微，已经无法有效控制天下诸侯。一些强大的诸侯国为了争夺天下，开启了激烈的争霸战争。五霸即指齐桓公、晋文公、秦穆公、宋襄公、楚庄王。他们之间互相征战，争作盟主，故称“五霸争雄”。本局中把红方的五个进攻子力比作“春秋五霸”。

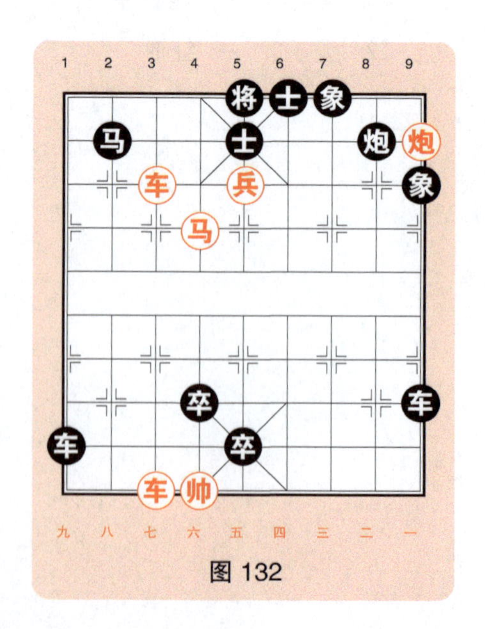

图 132

如图132，红先。

① 马六进四　炮8平6

黑方如士5进6，则前车进二，

马 2 退 4，前车平六，将 5 平 4，车七进九，红速胜。

② 兵五进一　士 6 进 5　　③ 炮一进一　士 5 退 6

④ 前车平五　将 5 平 4　　⑤ 车七进九　将 4 进 1

⑥ 车五进二　将 4 进 1　　⑦ 车七退二　红胜

第 133 局　六国争雄

本局把红方的六个进攻子力比作“六国”，对黑方展开联合攻势。

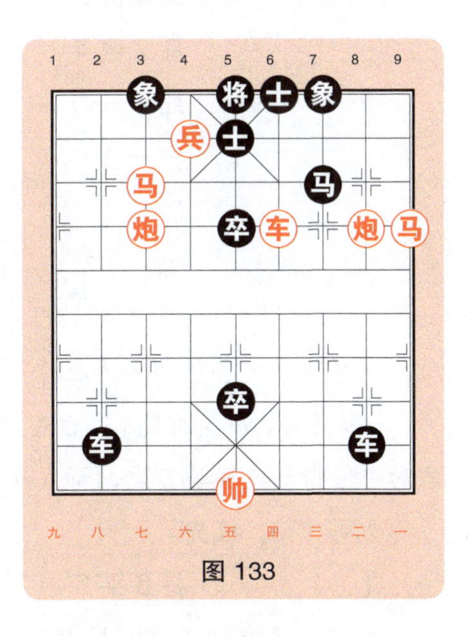

图 133

如图 133，红先。

① 车四进三　将 5 平 6

红方弃车杀士，石破天惊，黑方如用士吃车，则红方进兵立杀。

② 马一进二　将 6 进 1

黑方如将 6 平 5，则兵六进一，士 5 退 4，马二退四，将 5 平 6，炮二平四，马后炮杀，红胜。

③ 兵六平五　马 7 退 5

④ 马七进六　红胜

第 134 局　沧海腾蛟

蛟，指蛟龙。形容蛟龙在大海里翻腾。代指本局红方连弃炮车后，借炮使马，红马在黑将面前连续翻腾成杀。

如图 134，红先。

① 马六进七　车 2 退 8　　② 车一平六　马 6 退 4

③ 炮一平六　马4退3

④ 炮六退五　马3进4

⑤ 仕六退五　马4进5

黑方如马4进6，则马四进六，马6进4，马六进八，马4退2，仕五进六，马2退4，马八进七，红胜。

⑥ 马四进六　马5退4

⑦ 马六进八　马4进2

⑧ 仕五进六　马2退4

⑨ 马八进七　红胜

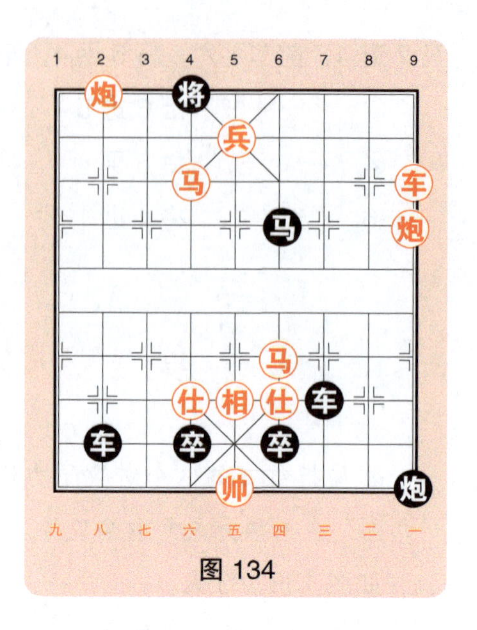

图134

第135局　竹马迎拜

《后汉书·郭汲传》卷三十一："始至行部，到河西美稷，有童儿数百，各骑竹马，道次迎拜。"后人常用"竹马迎拜"来欢迎清廉的地方官吏。本局中借指红方双马齐发，形成连环攻势。

如图135，红先。

① 马一进二　将6平5

黑方如将6进1，则马八进六，士5进4，车二平四，将6平5，炮八平五，将5平4，马二进四，将4退1，兵八平七，红胜。

② 马八进七　将5平4

③ 兵八平七　将4进1

④ 马二退四　马6退5

黑方如士5进6，则炮八进三，将4进1，车二平四杀！红胜。黑方又如

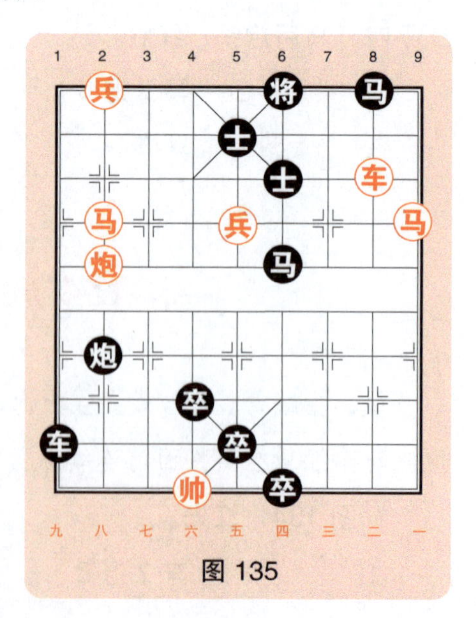

图135

走将4进1，则兵五平六，马6退4，马四退五，将4退1，炮八进三，红胜。

⑤ 炮八进三　将4进1　　⑥ 兵五平六　红胜

第136局　惊鸿整羽

惊鸿，惊飞的鸿雁。出自曹植《洛神赋》：“翩若惊鸿，婉若游龙。”

如图136，红先。

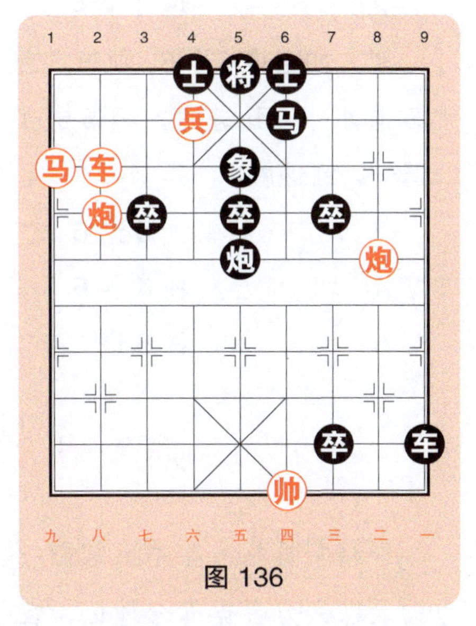

图136

① 炮二进四　士6进5

黑方如走马6退8，则炮八平五，士6进5，兵六平五，士4进5，车八进二，红速胜。

② 兵六平五　将5进1

黑方如士4进5，则车八进二，士5退4，马九进七，将5进1，炮八进二，红速胜。

③ 车八进一　将5退1

④ 马九进七　将5进1

黑方如将5平6，则马七退五，炮5退2，车八平四，将6平5，炮八进三，士4进5，车四进一，红速胜。

⑤ 炮二退一　马6进8　　⑥ 炮八平五　将5平4

黑方如象5进3，则马七退六，将5进1，车八退一，连杀，红速胜。

⑦ 马七退六　将4进1　　⑧ 车八退一　将4退1

⑨ 马六进五　马8退6　　⑩ 车八进一　将4进1

⑪ 马五进七　象5退3　　⑫ 车八退一　红胜

第 137 局　匹马平胡

如图 137，红先。

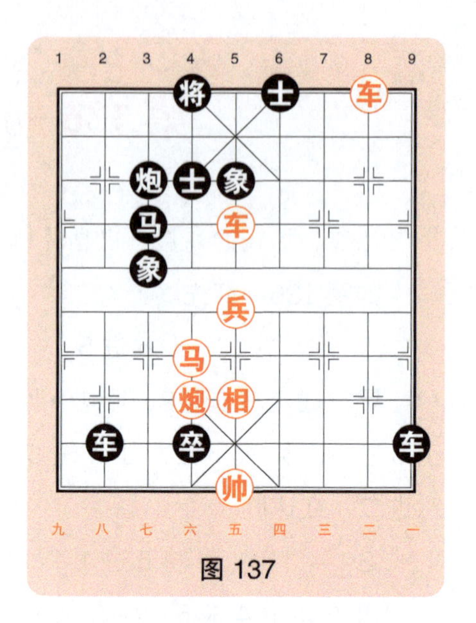

图 137

① 马六进五　士 4 退 5

黑方如走将 4 平 5，则车五进一，炮 3 平 5，马五进四，将 5 进 1，车二退一，红速胜。

② 车五平六　炮 3 平 4

黑方如走将 4 平 5，则车六进三，士 5 退 4，马五进六，将 5 进 1，车二退一，红速胜。

③ 车二平四　士 5 退 6

④ 车六平七　将 4 平 5

⑤ 马五进六　将 5 进 1　　⑥ 车七进二　红胜

第 138 局　群雄割据

群雄割据指一些手上掌握一定势力的人以武力占据部分地区，在一个国家内形成分裂对抗的局面。在中国历史上，多次出现群雄割据的局面，例如，东汉末年、唐朝末年、清朝末年，等等。

如图 138，红先。

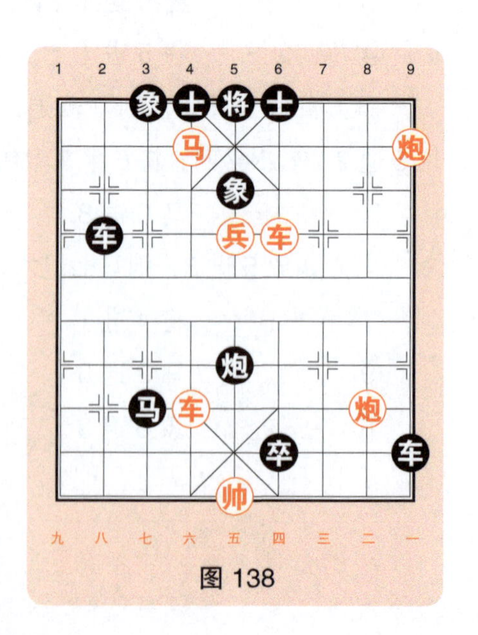

图 138

① 马六退四　将 5 进 1

② 马四进二　车 9 退 7

③ 车六进六！

红方弃车，妙手，为以后车马炮的攻杀开辟了道路。

③ ………… 将5平4　　④ 车四进二　将4进1

黑方如士4进5，则马二进四，将4进1，炮二进五，士5进6，车四平六，车9平4，兵五进一，红胜。

⑤ 炮二进五　象5进3　　⑥ 兵五进一　将4平5

⑦ 马二退四　红胜

第139局　并驾连驱

如图139，红先。

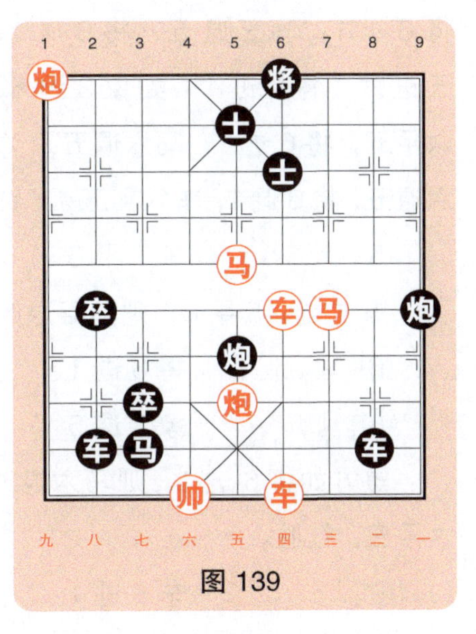

图139

① 前车进三　士5进6

黑方如将6平5，则前车进二！士5退6，马五进四，红胜。

② 车四进七　将6平5

③ 车四平五　将5平6

黑方如炮5退4，则马五进四，将5平6，炮五平四，马后炮杀，红速胜。

④ 车五进二！将6平5

黑方如将6进1，则马五进三，将6进1，车五平四，红速胜。

⑤ 马五进四　将5平6　　⑥ 炮五平四　炮5平6

⑦ 马四进六　将6平5　　⑧ 马六进八　将5进1

⑨ 马八退七　将5退1　　⑩ 马七进六　将5进1

⑪ 马三进四　红胜

第 140 局　引龙出水

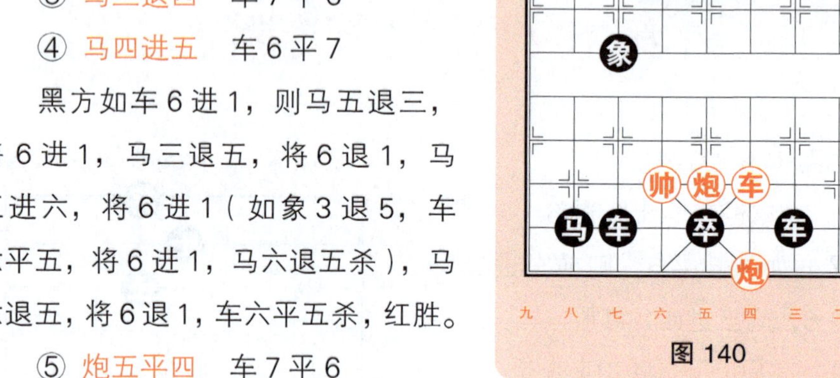

图 140

如图 140，红先。

① 车四进七！　将 5 平 6

② 兵三进一！　将 6 进 1

③ 马三退四　车 7 平 6

④ 马四进五　车 6 平 7

黑方如车 6 进 1，则马五退三，将 6 进 1，马三退五，将 6 退 1，马五进六，将 6 进 1（如象 3 退 5，车六平五，将 6 进 1，马六退五杀），马六退五，将 6 退 1，车六平五杀，红胜。

⑤ 炮五平四　车 7 平 6

黑方如卒 5 平 6，则马五退四，红速胜。

⑥ 马五退三　将 6 进 1　　⑦ 马三退五　将 6 退 1

⑧ 马五进六　象 3 退 5

黑方如将 6 进 1，则马六退五，将 6 退 1，前炮平五，车 6 进 1，车六平五，红胜。

⑨ 前炮平五　车 6 进 1　　⑩ 车六平五　将 6 进 1

⑪ 马六退五　红胜

第 141 局　细柳屯兵

如图 141，红先。

① 车二进二　象 5 退 7

黑方若士 5 退 6，则车二平四，将 5 平 6，兵三平四，将 6 平 5，炮八平五，象 5 退 3，车八平五，红速胜。

② 车二平三　士 5 退 6

③ 车三平四　将 5 平 6

④ 兵三平四　将 6 平 5

⑤ 车八平五　士 4 进 5

⑥ 炮八平五　士 5 退 4

⑦ 炮九平五　红胜

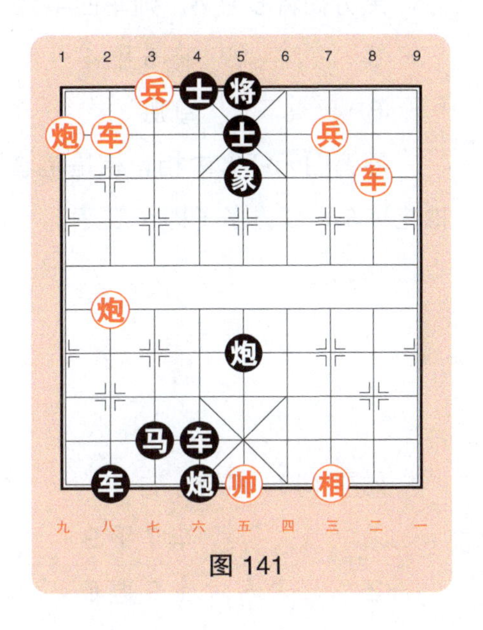

图 141

第 142 局　七国连衡

战国时期，人们将我国南北方向称为纵，东西向称为横。秦国位于西部，六国位于其东部。六国结盟为南北向的联合，故称“合纵”；六国分别与秦国结盟为东西向的联合，故称“连横”。连横古时也作“连衡”。

如图 142，红先。

① 炮一进二　象 5 退 7

② 车九平五　将 5 进 1

③ 车四进二　将 5 退 1

黑方如将 5 进 1，则马八进七，

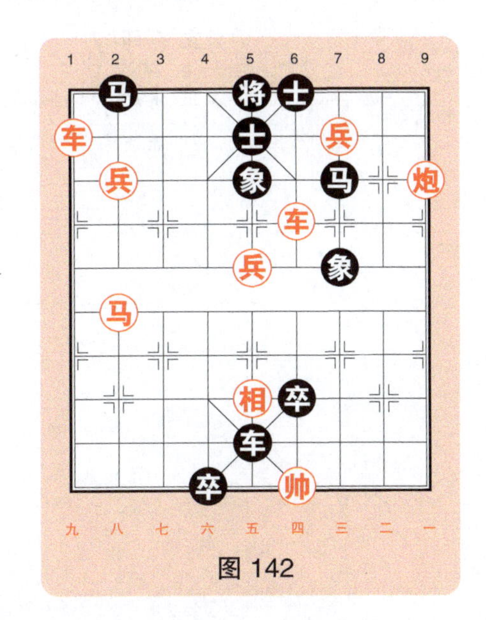

图 142

将5平4，车四平六，马2进4，兵八平七，红速胜。

④ 车四进一　将5进1　　⑤ 兵三平四　将5进1

黑方如将5平4，则车四平六，红胜。

⑥ 马八进七　将5平4　　⑦ 车四平六　马2进4

⑧ 兵八平七　红胜

原谱图无红方中相，相是笔者添加的。否则，红方首着炮击中象然后抽吃黑车，红方多子即可胜定。

第143局　见害必避

如图143，红先。

① 车七平三　车7平9

② 车二平三　士5退6

黑方如炮5平6，则前车进一，车9平7，车三进五，士5退6，车三平四，炮6退2，炮二进七，红速胜。

③ 前车进一　车9平7

④ 车三进五　士4进5

⑤ 炮二进七　红胜

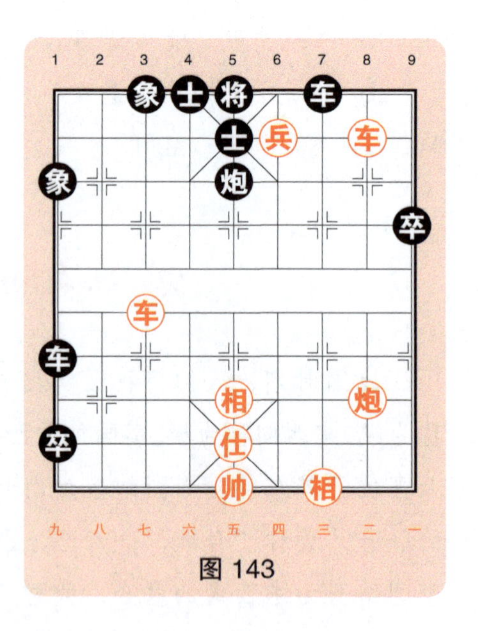

图143

第 144 局　清门缵戎

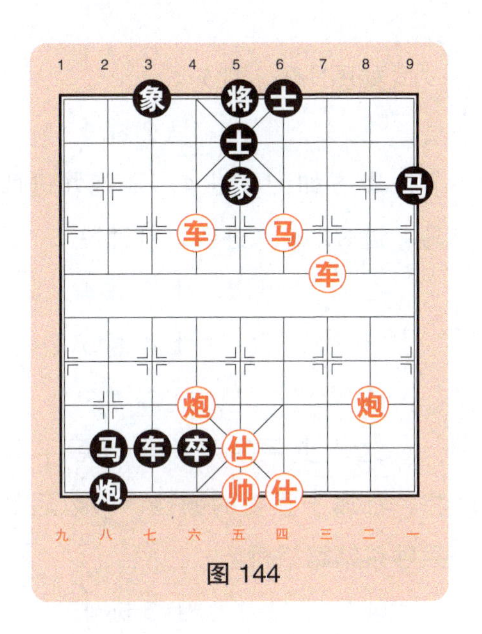

图 144

清门，出身于贫寒的家庭。缵，继承。戎，兵器。指家中贫穷，只有祖上留下的兵器。形容英勇善战。

如图 144，红先。

① 车六进三　士 5 退 4

② 炮二平五　象 5 退 7

黑方如士 4 进 5，则马四进六，马后炮杀，红胜。

③ 车三平五　象 3 进 5

④ 车五进二　士 6 进 5

⑤ 车五进一　将 5 平 6

⑥ 炮五平四　红胜

第 145 局　开门待战

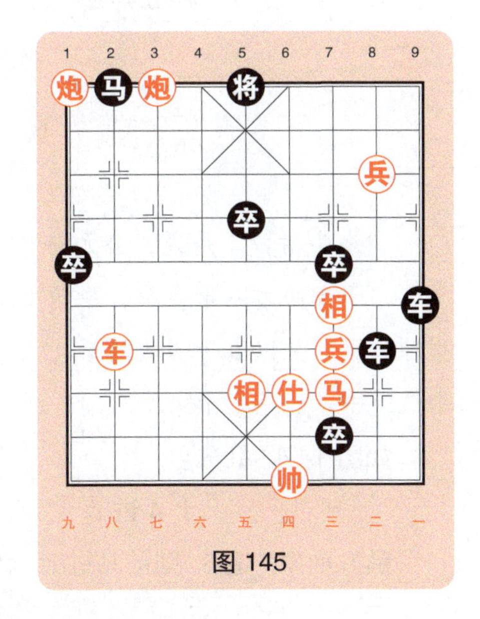

图 145

如图 145，红先。

① 炮七退五　马 2 进 3

② 炮七平五　将 5 平 4

黑方如马 3 退 5，则车八进六，红胜。

③ 车八平六　红胜

第 146 局　远猎山林

如图 146，红先。

① 车九平六　马 2 进 4

黑方如士 5 进 4，则炮九进四，马 2 进 3，车六进四，红速胜。

② 车六进四　士 5 进 4

③ 炮九平六　士 4 退 5

④ 兵七平六

这一步平兵照将与以后平兵抽将，都属于重要的顿挫，为以后的炮兵妙杀铺路搭桥。

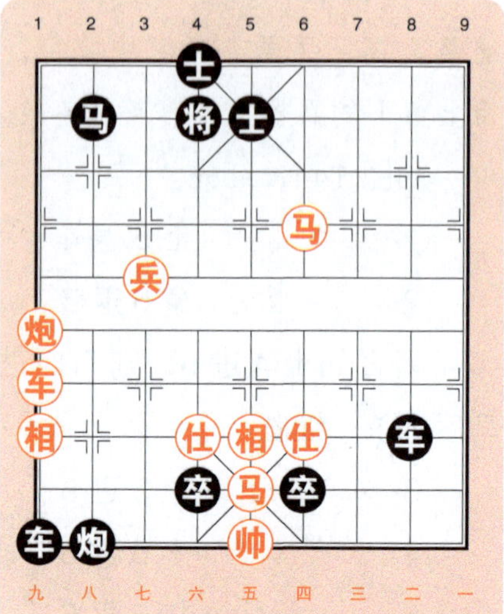

图 146

④ …………　士 5 进 4

⑤ 兵六平五　士 4 退 5

⑥ 马四进六　将 4 进 1　⑦ 炮六退三　将 4 平 5

⑧ 兵五进一　将 5 平 6　⑨ 炮六平四　红胜

第 147 局　烧牛凿城

“烧牛凿城”是说，公元前 279 年齐国名将田单坚守即墨（今山东平度），于夜间用牛千余头，牛角上缚上兵刃，尾上缚苇灌油，以火点燃，猛冲敌军，并以五千勇士随后冲杀，大败敌军，取得巨大胜利。随后田单乘胜追击，连克七十余城。

如图 147，红先。

① 车八平五　士 4 进 5

黑方如象 7 退 5，则前马进七，将 5 进 1，炮八进三，马后炮杀，红速胜。

② 前马进七　将 5 平 4
③ 车五平六！　士 5 进 4
④ 炮八平六　士 4 退 5
⑤ 炮六退四　士 5 进 4
⑥ 马六退八　士 4 退 5
⑦ 马八进六　士 5 进 4
⑧ 马六进八　士 4 退 5
⑨ 马八进六　士 5 进 4
⑩ 马六进七　士 4 退 5
⑪ 后马退六　士 5 进 4
⑫ 马六进五　士 4 退 5
⑬ 马五退六　士 5 进 4

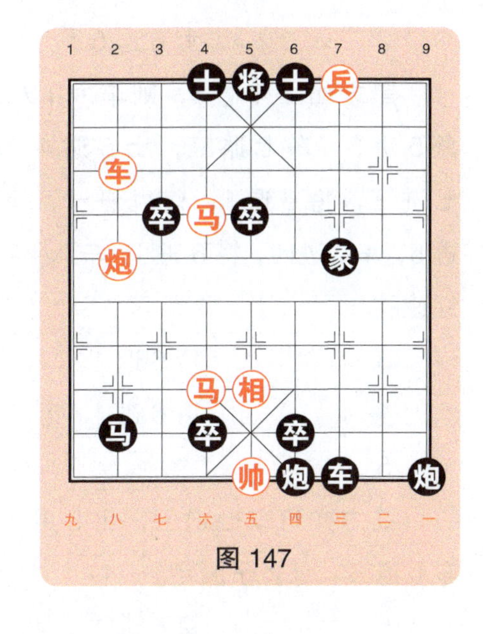

图 147

⑭ 马六进四　士 4 退 5　⑮ 马四进六　士 5 进 4
⑯ 马六进四　士 4 退 5　⑰ 马七退六　士 5 进 4
⑱ 马六退八　士 4 退 5　⑲ 马八进七　红胜

本局中红方有十四回合都是借炮用马，反复进行抽将，先是扫清进攻道路，再双马换位，最后活捉黑将，着法非常精妙！

第 148 局　拨乱反正

拨乱反正意思是消除混乱局面，恢复正常秩序；或扭转乱象，归于正道。出自《公羊传·哀公十四年》："拨乱世，反诸正，莫近诸《春秋》。"红方抽吃黑车，脱离险境，得子得势，一举成杀。

如图 148，红先。

① 车六退三　士 5 进 4

黑方如车 2 退 3，则车七平五，接下来红方伏有车六平二的杀着。此时黑方如卒 3 进 1 要杀，则车五退一，士 6 退 5，车八平四，红速胜。

② 车七退一　士 6 退 5

黑方如士 4 退 5，则车六平八，象 5 进 3，车七退三，士 5 退 4，车七进三，将 6 退 1，炮九进一，士 4 进 5，车八进四，将 6 进 1，车八平二，红速胜。

③ 车六平八　将 6 退 1

④ 车八进四　将 6 进 1

⑤ 车八平五

红方亦可车七退五，士 5 退 4，车七退三，红多子胜定。

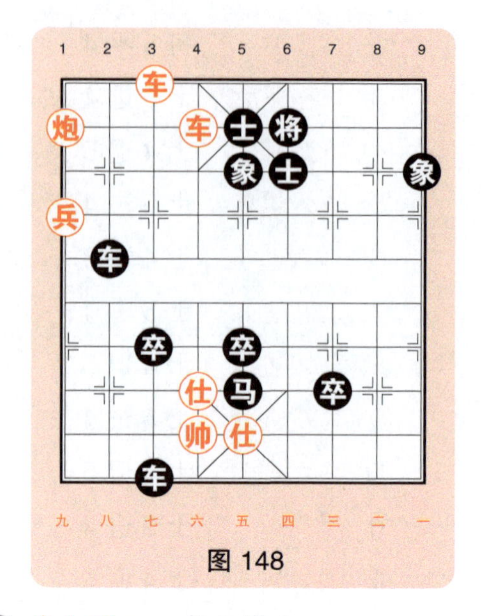

图 148

⑤ …………　将 6 进 1　⑥ 车七退二　象 5 进 3

⑦ 车七平四　将 6 平 5　⑧ 炮九平七　红胜

第 149 局　腾蛟起凤

如图 149，红先。

① 兵四平五　将 5 平 4

② 车四进二　士 5 进 6

黑方如象 3 退 5，则车五退二，红速胜。

③ 车五退二　象 3 退 5

④ 前兵平六　炮 4 进 2

⑤ 炮九平六　炮 4 平 5

⑥ 炮六退四　炮 5 平 4

⑦ 仕六退五　炮 4 平 5

⑧ 马七进六　炮 5 平 4

⑨ 马六进七　炮 4 平 5　⑩ 马七进六　红胜

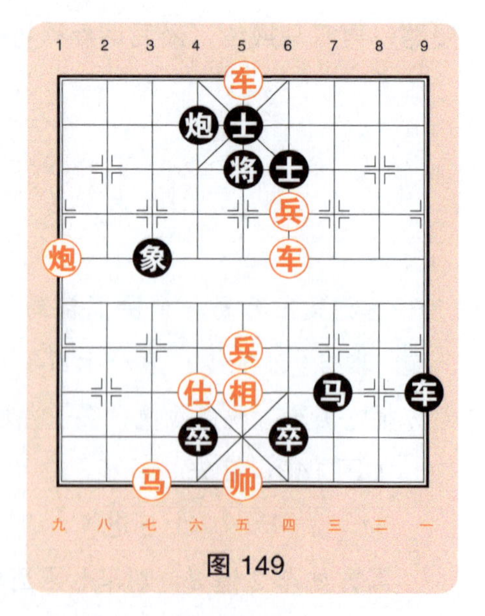

图 149

第150局　吕帅鹰扬

吕帅：指姜子牙，他本名吕尚，是中国古代杰出的政治家、军事家、韬略家，周朝开国元勋，商末周初兵学奠基人。鹰扬，像鹰一样的奋扬，大展雄才。

如图150，红先。

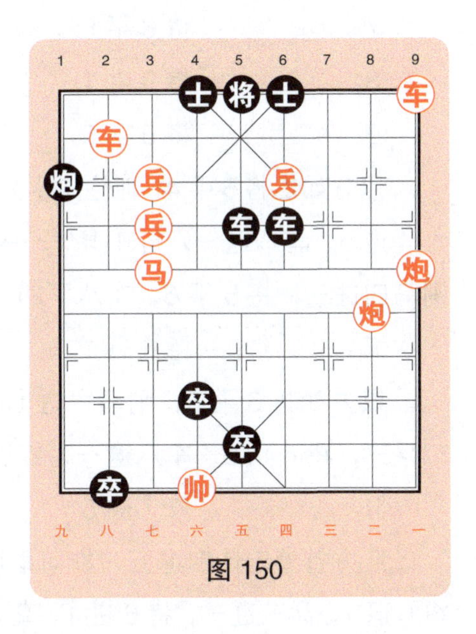

图150

① 炮二进五　士6进5

② 炮二退一！士5退6

③ 车八平五！将5进1

④ 兵四进一　将5平6

黑方如将5进1，则车一退二，车6退1，前兵平六，将5平4，兵七平六，将4平5，兵六进一，红速胜。

⑤ 炮一进三　将6进1

⑥ 车一平四　将6平5

⑦ 前兵平六　将5平4

⑧ 兵七平六　将4平5

⑨ 兵六进一　红胜

第151局　虏马饮江

西晋永嘉二十七年，元魏太武帝拓跋焘南侵时，曾在瓜步山（今江苏省南京市六合区东南）上建行宫，后来成为一座庙宇。拓跋焘，字佛狸伐，当时流传有“虏马饮江水，佛狸明年死”的童谣，所以民间把它叫作佛狸祠。这所庙宇，南宋时犹存。“虏马饮江”就源于此。

如图 151，红先。

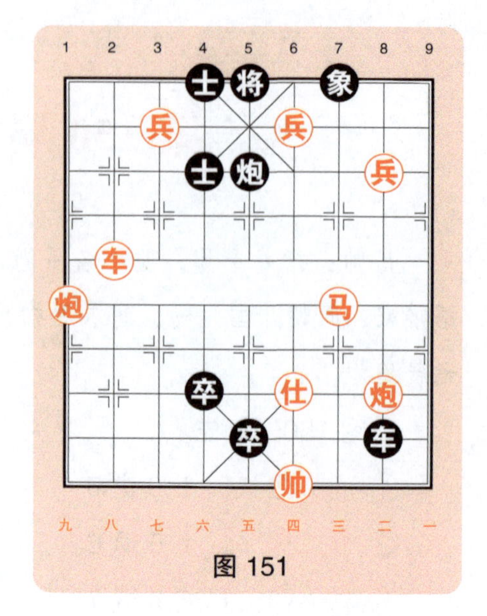

图 151

① 炮九进五　士 4 进 5

② 车八进四　士 5 退 4

③ 车八退一　士 4 进 5

④ 兵七进一　士 5 退 4

⑤ 兵四进一！将 5 平 6

⑥ 兵七平六　炮 5 退 2

⑦ 兵六平五　将 6 平 5

⑧ 车八进一　将 5 进 1

⑨ 马三进四　将 5 平 6

黑方如走将 5 平 4，则炮二平六，士 4 退 5，车八退一，将 4 退 1，马四进六，红胜。黑方又如走将 5 进 1，则马四进三，将 5 平 6，车八平四，红速胜。

⑩ 马四进六　将 6 进 1

黑方如将 6 平 5，则马六进七，将 5 平 6，车八退一，将 6 进 1，兵二平三，将 6 平 5，车八退一，红胜。

⑪ 炮九退二　象 7 进 5　　⑫ 车八平四　红胜

红方首着走仕四退五，亦可取胜。第十二回合原谱红方走兵二平三，将 6 退 1，兵三进一，将 6 进 1，马六退五，红胜。这样不够简练，故改之。

第152局　江心下钓

如图152，红先。

① 前车平五　士4进5

② 车八进九　士5退4

③ 兵四平五　将5进1

④ 马五进四　将5退1

⑤ 炮七进四　士4进5

⑥ 炮七退二　士5退4

⑦ 马四进六　将5进1

⑧ 车八退一　红胜

局中红方车兵两次献于黑方九宫中心，正所谓“江心下钓”。

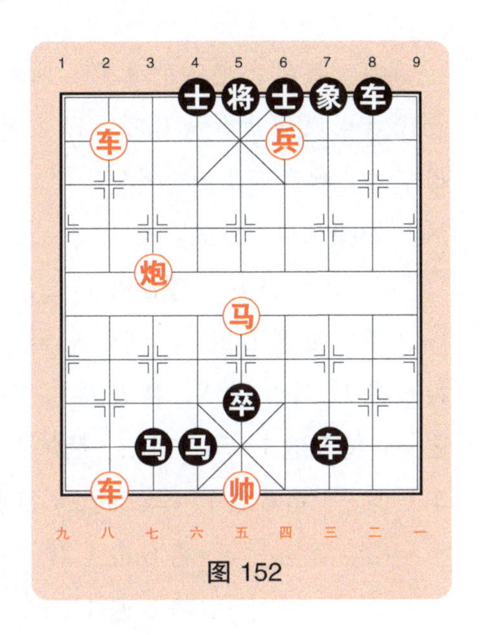

图152

第153局　死敌为忠

如图153，红先。

① 车五进七　将4平5

② 马九退七　将5平4

③ 炮九平六　士4退5

④ 马五进六　士5进4

⑤ 马六进七　士4退5

⑥ 后马进六

马后炮杀，红胜

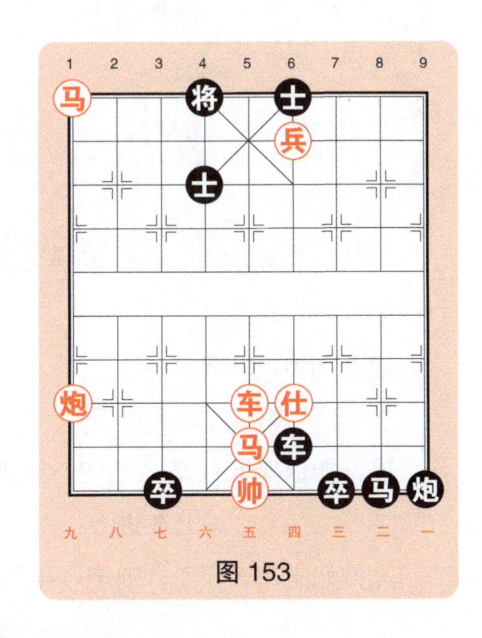

图153

第154局　外攘四夷

攘：抵抗、抵御的意思。四夷：古代对中原周边各族称呼，即东夷、南蛮、北狄和西戎的合称。

如图154，红先。

① 前车进五　将6进1

黑方如象5退7，则前车平三，将6进1，车二进八，将6进1，车二退一，将6退1，马一进三，后炮退2，车三退一，将6退1，车二进二，红胜。

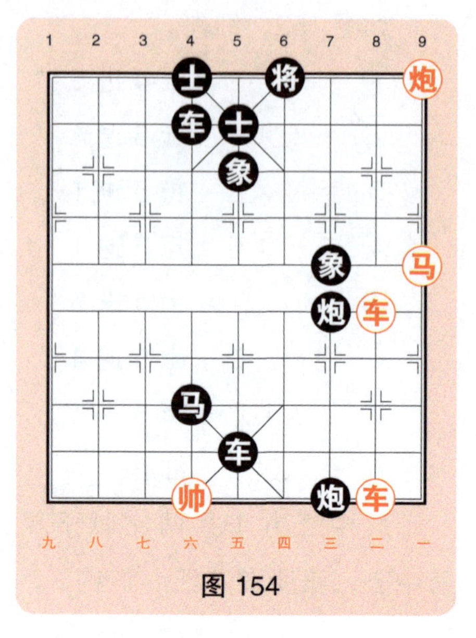

图154

② 后车进八　将6进1

③ 后车退一　将6退1

④ 前车退一　将6退1　　⑤ 后车平四　士5进6

⑥ 车二进一　将6进1　　⑦ 马一进二　将6平5

⑧ 车二平五！将5退1　　⑨ 马二进三　红胜

第155局　足蹑天窟

足蹑：轻轻地走，小心翼翼地走。天窟：指天井。意思是在天井边沿上行走，小心翼翼。

如图155，红先。

① 车八平五！象3进5

黑方如退车吃红车，则炮八进四，红速胜。

② 车三平六　士6进5

黑方如走车5平7，则炮八平五，象5退7，炮一进三，车3平6，马一退三，车6退7，车六平四，车7退3，车四平三，下一着炮一退二绝杀，红胜。

③ 炮八进四　车5进5

黑方如走士5进4，则马一退三，将5平6，车六进一，将6进1，炮一进三，将6进1，车六平四，红胜。

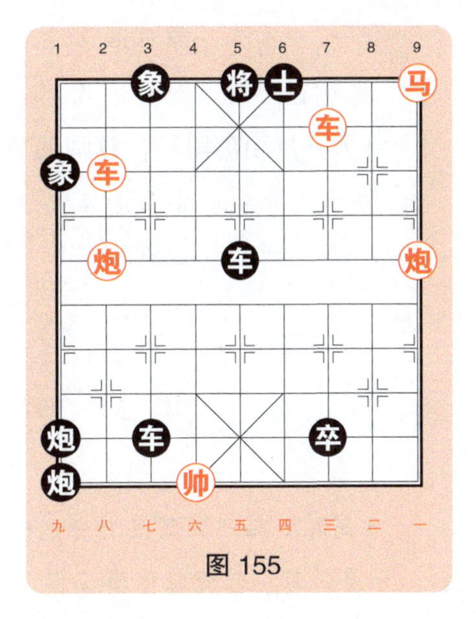

图155

④ 帅六平五　前炮平2

⑤ 马一退三　将5平6

⑥ 车六进一　将6进1

⑦ 炮一进三　将6进1

⑧ 炮八退二　车3退6

⑨ 车六退三　红胜

第156局　三献刖足

刖，古代的一种酷刑，把脚砍掉。春秋时期楚国人卞和，发现一块未经雕琢的璞玉，先献给楚厉王，被误认为卞和是个骗子，剁去一足；楚武王继位，卞和又去献玉，同样被误认为是骗子，又被剁去另一足；到了楚文王即位后，卞和不死心，抱着璞玉在楚山脚下痛哭了几天几夜，连血也哭出来了。文王便叫玉匠认真加工琢磨这块璞玉，果然发现这是一块稀世的宝玉，于是把它命名为和氏璧。这个故事载于《韩非子·和氏》。本局着法，红方三次献子，乃得成功，犹如卞和献璧。

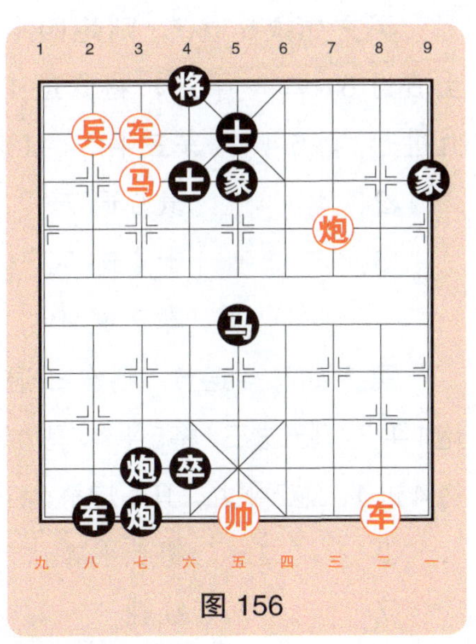

图156

如图156，红先。

① 车二进九　象9退7

② 车二平三　象5退7　③ 车七进一　将4进1

④ 炮三平六！ 马5退4

红方弃炮引离黑马，露帅助攻。

⑤ 车七平六！ 士5退4　⑥ 马七进八　后炮退8

⑦ 兵八平七　红胜

第157局　指鹿道马

秦朝时丞相赵高想要篡夺政权，恐怕各位大臣不服从，就设下圈套试探。于是带来一只鹿献给秦二世，说："这是一匹马。"二世笑着说："丞相错了吧？您把鹿说成是马。"问身边的大臣，左右大臣有的沉默，有的故意迎合赵高说是马，有的说是鹿，赵高就在暗中假借法律中伤（或陷害）那些说是鹿的人。以后，大臣们都畏惧赵高，使人不敢讲真话。自此，"指鹿为马"一词就比喻故意颠倒黑白，混淆是非。此事记载于《史记·秦始皇本纪》。

如图157，红先。

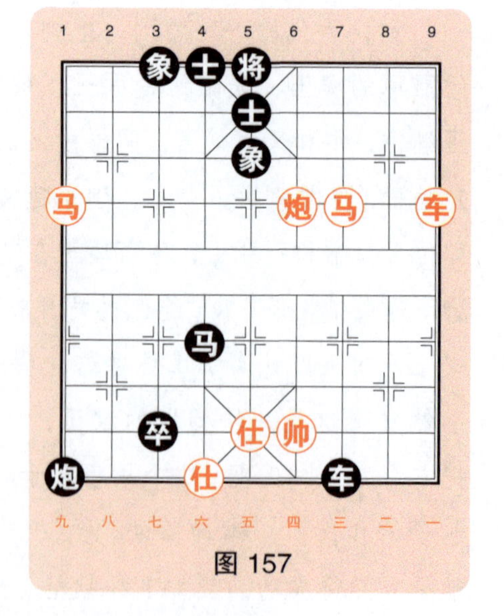
图157

① 车一进三　士5退6

黑方如象5退7，则炮四平五，士5进6，车一平三，将5进1，马九进七，将5平4，车三平六，红速胜。

② 炮四平五　象5退7

③ 马三进五　士4进5

④ 车一平三！ 车7退9

黑方如马4退6，则车三退九，炮1平7，马五进三，将5平4，马九进八，将4进1，炮五平九，马后炮杀，红胜。

⑤ 马五进三　将5平4　⑥ 马九进八　将4进1

⑦ 炮五平九　红胜

第 158 局　暴虎凭河

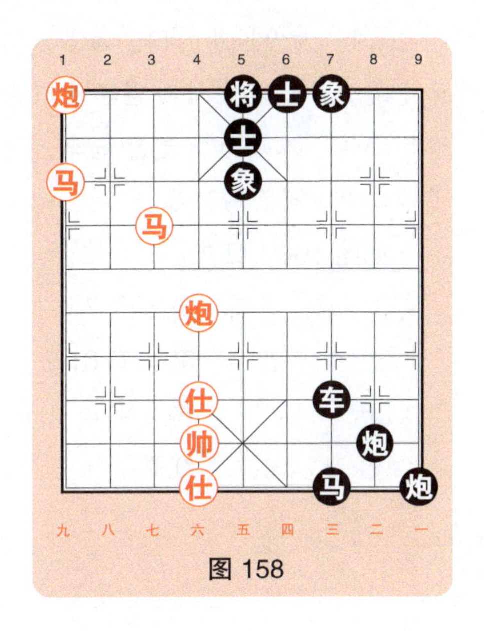

图 158

暴虎：徒手搏虎。凭：同“冯”。冯河：过河不借助工具，即徒步涉水过河。比喻有勇无谋，鲁莽冒险。出自《论语·述而》：“暴虎冯河，死而无悔者，吾不与也。”

如图 158，红先。

① 炮六进五　将 5 平 4
② 马九进八　象 5 退 3
③ 马八退七　将 4 进 1
④ 前马退九　将 4 进 1
⑤ 马九进八　红胜

第 159 局　前后绝伦

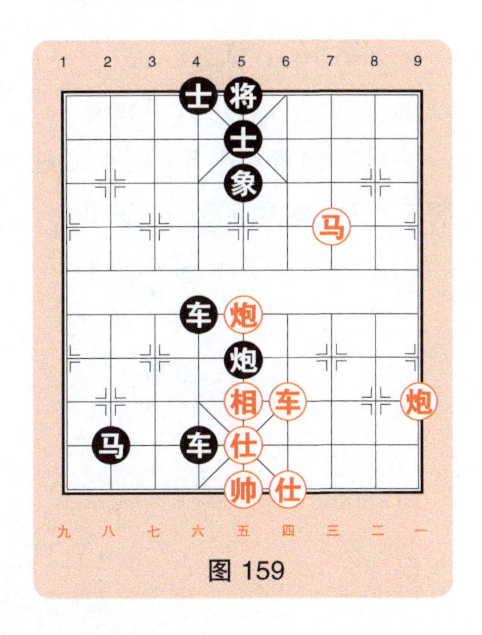

图 159

绝伦：无与伦比。形容本局红方巧用双炮，前后配合，着法精妙，无与伦比。

如图 159，红先。

① 车四进七　将 5 平 6
② 马三进二　将 6 平 5
③ 马二退四　将 5 平 6
④ 炮一平四　炮 5 平 6
⑤ 炮五平四　车 4 平 6
⑥ 炮四进二　红胜

第 160 局　倚闾望子

闾：古代里巷的门。靠着家门向远处眺望，形容父母盼望子女归来的迫切心情。本局红方连弃炮车，突破了黑方看似牢固的防线。

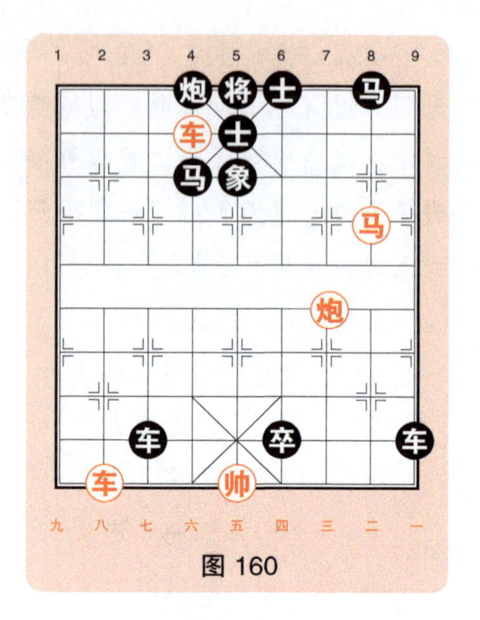

图 160

如图 160，红先。

① 炮三进五　象 5 退 7

② 马二进四　马 4 退 6

③ 车六进一　将 5 平 4

④ 车八进九　红胜

第 161 局　远害全身

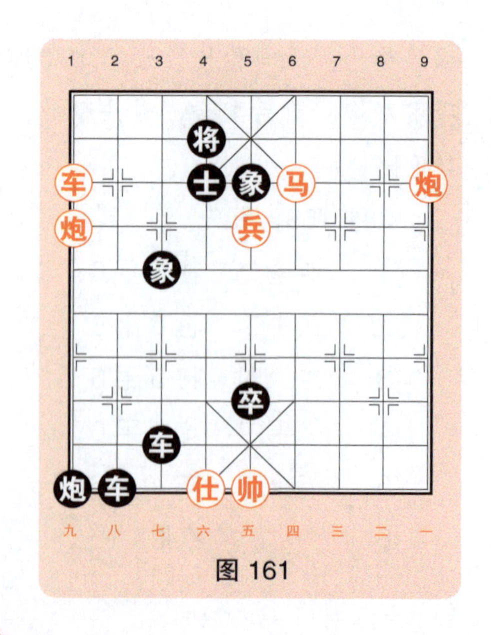

图 161

如图 161，红先。

① 炮九平六　士 4 退 5

黑方如将 4 平 5，则兵五进一，将 5 平 6，炮六平四，红速胜。

② 车九平六！将 4 进 1

③ 兵五进一　将 4 退 1

④ 兵五平六　红胜

第162局　朱云折槛

朱云：字游，我国西汉名臣。折槛：折断栏杆。朱云在汉成帝时，任槐里县令，性情耿直，在金殿上扬言要借尚方宝剑，斩杀佞臣张禹。汉成帝大怒道："你个小小官吏，竟敢在下面诽谤大臣，罪当处死，不能赦免！"让御史拉出去杀头，朱云不肯就范，两手紧紧攀住殿前的栏杆，奋力挣扎，竟把栏杆折断了。由于辛庆忌出面相救，得免一死。后来要修复折损的殿槛，成帝令不修复，用以表彰直言敢谏的人。后人就以"朱云折槛"来赞扬直言敢谏的人。本局用以形容红方果断弃车砍士，精妙入局。

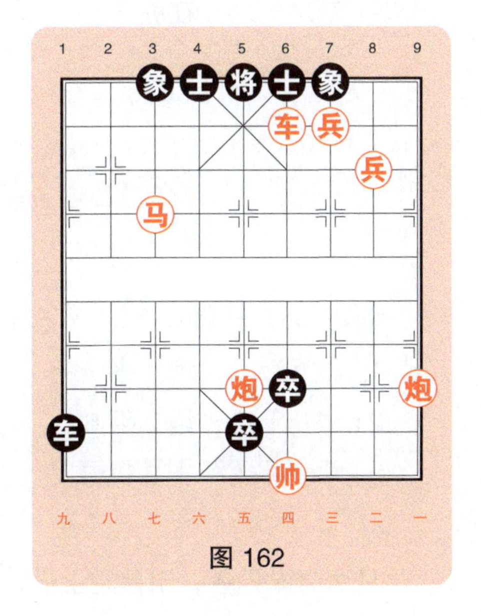

图 162

如图 162，红先。

① 马七进五　士 4 进 5

② 车四进一

红方亦可走车四平五，士 6 进 5，炮一进七，象 7 进 5，兵三进一，红胜。

② …………　将 5 平 6

③ 兵三进一　将 6 进 1

④ 马五退三　将 6 进 1

⑤ 炮一进五　红胜

第163局　选将练兵

如图 163，红先。

① 车七平六！将 4 进 1

黑方如炮 8 平 4，则炮五平六，炮 4 平 3，兵四平五，将 4 退 1，马四进六，车 2 平 4，兵五平六，将 4 平 5，炮六平五，象 5 退 7，炮一平五，象7进5，兵六进一！将5平4，后炮平六，马后炮杀，红胜。

② 炮五平六　将4退1

③ 兵四平五　将4退1

④ 马四进六　车2平4

⑤ 兵五平六　将4平5

⑥ 炮六平五　象5退7

⑦ 炮一平五　象7进5

⑧ 兵六进一　将5平4

⑨ 后炮平六　红胜

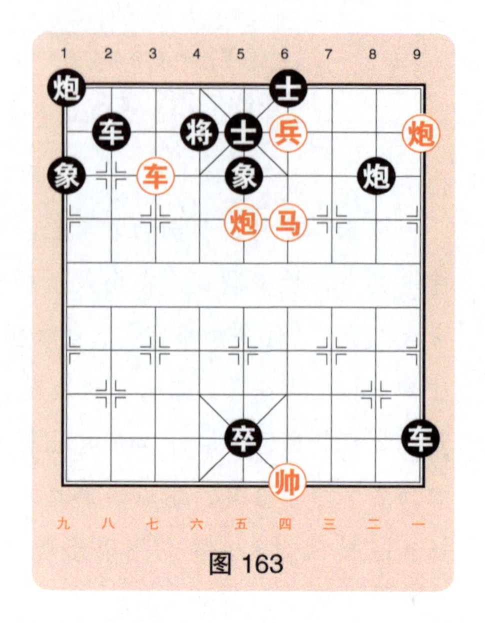

图 163

第164局　凿壁偷光

如图164，红先。

① 马五进三　炮4平7

② 车一平四　炮7平6

③ 车四进二！士5进6

④ 车七平四！

红方弃车妙手，引黑将上升，可谓“凿壁偷光”。

④ …………　将6进1

⑤ 炮八平四　士6退5

⑥ 炮五平四　红胜

本局与第129局同名。

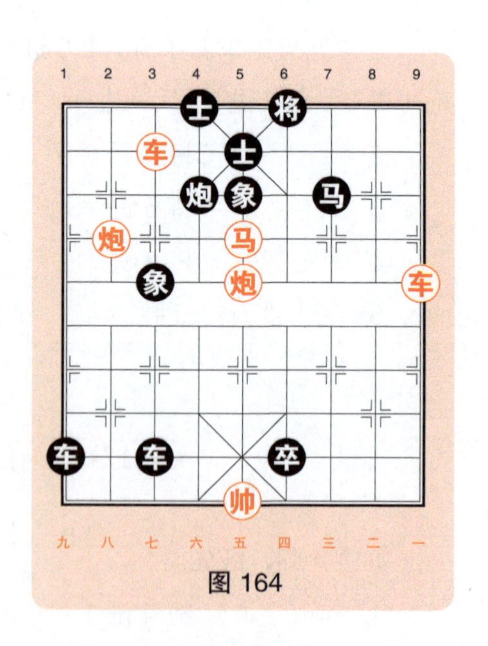

图 164

第 165 局　遇水叠桥

如图 165，红先。

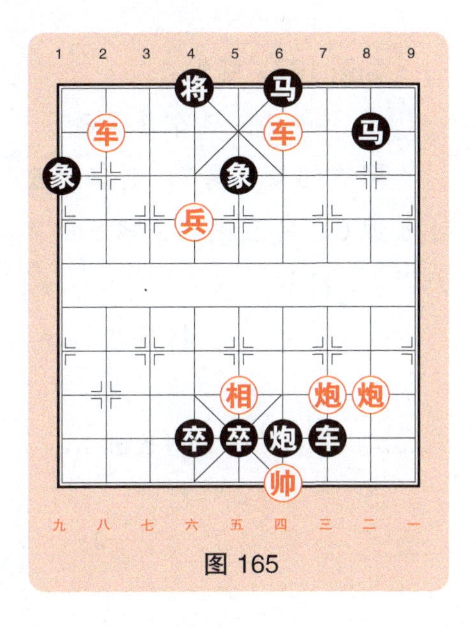

图 165

① 炮三进七　车 7 退 8

② 相五进三　车 7 进 5

黑方如炮 6 退 1，则兵六进一，车 7 进 5，兵六进一，马 6 进 4，车四平六，红胜。

③ 炮二平六　车 7 平 4

黑方如将 4 平 5，则车八平五，红速胜。

④ 兵六进一　车 4 进 2

⑤ 兵六进一　马 6 进 4

⑥ 车四平六　车 4 退 6

⑦ 车八进一　象 1 退 3

⑧ 车八平七　红胜

本局与第 45 局同名。

第 166 局　立倾敌国

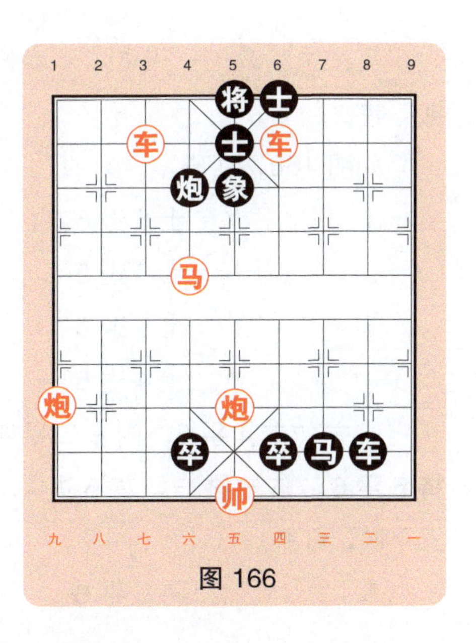

图 166

如图 166，红先。

① 车七进一　炮 4 退 2

② 车七平六　将 5 平 4

③ 车四进一　将 4 进 1

黑方如士 5 退 6，则炮九平六，红速胜。

④ 炮九平六　士 5 进 4

⑤ 车四退一　将 4 退 1

⑥ 马六进七　红胜

第 167 局　功成略地

如图 167，红先。

① 炮一进三　车 8 退 8

黑方如象 5 退 7，则车四进三！士 5 退 6，马五进四，将 5 平 4，车八平六，红胜。

② 车八平五！将 5 进 1

③ 车四进二　将 5 退 1

④ 车四进一　将 5 进 1

⑤ 车四退一　红胜

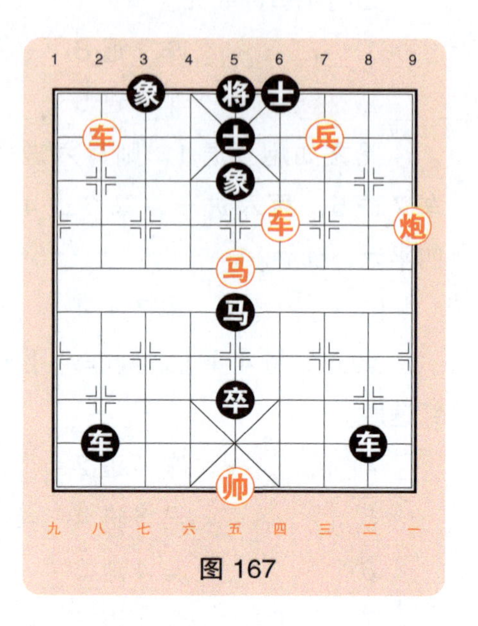

图 167

第 168 局　疾如激电

疾：快。激电：闪电。形容像闪电一样快。

如图 168，红先。

① 车二进九　士 5 退 6

② 炮三进五　士 6 进 5

③ 炮三退七　士 5 退 6

④ 炮三平五　士 4 进 5

黑方如车 4 平 5，则车二平四，将 5 平 6，车一进一，将 6 进 1，炮五平四，红胜。

⑤ 车二平四　将 5 平 6

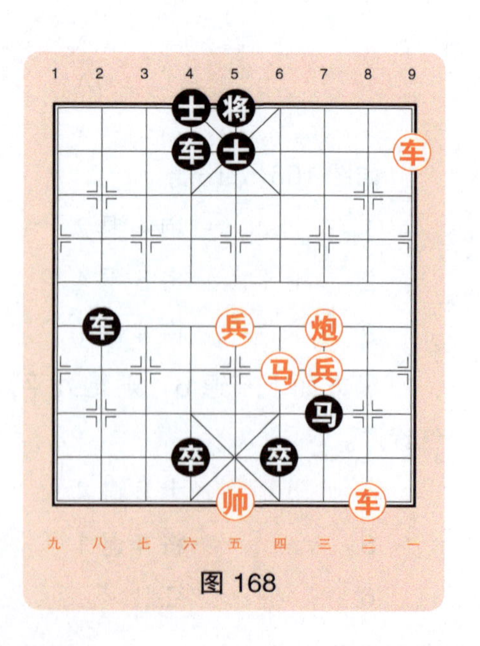

图 168

⑥ 车一进一　将6进1　⑦ 炮五平四　士5进6

⑧ 马四进三　将6平5

黑方如士6退5，则马三进五，将6进1，车一退二，红胜。

⑨ 炮四平五　将5平6　⑩ 马三进二　红胜

第169局　阴陵失道

阴陵，古地名，今安徽省定远县西北。秦末楚汉战争时期，西楚霸王项羽战败，突围逃到阴陵，迷失方向，就向一位农夫问路。农夫骗他说："往左。"他率领军队向左走，却陷进了一大片沼泽地，遂被刘邦的军队赶上消灭了。即"阴陵失道"。

图169

如图169，红先。

① 马三进四　将5平4

② 兵六进一　车4退5

③ 车九平六　将4退1

黑方如马2退4，则炮三进三，闷杀，红速胜。

④ 车五平六　将4退1

⑤ 炮三进五　红胜

第170局　面缚自首

面缚：双手反绑于背而面向前。古代用以表示投降。本局中红方连弃车兵，再跃马塞住象眼，巧妙闷杀。

如图170，红先。

① 车五平四

红方弃车阻断黑方底象与中路的联系，为下一步献兵引退河口的黑象做准备。

① ………… 炮9平6

② 后兵平五 象3退5

③ 马七进六

红方进马照将，再次封堵黑方中象移动线路，最终造成精巧杀局。

③ ………… 炮8平5

④ 炮七进五 红胜

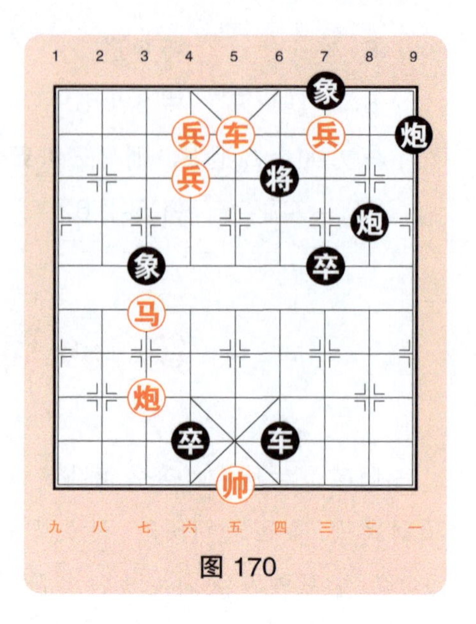

图 170

第171局 赢缩无常

赢：膨胀。缩：收缩。一会膨胀一会收缩，形容变化无常。

如图171，红先。

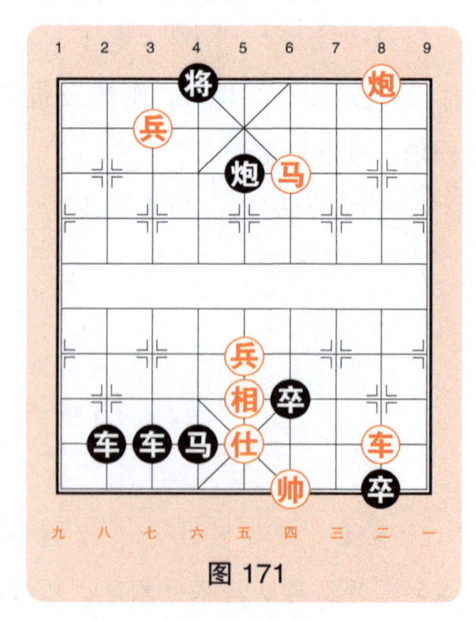

图 171

① 马四进三 炮5退2

② 马三退五 炮5进6

③ 马五进三 炮5退6

④ 马三退五 炮5进7

⑤ 马五进三 炮5退7

⑥ 马三退五 炮5进8

⑦ 马五进三 炮5退8

⑧ 车二平六 车3平4

⑨ 马三退五 红胜

第 172 局　动行网罗

如图 172，红先。

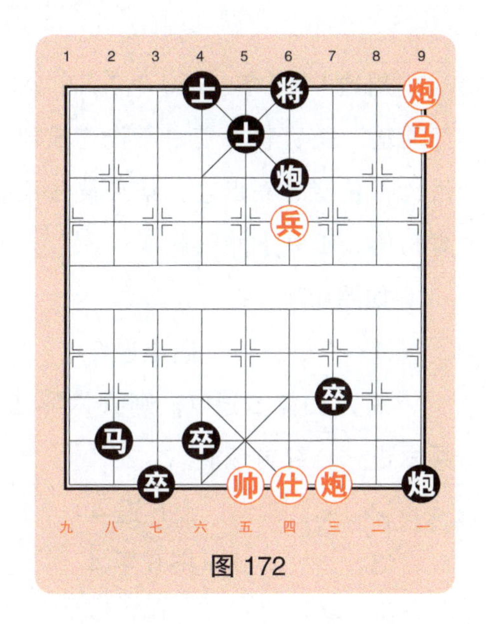

图 172

① 马一退三　将 6 平 5

② 马三进二　炮 6 退 2

③ 马二退四　炮 6 进 3

④ 马四进二　炮 6 退 3

⑤ 马二退四　炮 6 进 9

⑥ 马四进二　炮 6 退 9

⑦ 炮三平七　红胜

第 173 局　水枯见鱼

如图 173，红先。

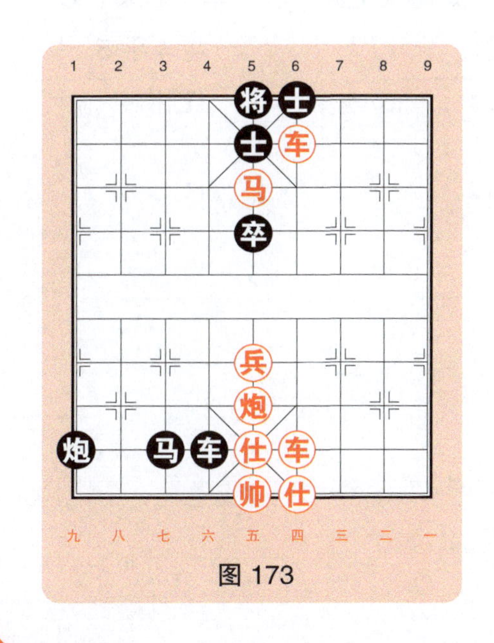

图 173

① 前车进一　士 5 退 6

② 车四进八　将 5 进 1

③ 车四平五！　将 5 平 4

红方继续弃车，黑方如将 5 退 1，则炮五进四，马后炮杀。

④ 马五退七　将 4 进 1

⑤ 车五平六　红胜

第 174 局　三气周瑜

周瑜（175 年—210 年），字公瑾，庐江舒人，东汉末年东吴名将。“三气周瑜”是明朝罗贯中所作《三国演义》中的一个故事，讲述了周瑜三次用计都被诸葛亮识破，结果被气死。这个故事是罗贯中为了美化诸葛亮而虚构的，正史上并无此事。

如图 174，红先。

① 炮一进五　后炮退 2

黑方如象 5 退 7，则兵六平五或兵六进一，红方速胜。

② 兵六进一！士 5 退 4

③ 车六进四　将 5 平 4

④ 车三平六

红方此着照将有堵塞象眼的作用，是继前边弃兵、弃车后的又一妙手。

④ ………　将 4 平 5

⑤ 炮二平五　红胜

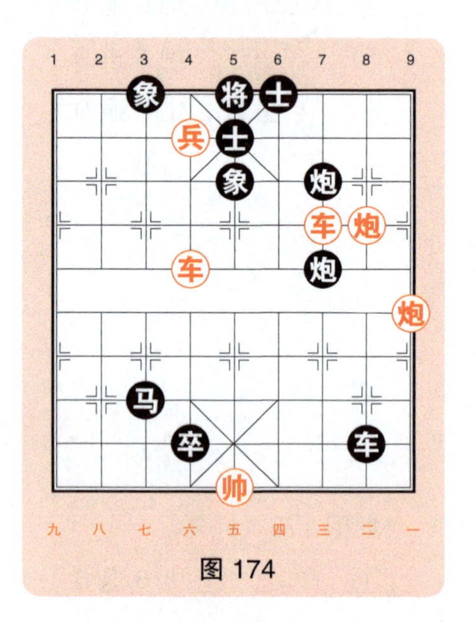

图 174

第 175 局　四面旋绕

如图 175，红先。

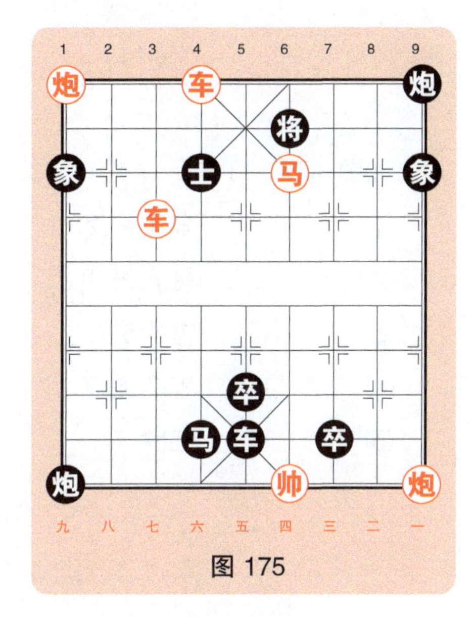

图 175

① 车七进二　士 4 退 5
② 车七平五　将 6 平 5
③ 马四退六　将 5 进 1
④ 马六退四　将 5 退 1
⑤ 马四进三　将 5 进 1
⑥ 马三进四　将 5 退 1
⑦ 车六退一　将 5 退 1
⑧ 炮一进九　象 9 退 7
⑨ 马四退三　象 7 进 5
⑩ 车六平五　将 5 平 4
⑪ 马三进四　象 5 退 7
⑫ 马四退六　象 7 进 5
⑬ 马六进八　炮 1 退 9
⑭ 马八退七　红胜

第 176 局　送往迎来

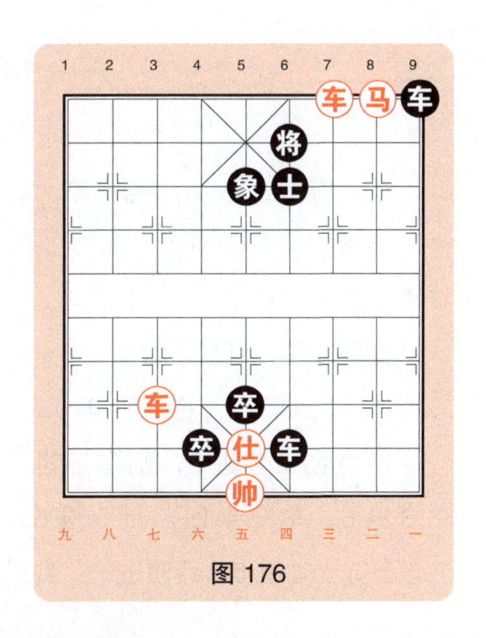

图 176

如图 176，红先。

① 车七进六　士 6 退 5
② 车三退八　将 6 退 1

黑方不能车 9 平 8 吃马，否则车三平四，红速胜。

③ 车三平四　将 6 平 5
④ 仕五退四　车 9 平 8

至此，缺士怕双车，红方利用黑方单士的弱点，可轻易取胜。

⑤ 车七平八　象5退3　　⑥ 车八进一　士5退4

⑦ 车四平六　红胜定

第177局　声势相倚

如图177，红先。

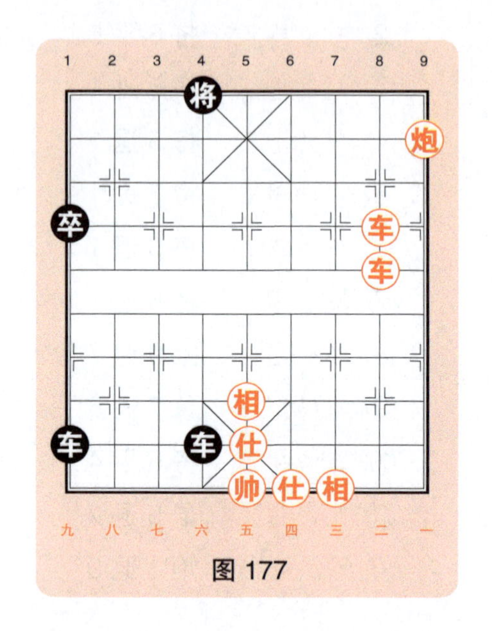

图177

① 炮一平九　车1平2

② 前车进三　将4进1

③ 后车进三　将4进1

④ 后车平八　车2退7

⑤ 车二退二　红胜

第178局　黾勉同心

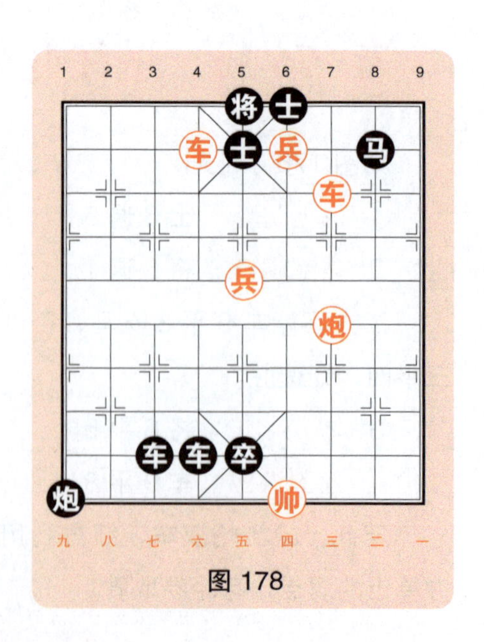

图178

黾：努力，勉励。勉：努力，尽力。形容做事齐心协力，劲往一处使，奋勇向前。

如图178，红先。

① 车六平五　将5平4

黑方如士6进5，则车三进二，马8退6，车三平四，士5退6，炮三进五，士6进5，兵四进一，红胜。

② 车三平六！ 车4退6　　③ 车五进一　将4平5

黑方如将4进1，则炮三进四，士6进5，兵四平五，红胜。

④ 炮三进五　士6进5　　⑤ 兵四进一　红胜

第179局　边烽惊虏

虏：古代对北方外族的贬称。烽：指古代边境报警用的烽火。

如图179，红先。

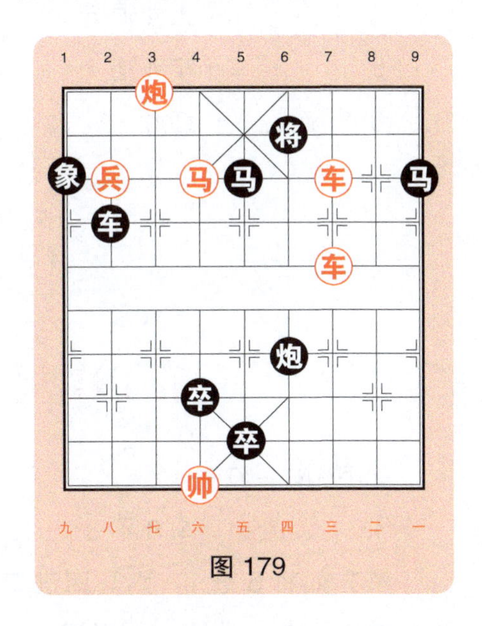

图 179

① 后车平四　将6平5

② 车三平五　将5进1

黑方如将5平4，则车四进三，将4退1，马六进八，红速胜。

③ 车四进二　将5退1

黑方如将5平6，则炮七退二，马后炮杀，红速胜。

④ 车四进一　将5进1

⑤ 炮七退二　将5平4

⑥ 炮七平九　红胜

第180局　暮鸟投林

暮：天色晚。

如图180，红先。

① 车七进一　将4进1

② 马三进四　马6退5

③ 车七退一　将4退1

④ 马四退五　士4退5

⑤ 车四平六　车4退1

⑥ 炮四进八　红胜

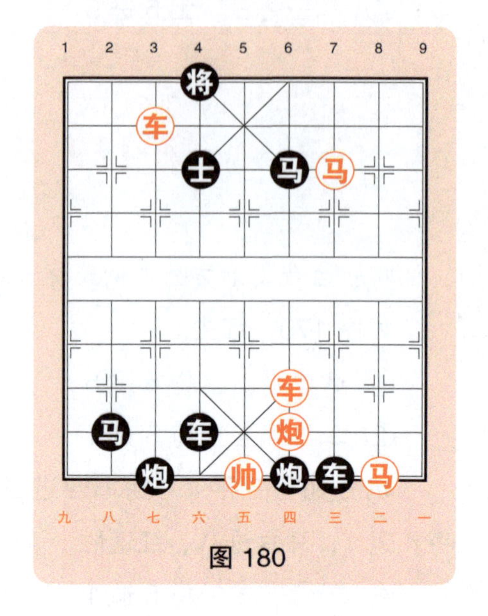

图180

第181局　海底诛龙

如图181，红先。

① 马六进四　车8平6

黑方如将5进1，则马四进二，炮6进1，炮一进四，炮6退8，马二退四！将5退1，车六进七！红胜。

② 车六进七　将5进1

③ 马四退六　将5进1

④ 车六平五　士6进5

⑤ 车五退一！车6平5

⑥ 马六退四　将5平6

⑦ 炮一平四　红胜

本局的实用价值极高。

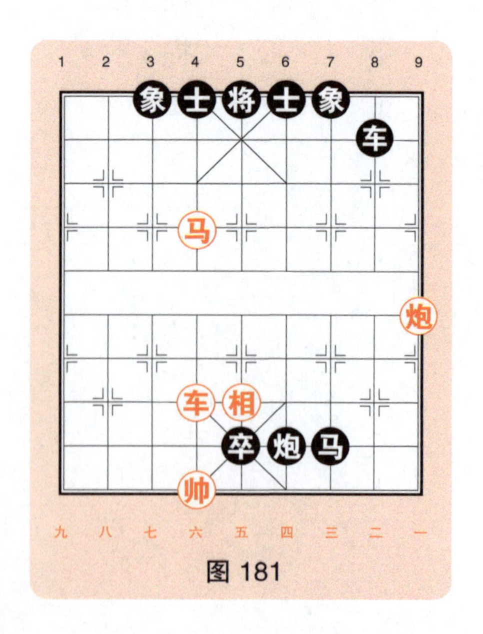

图181

第 182 局　投肉馁虎

馁虎：非常饥饿的老虎。投肉给饥饿的虎，会立即被吃掉。本局中红方解杀还杀而弃车，着法凶狠，犹如饿虎扑食。

如图 182，红先。

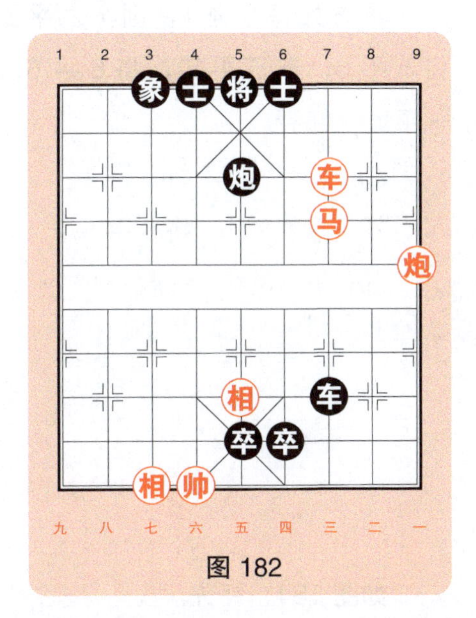

图 182

① 炮一进四　士 6 进 5

② 车三进二　士 5 退 6

③ 马三进一

红方如走马三进五，则将 5 进 1，车三退七，卒 6 进 1，车三退二，卒 6 平 5，车三平五，卒 5 进 1，帅六平五，象 3 进 5，和棋。

③ …………　车 7 平 8

黑方如车 7 退 7，则马一进三，将 5 进 1，炮一退一，马后炮杀，红胜。

④ 车三退一　士 6 进 5

黑方如车 8 退 7，则马一进二，卒 6 进 1，马二退三，士 6 进 5，车三进一，士 5 退 6，车三平四，红胜。

⑤ 马一进二　士 5 退 6　　⑥ 马二退四　士 6 进 5

⑦ 车三进一　士 5 退 6　　⑧ 马四退六　将 5 进 1

⑨ 车三退一　红胜

第 183 局　远遁边境

如图 183，红先。

① 车六进七　将 5 进 1

② 兵七平六　将 5 平 6

黑方如将 5 进 1，则车六平五，将 5 平 6，车五平四，将 6 平 5，炮一平九，红胜。

③ 炮七进四　将 6 进 1

④ 车六平四　将 6 平 5

⑤ 炮一平九　红胜

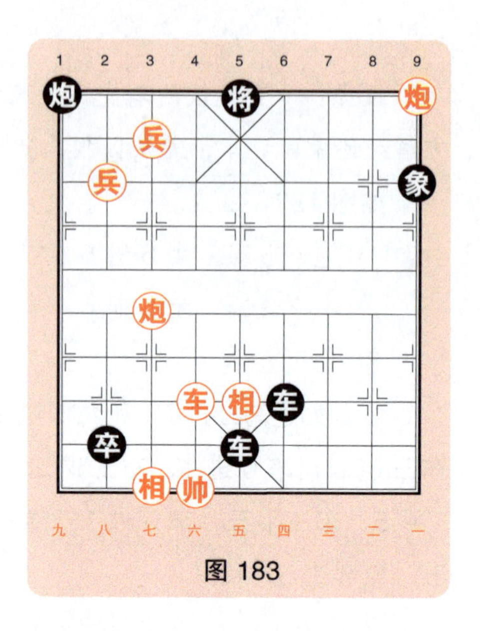

图 183

第 184 局　蛇龙混海

如图 184，红先。

① 车二进九　象 5 退 7

② 车二平三　象 9 退 7

③ 炮一进三　象 7 进 5

④ 马三进四　车 7 退 4

⑤ 马四退六　车 7 平 9

⑥ 马六进八　车 1 退 2

⑦ 马八退七　红胜

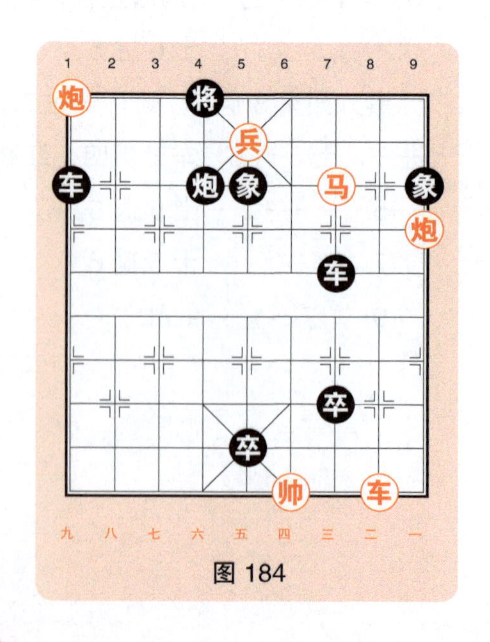

图 184

第 185 局　酸毒道路

如图 185，红先。

① 前车进二　象 9 退 7

② 马三进二！炮 1 平 8

黑方如将 6 平 5，则车三进九，红速胜。

③ 车三进九　将 6 进 1

④ 车三退一　将 6 退 1

⑤ 炮一进四　马 8 进 6

⑥ 车三进一　红胜

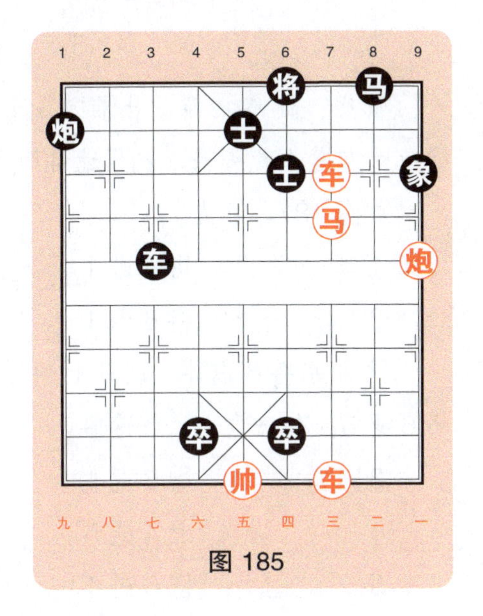

图 185

第 186 局　宿鸟惊弹

如图 186，红先。

① 车四进一　将 5 退 1

② 前炮进一　马 1 退 2

③ 车四平五　将 5 进 1

④ 车八进六　将 5 退 1

⑤ 炮八进九　红胜

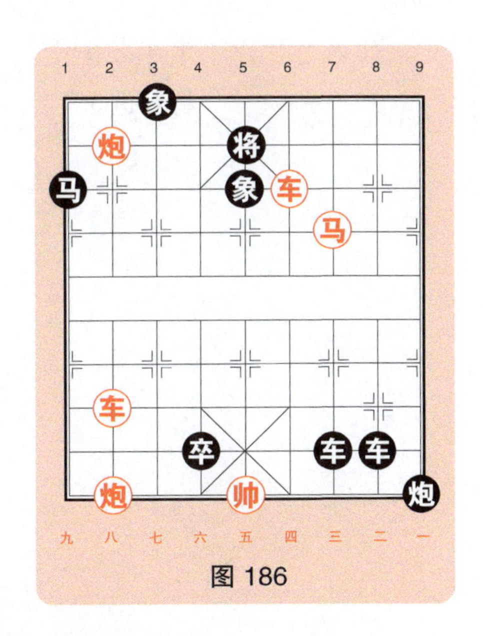

图 186

第 187 局　萤惑退舍

萤惑：迷惑之意。出自《史记·淮南衡山列传》："萤惑百姓。"指使对方摸不着头脑，发生迷乱而退却。

如图 187，红先。

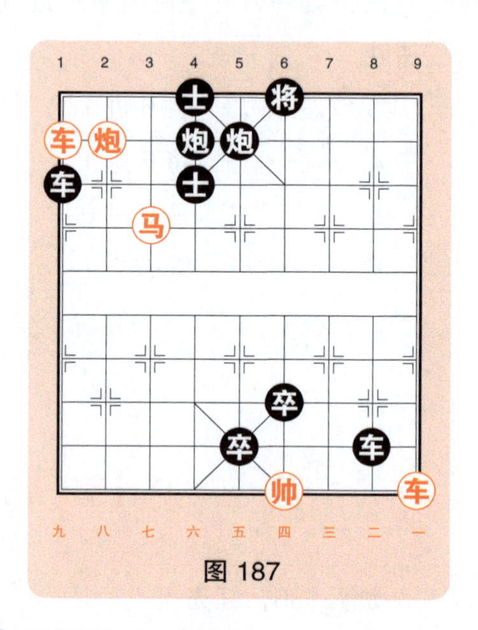

图 187

① 车一进九　将 6 进 1

② 车一退一　将 6 退 1

黑方如将 6 进 1，则马七退五，将 6 平 5，车一退一，红速胜。

③ 炮八进一　炮 5 退 1

④ 马七进六　士 4 退 5

⑤ 车一进一　将 6 进 1

⑥ 马六退五　车 1 平 5

黑方如炮 5 进 3，则车一平四，红胜。

⑦ 车九平五　士 4 进 5

⑧ 车一退一　将 6 进 1　　⑨ 马五退三　红胜

第 188 局　载沉载浮

如图 188，红先。

① 车二进三　士 5 退 6

② 车二退一　士 6 进 5

③ 车三进三　士 5 退 6

④ 车二平五！士 4 进 5

⑤ 车三退一　象 5 退 7

⑥ 车三平五　将 5 平 4

⑦ 车五进一　将 4 进 1

⑧ 兵七进一　将 4 进 1

⑨ 车五平六　红胜

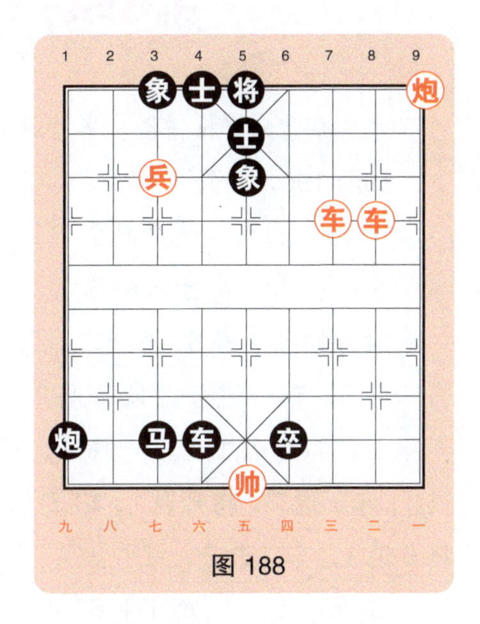

图 188

第 189 局　闭门扫轨

轨：原意指车子两轮之间的距离，后引申为车辙，又指一定的路线和规则。形容本局红方弃炮拴死黑车，最终得车胜定。

如图 189，红先。

图 189

① 炮八平四　卒 7 平 6

黑方如车 6 平 7，则炮一平四，将 6 平 5，马八进七，红速胜。

② 炮一平四　卒 4 平 5

黑方如卒6进1，则车三平五，红胜。

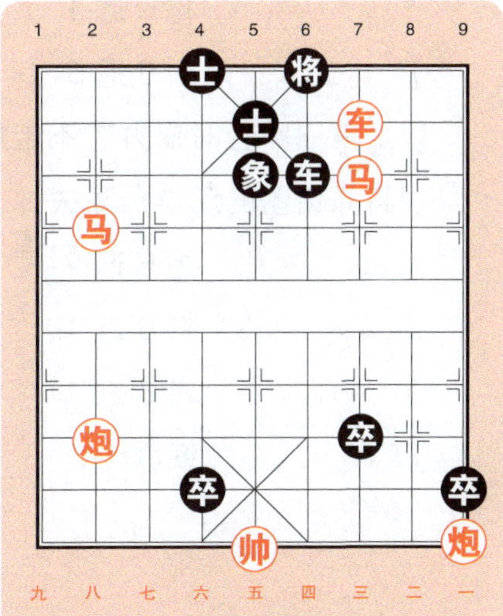

③ 帅五平六　卒 5 平 6

④ 炮四进二　车 6 平 7　　⑤ 车三退一　红胜定

第 190 局　乘风吹火

本局原谱只有棋谱图，着法缺页，虽标明红胜，实则不然。

如图 190，红先。

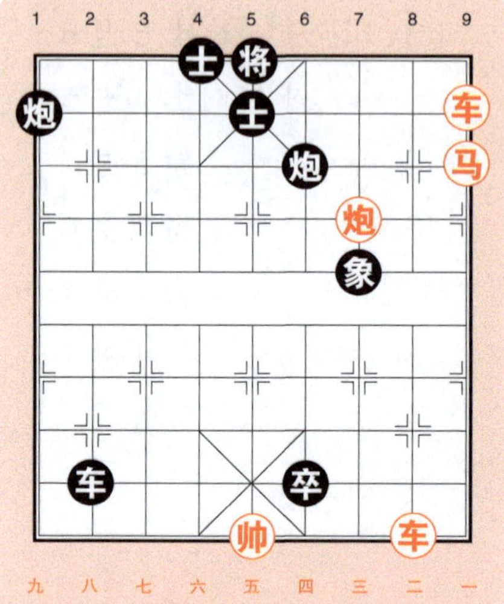

① 车二进九　炮 6 退 2

② 炮三平五　士 5 进 6

黑方如象 7 退 5，则车二平四，将 5 平 6，车一进一，象 5 退 7，车一平三，将 6 进 1，马一退三，将 6 进 1，车三退二，将 6 退 1，车三平二，将 6 退 1，车二进二，红胜。

③ 马一进三　炮 1 平 6

④ 车二平四　将 5 进 1

⑤ 车四退一　将 5 平 6

⑥ 马三退二　将 6 退 1

⑦ 炮五平四　士 6 退 5　　⑧ 马二进四　红胜

图 190

以上第三回合时黑方若不走炮 1 平 6，而改走将 5 进 1，红方没有胜着。

现将原谱图的河口黑象去掉，改进着法如下：

① 车二进九　炮 6 退 2　　② 车二平四　将 5 平 6

③ 车一进一　将 6 进 1　　④ 马一进二　将 6 退 1

⑤ 马二退三　将 6 进 1　　⑥ 马三退五　将 6 进 1

⑦ 车一退二　红胜

第 191 局　劳问将士

如图 191，红先。

① 炮三进三　士 6 进 5

② 车七进一

红方亦可走炮二平六，将 4 平 5，车七进一，红速胜。

② …………　将 4 进 1

③ 炮二平六　车 2 平 4

④ 车七退一　将 4 退 1

⑤ 车七平五　红胜

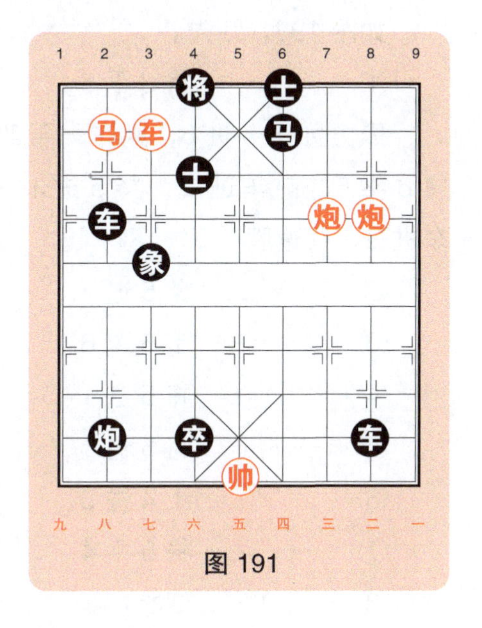

图 191

第 192 局　两地关心

如图 192，红先。

① 马一进三　士 5 退 6

黑方如车 8 退 8，则兵四平五，士 4 进 5，马三退四，双将杀，红速胜。

② 炮四平五　象 5 进 7

③ 马三退二　红胜

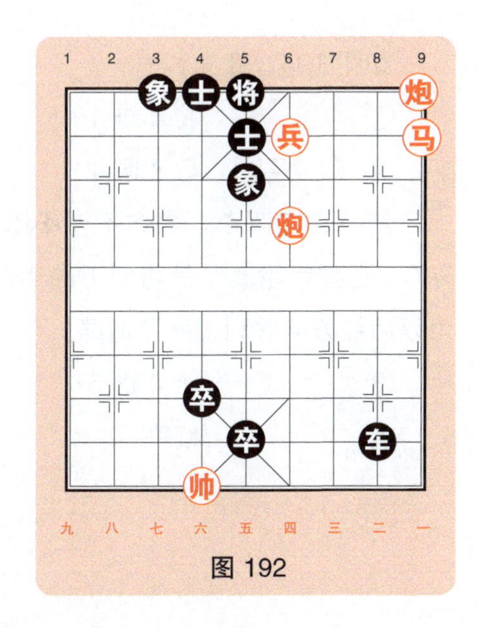

图 192

第193局　同功并位

如图193，红先。

① 后车平四　将6平5

黑方如士5进6，则车一平四，将6平5，前车进二，将5进1，后车进三，红速胜。

② 车一进二　象5退7

③ 车一平三　士5退6

④ 车三平四　将5进1

⑤ 前车退一　将5退1

⑥ 后车平五　士4进5

⑦ 车五进三　将5平4

⑧ 车四进一　红胜

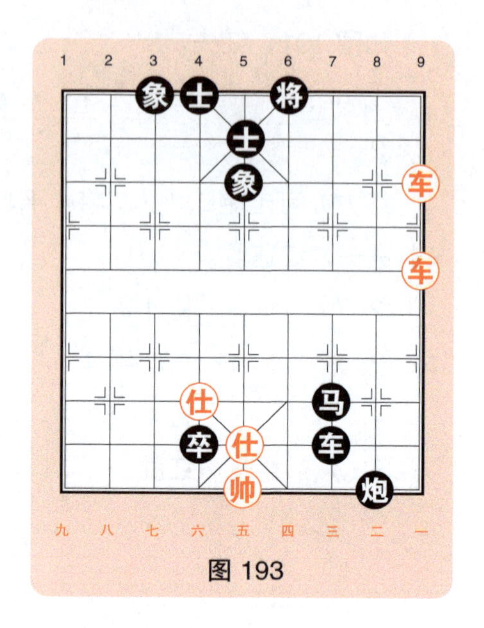

图193

第194局　步设陷阱

如图194，红先。

① 车五进一　将4进1

② 车五平六！马2退4

红方弃车叫杀，黑方不得不退马吃车，这样就阻塞了黑将向下的通路，为以后红方的胜利铺平了道路。

③ 马四进五　士4进5

④ 车一进二　红胜

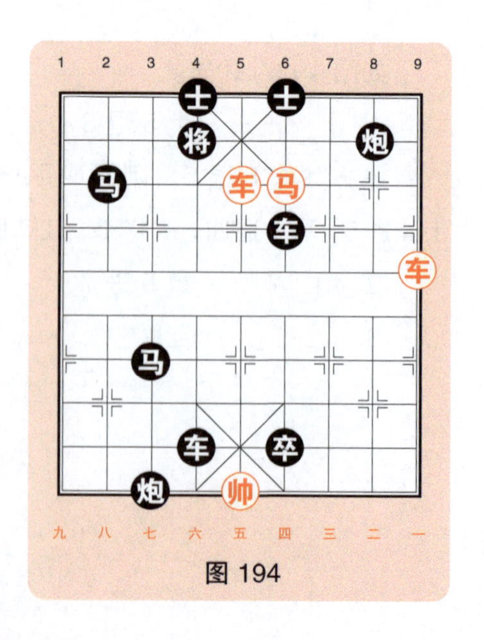

图194

第 195 局　盐车困骥

骥，指良马；盐车，形容沉重的车。

如图 195，红先。

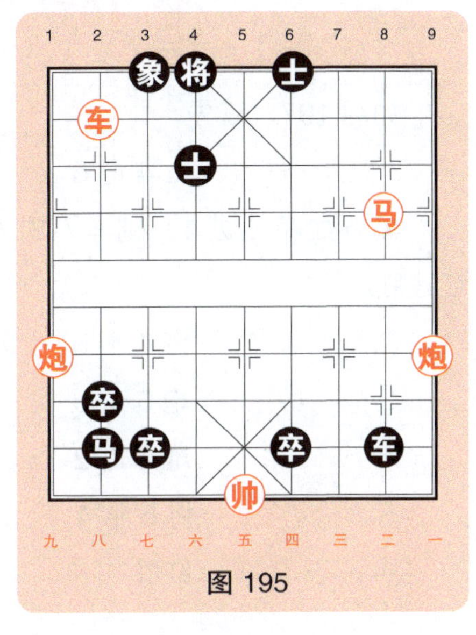

图 195

原谱原图走法：

① 炮一进六　士 6 进 5

② 车八平六　将 4 平 5

③ 马二进四　将 5 平 6

④ 炮九平四　红胜

经过研究原谱图，红方可以速胜：

① 炮九平六　士 4 退 5

② 炮一进六　速胜

改进后删除红车的走法：

① 炮一进六　士 6 进 5　② 炮九平六　将 4 平 5

③ 马二进四　将 5 平 6　④ 炮六平四　红胜

第 196 局　雪拥蓝关

“云横秦岭家何在？雪拥蓝关马不前。”这是唐代文学家、诗人韩愈的著名诗句。诗人立马蓝关，大雪阻拦，前路艰危，心中感慨万千。本局第 4 回合红炮平中照将时，黑马的四面均被堵死，寸步难行，故得名。

如图 196，红先。

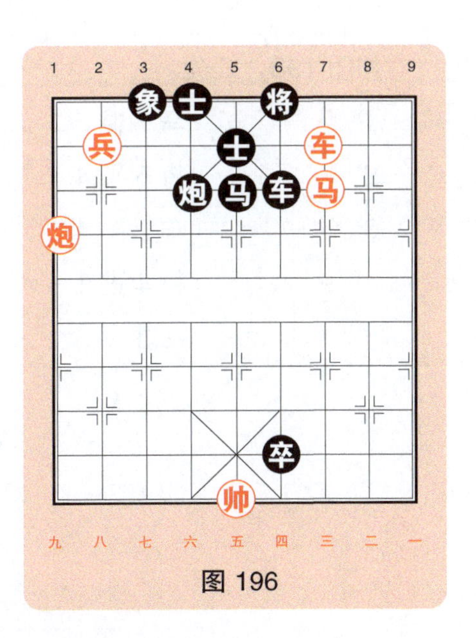

图 196

① 车三进一　将 6 进 1

② 车三平四　士 5 退 6

③ 马三进二　将6平5　　④ 炮九平五　将5平4

⑤ 兵八平七　红胜

第197局　投命仇门

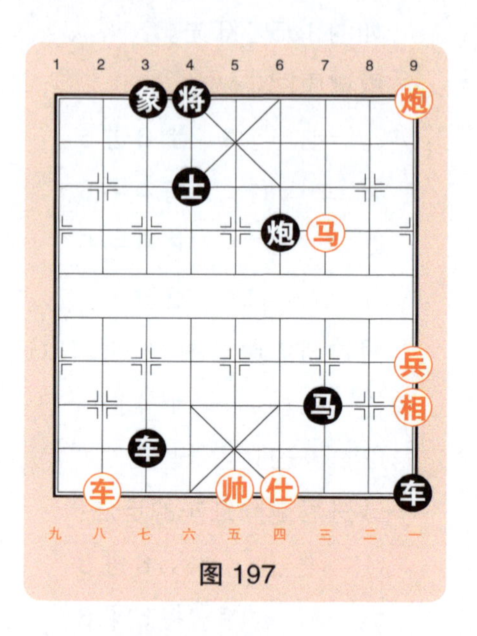

图197

如图197，红先。

① 马三进四　士4退5

黑方如将4进1，则车八进八，红速胜。

② 车八平六　将4平5

③ 马四进二　炮6退3

④ 马二退三　炮6进2

⑤ 车六进九！将5平4

⑥ 马三进四　红胜

第198局　惊鸟藏枝

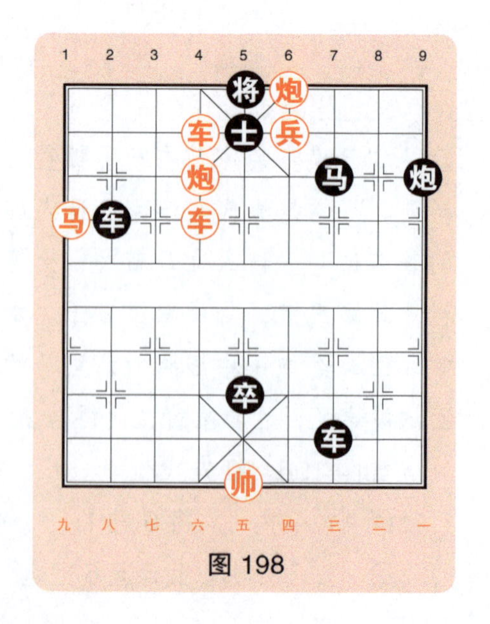

图198

如图198，红先。

① 兵四平五　马7退5

② 前车进一　将5平4

③ 炮六平五　车2平4

④ 马九进八　将4进1

⑤ 炮四退一　红胜

⑤ ………… 将6退1

⑥ 马四退二 将6平5

⑦ 马二进三 将5进1

⑧ 车四平七！

红方解杀还杀，妙手！

⑧ ………… 将5平4

黑方如将5平6，则马三退四，将6进1（如将6退1，则马四退六，车3退4，马六进五，将6平5，马五退七，红胜定），马四进二，象5退7，车七退四，将6平5，马二退四，红胜。

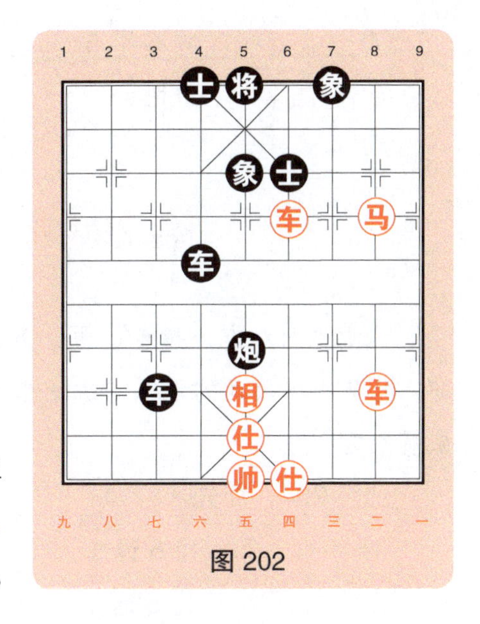

图 202

⑨ 马三退五 士4进5

⑩ 马五退六 车3退4 ⑪ 马六退五 红胜定

本局红方双车马联合攻杀，很有实战运用价值。

第203局 远近惊骇

如图203，红先。

① 兵七平六 将4退1

② 炮一平六 士5进4

③ 兵六进一 将4平5

④ 兵六平五 将5平6

黑方如将5退1，则马八进六，将5平6，炮六平四，士6退5，前兵平四，红胜。

⑤ 炮六平四 士6退5

⑥ 前兵平四 将6进1

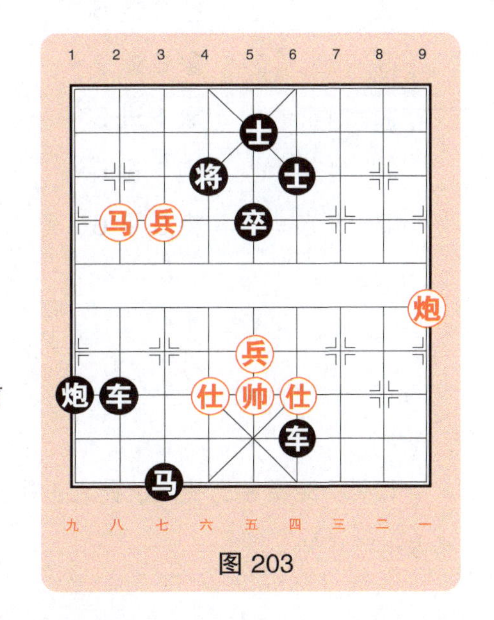

图 203

⑦ 炮四退三　将6平5　　⑧ 马八进七　将5平4

⑨ 炮四平六　红胜

第204局　雷震八荒

八荒也叫八方，指东、西、南、北、东南、东北、西南、西北八个方向，指离中原极远的地方，后泛指周围、各地。本局形容红方借炮用相，威震八方。

如图204，红先。

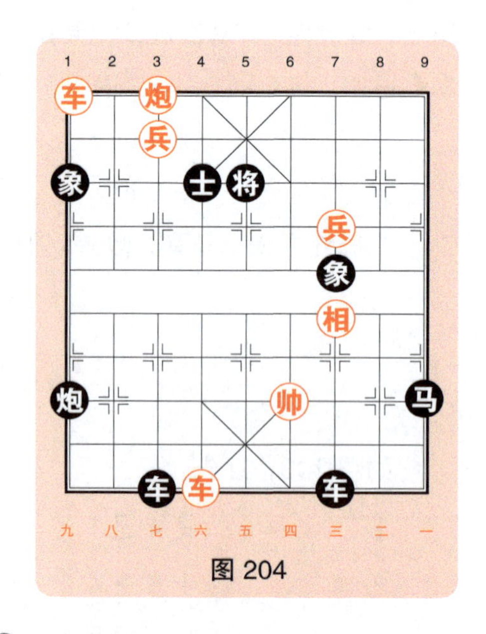

图204

① 车六进七！将5退1

② 兵七平六　将5退1

③ 车六平五！象7退5

④ 炮七退八　炮1退7

⑤ 炮七平五　象5退7

⑥ 相三退五　象7进5

⑦ 相五退七　象5进3

⑧ 相七进五　象3退5

⑨ 相五退三　象5退7

⑩ 相三进一　象1进3

⑪ 兵三平四　炮1进6

⑫ 炮五进二　将5平6　　⑬ 兵六平五　红胜

第205局　四畏廉名

四畏：是指古玉畏冰、畏火、畏姜水、畏惊气。此处代指红方四子联攻，黑方无可奈何。

如图 205，红先。

① 车二平五　士 4 进 5

黑方如象 7 退 5，则马二进三，将 5 进 1，炮二进四，马后炮杀，红胜。黑方又如走士 6 进 5，则马二进四，将 5 平 6，炮二平四，红胜。

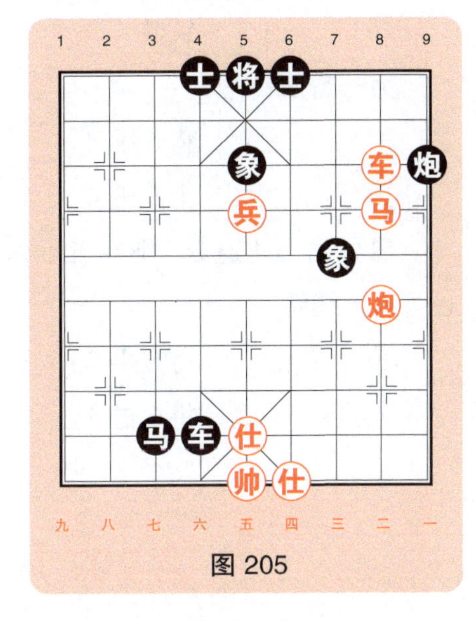

图 205

② 马二进四　将 5 平 4

③ 炮二进五　将 4 进 1

④ 车五平六　将 4 进 1

⑤ 炮二退二　象 7 退 5

⑥ 兵五进一　将 4 退 1

⑦ 兵五平六　将 4 退 1

⑧ 炮二进二　红胜

第 206 局　孤星坠地

如图 206，红先。

① 炮一平五　将 5 平 4

② 兵七平六　将 4 退 1

③ 炮五平六　士 5 进 4

④ 兵六平五　将 4 平 5

黑方如士 4 退 5，则兵五平六，士 5 进 4，兵六进一，红胜。

⑤ 兵五进一　将 5 平 6

黑方如将 5 退 1，则马八进六，将 5 平 6，炮六平四，士 6 退 5，兵五平四，红胜。

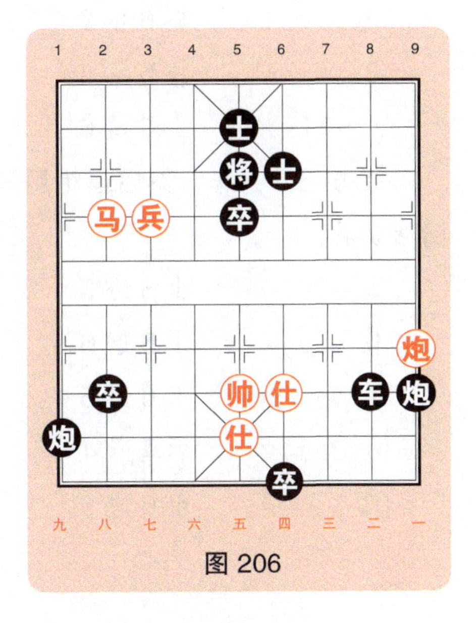

图 206

⑥ 炮六平四　士 6 退 5

⑦ 兵五平四！将 6 进 1

⑧ 炮四退三　红胜

另一着法：

① 马八进七　将5平4　② 兵七平六　将4退1

③ 炮一平六　士5进4　④ 兵六平五　将4平5

黑方如士4退5，则兵五平六，士5进1，兵六进一，将4进1，马七退六，红胜。

⑤ 兵五进一　将5平6　⑥ 炮六平四　士6退5

⑦ 兵五平四　将6进1　⑧ 炮四退三　红胜

第207局　菱叶穿萍

如图207，红先。

① 马三进五　士4进5

黑方如象3进5，则车一平四，红速胜。

② 车一平四　将6平5

③ 马五进三　将5平4

④ 车四进三　士5退6

红方巧妙弃车，然后借炮用马，精彩成杀。

⑤ 炮二进四　士6进5

⑥ 马三进五　士5退6

⑦ 马五退四　士6进5

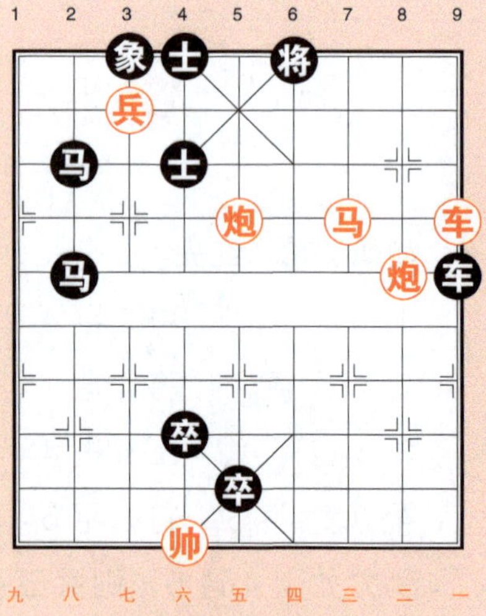

⑧ 兵七平六　后马退4　⑨ 马四进五　士5退6

⑩ 马五退六　士6进5　⑪ 马六进八　红胜

图207

第 208 局　用兵最精

如图 208，红先。

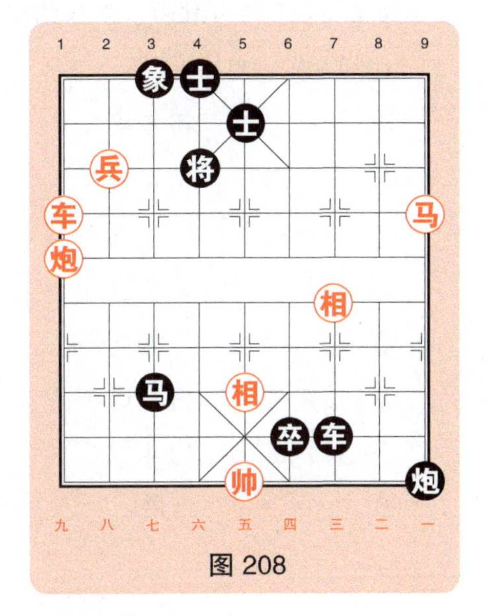

图 208

① 兵八平七　将 4 平 5

② 车九平五　将 5 平 6

③ 马一进二！ 将 6 退 1

④ 炮九进三　士 5 进 6

黑方如士 5 进 4，则兵七进一，士 4 进 5，车五平四，红速胜。

⑤ 兵七进一　士 4 进 5

⑥ 马二退三　将 6 退 1

⑦ 炮九进一　士 5 退 4

黑方如象 3 进 5，则兵七进一，士 5 退 4，兵七平六，象 5 退 3，兵六平七，红胜。

⑧ 马三进五　将 6 平 5

黑方如士 6 退 5，则车五平四，将 6 平 5，马五进三，马卧槽杀，红胜。又如将 6 进 1，则马五进六！将 6 退 1，车五进三，将 6 平 5，马六退七，象 3 进 5，兵七进一，红胜。

⑨ 马五进六　将 5 平 6

黑方如士 6 退 5，则马六退七，象 3 进 5，兵七进一，士 5 退 4，兵七平六，红胜。

⑩ 车五进三　将 6 平 5

黑方如将 6 进 1，则车五平三，将 6 平 5，炮九退一，红胜。

⑪ 马六退七　象 3 进 5　　⑫ 兵七进一　红胜

第 209 局　参参见佛

参参：多而不齐，立状。《文选·束皙》：“芒芒其稼，参参其穑。”

如图 209，红先。

① 车六进一　将 5 平 4

② 马九进八　将 4 进 1

③ 马八退六！将 4 进 1

④ 兵七平六　马 2 进 4

⑤ 兵六进一　将 4 退 1

⑥ 兵六进一　将 4 退 1

⑦ 兵六进一　将 4 平 5

⑧ 兵六进一　红胜

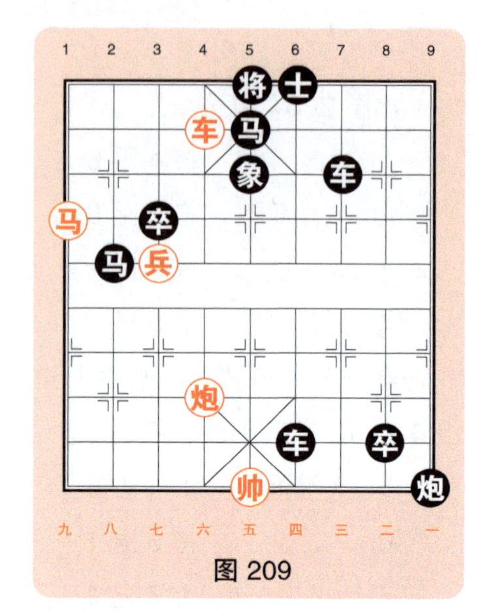

图 209

第 210 局　士马如云

如图 210，红先。

① 车五进二　马 7 退 5

② 马四进六　将 5 平 4

③ 炮二平六　马 5 进 4

④ 马六进四　马 4 退 5

⑤ 车七平六　将 4 平 5

⑥ 炮六平五　马 5 进 6

⑦ 车六平五　马 6 退 5

⑧ 车五进一　将 5 平 4

⑨ 车五退四　将 4 进 1

⑩ 车五平六　将 4 平 5

⑪ 马四退五　红胜

本局与第 32 局同名。

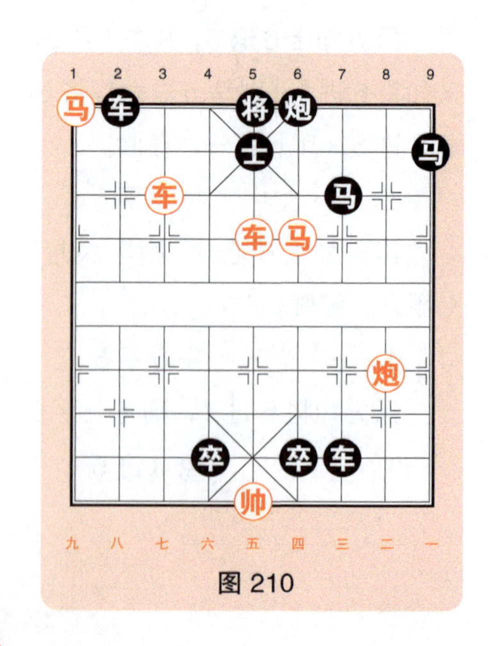

图 210

第 211 局　晚鸟争枝

如图 211，红先。

① 马八进七　将 5 平 4

② 车一平六　车 2 平 4

③ 马七进五！将 4 进 1

④ 炮一进七　象 5 进 7

⑤ 车四退二　象 7 进 5

⑥ 车四平五！将 4 平 5

⑦ 马五退三　象 7 退 9

⑧ 炮二退一　红胜

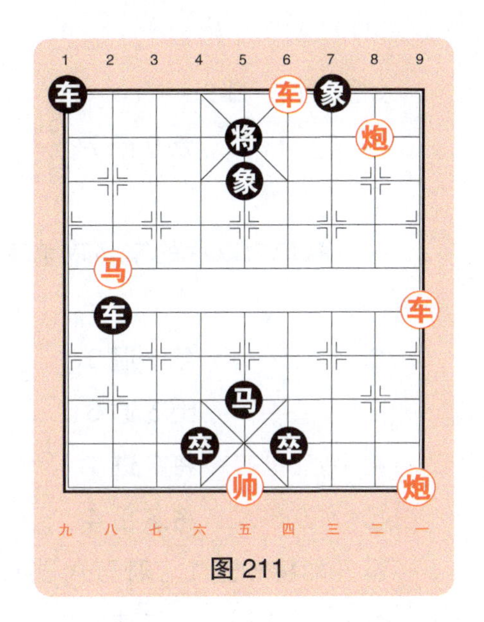

图 211

第 212 局　雁惊云网

如图 212，红先。

① 马二进三　士 4 退 5

黑方如士 6 进 5，则马三退五，士 5 进 6，车八退一，红速胜。

② 马三进五　士 5 进 4

③ 马五退四　将 4 平 5

④ 车八退一　将 5 进 1

⑤ 炮一进五　将 5 平 6

⑥ 炮二退一　红胜

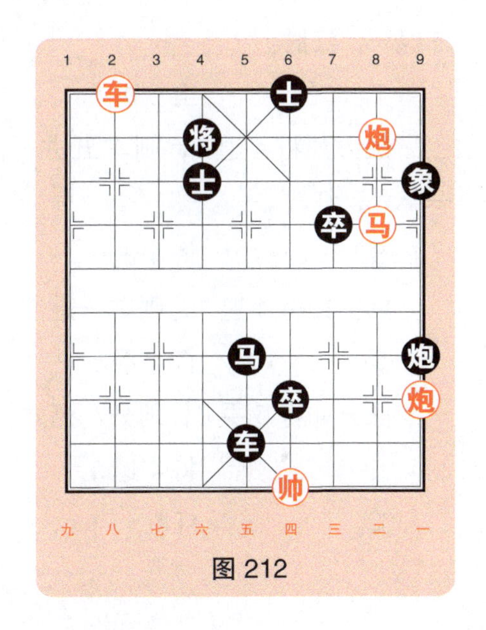

图 212

第213局　投石入水

如图213，红先。

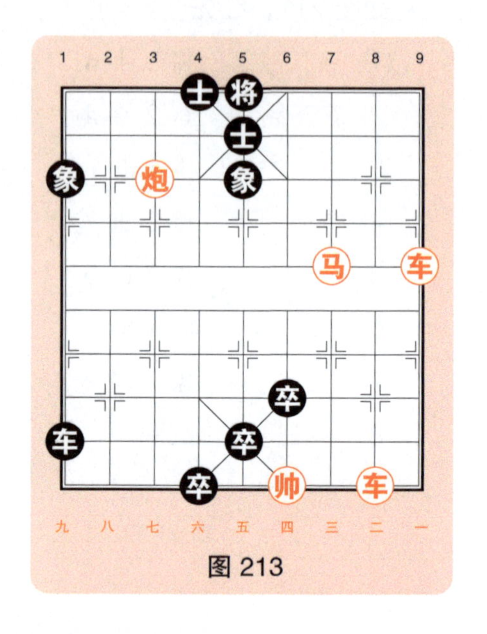

图213

① 车二进九　象5退7

② 炮七进二

红方献炮为以后的车马攻杀铺平道路。

② …………　象1退3

③ 车二平三　士5退6

④ 马三进四　将5进1

⑤ 马四退六　将5平4

黑方如将5退1，则马六进七，将5进1，车三退一，红速胜。

⑥ 车三退一　士4进5

黑方如将4进1，则车一进二，象3进5，车一平五，将4平5，车三退一，红胜。

⑦ 车三平五　士6进5

黑方如将4退1，则车五进一，将4平5，马六进七，将5平4，车一平六，红胜。

⑧ 马六进八　将4进1

黑方如将4退1，则车一进四，红速胜。

⑨ 车一平六　将4平5　　⑩ 车六平五　将5平4

黑方如将5平6，则马八退六，将6退1，车五平四，红速胜。

⑪ 马八进七　将4退1　　⑫ 车五平六　士5进4

⑬ 车六进二　红胜

第 214 局　阻住行程

如图 214，红先。

① 马六进七　车 8 平 3

黑方如走车 8 平 4，则车八平五，士 6 进 5，车五平二，将 5 平 6，炮一平六，红胜。

② 车八平五　士 6 进 5

③ 炮一平七　卒 1 平 2

④ 车五平九　车 1 平 2

⑤ 车九平二　红胜

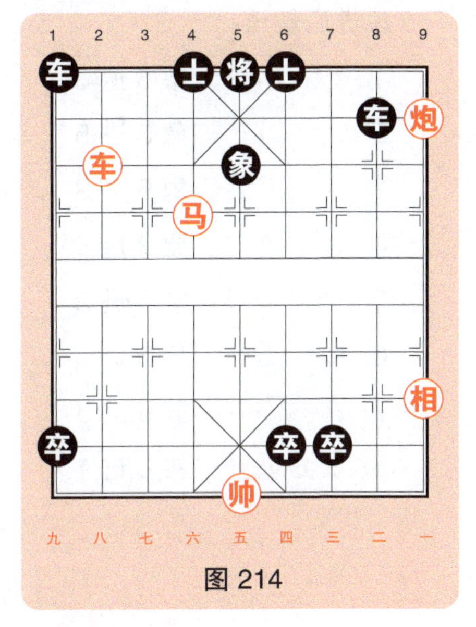

图 214

原谱至此标注红胜，实际演变下去黑方可以弈和。黑方可接走：卒 6 进 1，帅五进一，卒 7 平 6，帅五平四，士 5 进 6，炮七平三，车 2 进 6，车二平四，车 2 平 7，炮三退四，卒 2 平 3，帅四退一，车 7 平 5，炮三退三，卒 3 平 4，帅四进一，卒 4 平 5，炮三平五，车 5 进 2，帅四退一，双方和棋。

第 215 局　猛虎出林

如图 215，红先。

原谱着法：

① 炮一平五　象 5 退 3　　② 马三退五　象 3 进 5

③ 马五进七　象 5 进 3　　④ 车六进五　将 5 退 1

⑤ 马七退五　士 6 进 5　　⑥ 车六平五　将 5 平 6

⑦ 车五进一　将 6 进 1　　⑧ 马五进三　将 6 进 1

⑨ 车五退二　象3退5

⑩ 炮六进五　象5进3

⑪ 炮五进五　红胜

改进后着法：

① 炮一平五　象5退3

② 马三退五　象3进5

③ 马五进六　象5进3

④ 车六平五　象3退5

⑤ 车五平七　象5进3

⑥ 车七平五　象3退5

⑦ 车五平四！象5进3

⑧ 车四进五　将5进1

⑨ 马六退五　红胜

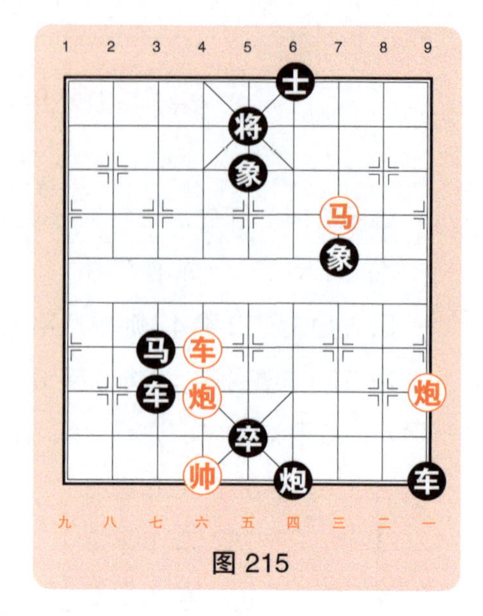

图 215

第216局　载沉载浮

如图216，红先。

① 车二进三　士5退6

黑方如象9退7，则车三进九，士5退6，车三平四，将5进1，车二退一，红胜。

② 车二退一　士6进5

③ 车三进九　士5退6

④ 车三退一　士6进5

⑤ 车二进一　士5退6

⑥ 车三平五　士4进5

⑦ 车二退一　红胜

本局与第188局同名。

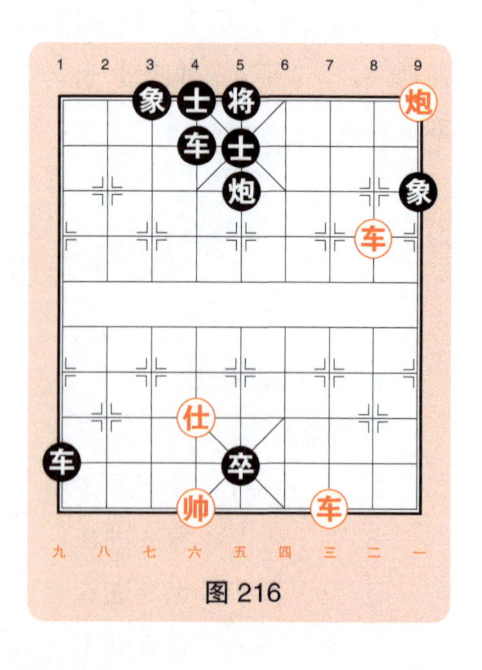

图 216

第 217 局　勇退急流

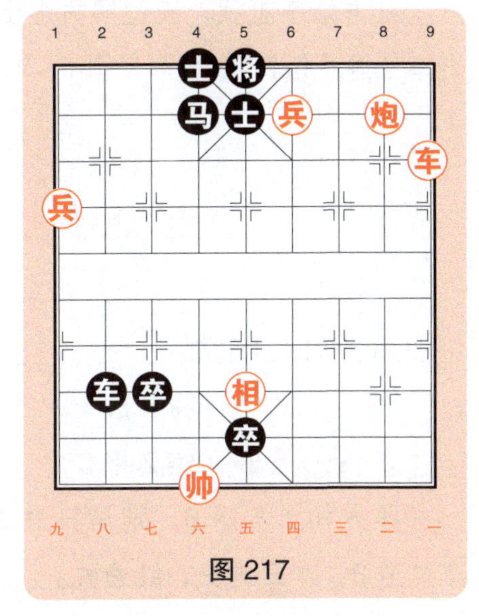

图 217

如图 217，红先。

① 车一进二　士 5 退 6

② 炮二进一　士 6 进 5

③ 炮二退九　士 5 退 6

④ 炮二平三

红方平炮伏有车一平四，马 4 退 6，炮三进九的妙杀。

④ …………　车 2 进 2

⑤ 炮三平八　卒 3 进 1

⑥ 炮八进九　士 4 进 5

⑦ 兵四平五　将 5 进 1

⑧ 车一退一　将 5 退 1

⑨ 车一平六　卒 3 平 4

⑩ 车六退七　卒 5 平 4

⑪ 帅六进一　红胜定

本局与第 96 局同名。

第 218 局　路隔星河

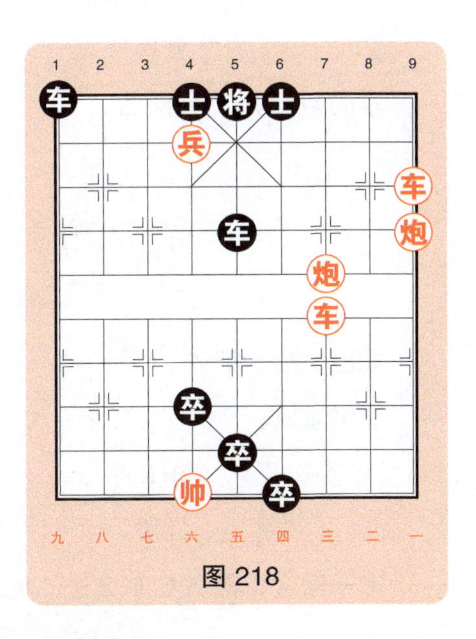

图 218

星河：银河。寓意极多极广，玄妙无穷，深奥无尽。宋朝诗人李清照《南歌子》词："天上星河转，人间帘幕垂。"形容本局着法奥妙无穷。

如图 218，红先。

① 炮三平五　车 5 进 1

黑方如士 4 进 5，则兵六平五，大胆穿心杀，红速胜。

② 车一平五　车5退2　　③ 炮一进三　士6进5

④ 车三进五　士5退6　　⑤ 兵六平五！

红方妙手献兵，无论黑方走士4进5、车5退1或将5进1，红方均走车三退一杀，红胜。

第219局　曲突徙薪

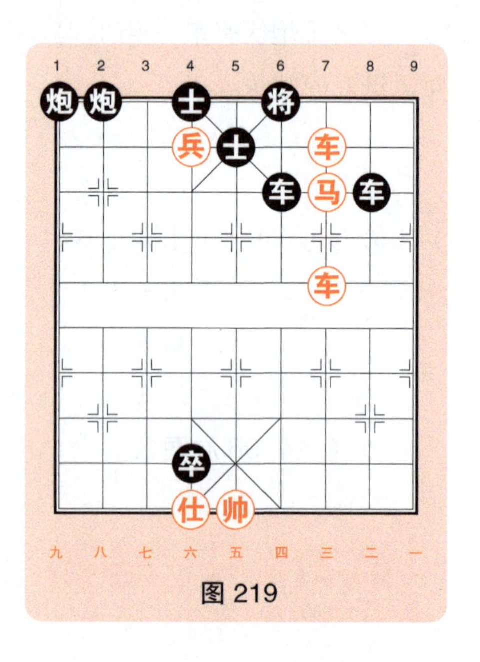

图219

如图219，红先。

① 前车进一　将6进1

② 前车平四　炮2平6

黑方如士5退6，则马三进二，车8退2，车三进三，红速胜。

③ 马三进二　炮6平7

④ 车三进三　将6退1

⑤ 车三进一　将6进1

⑥ 车三平六！炮1平8

⑦ 兵六平五　红胜

本局与第117局同名。

第220局　攀辕卧辙

如图220，红先。

原谱着法：

① 兵七平八　车2平3　　② 马三进四　士5进6

③ 马五进七　红胜

第一回合，黑方如车2进1吃兵，红方无杀着可行，反为黑胜。

改进后着法：

① 马三进四　士5进6

② 兵七平八　士6进5

黑方如车2进1，则马五进七，将5平4，车五平六，红速胜。

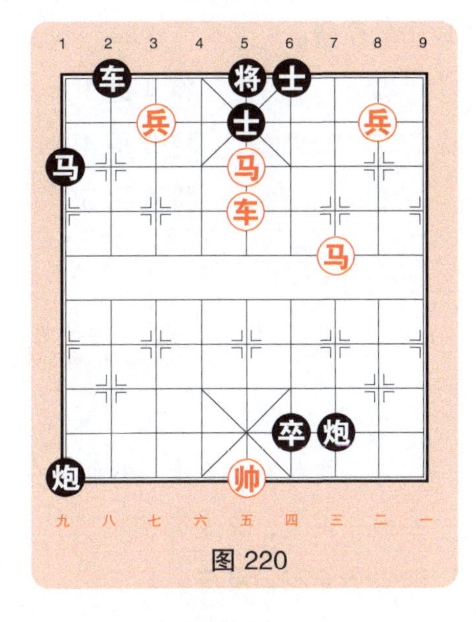

图 220

③ 兵八进一　士5进4

④ 马五进四　士4退5

⑤ 马四退三　马1退2

⑥ 车五平四　将5平4

⑦ 车四退五　炮7退5

⑧ 车四平九　炮1平3

⑨ 车九进八　炮7平5

⑩ 车九平八　将4进1

⑪ 车八退三　炮5退1

⑫ 车八平六　炮5平4

至此红方多子胜。

第221局　野马舞风

如图221，红先。

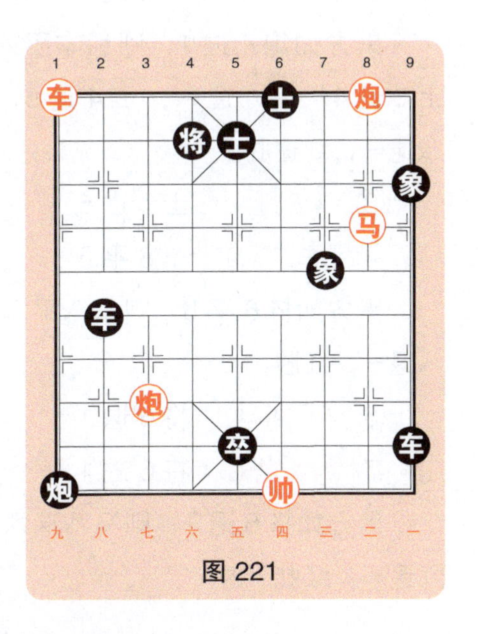

图 221

① 车九退一　将4进1

② 车九退一　将4退1

③ 炮二退一　士5进6

④ 马二进三

红方如马二进四，则象7退5，车九进一，将4退1，炮二进一，象9退7，红方无连杀，反为黑胜。

④ …………　士6退5

⑤ 车九平六！

弃子吸引！把黑将引入红马可以

攻击的位置。

⑤ ………… 将4进1　　⑥ 马三退四　将4平5

⑦ 马四退六　将5平4　　⑧ 炮七平六　车2平4

⑨ 马六进四　将4平5　　⑩ 马四进三　红胜

第222局　鱼游浅濑

濑，浅水流于石上。小鱼游在石头上的浅水中。《楚辞·九歌·湘君》："石濑兮浅浅，飞龙兮翩翩。"形容本局着法精妙，赏心悦目。

如图222，红先。

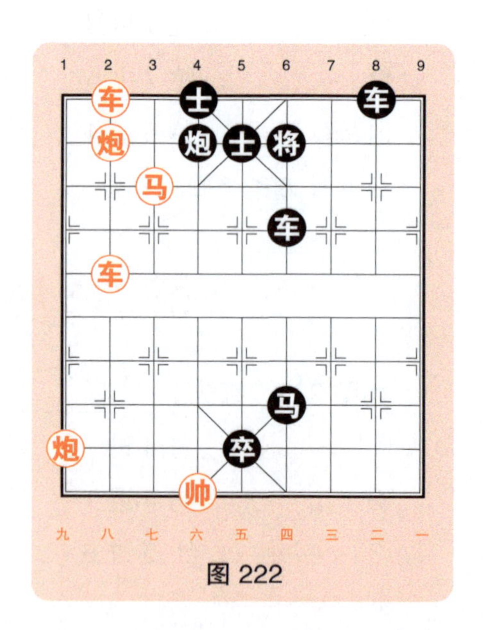

图222

① 马七退五　将6进1

黑方如车6平5吃马，则后车平四，红速胜！又如将6退1，则前车平六，士5退4，炮九进八，士4进5，炮八进一，重炮杀，红速胜。

② 后车进二　士5进4

黑方如炮4进1，则后车平六，士5进4，炮九进六，士4退5，炮八退一，红速胜。

③ 马五进六　士4进5

④ 前车平四　车8平6

黑方如将6平5，则车八平六，士5进4，炮九进六，士4退5，炮八退一，红胜。

⑤ 车八平六　将6退1　　⑥ 马六进八　士5进4

⑦ 炮九进七　将6进1　　⑧ 炮八退一　士4退5

黑方如将6退1，则马八退六，士4退5，马六退五，将6进1，炮九退一，红胜。

⑨ 马八退七　士5进4　⑩ 马七进六！士4退5

⑪ 炮九退一　红胜

第223局　军中烈士

烈士：这里指有抱负、志向高远的人。《庄子·秋永》："白刃交于前，视死若生者，烈士之勇也。"又如曹操有"烈士暮年，壮心不已"的诗句。形容本局着法骁勇异常，无人抵挡。

如图223，红先。

① 车九平五

红方如误走车九平四吃车，则卒4平5，帅五平六，车6进1，炮九进八！士4进5，车八进九，士5退4，车八退七，士4进5，炮九退九，车6进5，车八平六，车6平2，炮一退八，马7退5，炮九平七，马5进3，炮七进一，车2平6，炮一平五，车6进3，绝杀！黑胜。

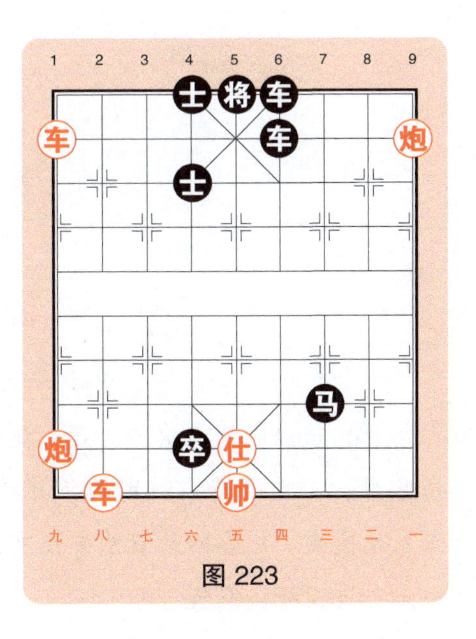

图223

① …………　士4进5

② 仕五进四

红方妙手，解杀还杀，露帅助攻。

② …………　将5平4　③ 车八进九　将4进1

④ 炮九进五　红胜

第 224 局　随形助胜

如图 224，红先。

① 前车进一　将 6 进 1

② 前车平四！士 5 退 6

③ 马三进二　车 8 退 9

④ 车三进八　炮 3 平 7

⑤ 马八进六　红胜

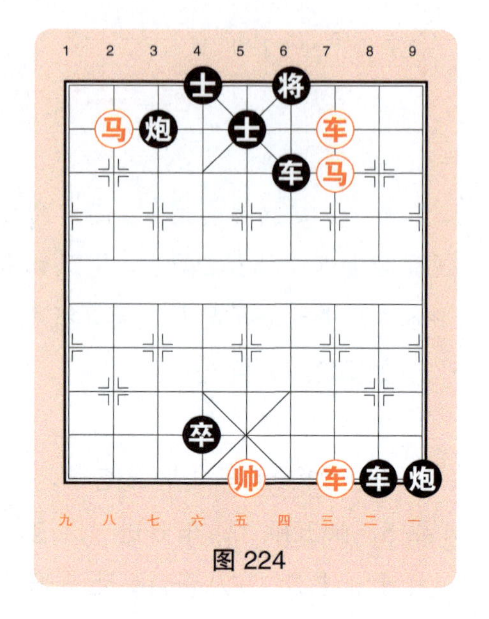

图 224

第 225 局　循序渐进

循：按照。序：次序。渐：逐渐。指学习、工作等按照一定的步骤逐渐深入或提高。形容本局着法井然有序。

如图 225，红先。

① 车八平六　将 4 进 1

② 车七平六　将 4 进 1

③ 兵六进一　将 4 退 1

④ 兵六进一　将 4 退 1

⑤ 兵六进一　将 4 平 5

⑥ 兵六进一　将 5 平 6

⑦ 兵三平四　将 6 进 1

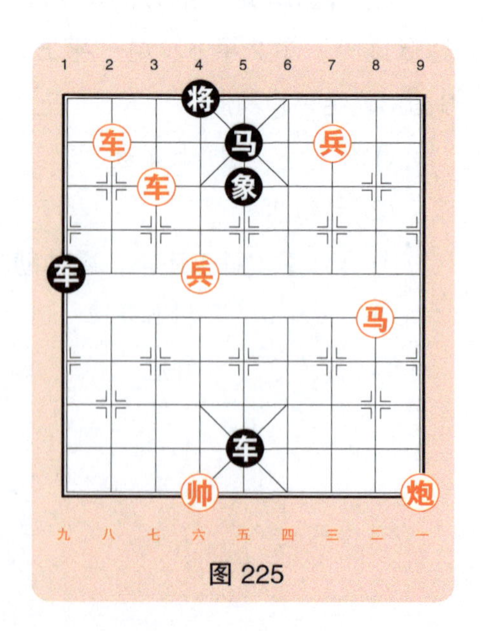

图 225

⑧ 马二进三　将 6 退 1　　⑨ 马三进二　将 6 进 1

⑩ 炮一进八　红胜

本局红方有速胜着法，演示如下：

① 车七平六　将 4 平 5　　② 车六进一　车 1 退 4

黑方如车 1 平 4，则车六退三，马 5 进 3，车六平二，红胜。

③ 车六平五　将 5 平 6　　④ 兵三平四　红胜

第 226 局　脱网逢钩

鱼儿刚刚脱离渔网，又遇到了鱼钩。比喻脱离一个危险，马上又陷入另一个困境。

如图 226，红先。

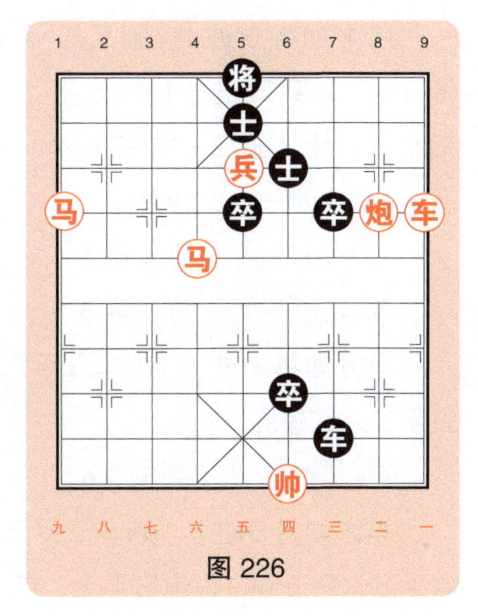

图 226

① 车一进三　士 5 退 6

② 炮二平五　士 6 退 5

黑方如将 5 平 4，则马六进七，将 4 进 1，马七进八，将 4 退 1，车一平四，红速胜。

③ 兵五进一　将 5 进 1

④ 车一退一　将 5 退 1

⑤ 马六进五　士 6 进 5

⑥ 车一进一　红胜

第227局　流星赶月

如图227，红先。

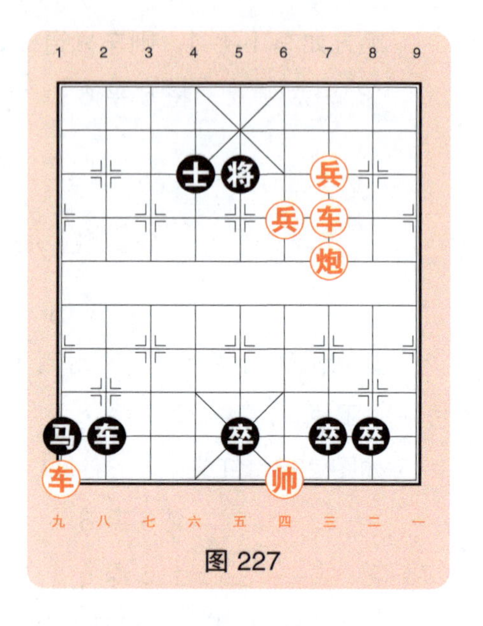

图227

① 兵三平四

红方如走兵四进一，则将5退1，兵四平五，将5退1，炮三平五，将5平4，炮五平六，将4平5，红无连杀，黑胜。

① ………… 将5退1

② 前兵平五 将5平4

黑方如将5进1，则兵四平五，将5退1，兵五进一！将5平4，炮三平六，士4退5，车三平六，士5进4，车六进一，红速胜。

③ 车三进二 将4退1 ④ 车三进一 将4进1

⑤ 兵五平六 将4平5

黑方如将4进1，则车三平六，将4平5，兵四平五，将5退1，炮三平五，红速胜。

⑥ 兵六平五 将5平4

黑方如将5进1，则车三平五，将5平4，车五平六，将4平5，兵四平五，将5退1，炮三平五，红速胜。

⑦ 车九平六

红方平车叫将，黑方只有卒5平4应对，这样红方为接下来车炮兵的攻杀争得先机。

⑦ ………… 卒5平4 ⑧ 炮三平五 卒7平6

⑨ 帅四进一 卒4进1 ⑩ 帅四进一 车2退1

⑪ 炮五退三　车2退5

黑方如车2退1，则兵五平六，将4进1，车三平六，将4平5，兵四平五，红胜。

⑫ 车三退一　将4退1　⑬ 兵五进一　红胜

第228局　游鱼吞钩

如图228，红先。

① 兵四进一　将5平4

② 炮三进五　将4进1

③ 马九进七　将4进1

④ 马三退四　炮5退3

⑤ 炮三退二　红胜

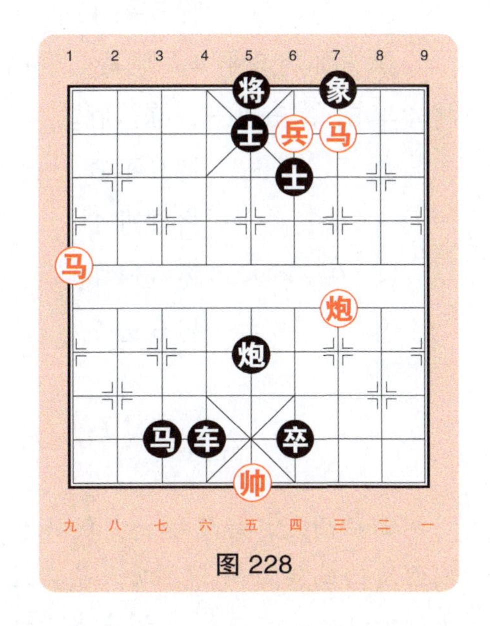

图228

第 229 局　猛虎入山

虎落平川被犬欺，而猛虎在山中却是威风凛凛。本局红方通过弃车破坏黑方防守体系，一举成杀，双车齐发之势，犹如“猛虎入山”。

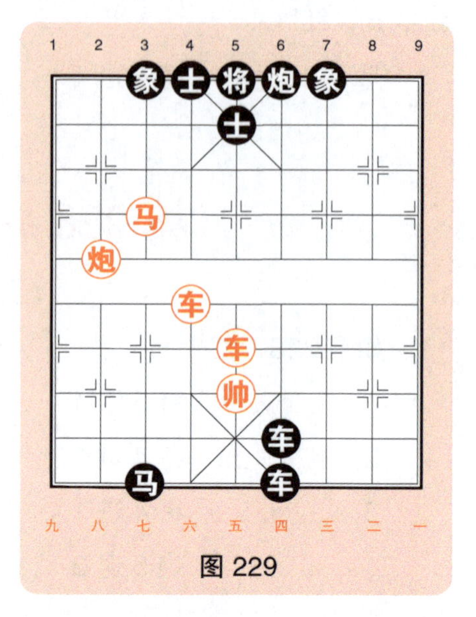

图 229

如图 229，红先。

① 车六进五　炮 6 平 4

黑方如将 5 平 4，则马七进八，将 4 平 5，车五进五，红速胜。

② 车五进五　将 5 平 6

③ 车五进一　将 6 进 1

④ 车五平四　将 6 退 1

⑤ 马七进六　将 6 进 1　　⑥ 炮八进三　红胜

第 230 局　胡骑迫背

胡：胡人，善骑射，古代称北边或西边的民族为胡人。胡人骑在马背上压低身姿快速前行。形容本局红方车马联攻，迅猛异常。

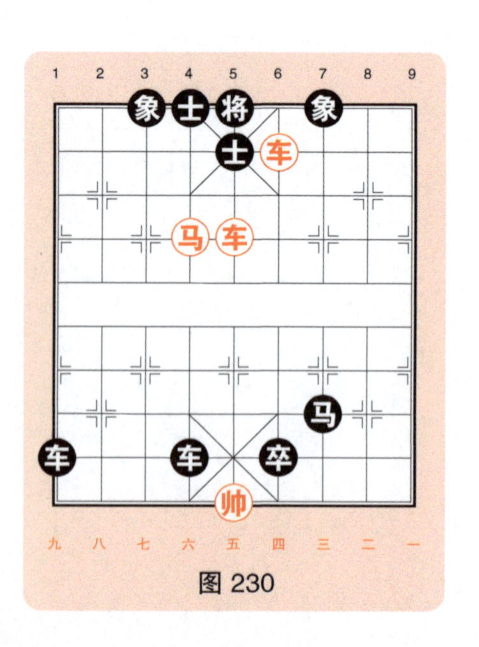

图 230

如图 230，红先。

① 车四进一　将 5 平 6

② 车五平四　将 6 平 5

黑方如士 5 进 6，则车四进一，红速胜。

③ 马六进四　将 5 平 6

④ 马四进二　将 6 平 5

⑤ 车四进三　红胜

第 231 局　用舍相碍

如图 231，红先。

① 炮九平六　炮 4 进 5

② 马七退六　士 5 进 4

③ 马六进四　士 4 退 5

④ 马四进六　将 4 进 1

⑤ 炮六退三　炮 4 平 5

⑥ 仕五进六　红胜

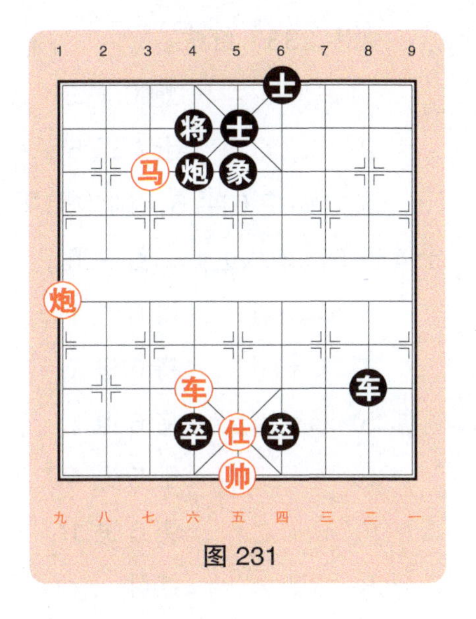

图 231

第 232 局　望尘遮道

如图 232，红先。

① 兵四进一　士 5 退 6

黑方如将 5 平 6，则车六进一，将 6 进 1，炮一平四，红速胜。

② 炮一平五　士 6 进 5

③ 车六进一！将 5 平 4

④ 车九平六　将 4 平 5

⑤ 马五进七　将 5 平 6

⑥ 炮五平四　红胜

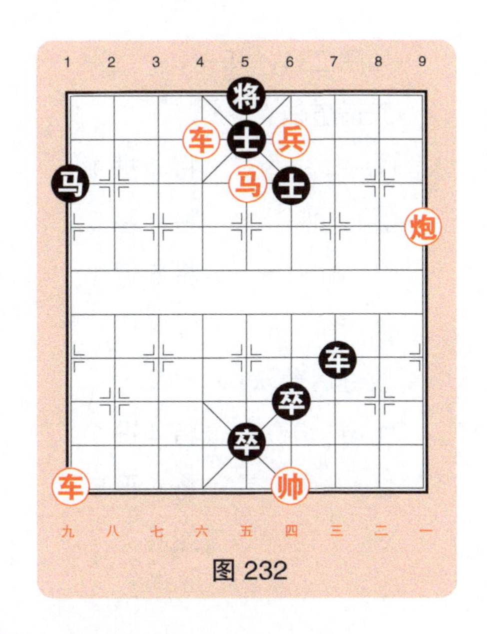

图 232

第 233 局　停车绊马

如图 233，红先。

①　车一平四！　炮 6 退 3

②　马七进五　士 4 退 5

黑方如将 6 平 5，则炮七平五，士 4 退 5，车八进一，红速胜。

③　车八进一　将 6 进 1

④　马五退三　将 6 进 1

⑤　马三退五　将 6 退 1

⑥　炮七进四　士 5 退 4

⑦　马五进六　将 6 进 1

⑧　炮七退一　红胜

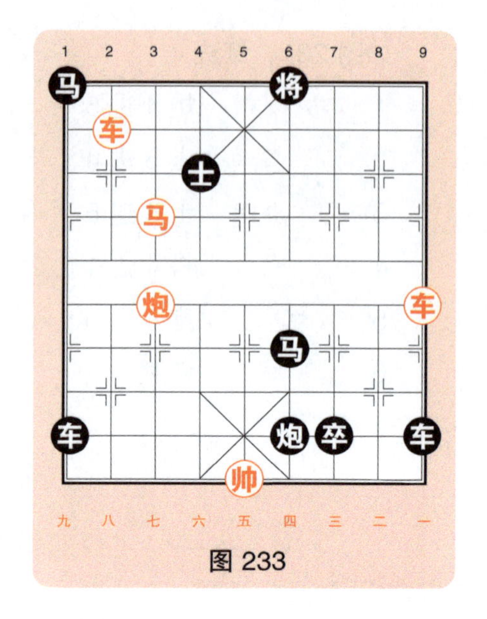

图 233

第 234 局　居中反祸

如图 234，红先。

原谱着法：

①　车三进五　将 4 进 1

②　车四平五　将 4 平 5

③　车三退一　将 5 退 1

④　炮八进九　红胜

改进后着法：

①　炮八进九　将 4 进 1

②　车四平五　将 4 平 5

③　车三进四　红胜

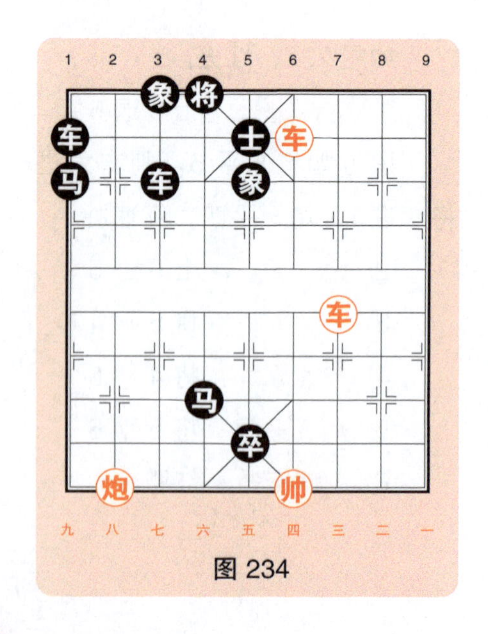

图 234

第 235 局　勒马停骖

古时大车常用三匹马拉着，车辕中间的马称为“服马”，两旁的马称为“骖马”。《说文》：“骖，驾三马也。”本局红方退炮蹩马，再借杀抽马，反败为胜。

如图 235，红先。

① 马四进六　将 5 平 6

② 炮五退三　士 5 进 6

③ 车九平四　士 4 进 5

④ 车四退三　红胜

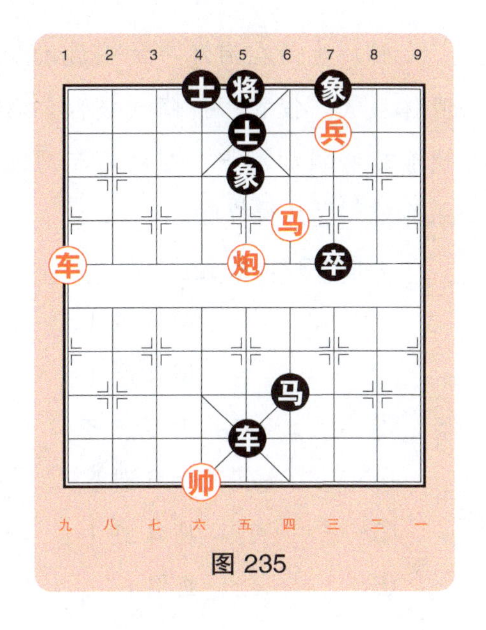

图 235

第 236 局　怀春育孕

如图 236，红先。

① 炮二进五　象 7 进 5

黑方如士 5 退 6，则车三平五，士 6 退 5，车五进二，红胜。

② 车三进三　士 5 退 6

③ 车六平五！ 士 6 退 5

④ 车三平四　红胜

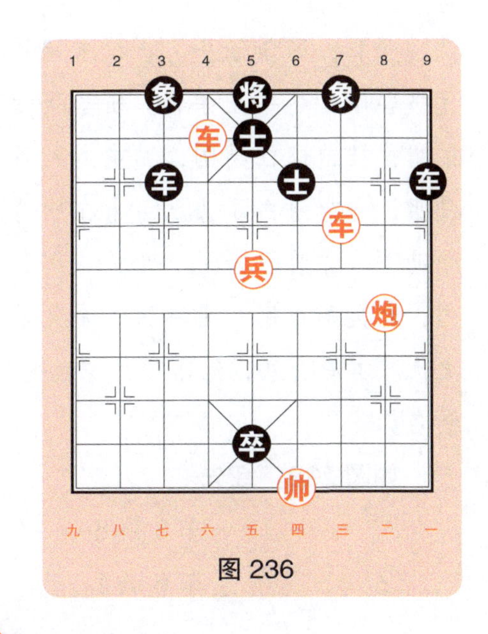

图 236

第237局　长鲸授首

鲸：生活在海洋中的哺乳动物，身体巨大。授首：投降或被俘。本局比喻攻势强如黑方，在红方车马炮联杀面前，也只得投降。

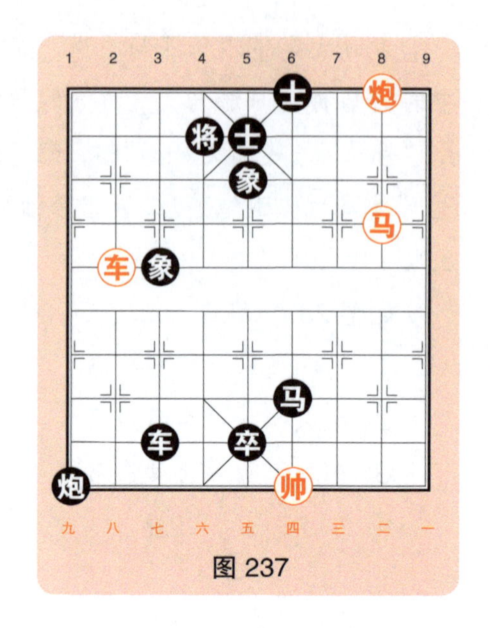

图 237

如图237，红先。

① 车八进三　将4进1

② 车八退一　将4退1

③ 炮二退一　士5进6

④ 马二进三　士6退5

⑤ 车八平六　将4进1

⑥ 马三退四　红胜

第238局　子胥过关

子胥，即伍子胥。春秋末期其父兄被昏庸的楚平王杀害。伍子胥受到追缉，被迫逃往吴国，途中走到昭关受阻，一夜急白了头。后来在朋友的帮助下，乔装打扮过了昭关。到了吴国，受吴国重用，最终报了杀父杀兄之仇。本局着法，红车巧妙"过关"，故名。

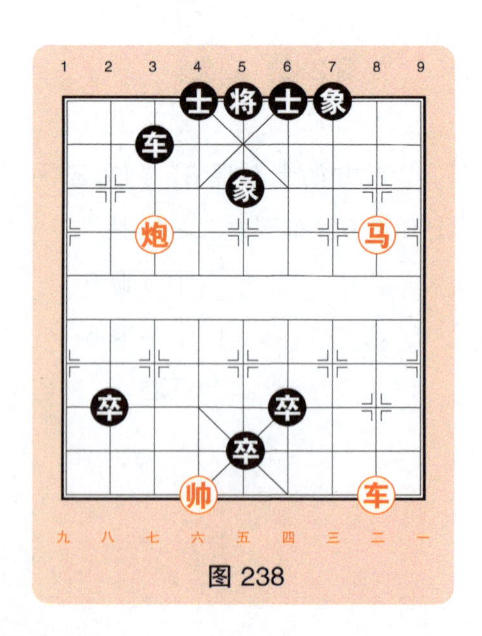

图 238

如图238，红先。

① 马二进四　车3平6

② 车二进八　车6进1

③ 车二平六　士4进5　　④ 炮七平五　红胜

按照原谱走法红胜，经过我们的研究，黑方如应对正确可以弈和。

① 马二进四　车3平6　　② 车二进八　士4进5

③ 车二平四　士5进6　　④ 车四平七　卒2平3

⑤ 炮七平五　象5进3　　⑥ 车七退三　卒3平4

⑦ 车七平六　卒4进1　　⑧ 车六退四　卒5平4

⑨ 帅六进一　和棋

第239局　弃短取长

如图239，红先。

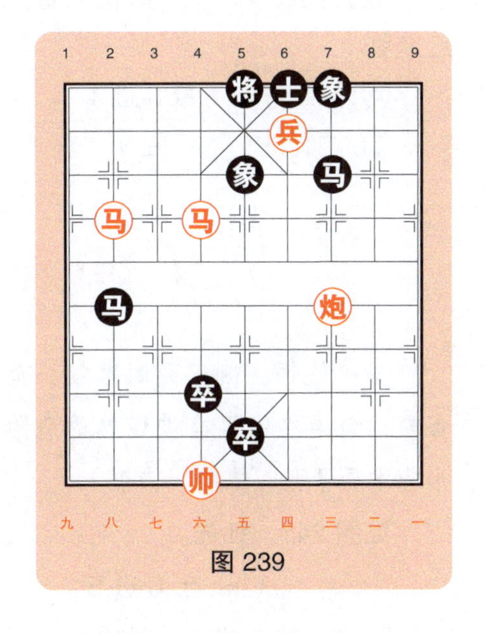

图239

① 马八进六　将5平4

② 前马进八　将4平5

黑方如将4进1，则马六进八，红速胜。

③ 马六进七　将5平4

④ 马七退五　将4进1

⑤ 马五进四　马7退6

⑥ 炮三进四　红胜

第 240 局 凭马渡江

本局中红方马的位置不是很好，通过弃车，红方铁骑成功渡江作战而取胜。

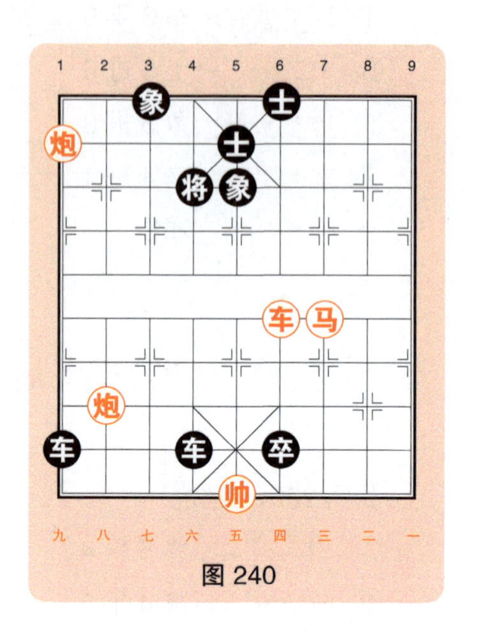

图 240

如图 240，红先。

① 车四平六　车 4 退 3

红方弃车叫将，为马的攻杀开辟道路，精彩！

② 马三进五　将 4 退 1

③ 马五进七　将 4 退 1

黑方如将 4 进 1，则马七进八，红速胜。

④ 炮八进七　象 3 进 1

⑤ 炮九进一　红胜

第 241 局 鱼游釜甑

釜：铁锅。甑：瓦制煮锅。鱼游釜甑：鱼游在锅里有被烧熟的危险。形容本局紧张、惊险、激烈。

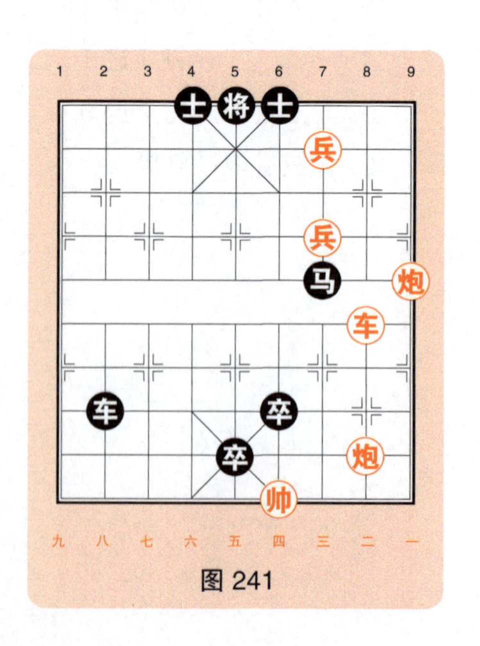

图 241

如图 241，红先。

① 炮一进四　士 6 进 5

黑方如将 5 进 1，则前兵平四，将 5 平 6，车二进四，将 6 进 1，兵三进一，将 6 平 5，炮一退二，马 7 退 6，兵三平四，将 5 平 6，炮二进六，红速胜。

② 车二进五　士 5 退 6

③ 车二平四　将 5 进 1

④	炮二进七	将5进1	⑤	车四退二	将5平6
⑥	后兵进一	将6平5	⑦	炮一退二	马7退6
⑧	后兵平四	将5平6	⑨	炮二退一	红胜

第242局　明修栈道

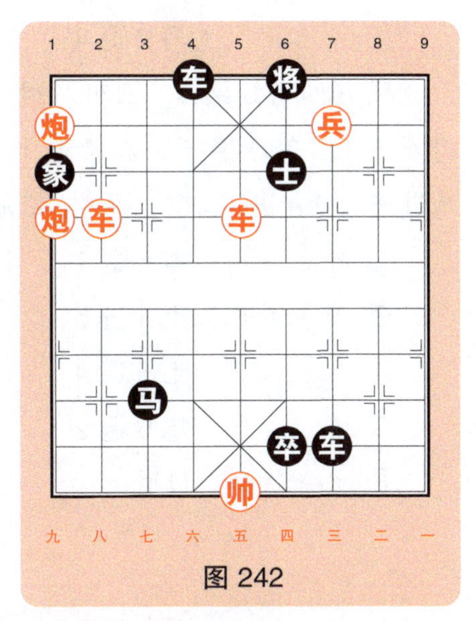

图242

“明修栈道，暗度陈仓”是一组成语，指从正面迷惑敌人，用来掩盖自己的攻击路线，而从侧翼进行突然袭击。这是声东击西、出奇制胜的谋略。引申开来，是指用表面的行动迷惑对方，使人不备，进行暗中活动。

如图242，红先。

① 兵三平四　将6进1

② 车八进二　将6退1

黑方如士6退5，则车八平五，将6退1，车五平四，红速胜。

③	车八平四	将6进1	④	车五进二	将6退1
⑤	车五平四	将6进1	⑥	后炮平四	红胜

第 243 局　祸生肘腋

指祸患就在身边发生，马上就会殃及自身。

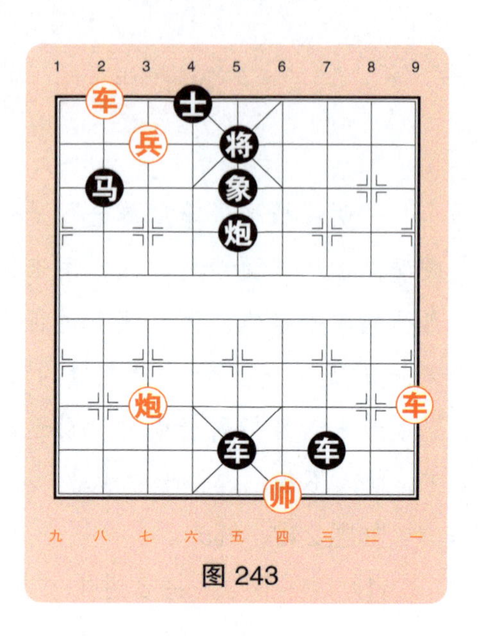

图 243

如图 243，红先。

① 兵七平六　马 2 退 4

黑方如将 5 平 4，则车八退一，将 4 进 1，车八退一，将 4 退 1，车八进一，将 4 进 1，车一平六，红胜。

② 车一进六　将 5 退 1

③ 炮七进七　士 4 进 5

④ 炮七退一　士 5 退 4

⑤ 车一平五　炮 5 退 2

⑥ 炮七进一　红胜

第 244 局　苍舒称象

苍舒，又作仓舒，传说是上古高阳氏的长子，很有才华，掌握着尧时代的军政大权，能帮助尧处理国家大事，政绩很好。本局中红方飞相露帅助攻，为胜利奠定了基础。形容这步棋非常精妙，犹如苍舒再世。

如图 244，红先。

① 车五平四　士 5 进 6

黑方如将 6 平 5，则车一进九，士 5 退 6，车一平四，将 5 进 1，前车退一，将 5 退 1，后车平五，士 4 进 5，车五进四，将 5 平 4，车四进一，红胜。

② 相五进三

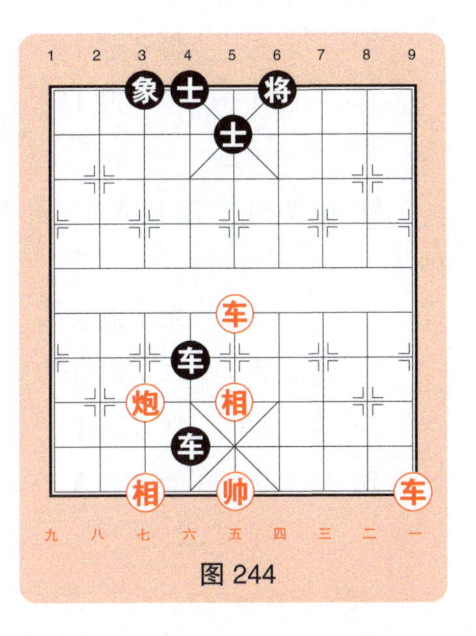

图 244

至此，原谱标注红胜。其实还需要经过许多复杂的变化，红方才能取胜，现列举一例。

② ………… 后车平 5

③ 炮七平五 车 5 退 4

黑方如走士 4 进 5，则车四进一，车 5 平 4，车一进九，将 6 进 1，炮五进四，后车平 5，帅五平四，车 5 退 3，车四平二，红胜。

④ 车四进一 车 5 平 4

⑤ 车一进九 将 6 进 1

⑥ 炮五进七 后车平 3

黑方如走后车平 5，则帅五平四，车 5 平 3，车一退一，将 6 退 1，车四平二，车 3 进 7，炮五退九，将 6 平 5，车二进四，红胜。

⑦ 车一退一 将 6 退 1 ⑧ 炮五平七 士 4 进 5

⑨ 相七进九 车 3 平 5 ⑩ 帅五平四 车 5 进 6

黑方如走车 4 平 5，则车一进一，将 6 进 1，炮七平五，红方炮打双车，黑方必丢一车，红胜定。

⑪ 车一进一 将 6 进 1 ⑫ 炮七退一 士 5 进 4

⑬ 车四进二 将 6 平 5 ⑭ 车四进一 将 5 进 1

⑮ 车一退二 红胜

第 245 局 困魏挈燕

魏、燕是战国时代的诸侯国。困魏挈燕是秦国为了统一六国，而制定的战略决策。

如图 245，红先。

① 车七进七　将 4 进 1

② 车七退一　将 4 退 1

③ 相五进三

红方飞相打车是解杀还杀的妙手。

③ …………　车 7 退 2

④ 炮三进四　车 7 退 5

⑤ 车七进一　将 4 进 1

⑥ 兵五进一　士 6 进 5

⑦ 车七平三　红胜

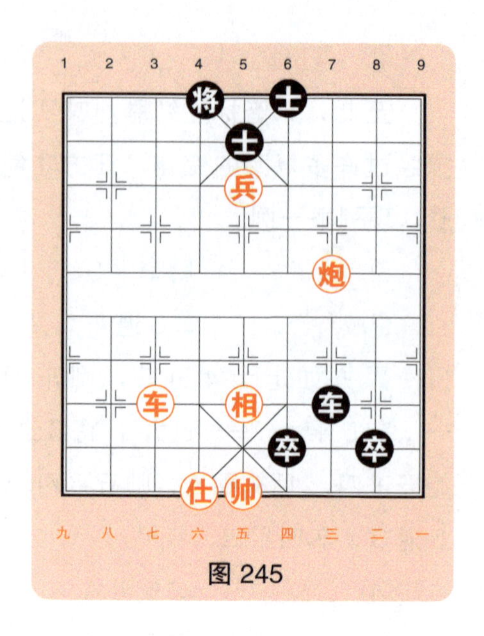

图 245

第 246 局　伏虎降龙

如图 246，红先。

① 兵七进一　将 4 进 1

黑方如走将 4 平 5，则马四进三，马卧槽杀，红速胜。

② 车四平六　炮 1 平 4

③ 车六进四　士 5 进 4

④ 炮九平六　车 2 平 4

黑方如士 4 退 5，则马四退六抽吃黑车，红速胜。

⑤ 炮六进三　象 7 退 9

⑥ 兵三进一　卒 5 平 4

⑦ 帅四进一　卒 4 平 3　⑧ 帅四进一　卒 3 平 4

⑨ 帅四平五　卒 4 平 3　⑩ 炮六退三

至此，红方炮由帅保护，再运马捉吃黑象，助兵过河，红胜定。

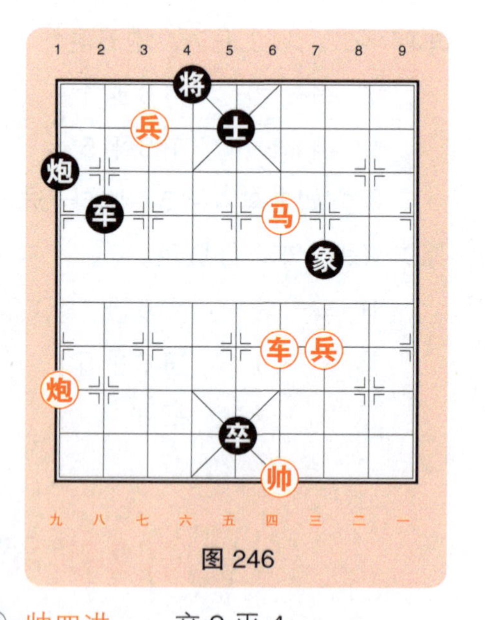

图 246

第247局　同心赞政

如图247，红先。

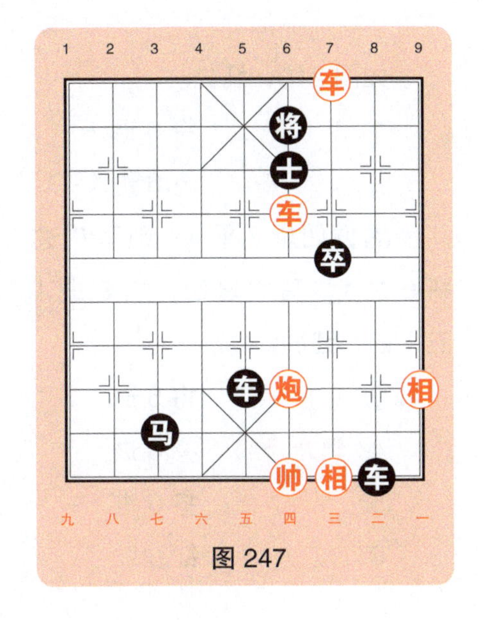

图247

① 车三退一　将6退1

② 车三平五！车5平6

黑方如车5退6吃车，则车四平三抽将，将6平5，车三进三，闷杀，红胜。

③ 车四退四　车8退7

④ 车四平七　红胜

第248局　开拓心胸

如图248，红先。

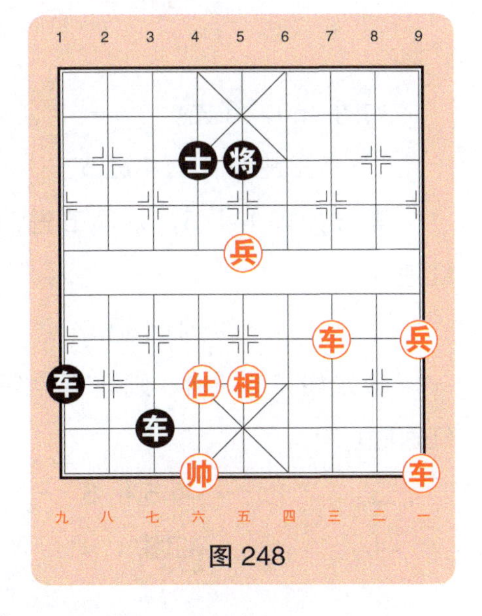

图248

① 兵五进一　将5退1

② 兵五进一　将5平4

黑方如将5进1，则车三平五，将5平6，车一平四，红速胜。

③ 兵五平六　将4进1

④ 车三平六　将4平5

⑤ 车一平五　车3平6

黑方如车3退2，则相五退七，将5平6，车六进四，将6退1，相七进九，红胜定。

⑥ 相五退七　将5平6　　⑦ 相七进九　红胜

第249局　雁阵排空

如图249，红先。

① 车六进四　将6退1

② 车六进一　将6进1

黑方如炮7平4，则马八进六，将6进1，马六退四，将6进1，炮五平四，红胜。

③ 车六平四　将6退1

④ 马八进六　将6进1

⑤ 马六退四　将6进1

⑥ 炮五平四　红胜

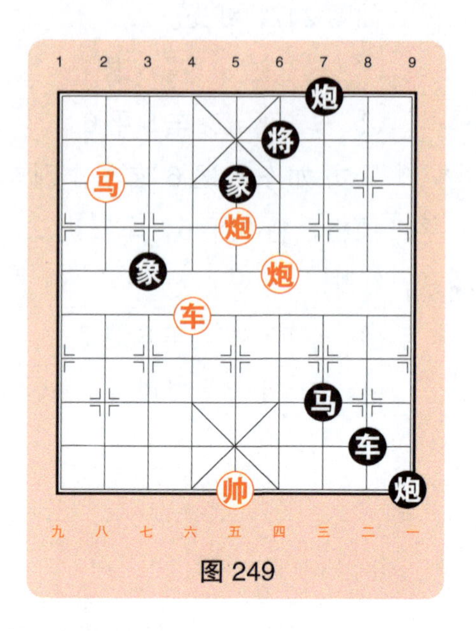

图249

第250局　惊心破胆

如图250，红先。

① 马三进五　士4进5

黑方如车1平5，则马五进四，红速胜。

② 车四平五！士4退5

黑方如将5平4，则车五平四！红速胜。

③ 马五进七　将5平6

④ 车一平四　红胜

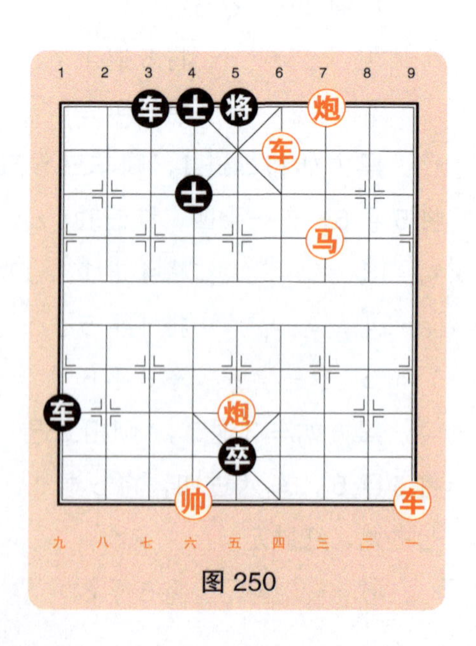

图250

第 251 局　诱虎吞钩

如图 251，红先。

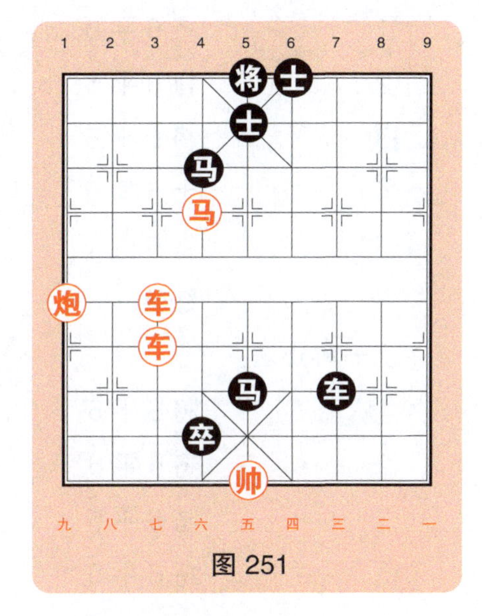

图 251

① 前车进五　士 5 退 4

黑方如马 4 退 3，则马六进七！将 5 平 4，车七平六，红速胜。

② 马六进四　将 5 进 1

黑方如马 4 退 6，则前车平六，将 5 平 4，车七进六，红速胜。

③ 前车退一　将 5 进 1

④ 炮九进三　马 4 进 3

⑤ 前车退一　将 5 退 1

黑方如马 3 退 4，则前车平六！将 5 平 4，车七进四，红速胜。

⑥ 马四退六　马 3 退 4　　⑦ 后车平五　将 5 平 6

⑧ 车七进一　士 6 进 5　　⑨ 车五平四　红胜

第 252 局　二龙绕室

如图 252，红先。

原谱着法：

① 马三进二　将 6 平 5

② 马四进三　将 5 平 6

③ 马三退二　将 6 平 5

④ 炮一进七　士 5 退 6

⑤ 后马进四　将 5 进 1

⑥ 炮一退一　红胜

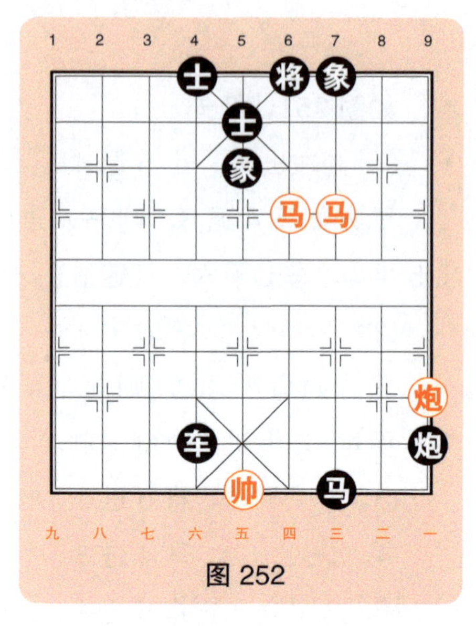

图 252

另一种走法：

① 马三进二　将 6 平 5

② 马四进三　将 5 平 6

③ 马三退五　将 6 平 5

④ 马五进三　将 5 平 6

⑤ 马三退二　将 6 平 5

⑥ 后马进四　红胜

第 253 局　毙马仆途

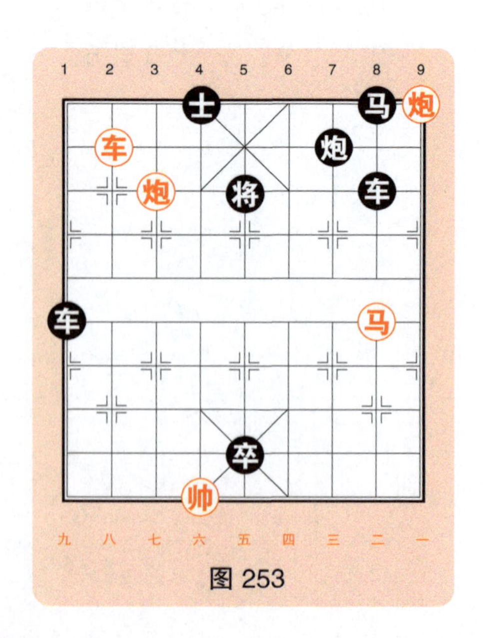

图 253

如图 253，红先。

① 马二进三　将 5 平 6

② 车八平四　马 8 进 6

③ 炮一平四　红胜

另一种走法：

① 马二进三　将 5 平 6

② 马三退五　将 6 平 5

③ 马五进六　红胜

第 254 局　历诛四寇

本局红方双车借照将之机占据要道，弃车吃卒，然后各个击破，歼灭剩下的三个黑卒。所以局名为“历诛四寇”。

如图 254，红先。

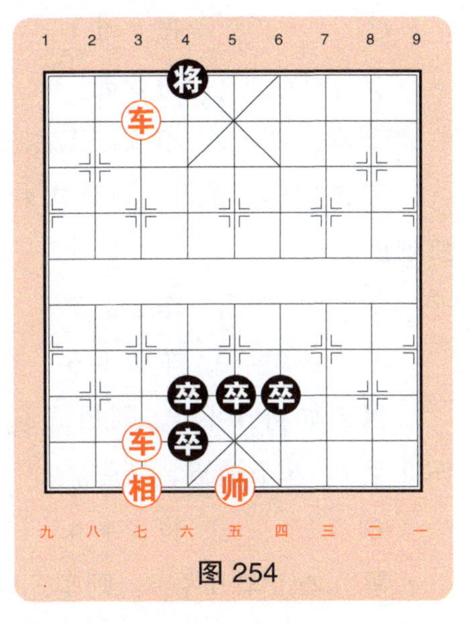

图 254

① 前车进一　将 4 进 1

② 后车进七　将 4 进 1

③ 前车平六　将 4 平 5

④ 车六平五　将 5 平 4

黑方如走将 5 平 6，则车七平六，前卒平 5，帅五平六，卒 6 进 1，车五平四，将 6 平 5，相七进五，卒 5 平 4，帅六平五，红胜。

⑤ 车七退七　前卒平 3

⑥ 相七进五　卒 4 平 5

黑方如卒 6 平 5，则车五平六，将 4 平 5，车六退七，吃卒，红胜。

⑦ 车五平七

红方先捉一步卒，让卒远离自己的帅，为胜利争取时间。

⑦ …………　卒 3 平 2　⑧ 车七平六　将 4 平 5

⑨ 帅五平六

红方平帅占据要道，以后迫使黑将右移，以便红车借助帅力吃卒。

⑨ …………　将 5 退 1　⑩ 车六退四　卒 2 平 3

⑪ 车六平七　卒 3 平 2　⑫ 车七平五　将 5 平 6

⑬ 帅六平五　卒 2 平 3　⑭ 车五平四　将 6 平 5

⑮ 车四退三　卒 5 进 1　⑯ 帅五平四　卒 3 平 4

⑰ 车四平五　将 5 平 4　⑱ 车五进三　将 4 退 1

⑲ 车五进三　红胜

第 255 局　车行同轨

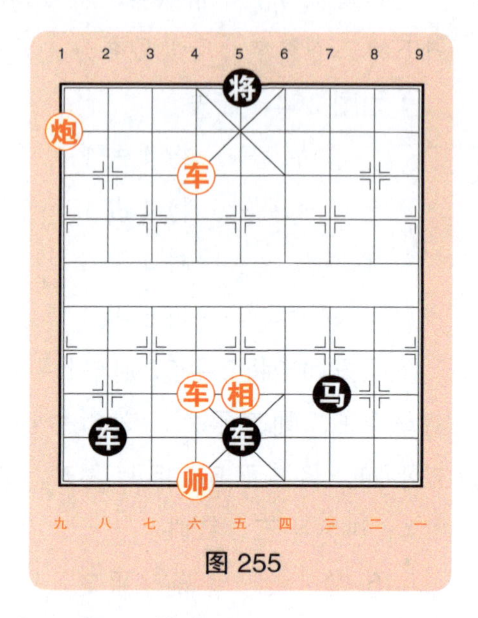

图 255

如图 255，红先。

① 前车进二　将 5 进 1

② 后车进六　将 5 进 1

③ 后车平八　车 5 进 1

黑方如车 2 退 7，则车六退二，红速胜。

④ 帅六平五　车 2 退 7

⑤ 车六平五　车 2 平 5

黑方如将 5 平 4，则相五退七，车 2 平 1，车五退五，红胜。

⑥ 车五平三　将 5 平 4

黑方如走车 5 平 6，则车三退七，车 6 进 3，炮九退七，至此，红方有相必能占据中线，以后用海底捞月杀法取胜。

⑦ 车三退七　车 5 进 3　　⑧ 车三平四　将 4 退 1

⑨ 炮九退七　车 5 平 4　　⑩ 炮九平三　车 4 进 5

⑪ 帅五进一　车 4 退 5　　⑫ 车四进六　将 4 退 1

⑬ 车四平五　红胜定

第 256 局　挡住英雄

如图 256，红先。

① 兵五进一　将 4 退 1　　② 兵五进一　将 4 退 1

③ 炮一平六

红方平炮妙手。黑方如退车吃炮，则兵五进一，将4进1，车五进六，红速胜。

③ ………… 象7进5

黑方如卒6平5 则车五退一，车4平5，帅五进一，象7进5，炮六退七，象5退3，炮六平五！象3进1，相三进五，象1退3，相五进七，象3进1，炮五平七，黑象必丢，红胜。

④ 车五进五 卒6平7

⑤ 车五平三 红胜

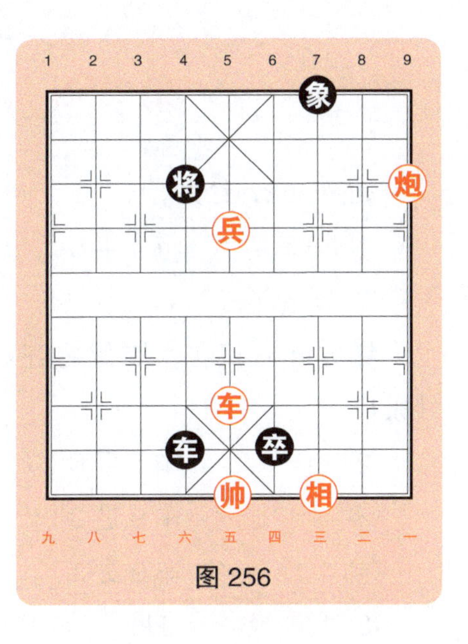

图256

第257局 独夫当关

独夫当关即指一夫当关。常言说：一夫当关，万夫莫开。形容地势十分险峻而且战略性强。本局比喻红方最终只剩一个底兵，却巧妙闷杀了黑方。

如图257，红先。

① 车六平四 车7平6

② 车七平三 车6退1

③ 车三进二 车6退7

④ 兵二平三 车6平7

⑤ 兵三进一 红胜

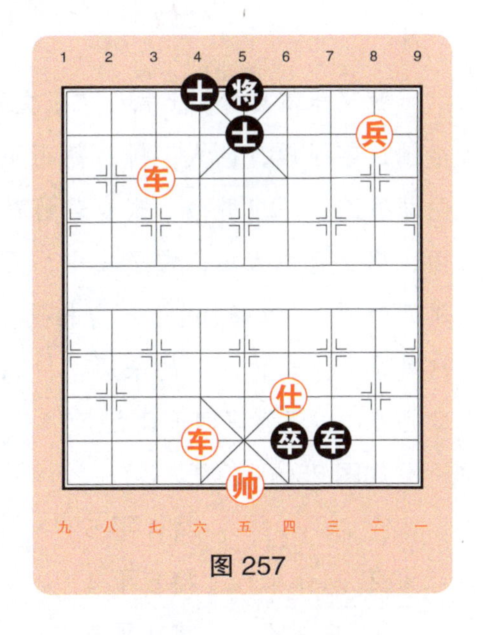

图257

第 258 局　阴持两端

如图 258，红先。

① 前车平六　将 4 平 5

② 车七平五

红方叶后藏花，有解将还将的妙棋！

② …………　车 7 平 6

③ 帅四进一　车 9 进 3

④ 帅四退一　车 9 进 1

⑤ 相五退四　红胜

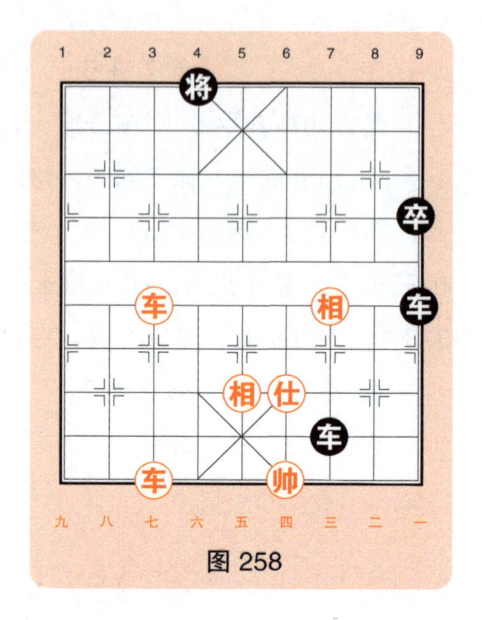

图 258

第 259 局　直造竹所

据《乐清县志》记载：“张文君，名廌，字子雁，邑人，居白鹤山下。隐居颐志，不应辟命。家有苦竹数十顷，廌于竹中为屋，常居其中，王右军闻而造之，逃避竹中，不与相见。”这就是“直造竹所”的来历。白鹤山即丹霞山；王右军即王羲之。

如图 259，红先。

① 车五进一　将 4 平 5

② 车一平五　将 5 平 4

③ 车五平六　将 4 平 5

④ 炮二平五　红胜

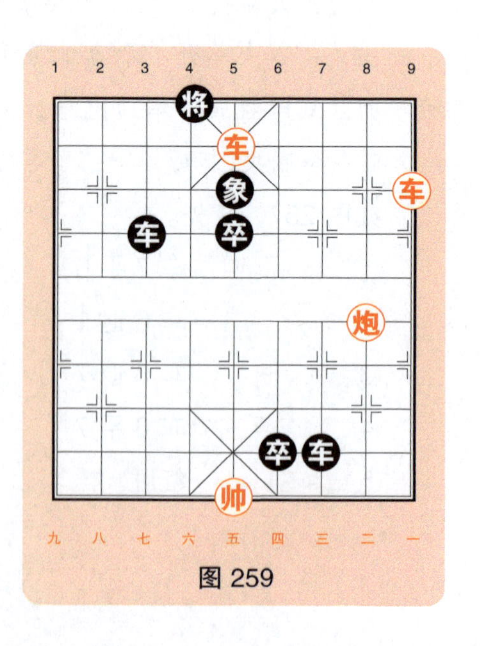

图 259

第 260 局　金创满身

如图 260，红先。

① 车九平六　将 5 退 1

黑方如将 5 平 4，则炮八平六，将 4 平 5，兵三平四，红速胜。

② 车六平五　将 5 平 4

黑方如将 5 进 1，则兵三平四，将 5 平 4，炮八平六，红胜；如将 5 平 6，则车五平四杀。

③ 炮八平六　红胜

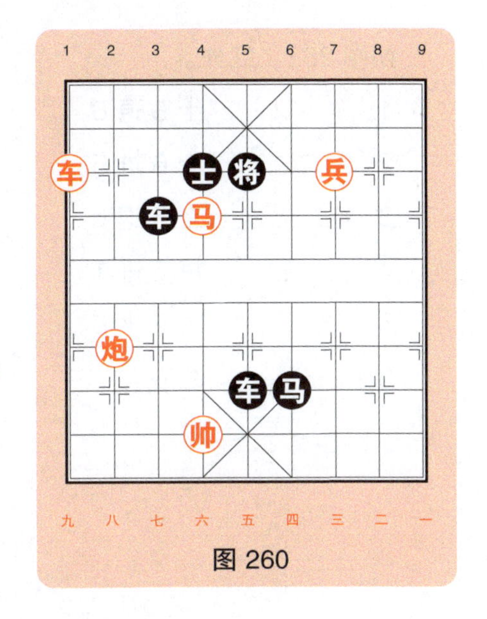

图 260

第 261 局　不服自老

如图 261，红先。

① 车二退一　士 5 进 6

② 马五进七　将 5 退 1

③ 车二进一　将 5 退 1

④ 兵七平六　将 5 平 6

黑方如将 5 平 4，则车二进一，红速胜。

⑤ 马七进五　士 6 退 5

黑方如车 2 平 5，则兵六平五，将 6 平 5，车二进一，红胜。

⑥ 车二进一　将 6 进 1

⑦ 马五退三　将 6 进 1

⑧ 车二退二　红胜

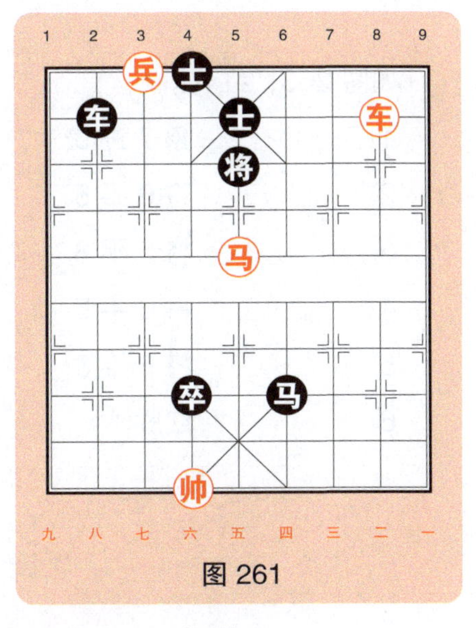

图 261

第 262 局　增补隘口

如图 262，红先。

① 车一进一　士 5 退 6

② 炮二进三　士 6 进 5

③ 炮二退六　士 5 退 6

④ 兵五进一　将 5 进 1

⑤ 炮二平五　将 5 平 6

⑥ 车一退一　红胜

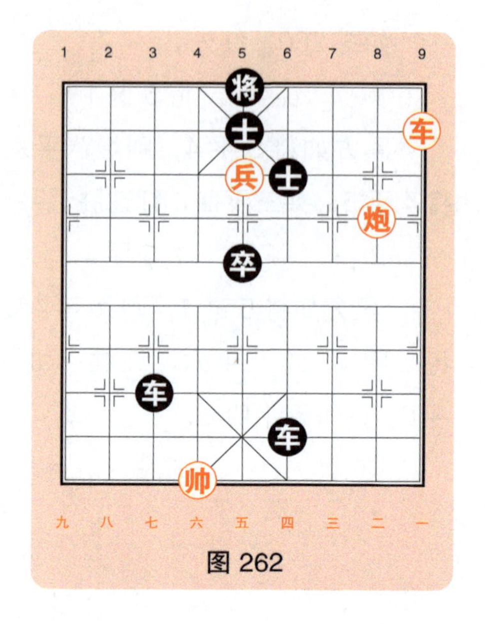

图 262

第 263 局　跃鲤吞饵

如图 263，红先。

① 车七进六　象 7 进 5

② 车七平五　将 6 平 5

③ 马八退七　将 5 平 6

④ 马七退五　将 6 平 5

⑤ 马五进三　将 5 平 6

⑥ 车六平四　红胜

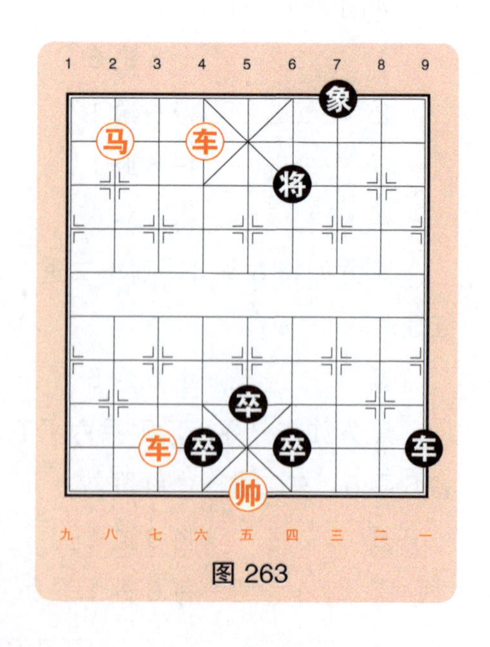

图 263

第 264 局　巅峰得路

如图 264，红先。

① 前车平五　后车退 2

② 车六进七　将 5 进 1

③ 兵七平六　将 5 平 6

④ 兵三进一　将 6 进 1

⑤ 车六平四　红胜

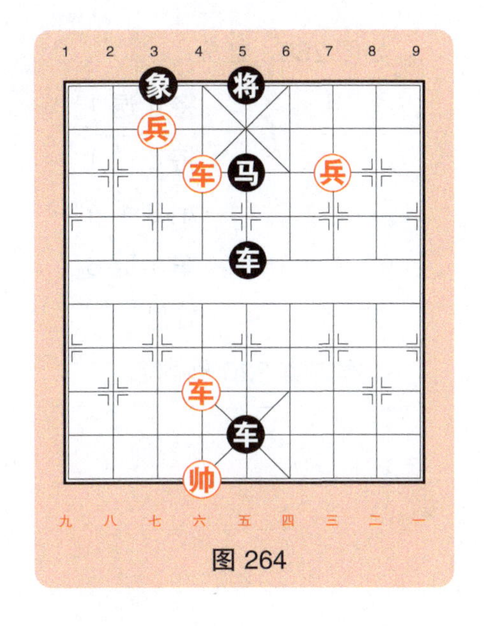

图 264

第 265 局　入穴取虎

如图 265，红先。

① 车五进三　将 4 进 1

② 车五平六！

红方献车，逼将下移，为马后炮杀奠定基础。

② …………　将 4 退 1

③ 炮一平六　士 4 退 5

④ 马四进六　红胜

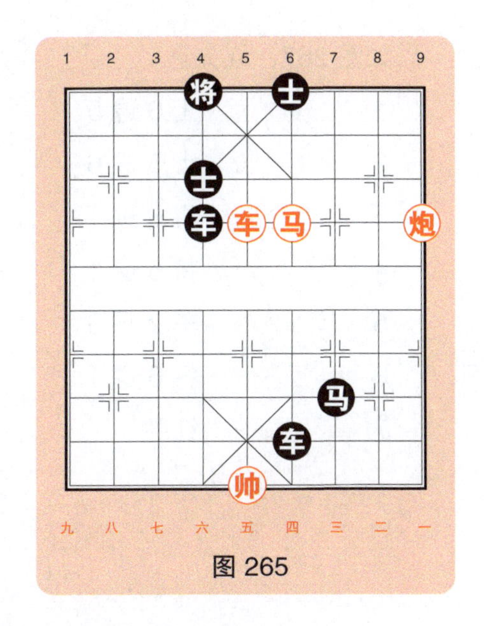

图 265

第 266 局　脱网逢钩

如图 266，红先。

① 兵五进一　将 4 退 1

② 兵五进一　将 4 进 1

③ 马四进六　炮 8 平 4

④ 马六退八　车 1 退 6

⑤ 马八退七　红胜

本局与第 226 局同名。

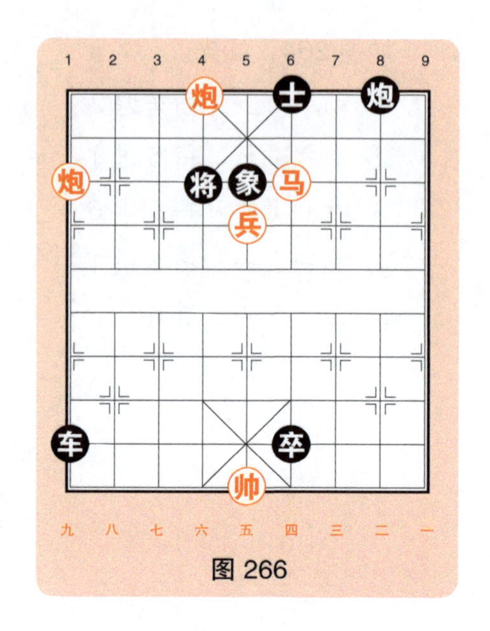

图 266

第 267 局　直穷到底

如图 267，红先。

① 车五进六　士 6 退 5

② 车六平四　士 5 进 6

③ 车四进五　将 6 进 1

④ 兵三平四　将 6 退 1

⑤ 炮九平四　车 2 平 6

⑥ 兵四进一　将 6 退 1

⑦ 兵四进一　红胜

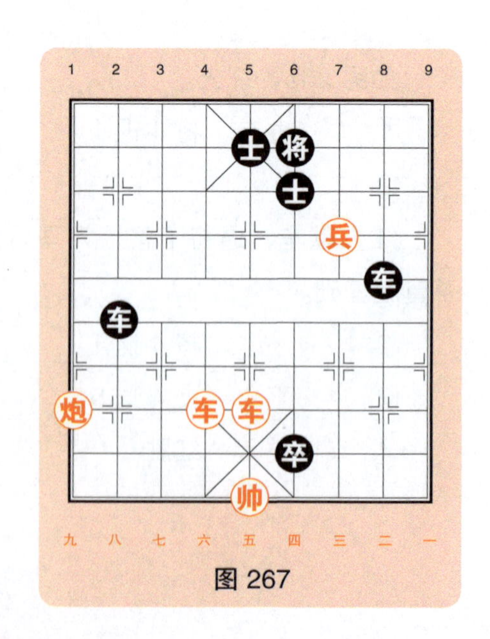

图 267

第 268 局　投躯帝廷

投躯：勇于献身。帝廷：这里指棋盘九宫。

如图 268，红先。

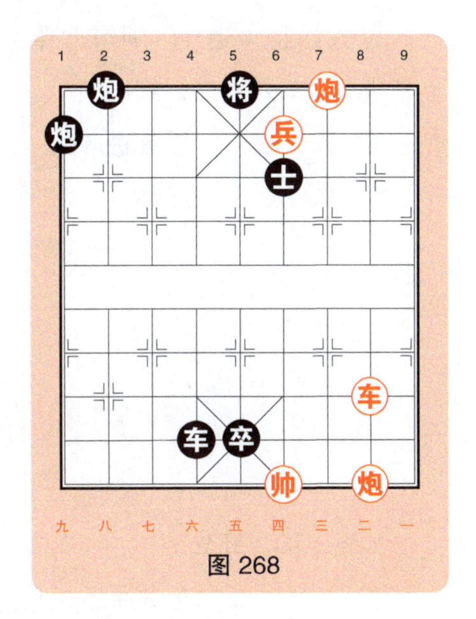

图 268

① 车二平五　将 5 平 4

② 车五进七！将 4 进 1

黑方如将 4 平 5，则炮二进九，重炮杀，红胜。

③ 炮二进八　士 6 退 5

黑方如将 4 进 1，则车五退二，将 4 平 5，炮三退二，士 6 退 5，炮二退一，红速胜。

④ 车五平六　将 4 退 1

⑤ 兵四进一　红胜

第 269 局　杨香跨虎

杨香，晋朝人。十四岁时随父亲到田间割稻，忽然跑来一只猛虎，把父亲扑倒叼走，杨香手无寸铁，为救父亲，全然不顾自己的安危，急忙跳上前，用尽全身力气扼住猛虎的咽喉。猛虎终于放下父亲跑掉了。本局形容红方勇弃一车，车马配合，“倒挂金钩”成杀。

如图 269，红先。

① 前车进一　将 4 进 1　　② 后车进一　将 4 进 1

③ 后车平六

红方献车，妙手，为以后车马联合攻杀开辟道路。

③ ………… 将4退1

④ 马九退八 将4进1

⑤ 车七退二 将4退1

⑥ 车七退二 将4进1

⑦ 马八进七 将4平5

黑方如将4退1，则车七平六，士5进4，车六进二，红胜。

⑧ 车七进二 士5进4

⑨ 车七平六 红胜

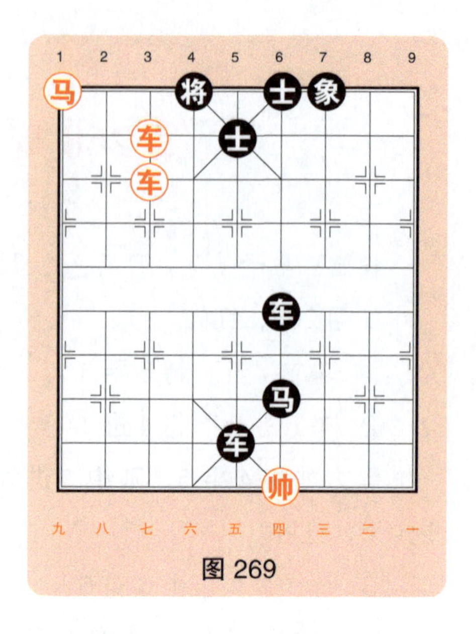

图 269

第270局　吐胆倾心

如图270，红先。

① 马三进五 车3平5

黑方如不吃马而走士4进5，则车三进五，将6进1，炮五平四，红速胜。

② 车三进五 将6进1

③ 兵六平五！

利用中炮的威力，红方献兵叫将，使黑方子力自相堵塞。

③ ………… 后车退1

④ 炮五平四 红胜

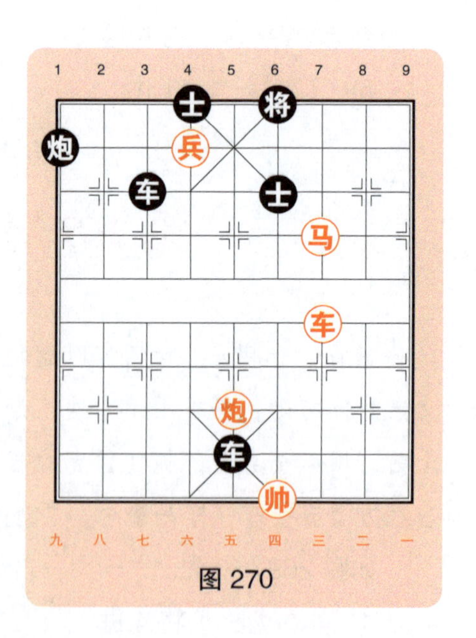

图 270

第 271 局　赤心报国

如图 271，红先。

① 车五进三　将 4 进 1

② 马三进四　士 6 进 5

黑方如士 6 退 5，则马四退五，将 4 进 1，马五退七，红速胜。

③ 车五退一！ 士 6 退 5

黑方如将 4 进 1，则车五平六，红速胜。

④ 马四退五　将 4 进 1

⑤ 马五退七　红胜

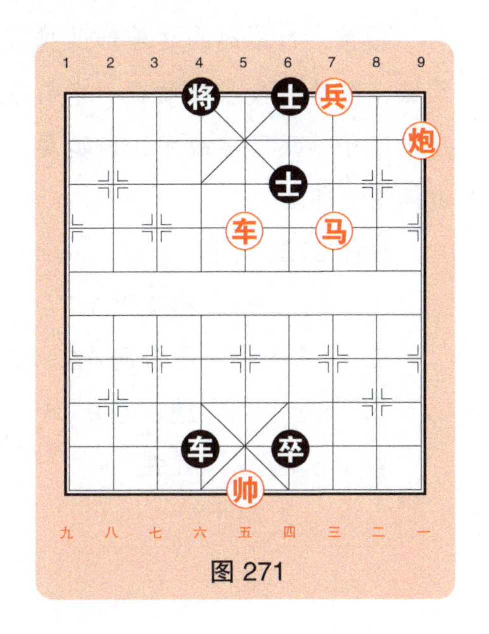

图 271

第 272 局　舍命如归

如图 272，红先。

① 车八平六　将 4 平 5

② 车六进一　将 5 退 1

黑方如将 5 平 4，则炮八平六，红速胜。

③ 马六进四　将 5 平 6

④ 炮八平四　红胜

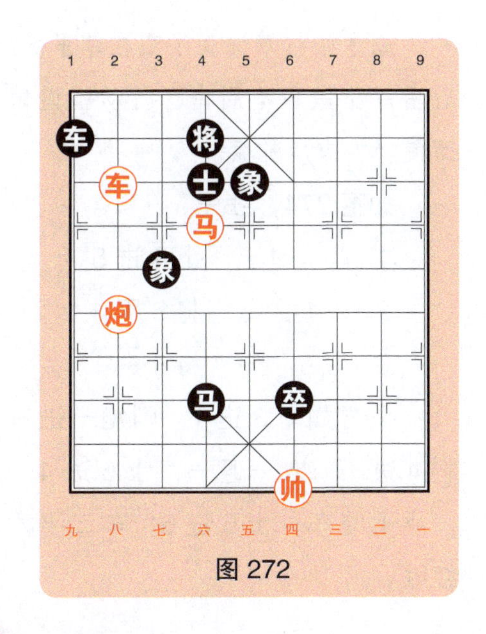

图 272

第273局 辎重塞途

辎重，行军时由运输部队携带的军械、粮草、被服等物资。本局红方通过弃子、运子等战术，逼迫黑方子力拥塞于道路。

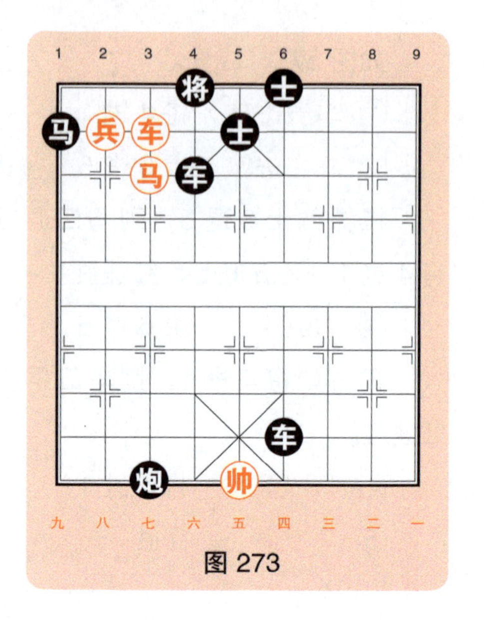

图 273

如图273，红先。

① 车七进一　将4进1

② 车七平六　士5退4

③ 马七进八　炮3退9

④ 兵八平七　红胜

第274局 打草惊蛇

原意指打草惊动了藏在草里的蛇。后用以指做事不周密，行动不谨慎，而使对方有所觉察。

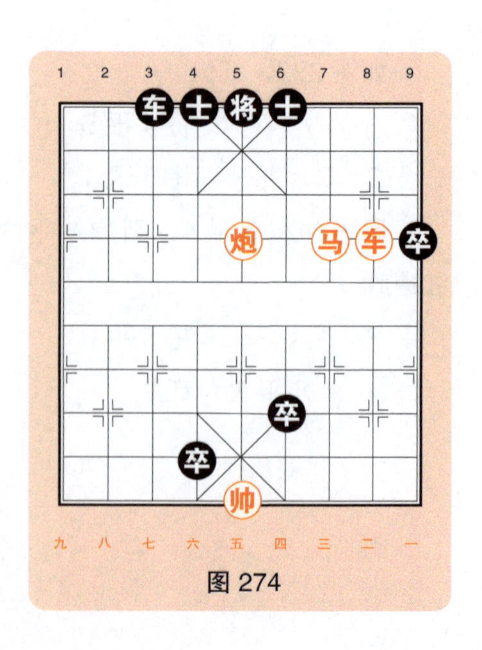

图 274

如图274，红先。

① 马三进五　士4进5

② 马五进七　将5平4

③ 炮五平一　将4进1

黑方如车3进1，则炮一进三，将4进1，炮一退一，士5进4，炮一平七吃车，士6进5，车二平六，红胜。

④ 炮一进三　卒6进1　⑤ 车二平六　士5进4
⑥ 炮一平七　卒4平5　⑦ 帅五平六　卒6进1
⑧ 车六进一　将4平5　⑨ 车六进一　将5进1
⑩ 车六平四　红胜

第275局　路车乘马

如图275，红先。

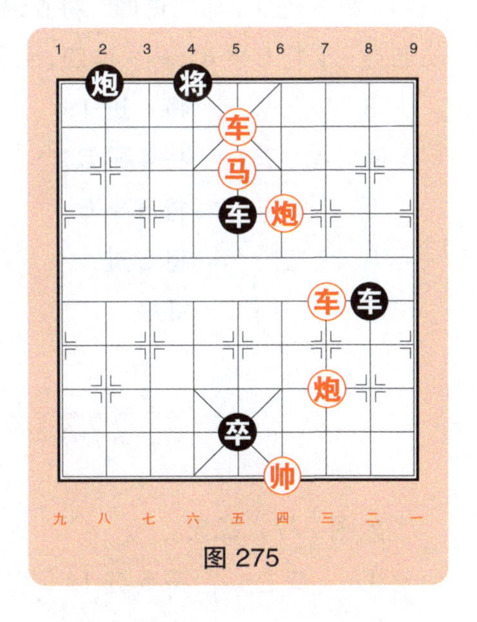

图275

① 车五平六　将4进1

黑方如将4平5，则马五进三，将5平6，炮三平四，红速胜。

② 车三进四　将4进1
③ 炮四进一　将4平5
④ 炮三进五　红胜

第 276 局　双骑追敌

如图 276，红先。

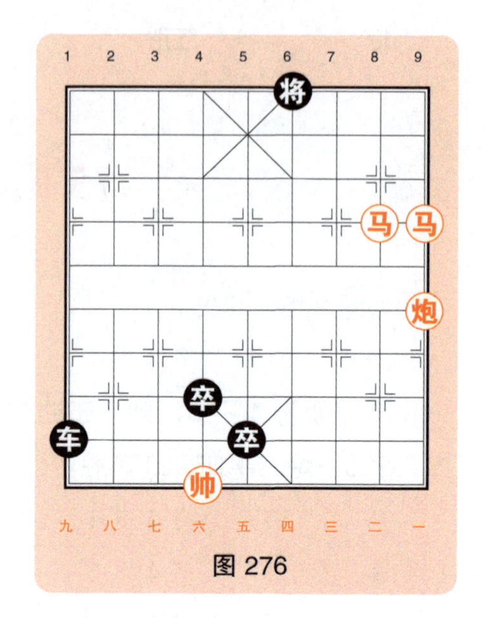

图 276

① 马一进二　将 6 平 5

② 后马进三　将 5 平 4

黑方如走将 5 进 1，则马三退四，将 5 退 1，马四进六，将 5 进 1，炮一进四，将 5 进 1，马二进四，将 5 退 1，马四退三，将 5 平 4，马六进四，红胜。

③ 马三退五　将 4 进 1

④ 马二进四　将 4 平 5

⑤ 马四退三　将 5 平 6

⑥ 马五进六　将 6 进 1

⑦ 炮一进三　红胜

第 277 局　异地同心

如图 277，红先。

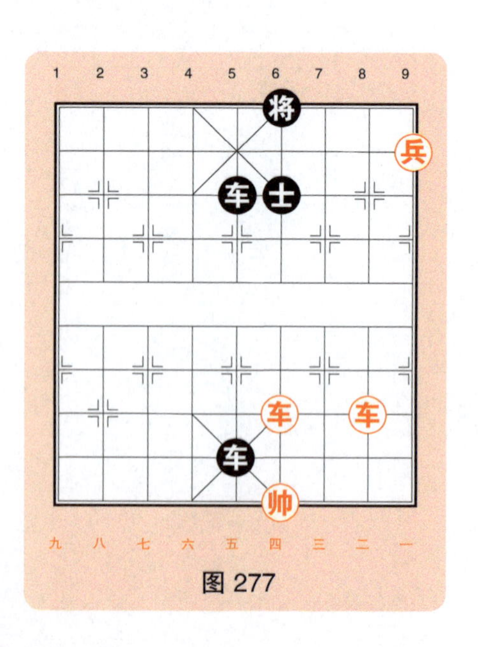

图 277

① 车二进七　将 6 进 1

② 车二退一　将 6 退 1

③ 车二平五　后车退 1

④ 车四进五　后车平 6

黑方如将 6 平 5，则车四进二，红速胜。

⑤ 车四进一　将 6 平 5

至此，红方有低兵已成必胜局面。

⑥ 兵一平二　车 5 退 2

⑦ 兵二平三　车 5 退 1

⑧ 车四进一	将5进1	⑨ 兵三平四	将5平4
⑩ 车四平七	车5退1	⑪ 车七退一	将4进1
⑫ 车七平五	车5平4	⑬ 帅四平五	车4进1
⑭ 车五退一	将4退1	⑮ 兵四平五	将4退1
⑯ 车五平七	红胜		

第278局　火炎昆岗

如图278，红先。

① 炮四进九

红方虎口献炮，着法精妙，黑方难以应对。

① ………… 马1进3

黑方如将5平6，则车八平四，将6平5，帅五平四，铁门栓杀，红速胜。

② 帅五平四　炮1进3

③ 车八退三　马9进8

④ 炮四平一　红胜

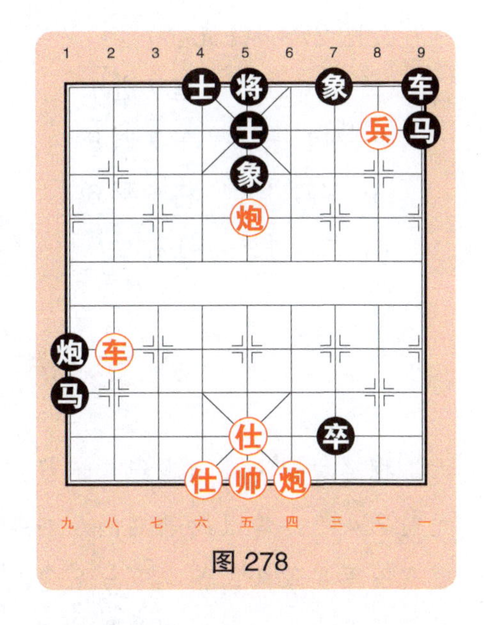

图278

第279局　将机就机

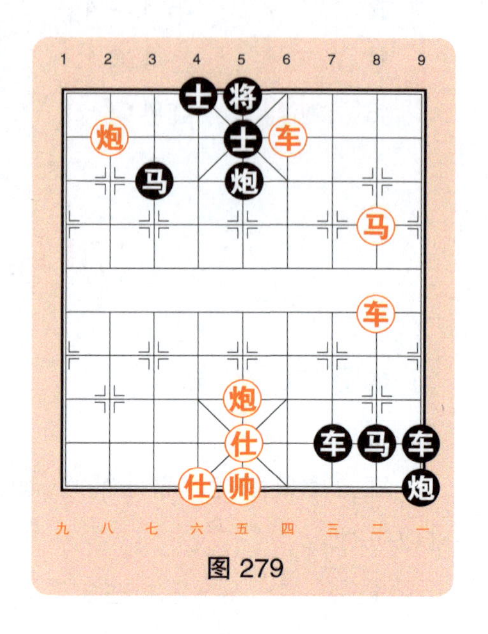

图279

此语不同于“将计就计”。“将机就机”，指利用顺便的机会去做某事。出自《元曲选·柳毅传书》：“今日虽不成这桩亲事，后日还要将机就机，报答他的大恩。”本局指红车回防底线，解将还将，反败为胜。

如图279，红先。

① 马二进三　车7进1

② 车四退八　车7退8

③ 车四进九！将5平6

④ 车二进五　红胜

第280局　诳楚救主

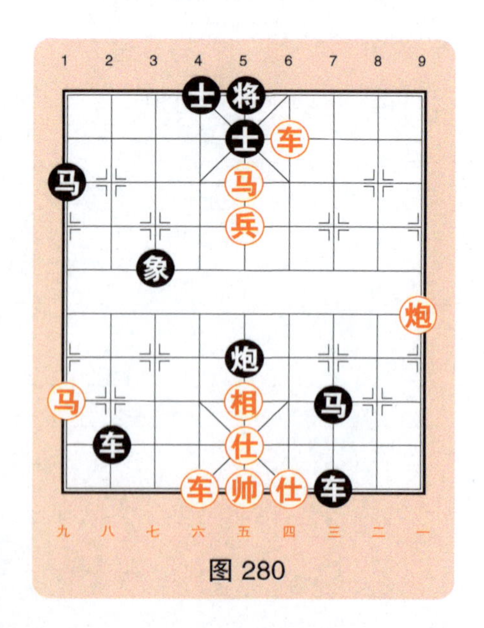

图280

据《史记·项羽本纪》记载，公元前204年，楚汉战争期间，刘邦被项羽围困在荥阳，情况万分危急。这时，手下将军纪信对刘邦说：“臣有办法，可保汉王逃走。”在得到刘邦同意后，便向项羽写了降书，说刘邦晚上出东门投降。到了半夜，刘邦从西门逃出，而纪信化装刘邦，乘坐刘邦的马车来到东门。楚兵见状，以为是汉王出降，欣喜若狂。项羽仔细观看，发现不是刘邦，便问：“你是何人，敢冒充汉王？”纪信答道：“我乃大汉将军纪信。”项羽又问：“汉王在哪里？”纪信说：“早已离开这里了！”项羽生气极了，下令将纪信活活烧死。

如图 280，红先。

① 车四进一

黑方如走士5退6，则马五进三，将5进1，炮一进四，马后炮杀，红胜。

① ………… 将5平6　　② 车六进九 将6进1

③ 马五退三 将6进1　　④ 马三进二 将6退1

⑤ 炮一进四 红胜

第281局　前后一辙

如图 281，红先。

① 炮四平三　士5进6

黑方如走车3进1，则帅四进一，卒4平5，帅四进一，车2退1，后炮平八，车3退3，帅四平五，卒5平4，帅五平六，车3平4，帅六平五，炮1进6，炮三平二，炮1平4，炮二退五，黑方无杀棋，红胜定。

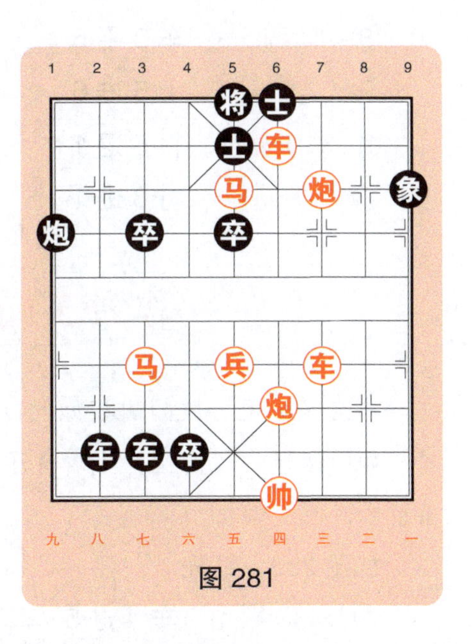

图 281

② 前炮进二　士6进5

黑方如象9退7，则车四进一，将5进1，车三进五，将5进1，车四退二，红速胜。

③ 前炮平二 将5平4　　④ 车三进六 将4进1

⑤ 马五退七 将4退1　　⑥ 炮二退二 红胜

第 282 局　一举而定

如图 282，红先。

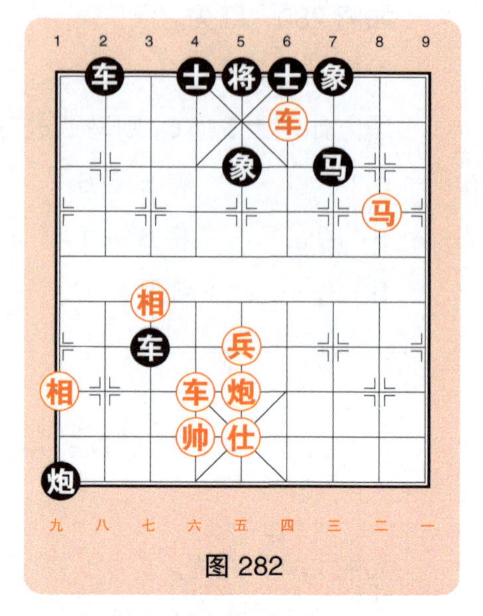

图 282

① 车六进六　车 3 进 1

② 车六平八　车 2 进 1

③ 车四平八　士 6 进 5

④ 马二进三　将 5 平 6

⑤ 车八退二　将 6 进 1

黑方如马 7 进 8，则车八平二捉吃马，红方得子胜定。

⑥ 车八平三　马 7 退 9

⑦ 炮五平四　车 3 进 1

⑧ 帅六退一　车 3 平 5

⑨ 车三平四　士 5 进 6　　⑩ 车四进一　将 6 平 5

⑪ 车四进一　将 5 退 1　　⑫ 车四平六　将 5 平 6

⑬ 车六进一　将 6 进 1　　⑭ 马三退四　红胜

第 283 局　肉袒负荆

出自《史记·廉颇蔺相如列传》："廉颇闻之，肉袒负荆，因宾客至蔺相如门谢罪。"肉袒：光着身子；负荆：背负荆条。赤裸上身，背着荆条请罪，愿受责罚。

如图 283，红先。

① 车九平六！　车 4 进 5

黑方如走车 4 退 1，则马二进三，将 5 平 4，车八进九，象 1 退 3，车八平七，红速胜。

② 车六退六　后卒平 4　　③ 仕四进五　卒 6 平 5

④ 车八进一　卒 4 进 1　　⑤ 车八平六　卒 5 平 4

⑥ 帅六进一　　士5进4

⑦ 马二进三　　将5进1

黑方如将5平4，则兵五进一，将4进1，马三退四，士6进5，兵五进一，将4退1，红速胜。

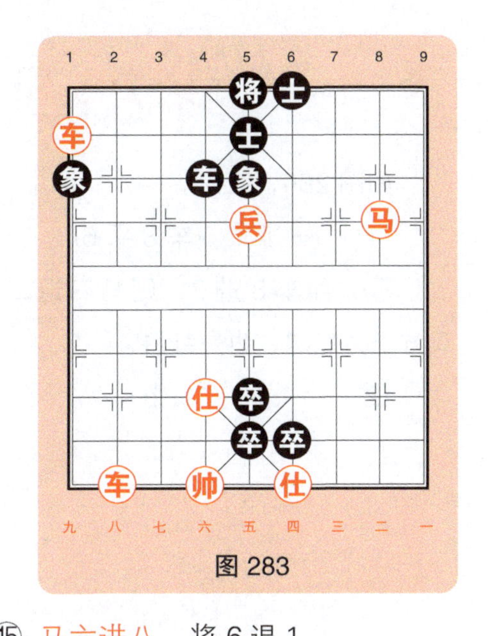
图 283

⑧ 兵五进一　　将5平6

⑨ 兵五平六　　士6进5

⑩ 兵六进一　　象1退3

⑪ 马三退四　　士5退6

⑫ 马四进六　　将6进1

⑬ 帅六平五　　象3进1

⑭ 帅五退一　　象1退3　　⑮ 马六进八　　将6退1

⑯ 马八退七　　将6进1　　⑰ 兵六平七

黑象被吃，红方马和底兵必胜黑方单士。

第284局　一骑困魏

如图284，红先。

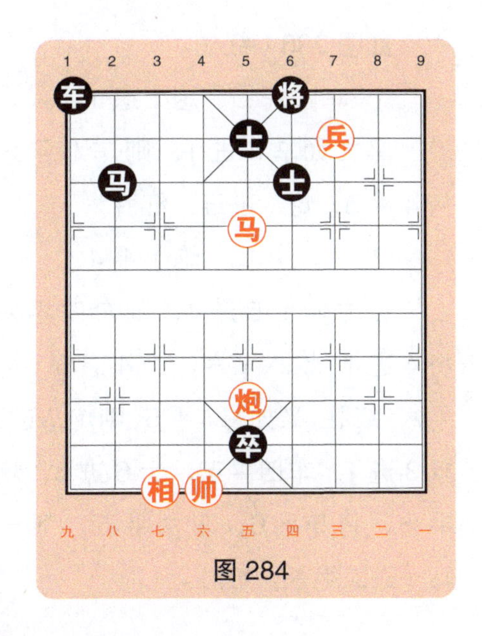
图 284

① 马五进六　　马2退4

② 兵三平四！　将6进1

③ 炮五平四　　红胜

红方另一种走法：

① 兵三进一　　将6平5

② 兵三平四　　将5平6

③ 马五进三　　将6进1

④ 炮五平四　　红胜

第 285 局　野马诱虎

如图 285，红先。

① 马三进四　车 8 平 6

黑方如车 8 进 2，则马四退二，双方子力悬殊，也是红胜。

② 车六进七　红胜

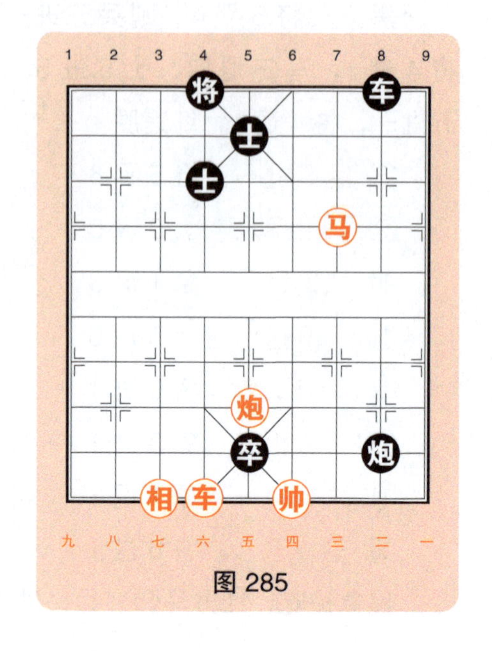

图 285

第 286 局　夺马驱敌

如图 286，红先。

① 车四进二　炮 1 退 1

黑方如卒 4 进 1，则车八平六，将 4 平 5，炮八进五，红胜。

② 车八平六　炮 1 平 4

黑方如士 5 进 4，则车四平六，将 4 进 1　炮八平六，士 4 退 5，炮五平六，红胜。又如将 4 平 5，则炮八进五，象 3 进 1，车四平五，士 6 进 5，炮八平一，将 5 平 6，车六平五，下一着马一进二绝杀，红胜。

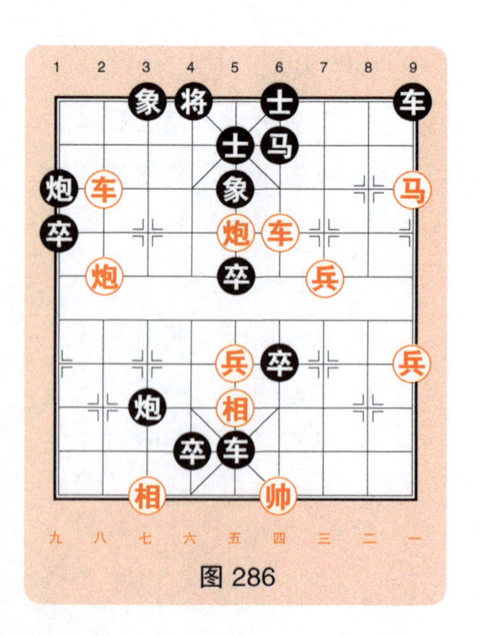

图 286

③ 车六进一　将4进1　　④ 炮八平六　将4退1

⑤ 马一进三　车9平7　　⑥ 车四进一！　车7平6

⑦ 炮五平六　红胜

第287局　敛手削地

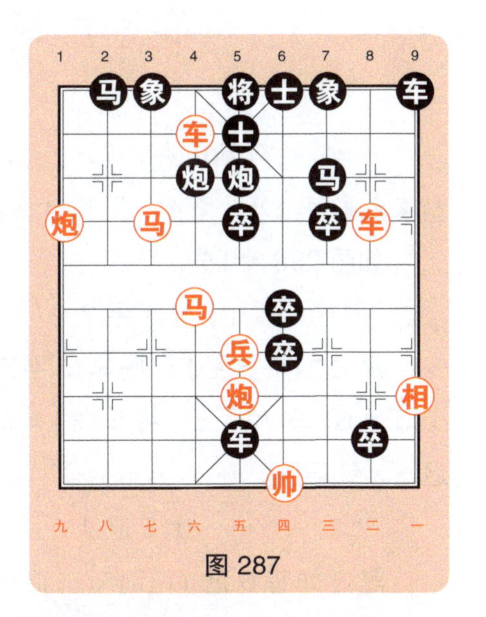

图287

如图287，原谱着法，红先。

① 马七进八

红方伏有车六进一，士5退4，马八退六，将5进1，车二进二杀。

① …………　车9进1

黑方如走炮5进4，则车六进一，士5退4，马八退六，将5进1，车二进二，将5进1，后马进七，将5平6，车二平四，红胜。

② 炮九平三　象7进9

③ 车二进二　车9平8

④ 炮五进四　马7进5　　⑤ 炮三进三　红胜

著名棋类活动家徐家亮曾举出另一种着法：

① 马七进八　车9进1　　② 炮九平三　士5退4

③ 车六平一　士6进5　　④ 马八退六　士5进4

黑方如走将5平6，则后马进四，马7退9，车二进二，士5进4，马四进三，将6平5，炮五进四，士4退5，炮五退五，炮5进6，炮三进三，炮5平1，炮三平一，马2进3，车二进一，士5退6，车二平四，红胜。

⑤ 炮五进四　马7进5　　⑥ 车二进三　士4进5

黑方如炮5平6，则车二平三，炮6退2，车三平四，将5平6，马六进五，将6平5，马五进三，红胜。

⑦ 马六进五　卒8平7

黑方如将5平4，则马五进七，马2进3，炮三平六，将4平5，车二平三，士5退6，炮六平五，炮5平6，炮五退五，红胜。

⑧ 车二平三　士5退6　　⑨ 车三平四　将5平6

⑩ 马五进三　将6平5　　⑪ 车一进一　红胜

第288局　汗马功劳

汗马：战马因奔驰而流汗。形容立下赫赫战功。语出《韩非子》："弃私家之事而必汗马之劳。"现也指在工作中做出贡献。

如图288，红先。

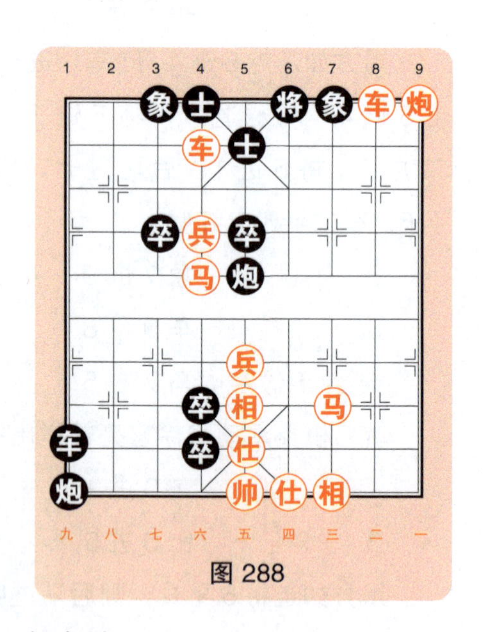

图288

① 兵六平五　车1平2

黑方如将6平5，则车二平三，士5退6，车六平五，将5进1，车三退一，红巧胜。

② 车六进一　士5退4

黑方如将6进1，则车二退一，将6进1，兵五平四，红速胜。

③ 马六进五　将6进1

黑方如象3进5，则车二退一杀。又如士4进5，则车二平三，将6进1，马五退三，将6进1，车三退二，将6退1，车三平二，将6退1，车二进二，红亦胜。

④ 马五退三　将6平5　　⑤ 车二退一　红胜

第 289 局　莘野邀汤

莘野：指隐居之地。五代齐己有《赠白处士》诗：“莘野居何定，浮生知是谁。”汤：指古代君王商汤。

如图 289，红先。

① 兵六进一　将 5 平 4

② 车四进一　将 4 进 1

③ 马五退七　将 4 进 1

④ 炮五进六

图 289

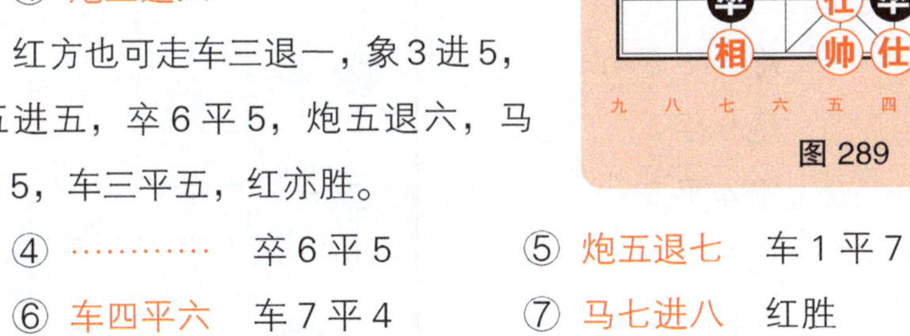

红方也可走车三退一，象 3 进 5，炮五进五，卒 6 平 5，炮五退六，马 7 退 5，车三平五，红亦胜。

④ ………… 卒 6 平 5　⑤ 炮五退七　车 1 平 7

⑥ 车四平六　车 7 平 4　⑦ 马七进八　红胜

第 290 局　城门失火

“城门失火，殃及池鱼”是一组成语。城门失火，大家都到护城河取水，水用完了，护城河里的鱼也死了。比喻无辜被连累而遭受灾祸。

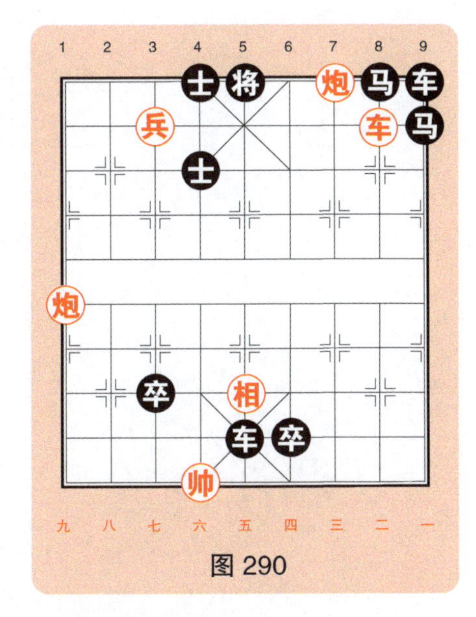

图 290

如图 290，红先。

① 炮九平四　卒 3 平 4

② 炮四进五

红方献炮叫将，石破天惊，杀法精妙。

② ………… 将 5 平 6

③ 炮三平一　马 8 进 6　　④ 车二进一　红胜

本局另一种着法：

① 炮九进五　士 4 进 5　　② 兵七进一　士 5 退 4

③ 车二平六　卒 3 平 4　　④ 兵七平六　红胜

第 291 局　丹山起凤

如图 291，红先。

① 马七退五　炮 2 平 5

② 马五退三　炮 5 平 4

③ 马三退五　炮 4 平 5

④ 马五退三　炮 5 平 4

⑤ 马四进五　炮 4 平 5

⑥ 马五进四　炮 5 平 4

⑦ 马四进五　红胜

本局与第 107 局同名。

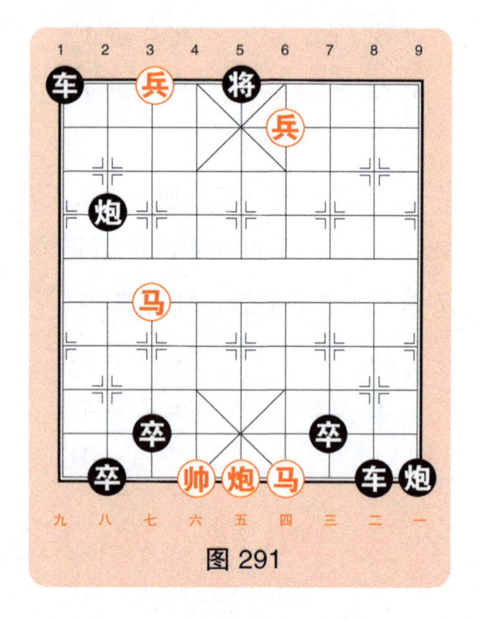

图 291

第 292 局　两虎共斗

如图 292，红先。

① 帅五平四

红方亦可走炮八平七，则车 2 平 3，相五进七，车 3 进 1，炮七进五，炮 9 平 3，帅五平四，象 7 进 9，炮二平五，红胜。

① ………… 后炮平 6

② 炮八平七 车 2 平 3

③ 相五进七 车 3 进 4

④ 炮七平五 红胜

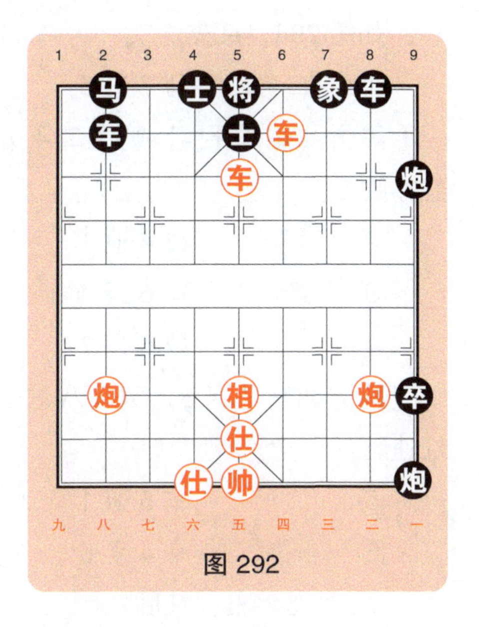

图 292

第 293 局　勤劳一纪

一纪：指十二年。代指本局黑方 12 个棋子。

如图 293，红先。

① 马二进三 将 5 平 4

黑方如走马 9 退 7，则马四进三，将 5 平 4，炮一平六，车 3 退 2，车八进二，红速胜。

② 马四进五 马 9 退 7

③ 车一平四 马 7 退 5

④ 炮一平六 车 3 退 2

⑤ 车八进二 红胜

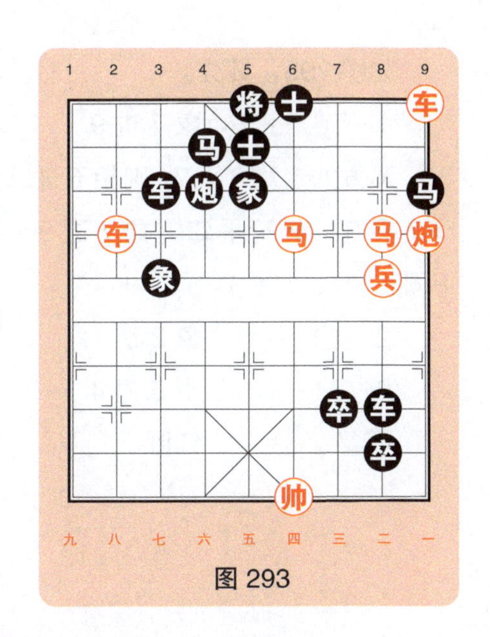

图 293

第 294 局　济弱扶倾

如图 294，红先。

① 车二进四　马 7 进 6

黑方如炮 1 平 4，则车二平九，红亦胜定。

② 兵七平六　将 4 退 1

③ 车二进五　马 6 退 7

④ 兵四进一　象 5 退 7

黑方如马 7 退 8，则马八进七，红速胜。

⑤ 车二平三　车 5 退 1

⑥ 马八进七　卒 4 平 5

⑦ 兵四平五　红胜

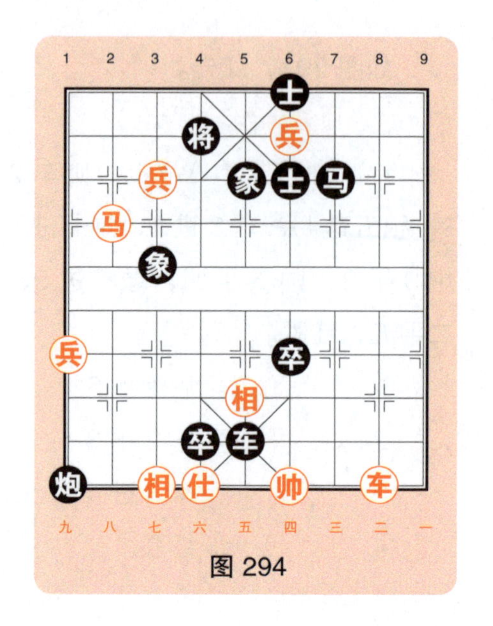

图 294

第 295 局　绕江撒网

如图 295，红先。

① 炮二进一　象 7 进 9

黑方如走炮 9 平 7，则相五进三，卒 7 平 6，车三平二，象 7 进 9，以下同正变。

② 炮二平七　象 3 退 1

③ 马七进六　士 5 退 4

④ 车三进一　红胜

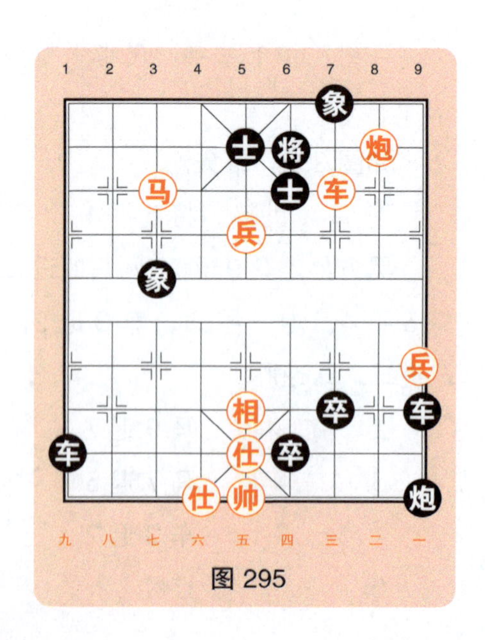

图 295

第296局　鸮立中天

鸮：古代对猫头鹰的称呼，昼伏夜出，因深夜鸣叫声凄厉难听，古人以猫头鹰为恶鸟。中天：天空。形容本局红方“夹车炮”攻势凌厉。

如图296，红先。

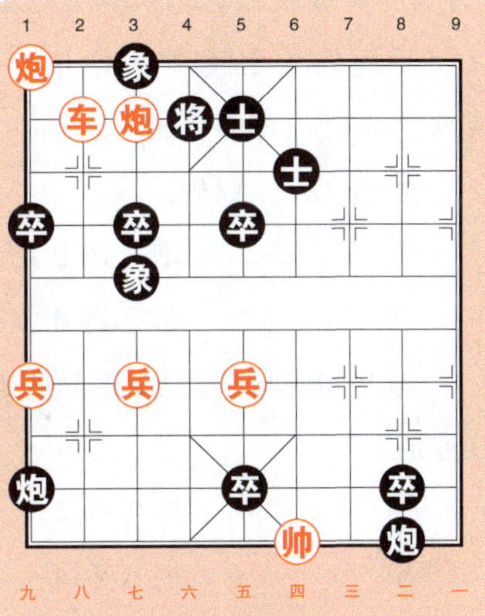

图296

① 车八进一　象3退5

黑方如走将4退1，则车八平七，将4进1，炮七平八，红速胜。又如走象3退1，则炮九退一，将4退1，炮七平八，将4平5，车八平七，士5退4，车七退一！士4进5，炮八进一，将5平6，车七进一，士5退4，车七平六，将6进1，炮八退一，重炮杀，红胜。

② 炮七退一　象5进3

黑方如将4进1，则车八退五，象5进3，车八平六，将4平5，炮九平八，士5退6，车六进四，下一着炮八退二绝杀，红胜。

③ 炮九退一　将4进1　　④ 炮七进一　将4平5

⑤ 车八退二　士5进4　　⑥ 炮七退一　士4退5

⑦ 炮七退二　士5进4　　⑧ 炮七退一　后卒进1

黑方如将5退1，则车八进一，将5退1，炮七进五，红速胜。

⑨ 车八退二　卒3进1　　⑩ 车八平七　士4退5

黑方如将5退1，则车七进三，将5进1，炮九平八，士4退5，炮八退一，红速胜。

⑪ 车七平五　将5平4　　⑫ 车五平六　将4平5

⑬ 炮七平五　红胜

第 297 局　虎帐谈兵

虎帐：一般指军中大帐，主帅办公指挥的地方。“虎”字用来形容军威。如唐朝诗人王炎的《劝农出郊三绝》“何日将军收虎帐，道旁筑屋免勤民”，以及罗隐的《金陵寄窦尚书》“虎帐谈高无客继，马卿官傲少人同”。

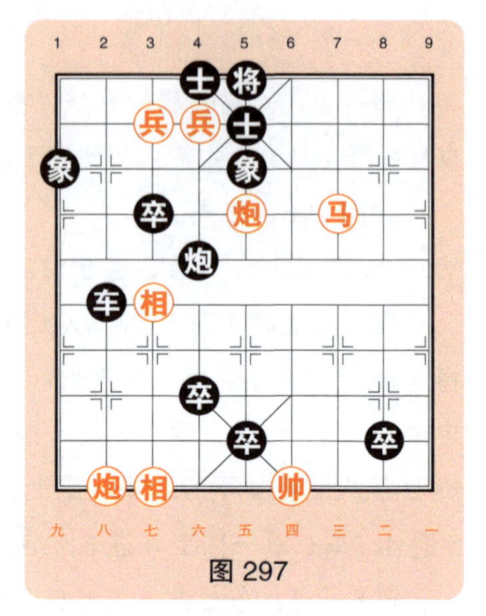

图 297

如图 297，红先。

① 马三进二　炮 4 退 2

② 马二进四！　车 2 进 4

黑方如走车 2 退 5，则马四退五，红亦胜。

③ 兵六进一　将 5 平 4　　④ 兵七平六　将 4 平 5

⑤ 兵六平五　将 5 平 4　　⑥ 兵五平六　红方妙杀！

第 298 局　参前倚衡

参：参乘，陪伴坐马车的人。古代乘车，尊者在左，驾驭者在中，一人在右陪伴，称“参乘”或“车右”。倚衡：车辕之间的横木。本局红方用车马迫使黑将上宫顶成杀。

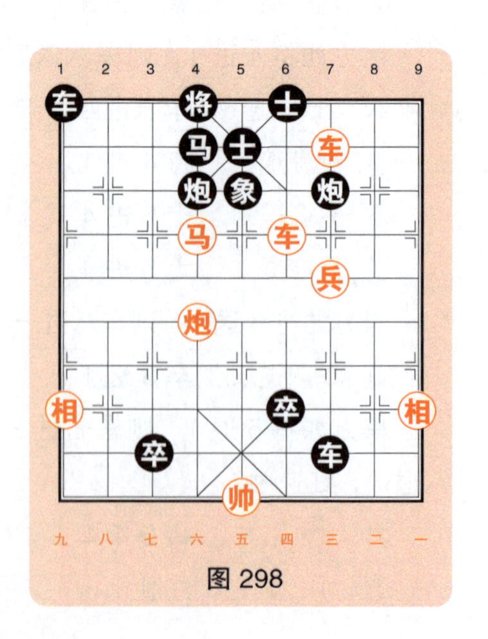

图 298

如图 298，红先。

① 车四进三　士 5 退 6

② 马六进四　车 1 进 1

③ 车三平四　将 4 平 5　　④ 车四进一　将 5 进 1

黑方如将 5 平六，则炮六平四，马后炮杀，红胜。

⑤ 车四平五　将 5 平 6　　⑥ 炮六平四　将 6 进 1

⑦ 兵三平四　红胜

第 299 局　陈桥兵变

公元 960 年赵匡胤借口防御北汉和辽国的侵犯，率军从大梁（今河南开封）出发，走到陈桥驿（今开封东北），发生兵变，他授意将士把黄袍披在他身上，拥立他做皇帝，随后带兵返回京城，夺取了后周政权，建立宋朝。这便是历史上著名的“陈桥兵变”。

如图 299，红先。

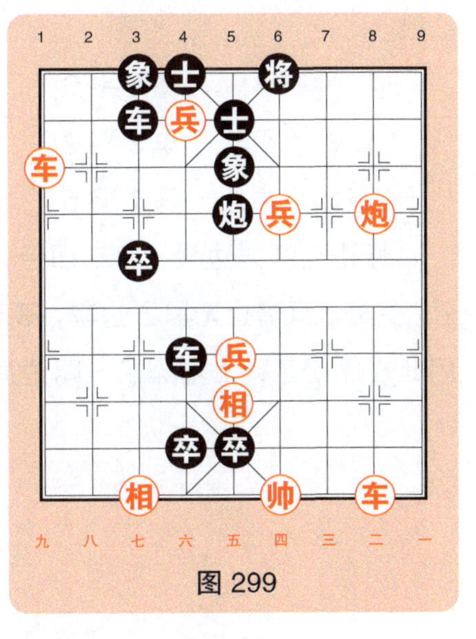

图 299

① 炮二平五　卒 4 平 3

黑方如象 3 进 1，则兵四进一，士 5 进 6，兵六平五，士 4 进 5，车二进九，象 5 退 7，车二平三，将 6 进 1，炮五平四，红胜。

② 车二进九　将 6 进 1

黑方如象 5 退 7，则车二平三，将 6 进 1，兵四进一，士 5 进 6，车九平四，红胜。

③ 兵四进一　士 5 进 6

④ 兵六平五　士 4 进 5　　⑤ 炮五平四　红胜

第300局　手探月窟

如图300，红先。

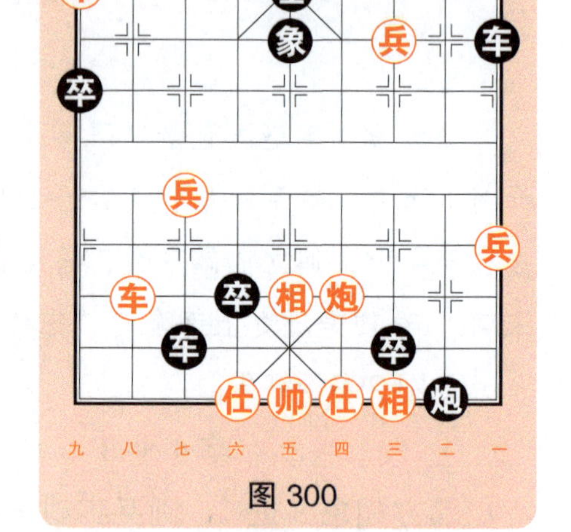

图300

① 车九平六　士5退4

② 车八进七　士6进5

③ 炮四进七　马8进7

黑方如车9进4，则炮四平二，象7进9，炮二平六，卒4平5，炮六平七，车3平2，车八平九，将5平6，炮七退二，将6进1，兵三进一，红胜。

④ 炮四平六　将5平6

⑤ 车六平五　车3平2

⑥ 车八平九　马7退5　　⑦ 炮六退一　红胜

原谱无红方边兵，第三回合，黑方可走车9进5捉中相要杀，则成黑胜。另外，原谱也无黑方边卒，第五回合时，黑方可以平车长献，形成和棋。因此在原谱基础上增添了一路边兵和1路边卒，以保持原谱着法。

第 301 局　蹇驽卧道

蹇：多指行动迟缓或身体疲惫。驽：指劣马。本局指黑方边马被迫倒卧自己槽位。

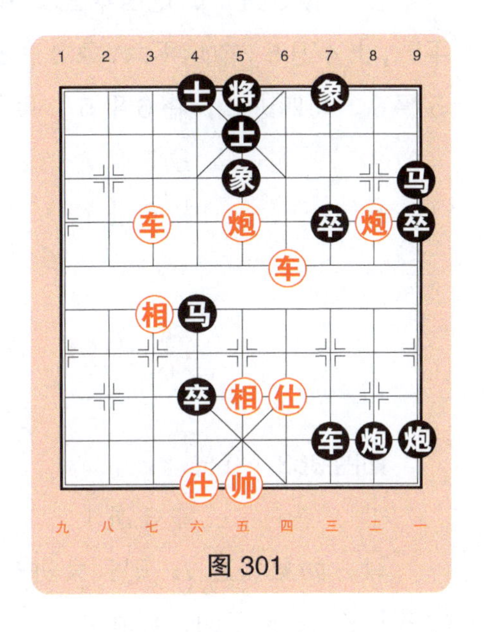
图 301

如图 301，红先。

① 车四进三　马 4 退 3
② 车四平一　马 9 退 7
③ 炮二进三　象 7 进 9
④ 炮二退一！　象 9 进 7
⑤ 车一退二　绝杀

第 302 局　板筑隐贤

板：夹板。筑：杵。筑墙时，以两板相夹，填土于其中，用杵捣实。板筑隐贤：指地位低微的隐士，住在简陋的院子里。

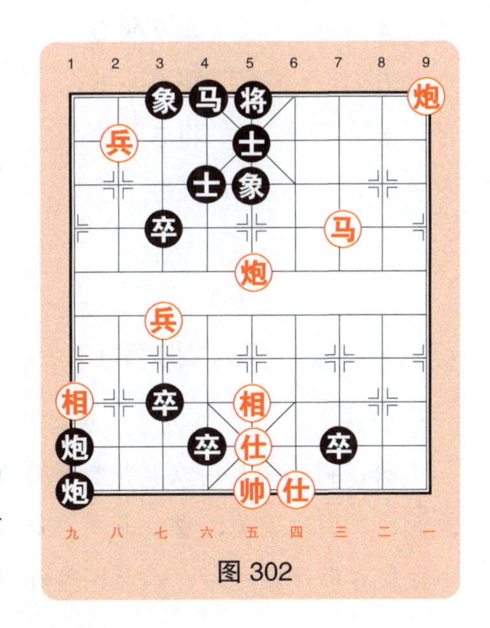
图 302

如图 302，红先。

① 马三进一　将 5 平 6
② 炮五平二　士 5 进 6

黑方如前炮平 2，则炮二进四，将 6 进 1，马一退三，将 6 进 1，马三进二，将 6 退 1，炮一退一，马后炮杀，红胜。

③ 炮二平四　士 6 退 5

黑方如将 6 平 5，则马一进三，将 5 进 1，炮一退六，马 4 进 6，炮一平五，象 5 进 7，炮四平五，将 5 平 4，马三退二，将 4 退 1，兵八平七，士 4 退 5，前炮平六，象 3 进 5，前兵平六，将 4 平 5，马二进四，将 5 平 6，马四进二，将 6 平 5，兵六平五，将 5 平 4，炮五平六，红胜。

④ 马一进二　象 5 退 7　　⑤ 马二退三　将 6 进 1

⑥ 炮一退五　将 6 进 1　　⑦ 炮四退二　红胜

第 303 局　雌鸡化雄

如图 303，红先。

① 马九进七　车 3 退 1

黑方如象 3 进 1，则兵六进一，将 5 平 6，炮七平四，红胜。

② 兵六进一　将 5 平 6

③ 车二进二　炮 6 退 1

④ 车六进四　车 7 平 9

⑤ 兵六平五　将 6 平 5

⑥ 车六平五　将 5 平 6

⑦ 车二平四　红胜

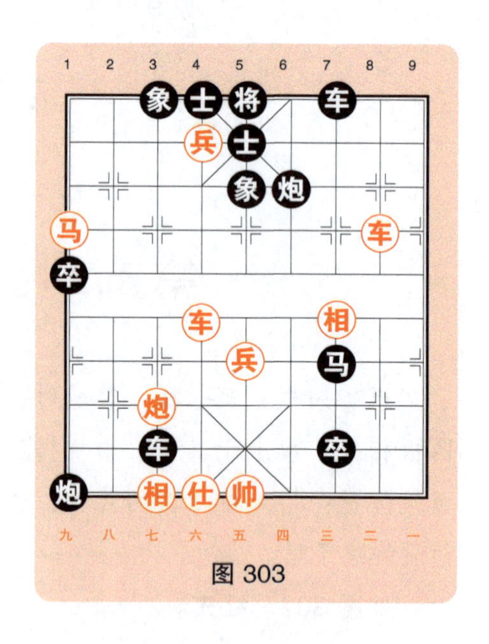

图 303

第 304 局　众星拱极

极，指北斗星。众星拱极：许多星星衬托着北斗星。出自《论语·为政》："为政以德，譬如北辰，居其所而众星拱之。"比喻众人拥护着一个他们尊敬爱戴的人。本局比喻红方车镇中路，多子联攻取胜。

如图 304，红先。

① 炮一平三　炮 9 进 1

② 相一退三　车 7 进 1

黑方如走马 6 退 4，则炮三退六，士 4 进 5，车九平五，马 4 退 5，车五平四，将 6 平 5，炮三平五，将 5 平 4，车四平六，红胜。

③ 车九平四！将 6 退 1

④ 炮三退六　将 6 进 1

⑤ 炮三平四　马 6 进 4

⑥ 炮五平四　红胜

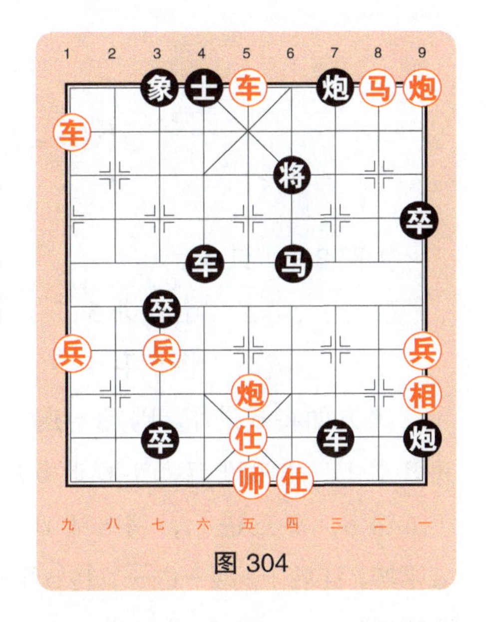

图 304

第 305 局　轻兵锐卒

如图 305，红先。

① 兵四平三　将 5 平 6

黑方如卒 4 进 1，则兵三进一，士 5 进 6，兵七平六，红胜。

② 马一退三　卒 4 进 1

③ 兵三进一　将 6 平 5

④ 马三进一　士 5 进 6

⑤ 兵七平六　红胜

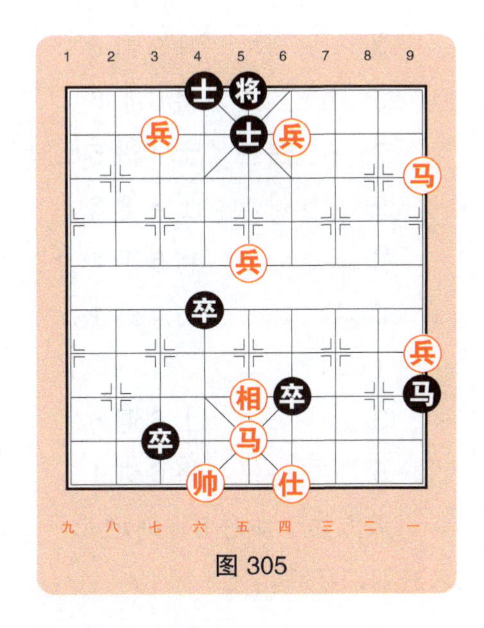

图 305

第306局　拔去病根

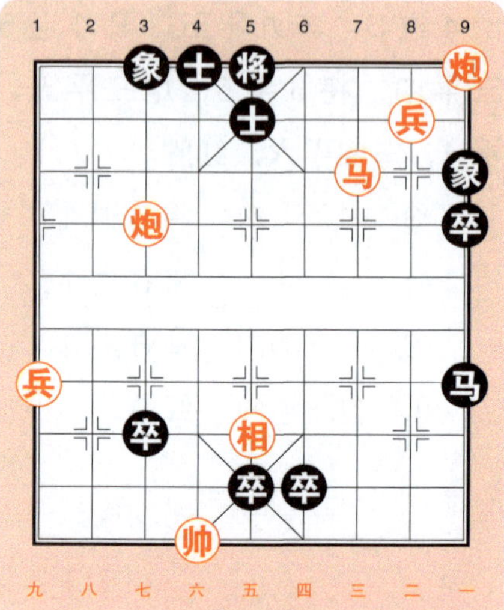

如图306，红先。

① 炮七平五　士5进6

② 马三退四　将5平6

黑方如将5进1，则炮一退一，将5退1，马四进五，士6退5（如士4进5，马五进七，将5平6，炮五平四，红胜），炮一进一，将5平6，马五退三，卒3平4，兵二进一，红胜。

③ 马四进六

图306

以下黑有两种应法：

（一）

③ …………　马9退8　④ 炮五平三　马8退7

⑤ 炮三平四　将6平5　⑥ 兵二进一　马7退6

⑦ 炮四进三　士4进5　⑧ 炮四退八　士5退6

⑨ 炮四进八　士6退5　⑩ 炮四平七　士5退6

⑪ 炮七平四　将5平4　⑫ 炮四退四　象9退7

⑬ 兵二平三　将4进1　⑭ 炮四平六　红胜

（二）

③ …………　士6退5　④ 炮五平三　士5进4

⑤ 炮三进三　将6进1　⑥ 炮三平七　将6平5

黑方如士4进5，则炮七平二，士5进6，炮一退一，将6退1，马六进四，红胜。

⑦ 炮一退一　将5进1　⑧ 马六退四　将5平6

⑨ 炮七退二　士4退5

⑩ 炮七平一　马9退8　⑪ 后炮平二　马8退6

⑫ 马四进六　将6平5　⑬ 炮一退一　红胜

第307局　宽一步胜

如图307，红先。

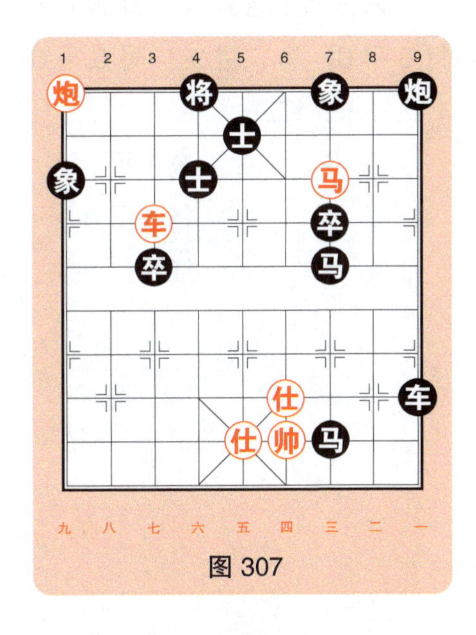

图 307

① 车七进三　将4进1

② 车七退一　将4退1

③ 炮九平三　将4平5

④ 车七平八　车9平8

黑方如士5进6，则车八平四，绝杀！红速胜。

⑤ 车八进一　士5退4

⑥ 车八平六　将5平4

⑦ 马三进四　红胜

本局另一种着法：

① 炮九平三　将4平5

② 车七平八　士5进6　③ 车八进三　将5进1

④ 车八退一　将5进1　⑤ 炮三平五　炮9进1

⑥ 车八平二　后马进5　⑦ 马三进四　红胜

第 308 局　三军联位

如图 308，红先。

① 炮八进四　车 1 退 5

黑方如走炮 1 平 4，则炮八平七！将 5 平 6，马二进三！将 6 平 5，炮七进一杀！红胜。

② 炮八平七　车 1 平 3

③ 马七进六　将 5 平 6

④ 马二进三　红胜

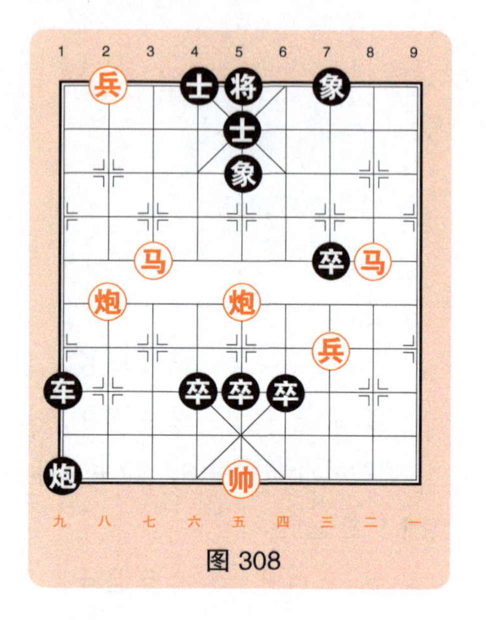

图 308

第 309 局　有家难奔

如图 309，红先。

① 车二进四　士 5 退 6

② 车六进七　将 5 平 4

③ 车二平四　将 4 进 1

④ 车四平五　炮 8 平 9

⑤ 马八进七　将 4 进 1

⑥ 车五平六　红胜

图 309

第 310 局　金鸡抱卵

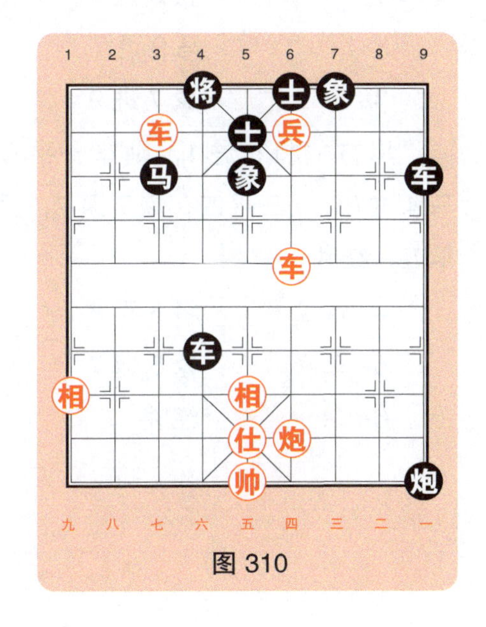

图 310

如图 310，红先。

① 兵四平五　士 6 进 5

② 车七平五　马 3 退 5

③ 车四进四　将 4 进 1

④ 炮四进七　将 4 进 1

⑤ 车四平六　红胜

第 311 局　深入远岛

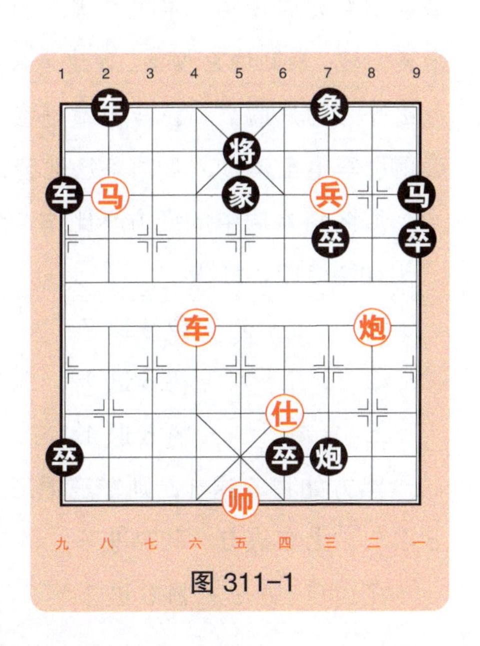

图 311-1

如图 311-1，红先。

原谱着法：

① 车六进四　将 5 退 1

② 车六平一！马 9 退 7

③ 炮二进五　象 7 进 9

④ 炮二退一

原谱着法到此标注红胜就结束了。经研究，黑方可续走将 5 平 4，则车一进一，马 7 退 5，红方无法取胜。根据象棋排局家林幼如的研究，黑方4路底线添加一黑马。

按照图311-2改后着法为：

① 车六进四　将5退1

② 车六平一！马9退7

③ 炮二进五　象7进9

黑方如将5进1，则车一平三，马4进6，兵三平四，炮7退7，兵四平五，红胜。

④ 炮二退一　将5平6

⑤ 车一进一　象5退7

⑥ 车一平三　红胜

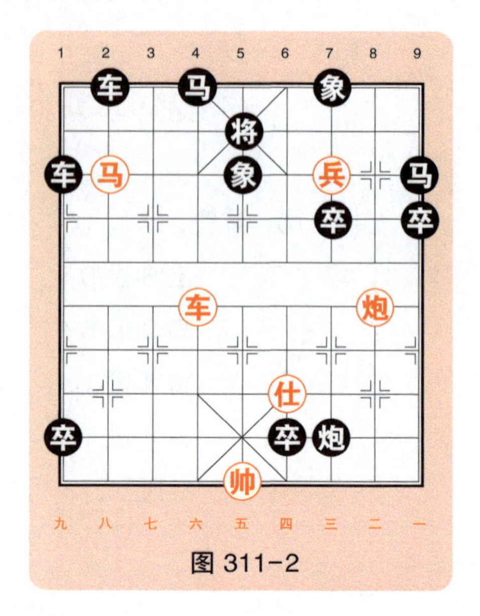

图311-2

第312局　马跳澶溪

三国时期刘备来到荆州，刘表热情招待，而其妻蔡夫人忌恨刘备，命弟蔡瑁在襄阳设宴，借机杀害。刘备得知消息后急忙跨上坐骑“的卢”奔出襄阳城。来到城西檀溪，后边追兵将至，情急之下，刘备一边鞭策“的卢”，一边呼“的卢的卢”，马四蹄腾空，奇迹般地跃过檀溪，刘备顺利逃走。蔡瑁引军追至溪边，见刘备已远去，叹曰：“真乃神助也！”

局名将本局中的红方马比作“的卢”，本局着法属精妙的“车马冷着”。

如图312，红先。

① 车二进四　象5退7　　② 车二平三　士5退6

③ 马五进六　将5进1　　④ 车三退一　将5进1

⑤ 车三退一　将5退1　　⑥ 马六退四　将5平6

黑方如将5退1，则车三退三，象1退3，车三平五，象3进5，车五平八，士6进5，马四进三，将5平6，车八平四，红胜。

⑦ 车三进一　将6进1　　⑧ 马四退五

下一着红方伏有马五进六，将6平5，车二退一，红胜。

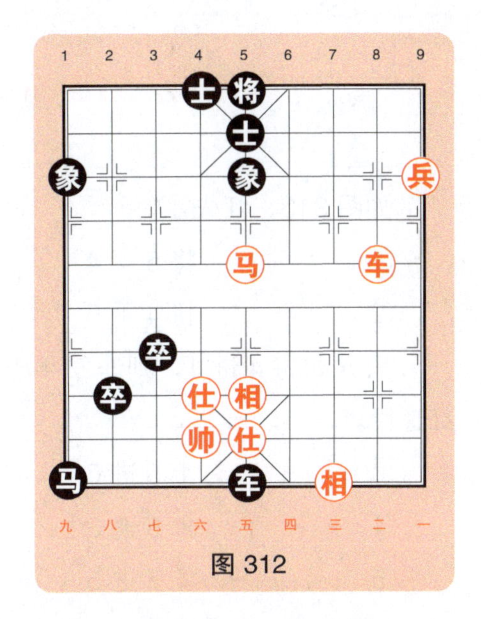

图 312

⑧ ………… 将6平5

⑨ 马五进六 将5平4

⑩ 车三退一 将4退1

⑪ 车三平五 士4进5

⑫ 车五平九

下一着红方伏有马六进八，将4进1，马八退七，将4退1，马七进五，将4退1，车九进二，红胜。

⑫ ………… 士5进6

黑方如士5退4，则车九进一，将4进1，马六退五，将4平5，马五进四，将5平6，兵一平二，士6进5，兵二平三，将6退1，兵三进一，将6退1，兵三进一！将6进1，马四进二，将6进1，车九退一，红胜。

⑬ 马六进四 将4平5

⑭ 马四退六 将5平4

⑮ 车九进一 将4进1

⑯ 马六退五 将4平5

⑰ 马五进四 将5平6

⑱ 兵一平二 士6进5

⑲ 车九平五 红胜

第 313 局　堵塞要路

如图 313，红先。

① 车六进三　将 5 平 4

② 前马进七　将 4 平 5

黑方如将 4 进 1，则车三平五，红速胜。

③ 马五进四　士 5 进 6

④ 车三平八　象 5 退 3

⑤ 车八进一　象 7 进 5

⑥ 炮二平六　红胜

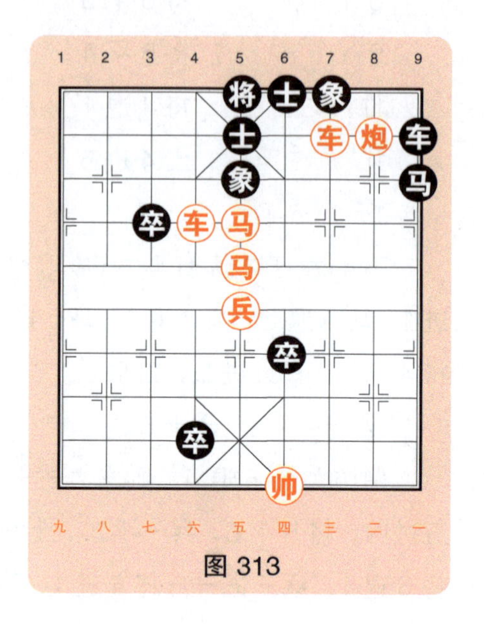

图 313

第 314 局　三将夺关

如图 314，红先。

① 前兵平二　士 5 进 4

黑方如士 5 进 6，则炮一进五，将 6 进 1，马四进六，车 1 平 2，兵二平三，将 6 平 5，炮一退一，红胜。另如象 5 退 3，则炮一进五，象 7 进 5，兵二进一，象 5 退 7，兵二平三，将 6 进 1，马四进二，将 6 进 1，炮一退二，马后炮杀，红胜。

② 炮一进五　将 6 进 1

③ 兵二平三

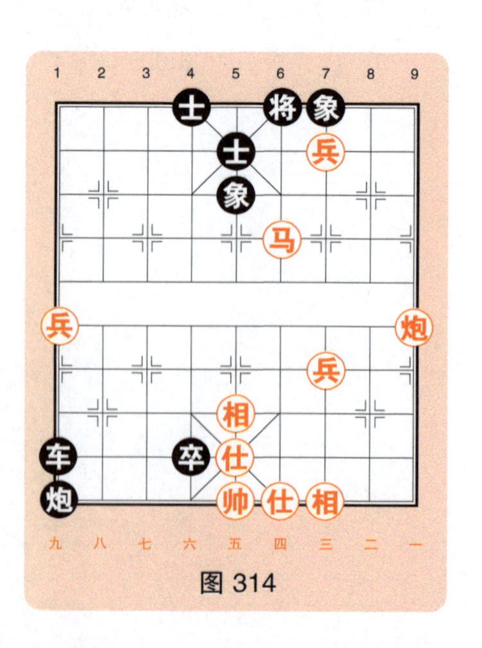

图 314

红方如误走马四进六，则炮1平6，兵二平三，将6平5，炮一退一，炮6退8，红方无连杀。

③ ………… 将6进1 ④ 马四退三！ 象5进7

⑤ 马三进五 将6平5 ⑥ 炮一退五 将5退1

黑方如车1退3，则相五进七，车1退2，炮一平五，车1平5，黑车必丢，红胜定。

⑦ 炮一进四 将5进1

黑方如将5退1，则马五进四，将5平6，炮一进一，象7进9，马四进三，红胜。

⑧ 马五进三 将5平6 ⑨ 炮一退四！ 车1退3

⑩ 马三退五 将6平5 ⑪ 相五进七 车1退2

⑫ 炮一平五 车1平5 ⑬ 炮五进二 红胜定

第315局 渴骥饮泉

如图315，红先。

① 马七退五

至此，红胜。黑方有以下三种应法：

（1）炮5退2或象3进5，则车二退一，红胜。

（2）车7退1，则车二平三，将6进1，马五退三，将6进1，车三退二，将6退1，车三平二，将6退1，车二进二，红胜。

（3）将6平5，则车二平三，士5退6，马五进七，将5进1，车三退一，红胜。

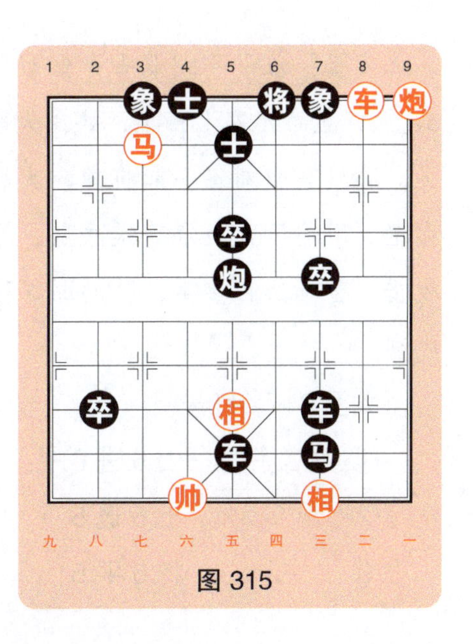

图315

第 316 局　移星换斗

指季节或时间的变化。本局指红方先架中炮逼出黑将，再进炮轰士一举成杀。

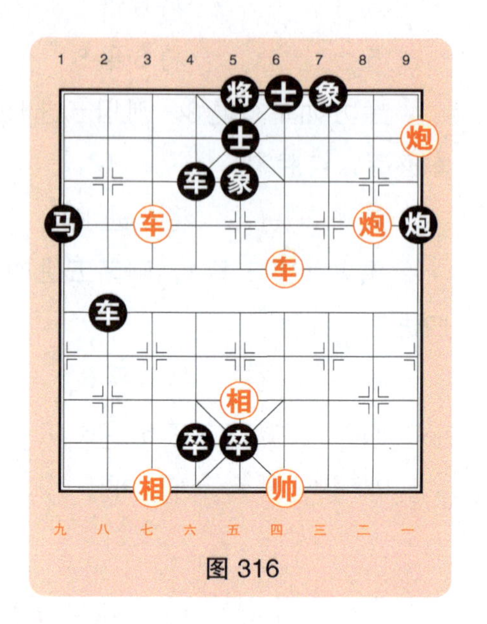

图 316

如图 316，红先。

① 炮二平五　将 5 平 4

② 炮五进二

原谱至此标注红胜，演变下去黑方也无解着。

② …………　将 4 平 5

③ 炮五平二　士 6 进 5

④ 炮一进一　士 5 退 6

⑤ 车四进四　红胜

第 317 局　赤壁鏖战

赤壁：位于今湖北省赤壁市西北部。 汉献帝建安十三年，曹操大军伐吴，孙权联合刘备一起抗曹，大战于赤壁。周瑜用计火烧曹操兵船，乘势攻击，曹军伤亡惨重，孙刘联军取得胜利。

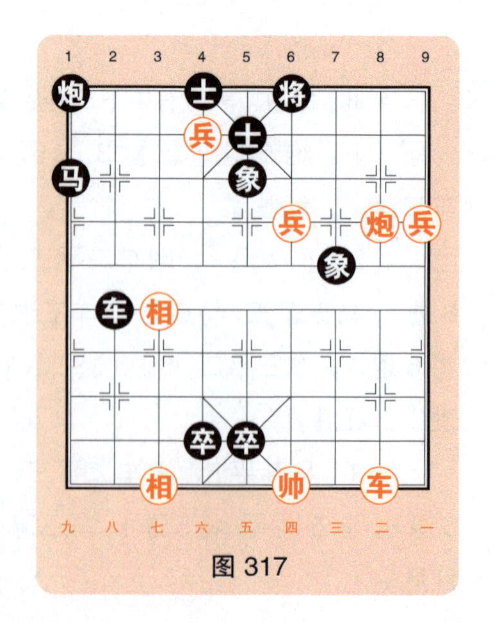

图 317

如图 317，红先。

① 兵四进一　士 5 进 6

② 炮二平四　士 6 退 5

③ 炮四进二　将 6 平 5

黑方如士5进6，则车二进九，将6进1，车二退二，士4进5，车二进一，将6退1，兵六平五，黑方无解着，红胜。

④ 车二进九　士5退6　　⑤ 炮四平一　象5退7

黑方如士4进5，则炮一进一，士5进6，兵六平五，士6退5，车二平四，红胜。

⑥ 车二平三　士4进5　　⑦ 炮一进一　士5进6

⑧ 车三退四　士6进5　　⑨ 车三进四　士5退6

⑩ 兵六平五　将5进1　　⑪ 车三退一　将5进1

⑫ 炮一退二　士6退5　　⑬ 车三退一　士5进6

⑭ 车三平四　将5退1　　⑮ 车四进一　将5进1

⑯ 兵一平二　红胜

第318局　匿影避形

如图318，红先。

① 马一退三　将5进1

② 炮四平二　将5平6

③ 车六进二　将6退1

黑方如士4进5，则炮二平四，红速胜。

④ 车六平五！

原谱至此红胜。红以下有车五进一，将6进1，炮二进二，黑方无解着。黑方如用士或马吃车，则炮二平四，红亦胜。

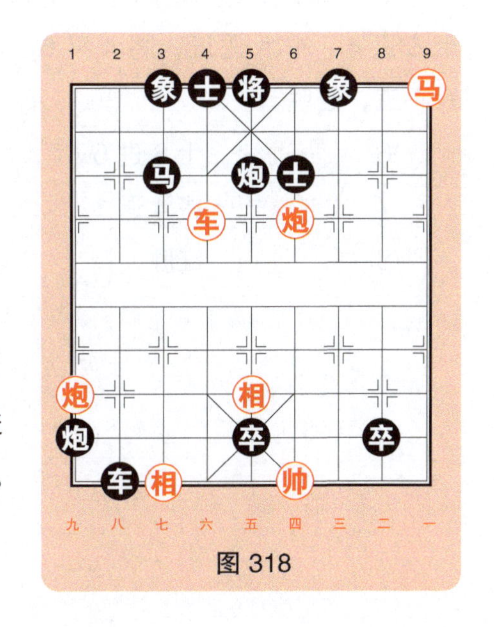

图318

第319局　右相安刘

汉高祖刘邦曾说："安刘氏者必勃也。"安刘，指捍卫刘家西汉政权。勃：指周勃，今江苏沛县人，两次任西汉右丞相。吕后专权时期，有改朝吕姓之危险。吕后死，周勃联合陈平协力共诛吕后余党，迎汉文帝即位，使得刘氏的天下得以稳定。

如图319，红先。

① 车七进二　将4进1

② 车七退一　将4退1

③ 炮三进七　车7退2

④ 车七进一　将4进1

⑤ 相五进三　车7进5

黑方如象3退5，则车一平六，士5进4，车六进五，将4平5，车六平五，红胜。

⑥ 兵五进一　士6进5

⑦ 车七退一　将4退1

⑧ 车一进五　红胜

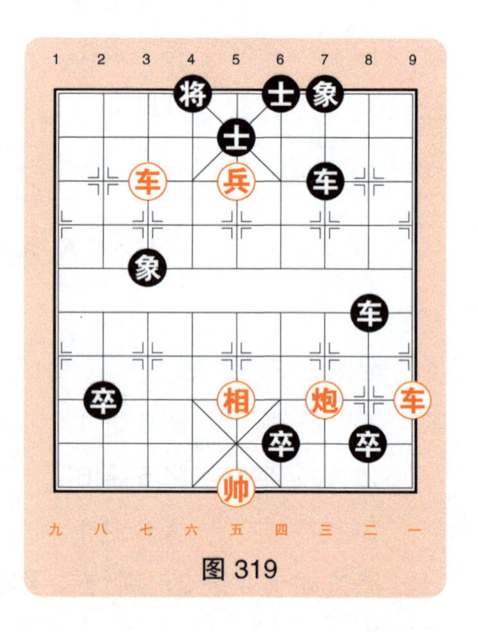

图319

第 320 局　好勇不矜

如图 320，红先。

① 马七进五！　马 7 退 5

② 车八平四　将 6 平 5

③ 马五进七　将 5 平 4

④ 炮五进五！

黑方无解着，红胜。

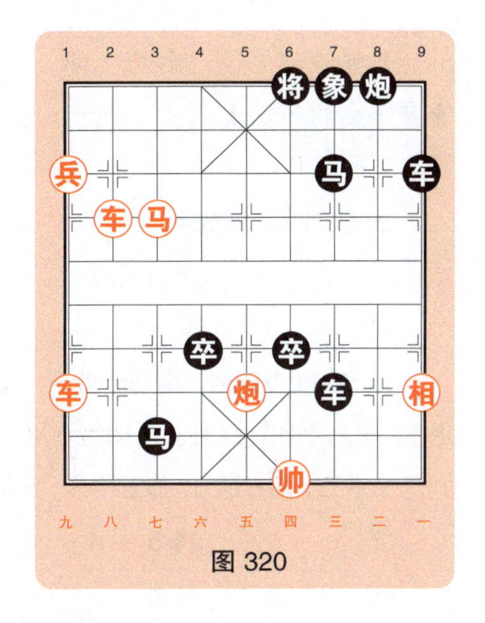

图 320

第 321 局　跨海东征

如图 321，红先。

① 马三进一　将 5 平 6

黑方如炮 1 平 6，则马一进二，炮 6 退 9，马二退四，红胜。

② 炮五平二　士 5 进 6

③ 炮二平四　士 6 退 5

黑方如将 6 平 5 则马一进三，将 5 进 1，炮一退一，红胜。

④ 马一进二　象 5 退 7

⑤ 马二退三　将 6 进 1

⑥ 炮一退四　将 6 进 1

⑦ 炮四退三　绝杀！

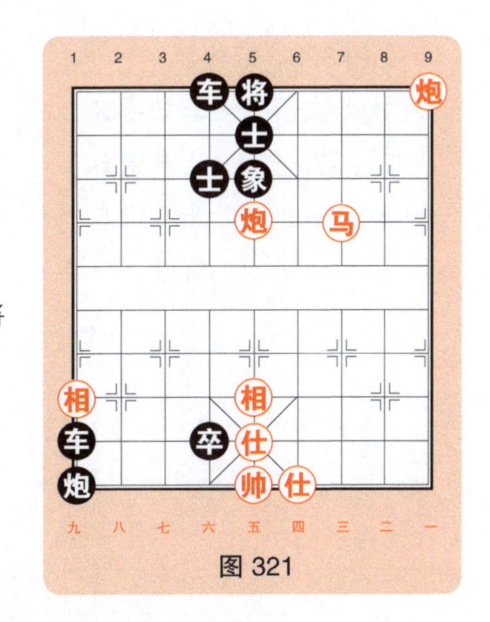

图 321

第 322 局　过眼成虚

过眼成虚，同“过眼云烟”，比喻身外之物不必看得太重或比喻很容易消失的事物。

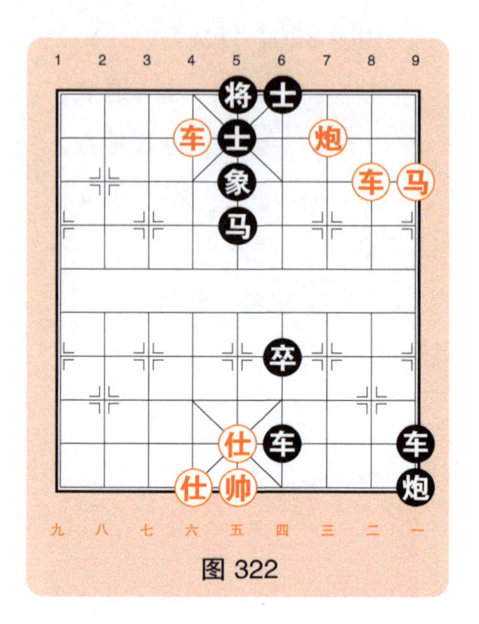
图 322

如图 322，红先。

① 炮三进一！　象 5 退 7

② 车二平七　马 5 退 4

黑方如士 5 退 4，则马一进三，马 5 退 6，车六平四，红胜。又如炮 9 平 4，则马一进三，马 5 退 6，帅五平六，红胜。

③ 马一进三　将 5 平 4

④ 车七进二　红胜

第 323 局　临难忘躯

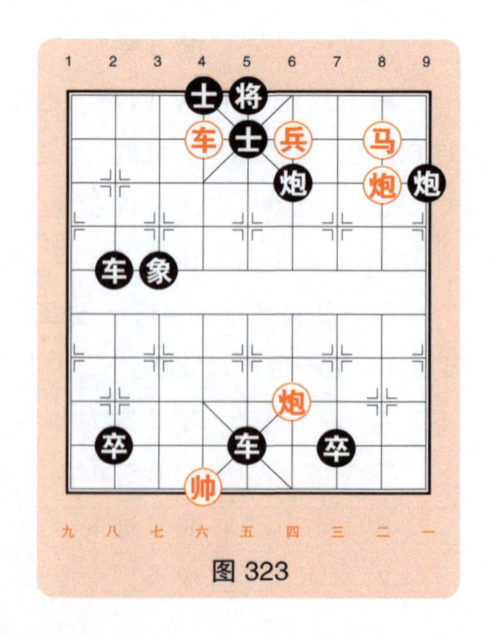
图 323

如图 323，红先。

① 炮二平三　卒 2 平 3

② 兵四进一　士 5 退 6

③ 炮三进二　士 6 进 5

④ 马二进四　红胜

第 324 局　夜过昭关

如图 324，红先。

① 车六进二　将 5 退 1

② 车六平四　车 2 进 3

③ 炮三进九　士 6 进 5

④ 车四进一　红胜

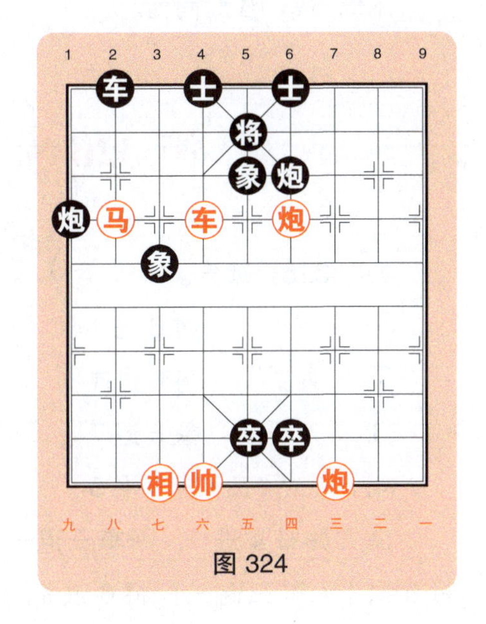

图 324

第 325 局　退思补过

如图 325，红先。

① 炮二平五　象 5 进 3

黑方如将 5 平 6，则兵七平六，象 5 进 3，后兵平五，车 1 平 5，兵六平五，士 6 进 5，炮五平四，红胜。

② 兵七平六　将 5 退 1

③ 后兵平五　士 6 进 5

④ 兵五进一　将 5 平 6

⑤ 兵六进一　车 1 退 2

⑥ 兵六平五　车 1 平 5

⑦ 炮五进三　象 3 退 5

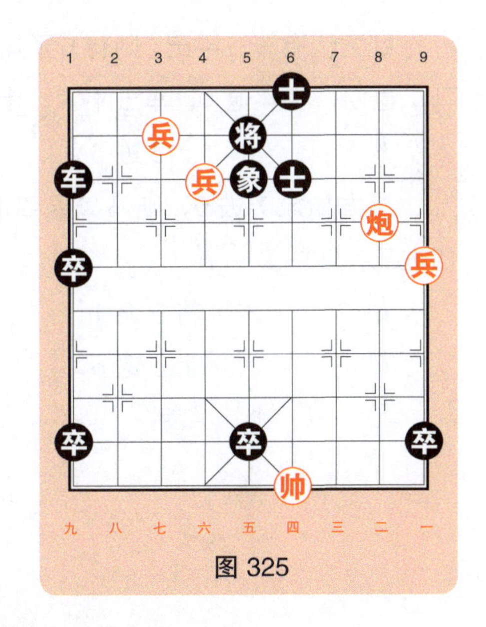

图 325

⑧ 炮五平六　卒9平8　⑨ 炮六退八　卒5平4

⑩ 帅四进一　红胜定

本局与第16局同名。

第326局　奇妙文武

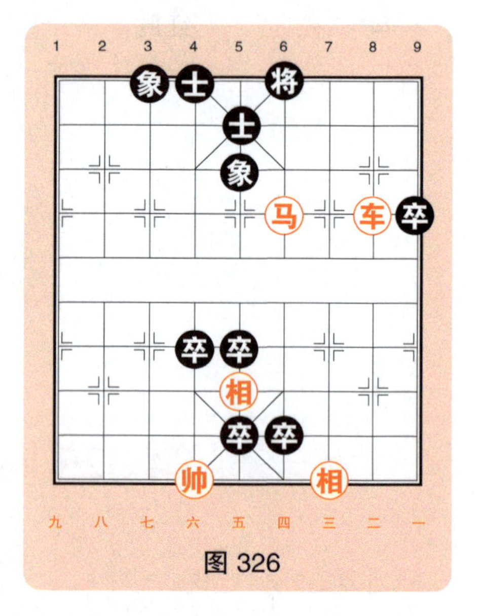

图326

如图326，红先。

① 车二进三　将6进1

② 马四进二　将6进1

③ 车二退一　象5退7

④ 车二平三　将6平5

黑方如卒4进1，则车三退一，将6退1，车三退一！将6进1，马二进三，将6退1，车三平四，士5进6，车四进一，红胜。

⑤ 车三退四！

红方伏有车三平五，则将5平4，马二退四，将4退1，车五平六，士5进4，车六进三，红胜。

⑤ …………　士5进6

黑方如象7进9，则马二退四，将5平6，车三平四！将6平5，马四进三，红胜。

⑥ 马二退四　将5退1　⑦ 车三进四　将5进1

⑧ 车三平六　士6退5　⑨ 车六退四　将5平6

⑩ 车六平四　红胜

第 327 局　忠孝两全

如图 327，红先。

① 炮九退一　将 4 退 1

黑方如象 3 退 5，则炮七退一，将 4 退 1，炮九进一，红胜。

② 炮七退一　将 4 平 5

③ 车八退七　卒 8 平 7

④ 炮九进一　士 5 退 4

⑤ 车八平五

红方多子胜定。

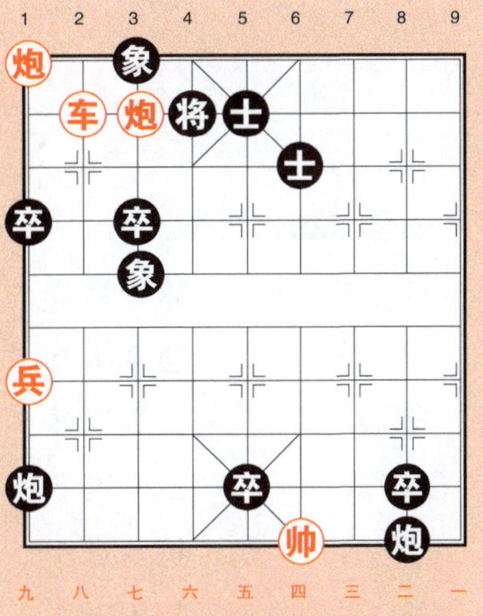

图 327

第 328 局　虹霓贯日

虹：大气中一种光的现象。天空中的小水珠经日光照射发生折射和反射而形成的弧形彩带，由外圈至内圈呈红、橙、黄、绿、蓝、靛、紫七种颜色。霓：大气中有时跟虹同时出现的一种光的现象。形成的原因和虹相同，只是彩带排列的顺序和虹相反，红色在内，紫色在外。颜色比虹淡。贯日：遮蔽太阳。形容影响力巨大。

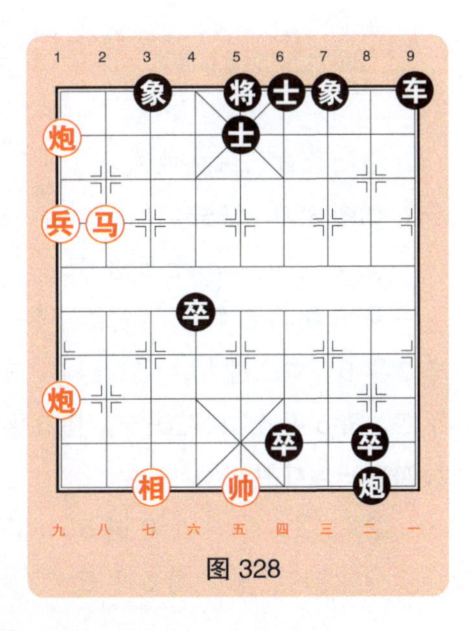

图 328

如图 328，红先。

① 后炮平六　卒 4 平 5

② 炮九进一　象 3 进 5　　　③ 帅五平六　士 5 进 6

黑方如车 9 进 3，则炮六进七，象 5 退 3，马八进七，红胜。

④ 炮六进七　将 5 进 1　　　⑤ 炮九退一　红胜

第 329 局　远交近攻

如图 329，红先。

① 车一平八　象 1 退 3

② 车八进三　将 4 平 5

③ 兵七平六　士 5 退 4

④ 车八平七　士 4 退 5

⑤ 兵六平五　将 5 进 1

⑥ 车三进四　将 5 退 1

⑦ 车七平六　红胜

本局与第 46 局同名。

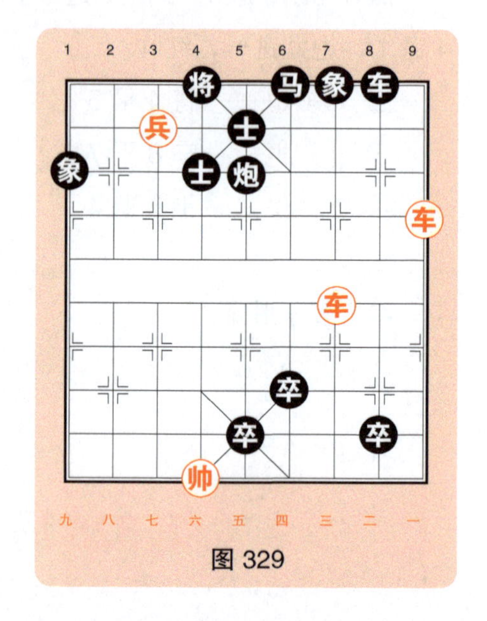

图 329

第 330 局　殒命宁亲

指牺牲自己保全他人。

如图 330，红先。

① 兵四进一　士 5 进 6

黑方如将 6 平 5，则炮二平一，车 2 平 5，车二进九，士 5 退 6，车二平四，将 5 平 6，兵四进一，将 6 平 5，兵四进一，红胜。

② 炮二平四　士 6 退 5

③ 炮四进二　将 6 平 5

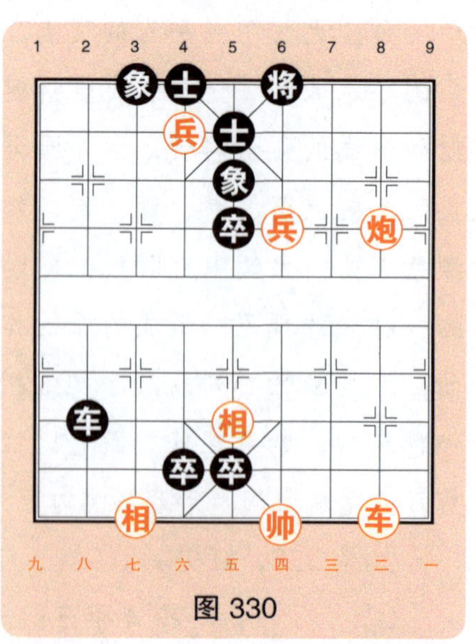

图 330

黑方如士5进6，则车二进九，将6进1，车二退二，士4进5，车二进一，将6退1，兵六平五，红速胜。

④ 车二进九　士5退6　　⑤ 炮四平一　象5退7

⑥ 车二平三　士4进5　　⑦ 炮一进一　士5进6

⑧ 炮一平四　士6退5　　⑨ 炮四平七　红胜

第331局　车马盈门

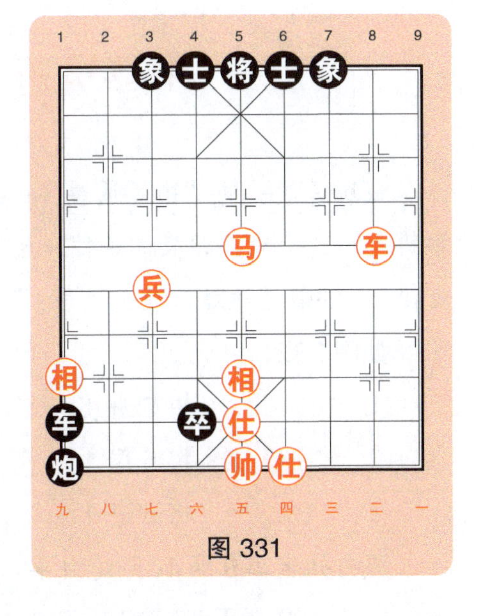
图331

如图331，红先。

① 马五进四　将5进1

② 马四退六　将5平4

③ 马六进八　将4进1

黑方如将4平5，则车二平五，象7进5，马八退六，将5平4，车五平六，象5退7，马六进四，将4平5，车六进三，将5进1，马四退五，炮1平6，帅五平四，红胜。

④ 车二平六　将4平5

⑤ 车六平五　将5平4

⑥ 马八进七　将4退1

⑦ 车五平六　将4平5　　⑧ 车六进四　将5平6

黑方如走卒4平3，则车六退四，将5退1，马七退六，至此，黑有两种应着：（1）将5进1，则马六退四，将5平6，车六进三，将6进1，马四进六，将6平5，马六退五，卒3进1 仕五退六，车3平7，车六平四，红胜。（2）将5平4，则马六退五，将4平5，马五进四，将5进1，车六进三，将5进1，马四退五，红胜。

⑨ 车六退一　将6进1

黑方如士 6 进 5，则车六平五，将 6 退 1，马七退六，象 7 进 5，车五退一，将 6 进 1，车五进二，将 6 进 1，马六退五，将 6 退 1，马五进三，将 6 进 1，车五平四，红胜。

⑩ 马七退六　炮 1 平 6

黑方如将 6 平 5，则马六退五，炮 1 平 6，帅五平四，红亦胜定。

⑪ 马六退五　将 6 平 5　　⑫ 帅五平四　车 1 进 1

⑬ 帅四进一　卒 4 平 5　　⑭ 帅四平五　车 1 退 1

⑮ 帅五退一　车 1 平 7　　⑯ 车六平四　红胜

第 332 局　截趾适履

截趾适履：同“削足适履”。因为鞋小脚大，就把脚削去一块来凑合鞋的大小。比喻不顾具体条件，生搬硬套，不知变通。出自《后汉书·荀爽传》：“截趾适履，孰云其愚？”

如图 332，红先。

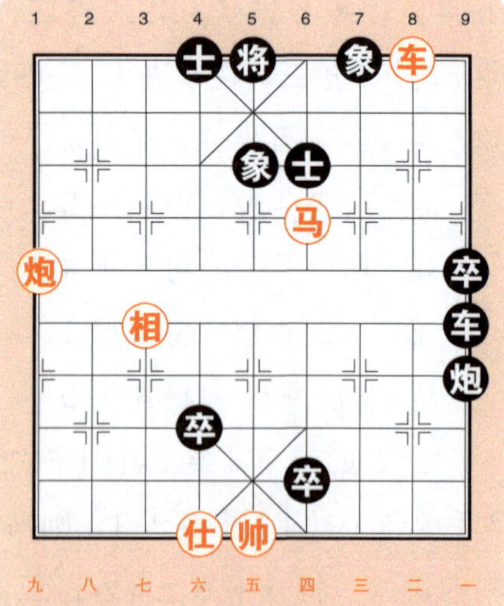

图 332

① 车二平三　将 5 进 1

② 车三退一　将 5 退 1

③ 车三退一　将 5 进 1

黑方如走车 9 平 4，则炮九平六，士 6 退 5，炮六平五，将 5 平 6，炮五平四，红胜。

④ 车三平四　将 5 平 4

黑方如走车 9 平 6，则车四平五，将 5 平 6，马四进二，红胜。

⑤ 车四进一　士 4 进 5

⑥ 车四平五　将 4 退 1　　⑦ 炮九平六　车 9 平 4

⑧ 马四进六　车 4 退 1　　⑨ 马六进八　红胜

第 333 局　策马入城

如图 333，红先。

① 兵四进一　将 5 平 6

② 马六进四　马 7 退 6

③ 马四进二　将 6 平 5

④ 马二进四　红胜

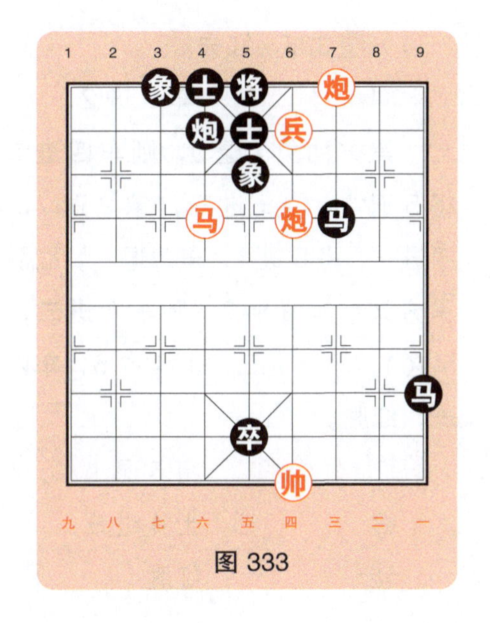

图 333

第 334 局　蝶恋花心

如图 334，红先。

① 相七进五　车 8 退 2

② 炮九退二　车 8 平 5

③ 仕五进六　车 9 进 5

④ 炮九平六　车 5 平 4

⑤ 兵二平三　车 9 平 5

⑥ 兵三进一　红胜定

原谱图不妥，第一回合黑方可走车 8 平 9，以后退车强行邀兑，反为黑胜，为维持原谱着法，在红方一路增加了一兵。

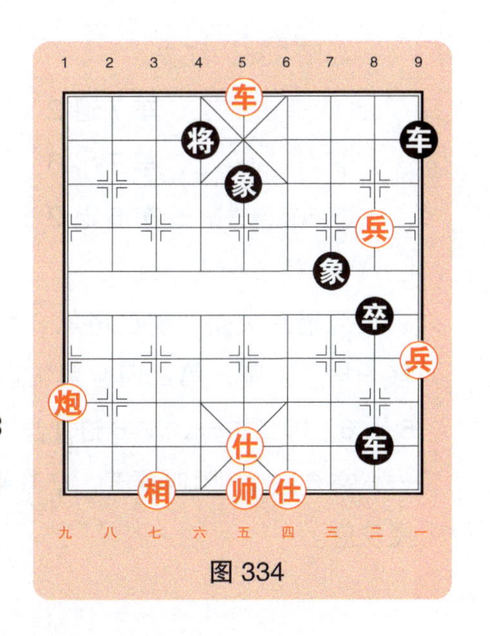

图 334

第 335 局　殃及池鱼

如图 335，红先。

① 炮一退二　车 9 进 2

黑方如象 7 退 9，则车四进二，将 5 退 1，炮一进三，象 9 退 7，车四进一，将 5 进 1，车四退一，红胜。黑方又如车 9 平 7，则车四进二，将 5 退 1，马一进三，士 4 进 5，车四进一，红胜。

② 车四进二　将 5 退 1

③ 炮一平五　士 4 进 5

④ 车四进一　红胜

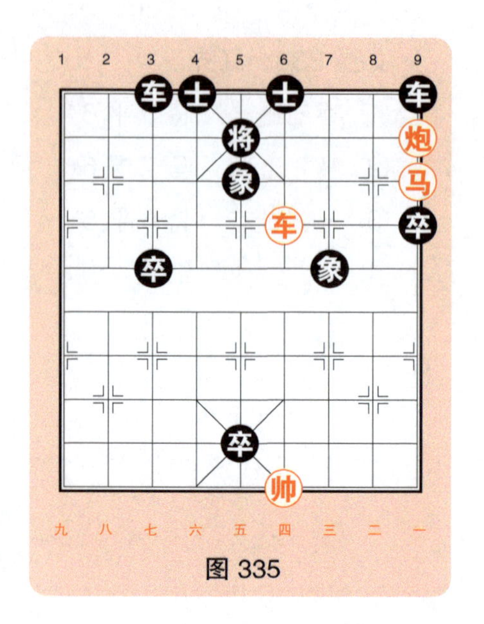

图 335

第 336 局　伍相奔吴

如图 336，红先。

① 马二进三　车 7 退 2

② 兵二平三　车 7 平 6

③ 车二进九　车 6 退 2

④ 兵三平四　红胜

原谱图欠妥，现已将黑 6 路卒后移一格。否则，第二回合黑方改走卒 5 平 6，帅四进一，卒 6 进 1，帅四退一，卒 6 进 1，帅四平五，卒 6 平 5，黑反胜。

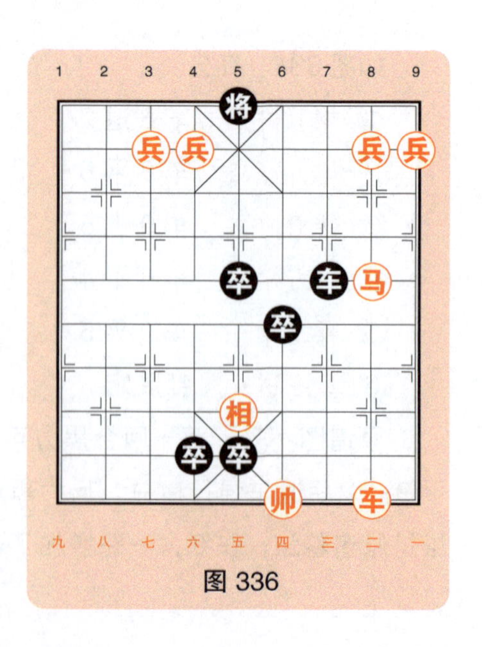

图 336

第 337 局　大车无輗

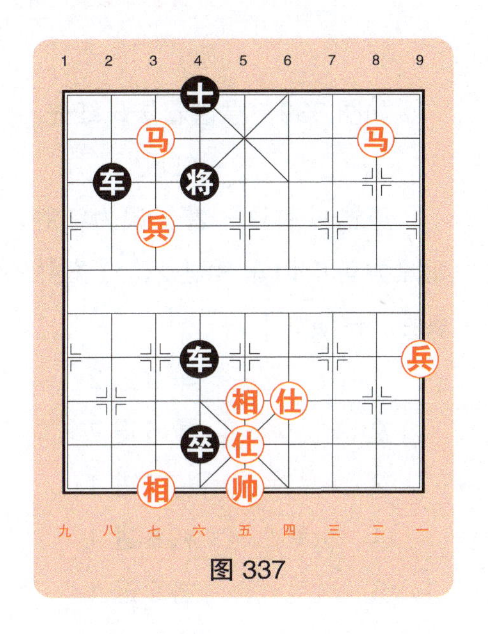

图 337

輗：古代马车车辕和横木衔接的活销。出自《论语・为政》："大车无輗，小车无軏，其何以行之哉?"本局形容黑方车受到牵制，如同大车无輗，行动受到限制。

如图 337，红先。

① 马二进四　士 4 进 5

② 马七退五！士 5 退 6

③ 马五进四

至此，黑方虽有双车，却无可奈何，红方边兵长驱直入胜定。

第 338 局　英略盖世

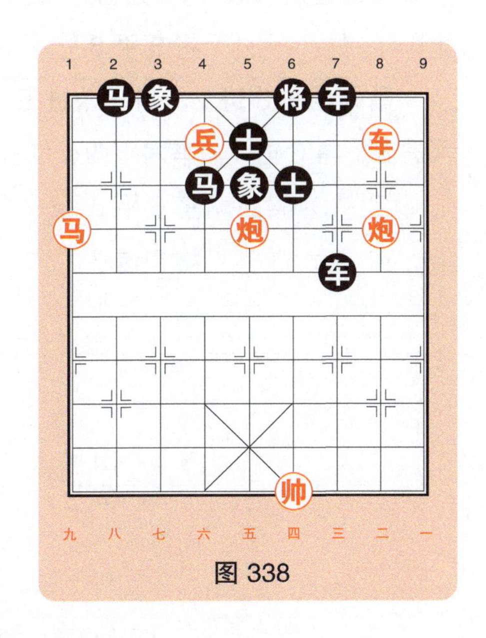

图 338

如图 338，红先。

① 车二平四　将 6 平 5

② 兵六平五　士 6 退 5

③ 车四平五　将 5 平 4

④ 马九进七　马 2 进 3

⑤ 车五平六　将 4 进 1

⑥ 炮五平六　将 4 平 5

⑦ 炮二平五　红胜

第339局　星坠日升

如图339，原谱着法，红先。

①炮九进三　红胜

原谱只有这一着，误为红胜，实则黑方可应以车8进2，红方并不能取胜。试演如下：

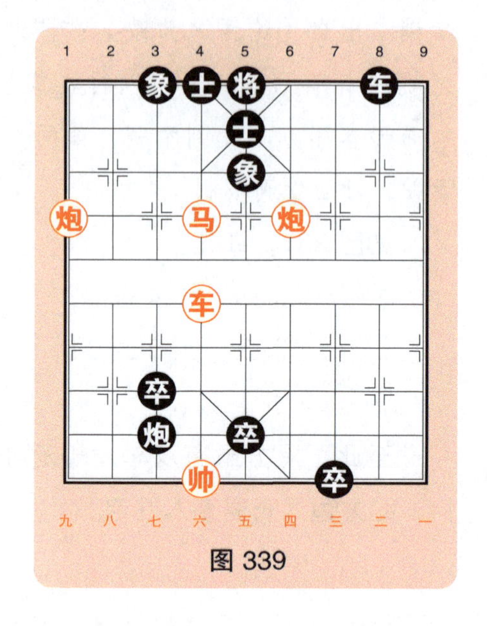

图339

①炮九进三　车8进2

②马六进五　象5退7

③车六进五　将5进1

④车六退一　将5进1

⑤车六退一　将5退1

⑥车六平二　卒3平4

⑦车二平六　卒5进1　黑胜

原谱走法不成立，按照以下走法红方可获胜：

①炮四平五　将5平6

黑方如车8进2，则马六进五，炮3平4，炮九进三，将5平6，车六进五，将6进1，车六平四，红胜。

②车六平四　将6平5　　③炮九平七　卒3平4

④马六进七　炮3退7　　⑤炮七进三　红胜

第 340 局　兵马侵境

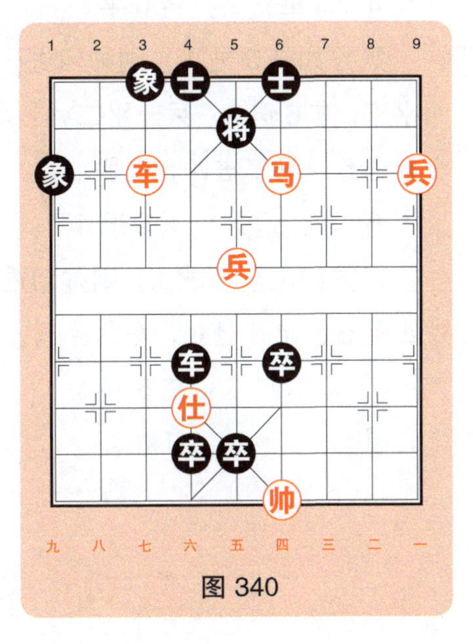

图 340

如图 340，红先。

① 车七进一　将 5 进 1

② 马四进二

至此，根据研究黑方有五种应法，分述如下。

第一种：

② …………　车 4 退 3

③ 马二进四　将 5 平 6

④ 兵一平二　车 4 平 7

⑤ 马四退二　将 6 平 5

⑥ 兵五进一　车 7 平 5

黑方如将 5 平 4，则车七退一，将 4 退 1，马二退四，将 4 平 5，车七进一，红胜。

⑦ 马二进四　将 5 平 6　　⑧ 兵二平三　红胜

第二种：

② …………　士 4 进 5　　③ 车七退一　士 5 进 4

④ 兵五进一　将 5 退 1　　⑤ 车七进一　将 5 退 1

⑥ 马二退四　将 5 平 4　　⑦ 车七平六　连杀！

第三种：

② …………　士 6 进 5　　③ 兵五进一　将 5 平 4

④ 车七退一　将 4 退 1　　⑤ 兵五进一　绝杀！

第四种：

② …………　车 4 进 1　　③ 兵五进一　将 5 平 4

④ 车七退一　将 4 退 1　　⑤ 马二退四　将 4 平 5

⑥ 车七进一　车 4 退 6　　⑦ 车七平六　连杀！

第五种：

② ………… 车4平5　　③ 马二进四　将5平6

④ 马四退二　将6平5　　⑤ 车七平六　士4进5

黑方如卒5进1，则帅四进一，卒6进1，帅四进一，车5平6，帅四平五，车6退3，兵一平二，士4进5，兵二平三，车6平8，兵三平四，士5进6，马二进四，红胜。

⑥ 车六退二　士5退4

黑方如走卒5进1，则帅四进一，卒6进1，帅四进一，车5平6，帅四平五，士5退4，车六平五，将5平4，兵五平六，红胜。

⑦ 车六平五　将5平4　　⑧ 马二进四　车5平4

⑨ 车五平七　红胜

第341局　抱火积薪

如图341，红先。

① 车三进八　士5进4

黑方如象7进5，则车三平四，将6平5，炮五进六，士5进4，炮八平五，红胜。

② 兵七进一　士4进5

黑方如卒6平5，则炮八进一，士4进5，兵七进一，士5退4，兵七平六，红胜。

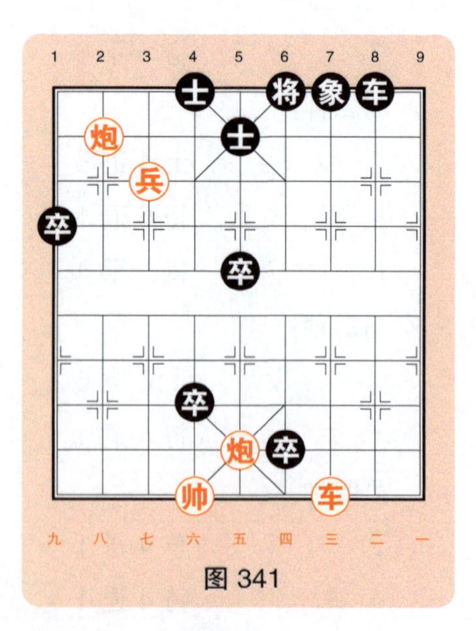

图341

③ 炮八进一　卒4进1

④ 帅六进一　卒6平5

⑤ 帅六平五　将6平5

⑥ 兵七进一　士5退4　　⑦ 车三平六　红胜

第 342 局　闭窟捉虎

如图 342，红先。

① 炮七进一　马 3 退 2

② 马八进六　将 5 平 4

③ 马六进八　将 4 平 5

黑方如将 4 进 1，则炮九退一，马后炮杀，红速胜。

④ 炮七退二　马 2 进 4

⑤ 炮九平六　红胜

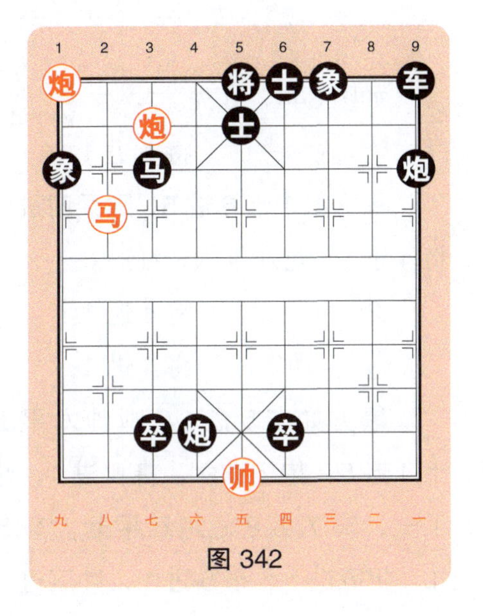

图 342

第 343 局　深入敌境

如图 343，红先。

① 车七进六　卒 8 平 7

② 车七平四　将 6 退 1

③ 兵六进一　象 5 退 3

④ 兵六平五　红胜

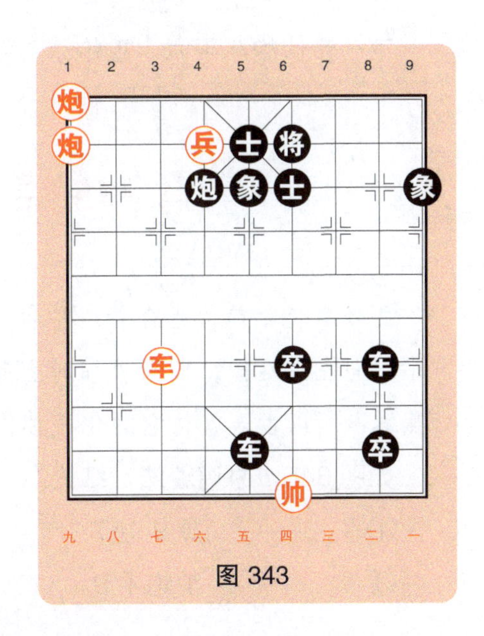

图 343

第 344 局　爱身待时

如图 344，红先。

① 炮三进三　将 4 进 1

黑方如走士 6 进 5，则兵四进一，将 4 进 1，炮八平六，红胜。

② 炮三退六　将 4 退 1

③ 兵四进一　将 4 进 1

黑方如车 5 进 1，则帅六平五，士 4 退 5，炮三进六，将 4 进 1，炮八平一，卒 7 平 8，炮三平七，卒 5 进 1，相五进七，卒 5 进 1，帅五进一，卒 5 平 4，炮一退六，卒 4 平 3，炮一平六，卒 3 进 1，炮六进六，卒 3 平 4，炮七退四，红胜。

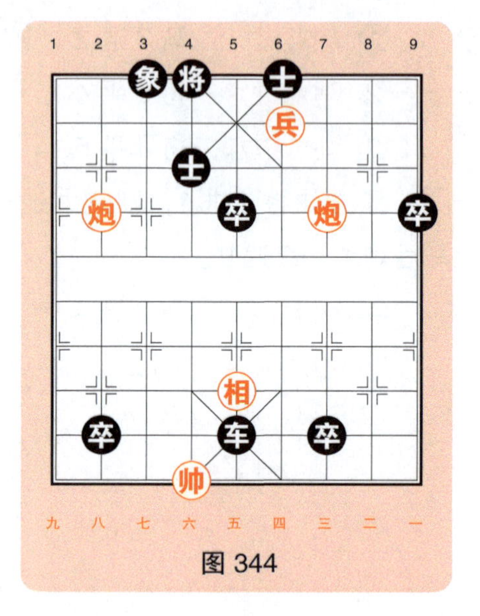

图 344

④ 炮三平五！

下一步伏炮八平六，重炮杀，红胜。

第 345 局　石燕拂云

距今 3 亿年前，生存着一种古无脊椎动物，为腕足类。其外贝体为横方形，向左右延伸，逐渐收缩时上翘开张，壳面具粗强的放射状褶线，状如燕翼，所以古人就将它的化石称作“石燕”。

如图 345，原谱着法，红先。

① 炮二进三　象 9 退 7　　② 兵四平五　将 5 平 4

③ 炮二平四　前炮平 8　　④ 马三进五　红胜

原谱着法有误，第三回合，黑方如改走前炮平6，则可转败为胜。如不按照原谱着法，红亦可胜，新着法如下：

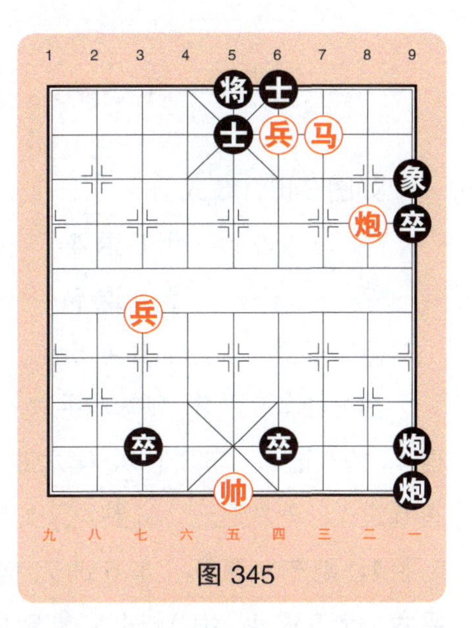

图345

① 兵四平五　将5平4

② 兵五进一　将4进1

③ 炮二进二　士6进5

黑方如将4进1，则马三退四，将4退1，马四进五，将4进1，马五进七，将4退1，马七退八，将4进1，炮二平九，红胜。

④ 马三退五　士5进4

黑方如士5进6，马五退七，将4进1，炮二平九，下一步再走马七进八，红胜。

⑤ 马五退三　卒6平5　　⑥ 帅五进一　卒3平4

⑦ 帅五进一　前炮平3　　⑧ 兵七进一　炮9平5

⑨ 兵五平四　象9进7　　⑩ 兵七进一　炮3平5

黑方如炮3平7，则兵七进一，炮7退6，兵七进一，将4退1，炮二进一，红胜。

⑪ 帅五平六　将4平5　　⑫ 炮二平一　后炮平7

⑬ 马三进二　将5进1　　⑭ 帅六退一　士4退5

⑮ 兵七平六　士5退6　　⑯ 兵六平五　红胜

第 346 局　朝野从容

如图 346，红先。

① 车八进七　士 5 退 4

② 车二平六　士 4 退 5

③ 炮五平八！卒 6 平 5

黑方如车 5 平 3，则车八平六，士 5 退 4，炮八进七，车 3 退 6，车六进一，将 5 进 1，车六退一，红胜。又如走车 5 平 4，则车六退五，车 6 进 7，车八平六，士 5 退 4，炮八进七，象 5 退 3，车六进六，将 5 进 1，车六平五，将 5 平 6，车五平四，吃车，红多子胜定。

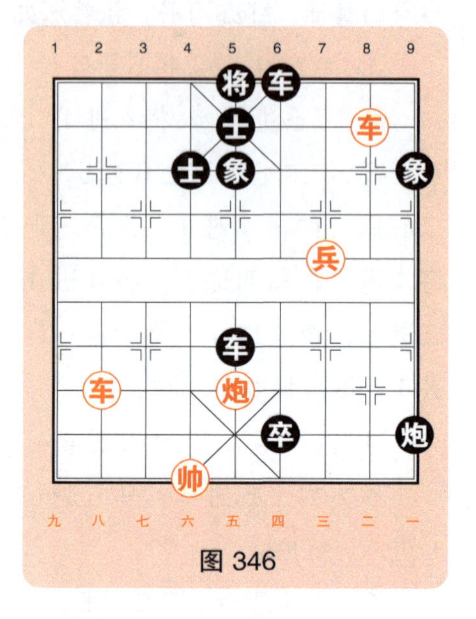

图 346

④ 车八平六　士 5 退 4　⑤ 炮八进七　士 4 进 5

⑥ 车六进一　红胜

第 347 局　绝长补短

如图 347，红先。

① 兵四进一　将 5 平 4

② 炮三进二　将 4 进 1

黑方如士 6 进 5，则兵四进一，将 4 进 1，炮五平六，红速胜。

③ 炮三退一　将 4 退 1

④ 炮五平六　士 4 退 5

黑方如将 4 平 5，则炮六平一，士 6 进 5，炮一进三，红胜。

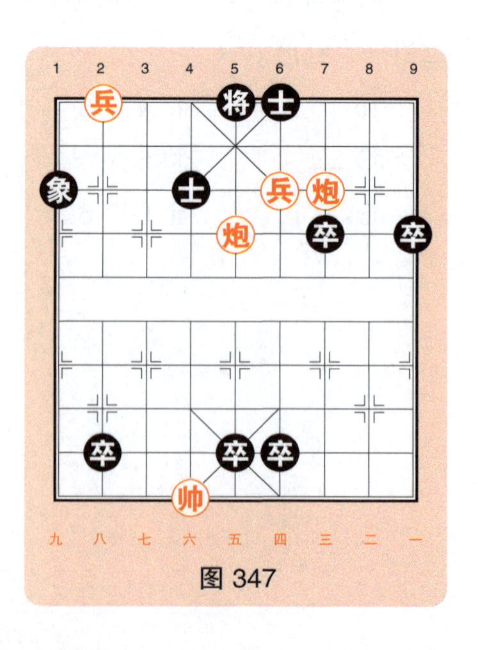

图 347

⑤ 炮六进二　士5进4　　⑥ 炮六平九　士6进5

⑦ 兵四平五　卒2平3　　⑧ 炮九进一　红胜

第348局　夷齐扣马

夷：伯夷；齐：叔齐。他们是古商朝孤竹君的两个儿子。孤竹君死后，兄弟二人互相推让不愿接受王位。为了躲避继承王位，二人最后离家出走了。周武王要出兵讨伐暴君商纣王，伯夷与叔齐拉着武王的马劝谏。周武王灭商朝后建立周朝，伯夷、叔齐羞于对周称臣，又耻于吃周朝的粮食，便逃到首阳山，采食野菜、野果，最后饿死在山中。

如图348，红先。

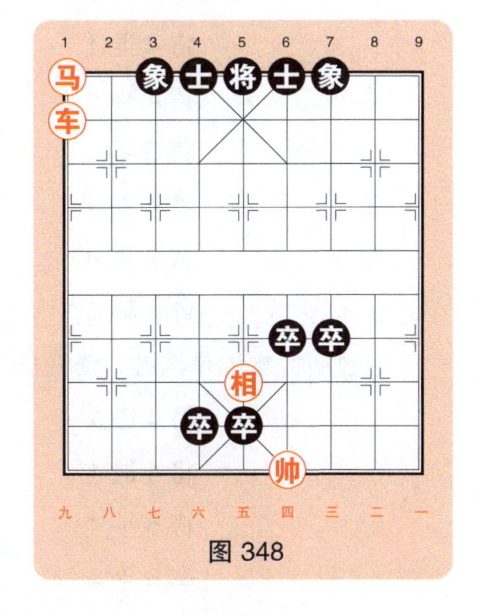

图348

① 马九退七　将5进1

② 马七退八　将5进1

③ 马八退六　将5平6

黑方如将5平4，则车九平八，接着有马六进四的绝杀，红速胜。

④ 车九退四　将6退1

⑤ 车九平四　将6平5

⑥ 马六进四　将5进1

黑方如将5平6，则马四进六，将6平5，车四进四，将5进1，马六退五，接着有马五进七的杀着，红胜。

⑦ 车四平五　将5平6　　⑧ 马四进六　士6进5

⑨ 车五平四　将6平5　　⑩ 马六进五　将5平4

⑪ 车四平六　将4平5　　⑫ 马五退三　将5平6

⑬ 车六平四　红胜

第 349 局　力小任大

如图 349，原谱着法，红先。

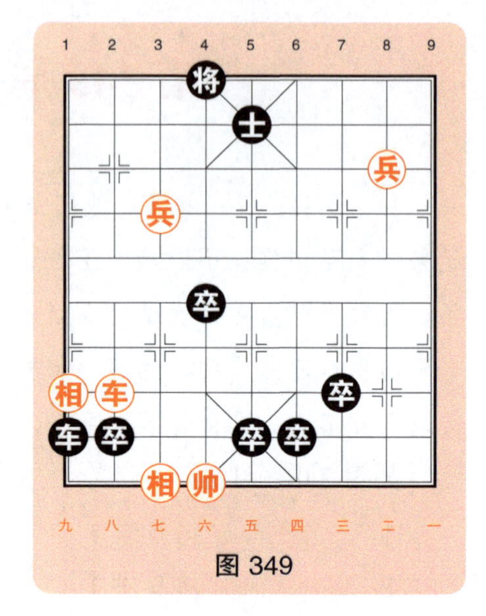

图 349

① 车八进七　将 4 进 1
② 兵七进一　士 5 进 6
③ 车八退一　将 4 退 1
④ 兵七平六　将 4 平 5
⑤ 兵六平五　将 5 平 4
⑥ 车八进一　将 4 进 1
⑦ 车八退五　卒 5 平 4
⑧ 帅六平五　卒 6 平 5
⑨ 帅五平四　将 4 退 1
⑩ 车八平六　将 4 平 5
⑪ 车六平三　将 5 平 4　　⑫ 车三进五　将 4 进 1
⑬ 车三退七　将 4 退 1　　⑭ 车三平六　将 4 平 5
⑮ 车六平八　将 5 平 4　　⑯ 兵五平六　将 4 平 5
⑰ 兵六进一　将 5 平 6　　⑱ 兵六平五　红胜

经过研究本局是黑胜，演变如下：

① 车八进七　将 4 进 1　　② 兵七进一　士 5 退 6
③ 车八退一　将 4 退 1　　④ 兵七平六　将 4 平 5
⑤ 兵六平五　将 5 平 4　　⑥ 车八进一　将 4 进 1
⑦ 车八退五　卒 5 平 4　　⑧ 帅六平五　卒 6 平 5
⑨ 帅五平四　将 4 退 1　　⑩ 车八平六　将 4 平 5
⑪ 车六平八　将 5 平 4　　⑫ 车八进五　将 4 进 1
⑬ 车八退七　将 4 退 1　　⑭ 兵五平六　将 4 平 5
⑮ 车八平五　将 5 平 4　　⑯ 车五平八　将 4 平 5
⑰ 车八平五　将 5 平 4　　⑱ 车五平三　卒 4 进 1

⑲ 兵六进一　将4进1　⑳ 车三平六　将4平5
㉑ 车六平五　将5平4　㉒ 车五退一　车1退1
㉓ 帅四进一　车1平8　㉔ 车五进六　卒2平3
㉕ 兵二平三　卒3平4　㉖ 车五退二　车8退1
㉗ 帅四进一　前卒平3　㉘ 兵三进一　士6进5
㉙ 车五进一　车8平6　㉚ 帅四平五　车6平7
㉛ 车五进二　将4退1　㉜ 帅五平四　卒4平5
㉝ 帅四平五　卒5平6　㉞ 帅五平四　卒6平7
㉟ 帅四平五　车7进1　㊱ 帅五退一　车7平6
㊲ 兵三平四　卒7平6　㊳ 帅五退一　卒3平4　黑胜

第350局　管仲随马

管仲（约公元前723年～公元前645年），中国古代著名的经济学家、哲学家、政治家、军事家，春秋时期法家代表人物，周穆王的后代。曾经帮助齐桓公成为春秋五霸之首。有一次，齐桓公率兵攻打敌军在沙漠里迷了路。齐桓公采纳管仲的建议，挑选几匹老马给齐军带路，后来果然走出沙漠，打败了敌人。

如图350，红先。

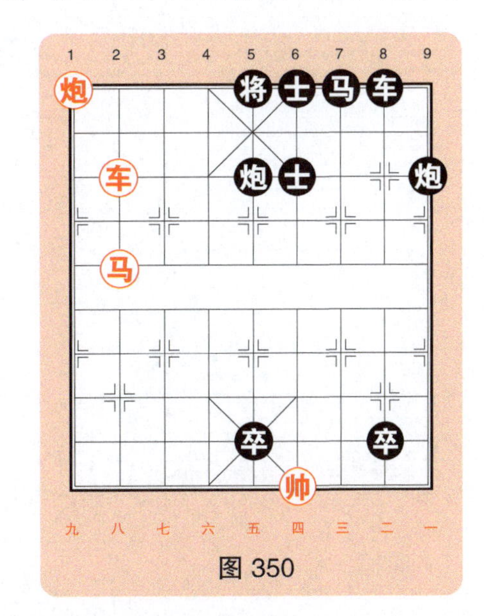

图 350

① 车八进二　将5进1
② 车八退一　将5退1
③ 马八进七　炮5平4
④ 马七进八　炮4退2
⑤ 马八退六　将5进1
⑥ 马六退八　将5进1
⑦ 炮九退二　炮4进2

⑧ 马八退六　炮4退2　⑨ 车八退一　炮4进2
⑩ 车八平六　将5退1　⑪ 车六平四　将5平4
⑫ 车四平六　将4平5　⑬ 车六平一　将5平4
⑭ 车一平六　将4平5　⑮ 车六平三　将5平4
⑯ 马六进八　将4平5　⑰ 马八进七　将5平4
⑱ 车三平六　红胜

第351局　老而不倦

如图351，红先。

① 炮二平四　士6退5
② 炮四平五　士5进6
③ 兵六平五　将5平4
④ 兵四进一　士6退5
⑤ 兵四平五　将4进1
⑥ 炮五平六　红胜

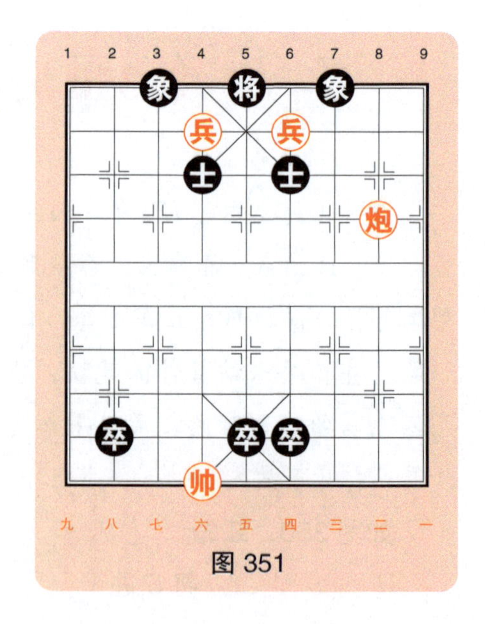

图351

第 352 局　徐母回车

如图 352，红先。

① 车二退六！ 车 5 平 8

黑方如车 5 退 4，则车二平八，红多子胜定。

② 帅六平五

下一步兵七进一绝杀，红胜。

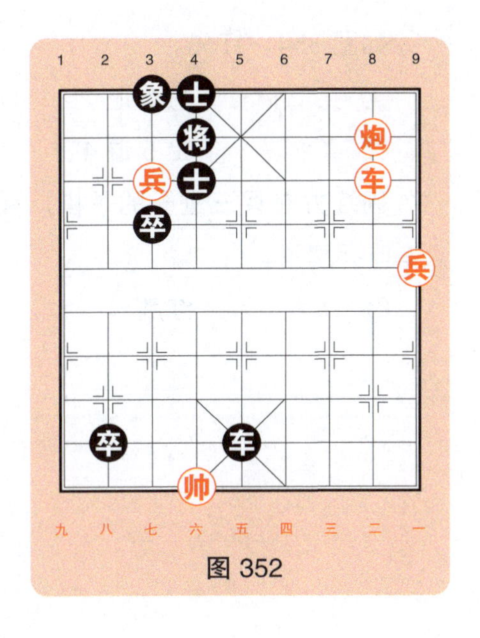

图 352

第 353 局　虎守三穴

如图 353，红先。

① 炮二平七　车 3 退 1

② 车八进九　士 5 退 4

③ 炮七进五　士 4 进 5

④ 炮七退二　士 5 退 4

⑤ 兵六进一　将 5 平 6

黑方如将 6 进 1，则车八退一，炮 4 退 6，车八平六，红胜。

⑥ 兵六平五　将 6 进 1

⑦ 车八退一　红胜

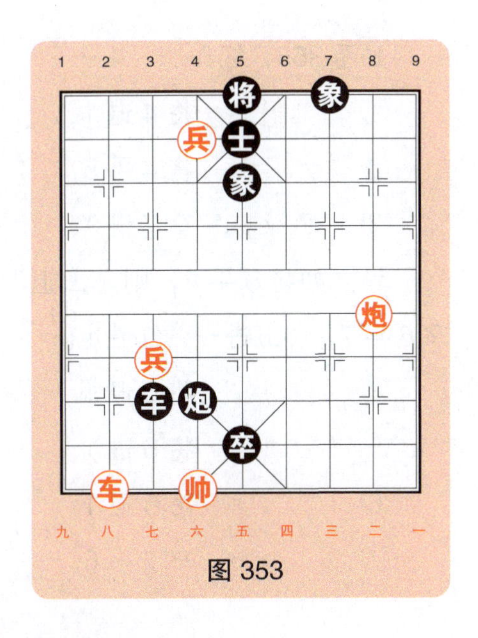

图 353

第 354 局　一虎下山

如图 354，红先。

① 兵二平三　将 6 退 1

② 兵六进一　士 5 退 4

因红方有兵三进一的杀棋，黑方只有吃兵解杀。

③ 马五进六　红胜

图 354

第 355 局　猛虎驱羊

如图 355，红先。

① 车八退二　将 4 退 1

② 车八平六　将 4 平 5

③ 车六平三　卒 7 进 1

黑方如将 5 平 4，则车三退七，卒 6 平 7，帅五进一，红胜定。

④ 车三进二　将 5 退 1

⑤ 车三进一　将 5 进 1

⑥ 车三退一　将 5 退 1

⑦ 车三退七　卒 7 平 6

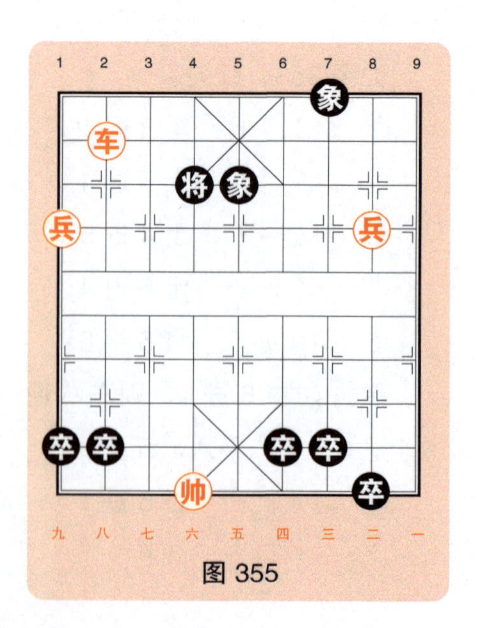

图 355

黑方如卒6平7，则帅五进一，黑方无杀着，红方胜定。

⑧ 帅五平六　卒2平3　⑨ 车三平四　卒1平2

⑩ 车四退一　卒2进1　⑪ 车四进一　红胜

第356局　首动尾应

指头和尾相互接应。

如图356，红先。

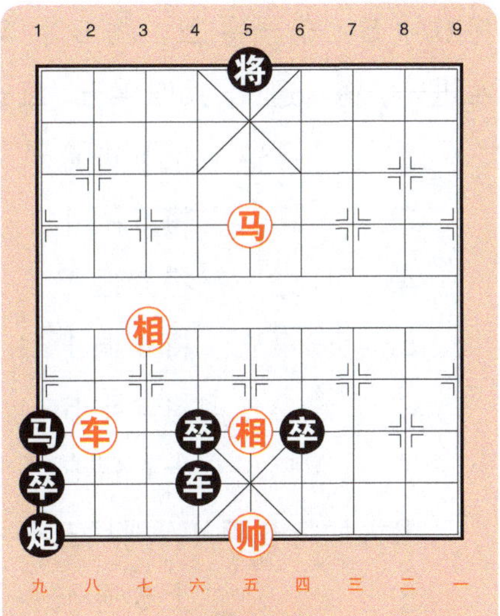

图356

① 车八进七　将5进1

② 马五进七　将5平6

黑方如将5进1，则车八平二，将5平4，马七退六，将4退1，车二退一，将4退1，马六进七，将4平5，车二进一，红胜。

③ 车八退四　将6退1

④ 车八平四　将6平5

⑤ 车四平二　将5平6

⑥ 马七退五　将6平5　⑦ 马五进三　将5平4

⑧ 车二平六　将4平5　⑨ 车六平四　将5平4

⑩ 车四进四　将4进1　⑪ 马三退五　将4平5

⑫ 马五进七　将5进1　⑬ 车四平一　将5平4

⑭ 马七退六！将4退1　⑮ 车一退一

至此，黑方如将4退1，则马六进七，将4平5，车一进一，红胜。又如将4进1，则马六进四，将4平5，车一退一，红胜。

第357局　引雏入巢

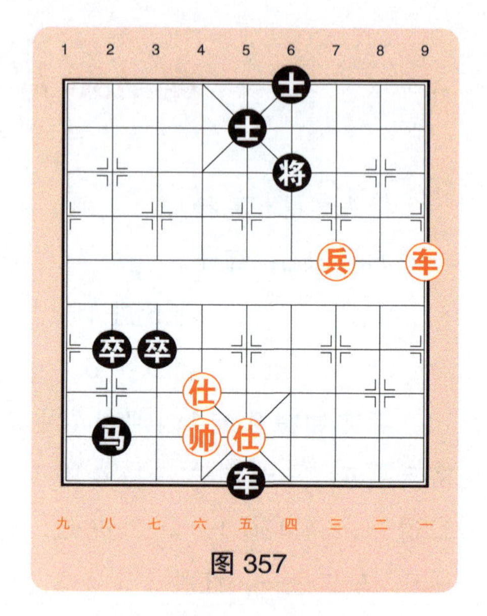

图357

如图357，红先。

① 兵三进一　将6平5

黑方如士5退4，则兵三平四，将6平5，车一平五，将5平4，兵四进一，将4退1，兵四平五，红速胜。

② 兵三平四　士5进6

③ 车一平五　将5平4

④ 兵四进一　将4退1

⑤ 兵四平五　将4退1

⑥ 车五平六　将4平5

⑦ 车六平八　士6进5

黑方如将5平4，则兵五平六，将4平5，兵六进一，红胜。

⑧ 车八进三　士5退4

⑨ 车八平三　将5平6

⑩ 兵五平四　将6平5

⑪ 兵四进一　红胜

第358局　四海一家

如图358，红先。

① 炮三平五　象5进3

黑方如将5平6，则兵七平六！车2进1，后兵平五，士6进5，兵六平五，将6退1，后兵平四，红胜。

② 兵七平六　将5平6

黑方如将5退1，则后兵平五，士6进5，兵五进一，将5平6，兵六进一，红胜。

③ 后兵平五　车2平5

④ 兵六平五　车5退1

⑤ 炮五平四　红胜

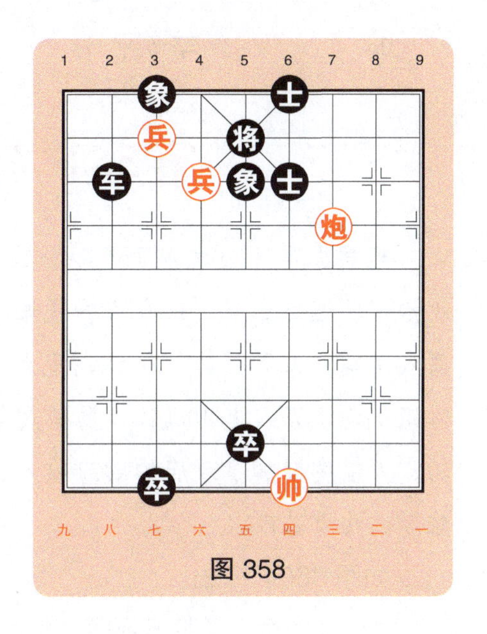

图358

第359局　涂廪浚井

涂：装饰。廪：储藏粮食的地方，如粮库等。浚：疏通。

如图359，红先。

① 车五进五　将6进1

② 兵二平三　前卒进1

③ 帅五平四　士6退5

④ 兵三进一　将6进1

⑤ 帅四平五　卒6平5

⑥ 兵六平五　将6平5

⑦ 帅五平四　卒4平5

⑧ 车五平二　后卒平6

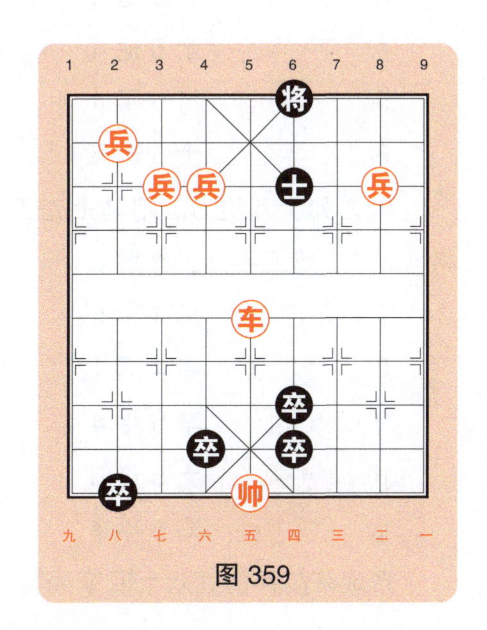

图359

⑨ 车二退二　士5进6　⑩ 兵七平六　将5退1

黑方如将5平4，则车二平四，将4退1，车四退五，红胜定。

⑪ 兵三平四　将5平6　⑫ 车二退六　卒6进1

⑬ 车二平四　卒5平6　⑭ 帅四进一　红胜

第360局　弘羊心计

即桑弘羊（公元前155年～公元前80年），河南洛阳人，西汉时期政治家、理财专家、汉武帝的顾命大臣之一，官至御史大夫。桑弘羊出身商人家庭，工于心计。在汉武帝大力支持下，先后推行多种经济政策，同时组织六十万人屯田戍边，防御匈奴。这些措施都在不同程度上取得了成功，大幅度增加了政府的财政收入，为武帝继续推行文治武功事业奠定了雄厚的物质基础。

如图360，红先。

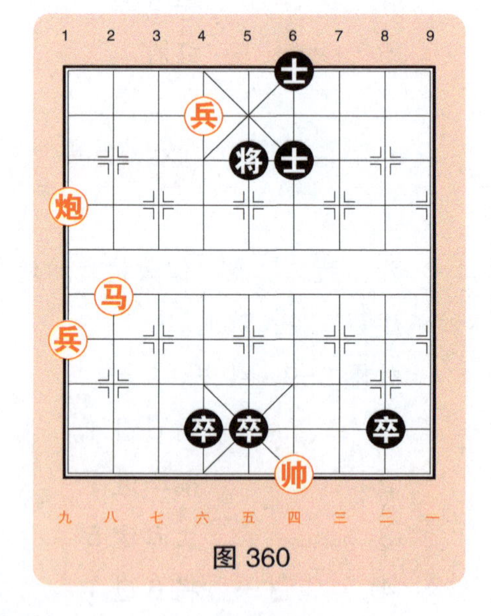

图360

① 马八进七　将5平4

② 马七进八　将4平5

③ 炮九进三　士6退5

④ 炮九平五！　士5退4

⑤ 马八退七　将5平4

⑥ 兵六平五　士6进5

黑方如士4进5，则马七进八，将4退1，炮五平九，红胜。

⑦ 炮五退八　卒4平5

⑧ 马七退五　将4退1

⑨ 马五退六　卒5平4　⑩ 马六退四　卒4平5

⑪ 马四退二　士5进6　⑫ 马二进四　士4进5

⑬ 马四进六　卒5平4　⑭ 帅四平五

形成马高兵例胜双士低卒局势。

第 361 局　视死如归

如图 361，红先。

① 车五进五　将 4 进 1

② 兵七进一　将 4 进 1

③ 车五退二　象 7 退 5

④ 马二进四　红胜

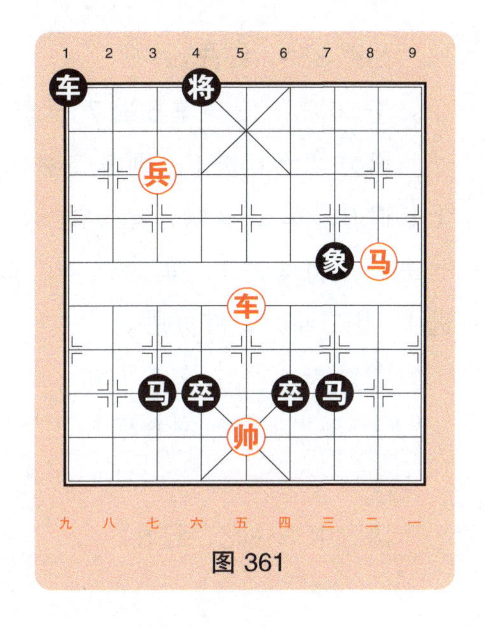

图 361

第 362 局　拔本塞源

如图 362，红先。

① 车二平五　士 6 进 5

黑方如车 5 退 7，则兵七进一，将 4 平 5，炮二进五，红速胜。

② 车一进五　士 5 退 6

③ 炮二进五　士 6 进 5

④ 炮二退八　士 5 退 6

⑤ 炮二平五　红胜

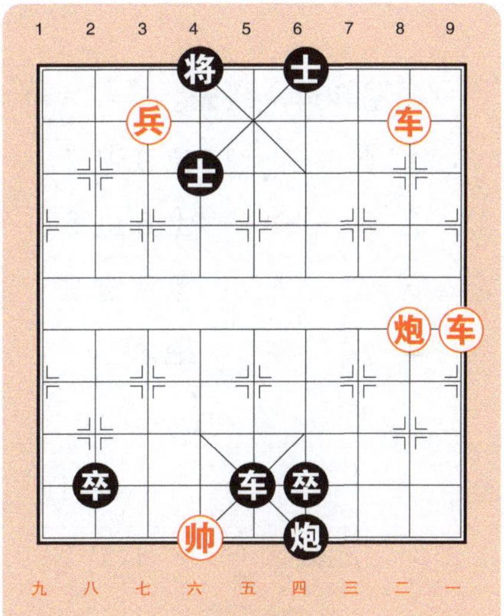

另一着法如下：

① 兵七平六　将 4 平 5

② 炮二平五　车 5 退 3

③ 车一平五　士 6 进 5

④ 车二进一　红胜

图 362

第 363 局　从容中道

如图 363，红先。

① 前车平五　车 5 退 7

黑方如士 6 进 5，则车二进四，士 5 退 6，车二平四，车 5 退 8，兵七进一，将 4 进 1，车四退一，车 5 进 1，炮二平六，红亦胜。

② 兵七平六　车 5 平 4

③ 炮二平六　卒 6 平 5

④ 车二退四

黑方中卒被吃，红胜。

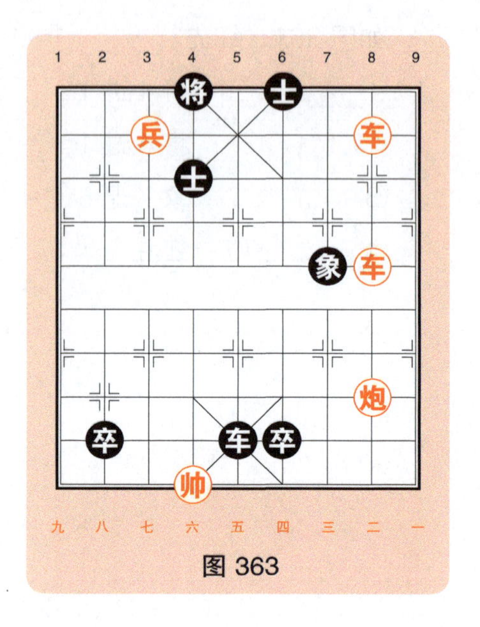

图 363

第 364 局　举直错枉

如图 364，红先。

① 炮三进七！象 9 退 7

② 兵五进一　士 6 进 5

③ 车三进八　象 7 进 9

④ 车三平二　绝杀

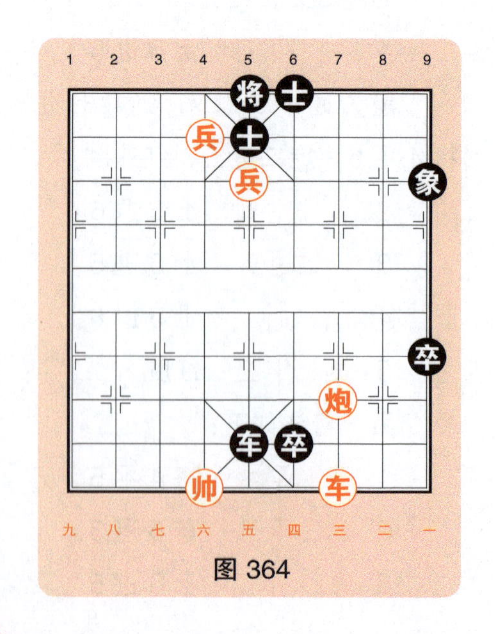

图 364

第 365 局　以恩塞责

如图 365，红先。

① 车四进七　将 4 进 1

② 车四退二　将 4 平 5

③ 车四平五！将 5 平 4

黑方如将 5 进 1，则炮六平五，红速胜。

④ 车五平六　将 4 平 5

⑤ 炮六平五　红胜

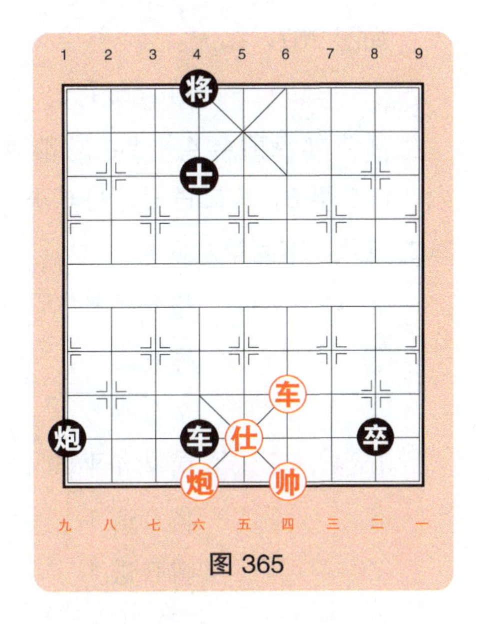

图 365

第 366 局　少见相拘

如图 366，红先。

① 车三平六　炮 7 平 4

② 帅五进一　卒 1 进 1

黑方如车 1 平 2，则车六平九，红速胜。

③ 车六退六　车 1 平 2

黑方如卒 1 进 1，则帅五平六，车 1 平 2，车六平四，红速胜。

④ 帅五平六　车 2 退 1

⑤ 车六平七　象 7 进 5

⑥ 车七进七　车 2 平 5

⑦ 车七平六　红胜

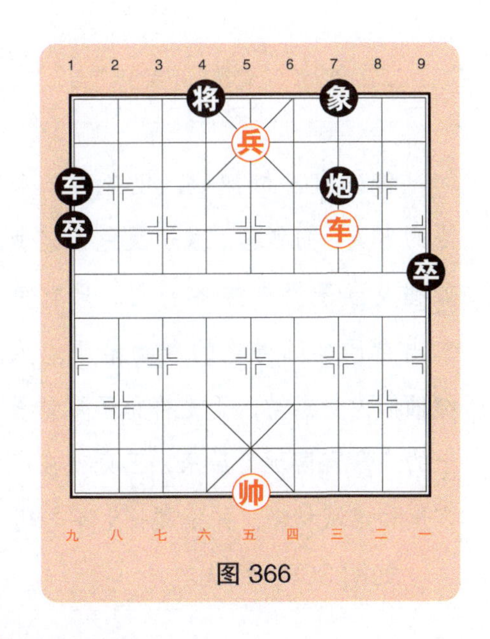

图 366

第 367 局　四门斗底

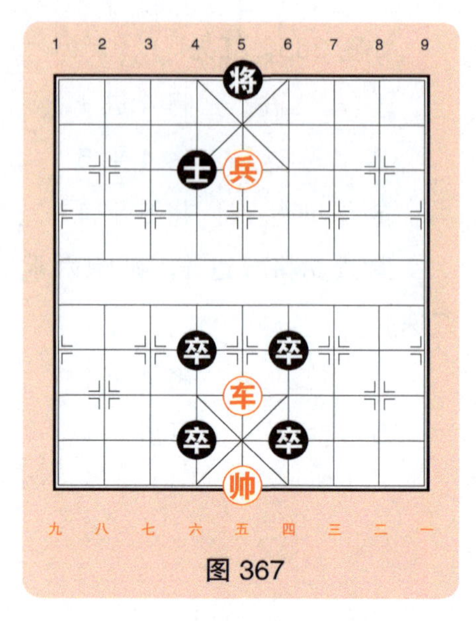

图 367

如图 367，红先。

① 车五平二　前卒 6 平 5

黑方如走前卒 4 平 5，则帅五平六，将 5 平 6，车二进七，将 6 进 1，车二退六，下同第八回合。

② 帅五平四　将 5 平 6

③ 车二进七　将 6 进 1

④ 车二退三　卒 5 平 6

⑤ 帅四平五　前卒 4 平 5

⑥ 帅五平六　将 6 退 1

⑦ 车二进三　将 6 进 1

⑧ 车二退六　后卒平 5

⑨ 车二进四！将 6 退 1

⑩ 兵五平四　将 6 平 5

⑪ 兵四进一　将 5 平 4

⑫ 车二平六　将 4 平 5

⑬ 车六进一　红胜

第 368 局　兔游月窟

图 368

传说有三位神仙，化身为三个可怜的老人，向狐狸、猴子及兔子乞食。狐狸及猴子没有接济老人，只有兔子拿出自己舍不得吃的食物给了老人。神仙们大受感动，于是将兔子带到月亮上的广寒宫游玩。后来，玉兔就在广寒宫里和嫦娥相伴，并捣制长生不老药。

如图 368，红先。

① 车三退一　将 6 退 1　　② 兵六进一　士 6 退 5

③ 兵六平五　将 6 平 5　　④ 车三进一　红胜

第 369 局　时堪乘便

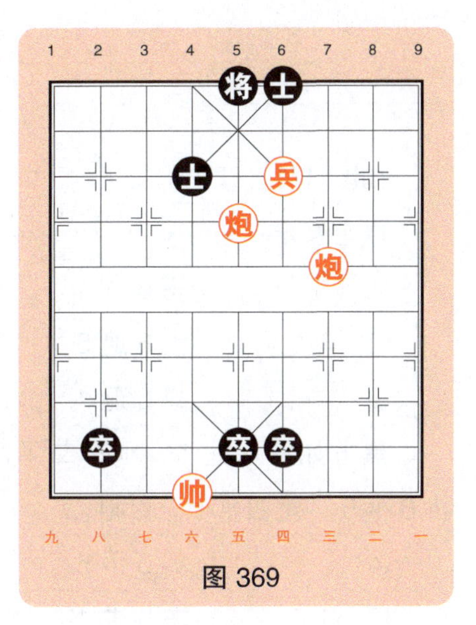

图 369

指时机到了就要立即进行，不能错过。

如图 369，红先。

① 兵四进一　将 5 平 4

② 炮三进四　将 4 进 1

黑方如士 6 进 5，则兵四进一，将 4 进 1，炮五平六，红速胜。

③ 炮五平二　卒 2 平 3

④ 炮三退一　将 4 退 1

⑤ 炮二进三　士 6 进 5　　⑥ 兵四进一　红胜

第 370 局　五老降庭

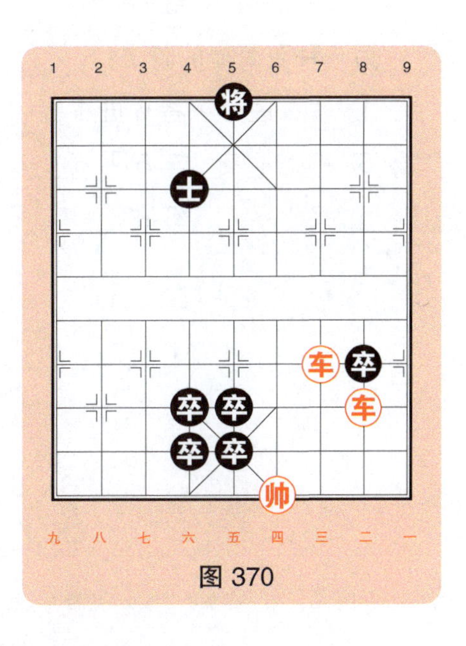

图 370

如图 370，红先。

① 车三平五　将 5 平 4

② 车二退一　卒 8 进 1

黑方如走卒 4 进 1，则车二平五，卒 5 进 1，车五退二，卒 8 进 1，帅四进一，卒 8 平 7，车五进六，将 4 进 1，车五平三，卒 7 平 8，车三退三，后卒平 5，车三平五 4，卒 5 平 4，车五平八，再捉卒，红胜。

③ 车二平一　卒 8 平 7　　④ 车一进八　将 4 进 1

⑤ 车五平三！ 士 4 退 5　　⑥ 车一退一　红胜

第 371 局　兵入其腹

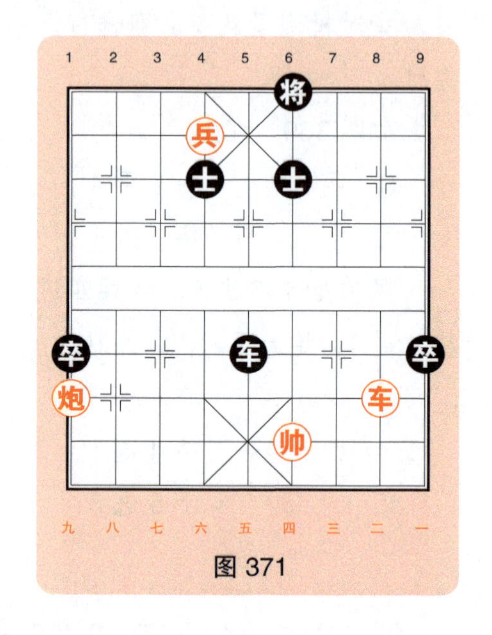

图 371

如图 371，红先。

原谱着法：

① 车二进七　将 6 进 1

② 炮九平四　士 6 退 5

③ 车二退四　将 6 退 1

黑方如将 6 进 1，则车二平四，将 6 平 5，炮四平七，红胜。

④ 车二平四　将 6 平 5

⑤ 炮四平五　车 5 进 1

⑥ 车四平八　士 5 退 4

⑦ 车八平二　红胜

另一种更简捷的着法：

① 车二进七　将 6 进 1　　② 车二退二　士 4 退 5

③ 炮九平四　车 5 平 6　　④ 车二进一　将 6 退 1

⑤ 兵六平五　红胜

第 372 局　兵势无常

如图 372，红先。

① 炮五平四　　车 9 进 2

② 车五平四　　车 9 平 6

③ 帅五平四

至此，红方得车，以后车炮兵例胜车卒，红胜。

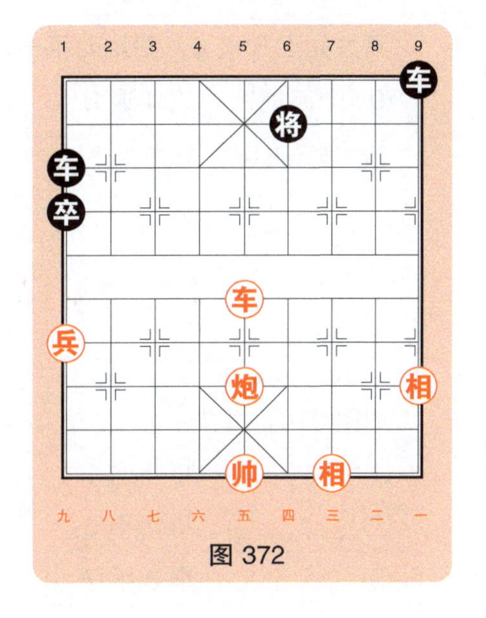

图 372

第 373 局　四面设网

如图 373，红先。

① 炮五平七

红方平炮露帅助攻，伏有马后炮杀着，十分精妙！

① …………　　炮 2 平 4

黑方如走士 6 退 5，则马七退五，将 6 进 1，马五退三，将 6 退 1，炮七进三，下同第八回合形势，红亦胜。

② 马七退五　　将 6 退 1

③ 马五进三　　将 6 进 1

④ 炮七进四　　士 6 退 5

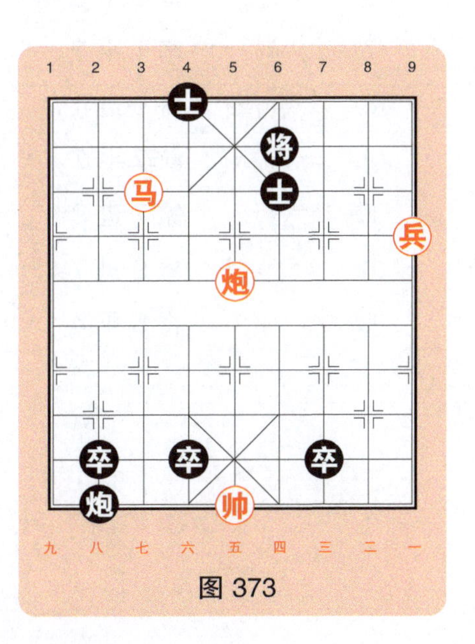

图 373

黑方如士 4 进 5，则炮七平一，伏有马三进二的绝杀，红速胜。

⑤ 马三退五　将 6 进 1　　⑥ 马五退三！将 6 退 1

⑦ 马三进二！将 6 进 1　　⑧ 炮七退一！卒 4 平 5

黑方如士 5 退 6，则炮七平一，马后炮杀，红速胜。

⑨ 帅五进一　炮 4 退 8　　⑩ 马二退三　将 6 退 1

⑪ 马三进五　红胜

第 374 局　托孤寄命

如图 374，红先。

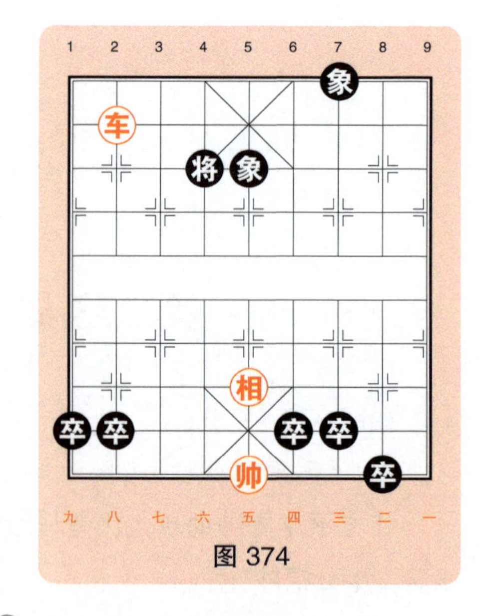

图 374

① 车八退二　将 4 退 1

② 车八平六　将 4 平 5

③ 车六退五　卒 8 平 7

④ 帅五平六　前卒平 6

⑤ 车六进七　将 5 退 1

⑥ 帅六进一！卒 2 平 3

⑦ 帅六进一　卒 1 平 2

⑧ 车六进一　将 5 进 1

⑨ 相五进七　前卒平 7

⑩ 帅六平五　象 7 进 9

⑪ 车六平一　象 9 进 7　　⑫ 车一退三　将 5 退 1

⑬ 车一平五　将 5 平 4　　⑭ 车五退一　红吃象胜定

第 375 局　勒兵为备

如图 375，红先。

① 炮七进五　将 6 进 1

② 马二进三　将 6 进 1

③ 炮七退一　士 5 进 4

黑方如车 6 平 8，则兵三平四，下伏马三进二弃马，再进兵杀。

④ 炮七平一　车 6 平 8

⑤ 兵三平四　红胜

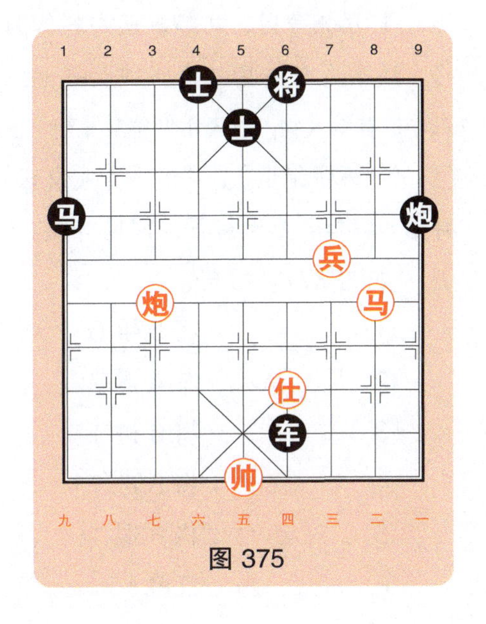

图 375

第 376 局　伏兵要路

如图 376，红先。

① 兵三进一　将 6 退 1

② 兵三进一　将 6 平 5

③ 马六进四　前卒进 1

④ 马四进二　前卒进 1

⑤ 马二进三　红胜

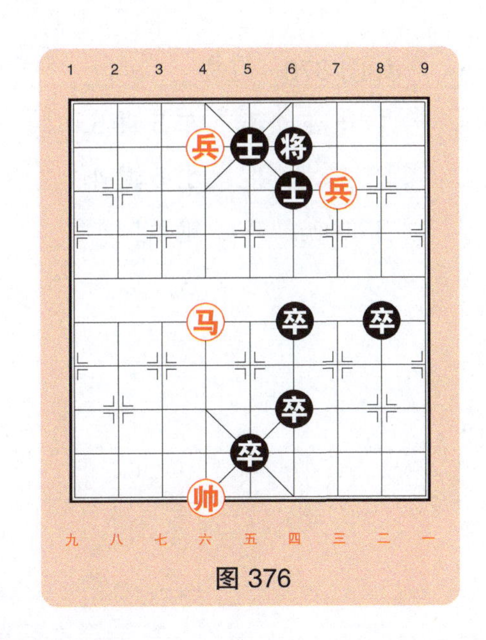

图 376

第 377 局　筑坛拜将

楚汉相争时，刘邦筑坛拜韩信为大将。通常用来借指任命将帅及其他主持工作的首脑人物，或表示仰仗其贤能。出自《汉书·高帝纪上》：“汉王齐戒设坛场，拜信（韩信）为大将军，问以计策。”

如图 377，红先。

① 车七平二　将 5 平 6

② 炮七进六　车 4 退 7

③ 车二进二　将 6 进 1

④ 车二退一　将 6 进 1

⑤ 车二退三　将 6 退 1

⑥ 车二平四　红胜

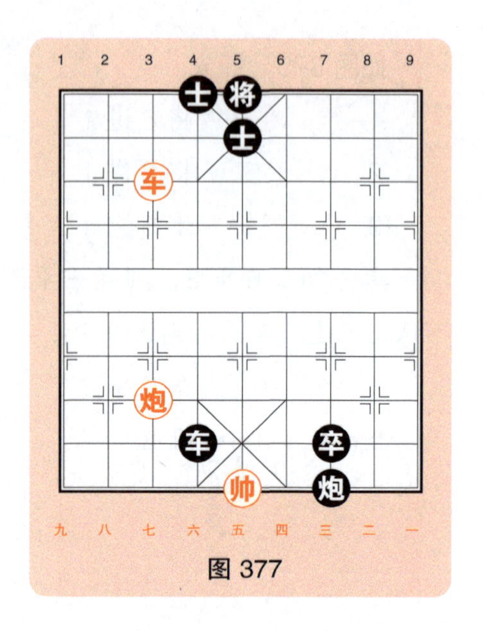

图 377

第 378 局　诸葛出庐

如图 378，红先。

① 相三进五　车 5 进 5

② 车六平八　士 5 退 4

③ 帅五平四　绝杀！

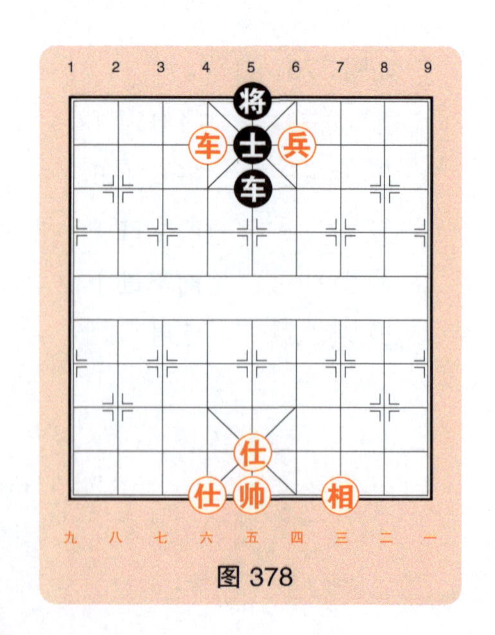

图 378

第 379 局　二马追风

如图 379–1，红先。

原谱着法：

① 马七进六　将 6 进 1

② 马八进六　将 6 平 5

③ 后马退四　将 5 进 1

④ 马六进四　将 5 平 6

⑤ 兵二平三　卒 3 平 4

⑥ 帅六退一　卒 5 进 1

⑦ 后马退三　卒 4 进 1

⑧ 帅六退一　卒 5 进 1

⑨ 马三进二　红胜

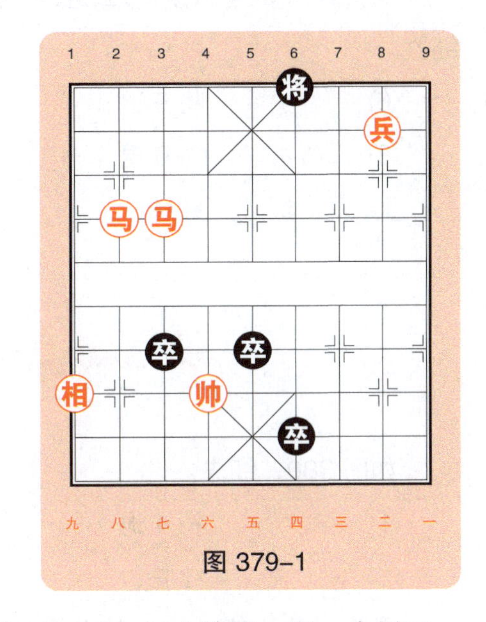

图 379–1

本局棋谱出现多处漏洞，黑方如应对正确，红方输棋。举一个例子：如第三回合黑方改走将 5 退 1，马六退四，将 5 平 6，后马进六，卒 6 平 5，兵二平三，卒 3 进 1，黑胜。

现将棋图的二路兵前移一格，如图 379–2，着法如下：

① 马七进六　将 6 进 1

黑方如将 6 平 5，则马六退四，将 5 进 1，马四进三，将 5 平 6，马八进六，将 6 退 1，马三退四，下一着兵二平三或马四进二绝杀，红胜。

② 马八进六　将 6 平 5

③ 后马退四　将 5 进 1

黑方如将 5 退 1，则马六退四，

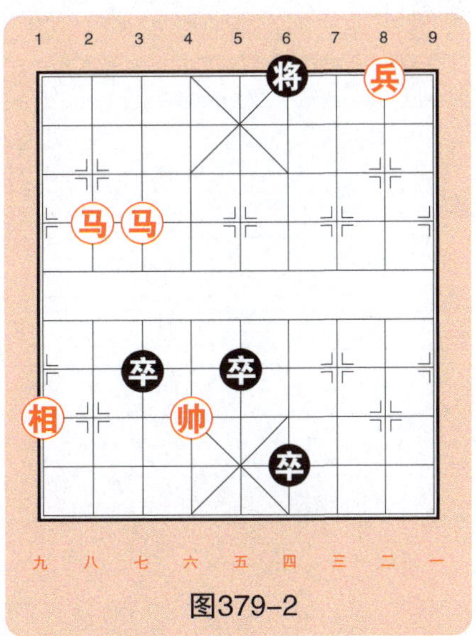

图379–2

将 5 进 1，前马进三，将 5 退 1，马四进三，将 5 平 6，后马退五，将 6 进 1，马五退三，将 6 退 1，前马退四，下一着兵二平三，红胜。

④ 马六退七　将 5 平 6　　⑤ 马七退五　将 6 平 5

黑方如将 6 退 1，则马五进三，将 6 退 1，马四进六，下一着兵二平三，红胜。

⑥ 马四退六　将 5 退 1　　⑦ 马六进七　将 5 平 6

⑧ 马五进三　将 6 退 1　　⑨ 兵二平三　将 6 平 5

⑩ 马三进五　红胜

第 380 局　退无所归

如图 380，红先。

① 兵五平六　将 4 退 1

② 马三进四　红胜

黑方双象不能补中，其他子也不能遮挡中线，眼看红方兵六进一无着可解。

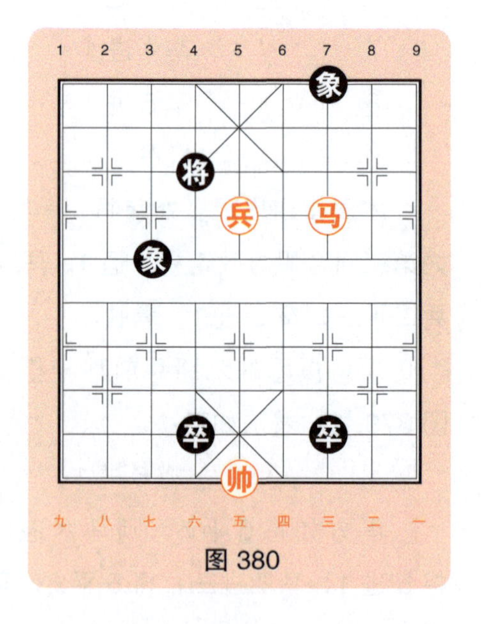

图 380

第381局　举鼎争功

鼎：是古人用以烹煮肉和盛贮肉类的器具，是古代最重要青铜器物种之一。古人常常进行举鼎比赛，看谁的力气大，以此选为头领。

本局是车炮仕例胜车双象的定式残局，实战中常常用到。

如图381，红先。

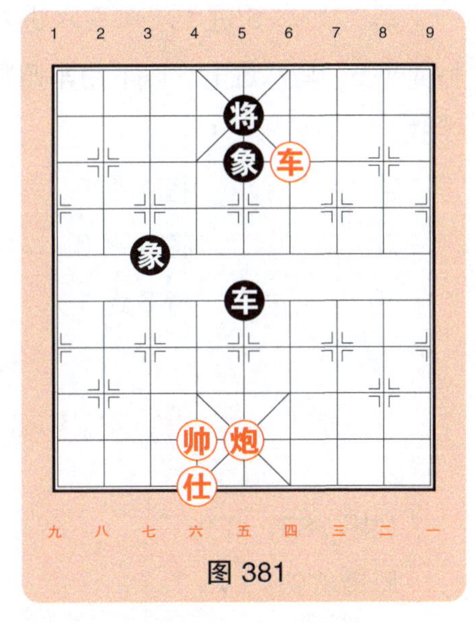

图381

① 帅六进一　车5进1

② 炮五进一　车5退1

③ 仕六进五　车5进1

④ 仕五进四　车5退1

⑤ 炮五退一　车5进1

⑥ 车四退二　象3退1

⑦ 车四退二　车5退2

⑧ 车四平七　将5平6

红方亦可走车四平九，象1退3，车九平七，将5平6，车七进五，将6退1，车七平五，下一着炮五平四，红胜。

⑨ 车七进五　将6退1　　⑩ 车七平五　红胜

第382局　胡爽扣马

原谱只有“车二进二”这一着棋，并标注红胜。经研究，黑方可利用将占中线的优势，走卒5进1，帅四进一，卒4平5，黑胜。红方若改变一下着法也可以取胜，演变如下：

如图382，红先。

① 马九进七　将5平4

黑方如将5平6，则车二进四，将6进1，马七进五，将6平5，车二平五，将5平6，马五退六，将6进1，车五进四，绝杀。

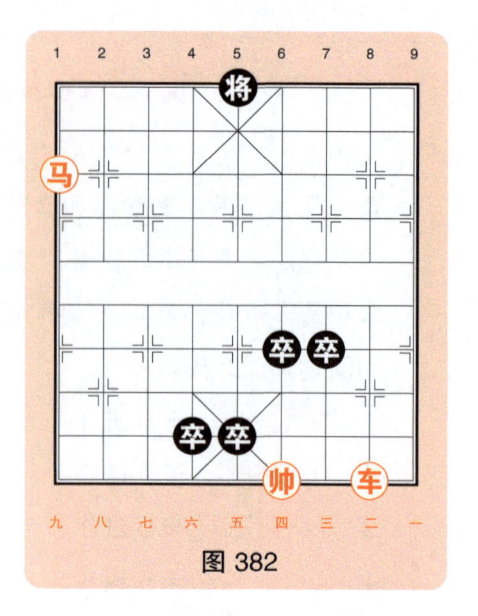

图 382

② 车二进四　将4进1

③ 马七退六！　将4进1

黑方如卒6进1，则马六进八，将4平5，马八进七，以下用车照将，红胜。

④ 马六进八　将4平5

⑤ 车二平五　将5平6

⑥ 马八退六　将5退1　　⑦ 车五平四　红胜

第383局　剪棘开径

如图383，红先。

原谱着法：

① 车二进七　车6退2

② 车二退三

至此，红胜。

原谱误为红胜，实则是和棋，试演如下：

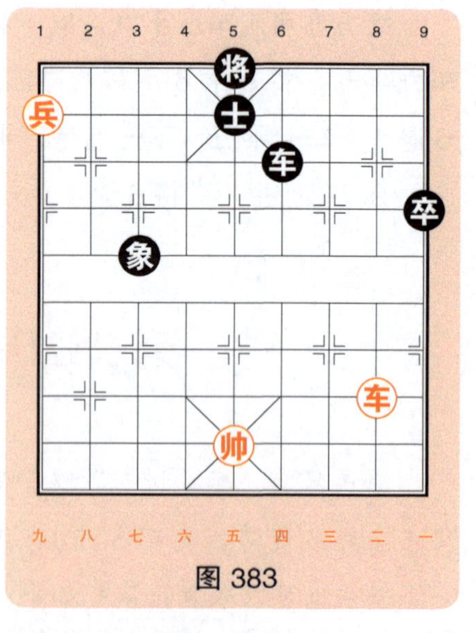

图 383

① 车二进七　车6退2

② 车二退三　车6进2

③ 车二平一　车6平5

④ 帅五平四　士5退6

⑤ 车一平四　士6进5　　⑥ 车四平一　士5退6

⑦ 车一平四　士6进5　双方不变作和

第 384 局　投肉饲虎

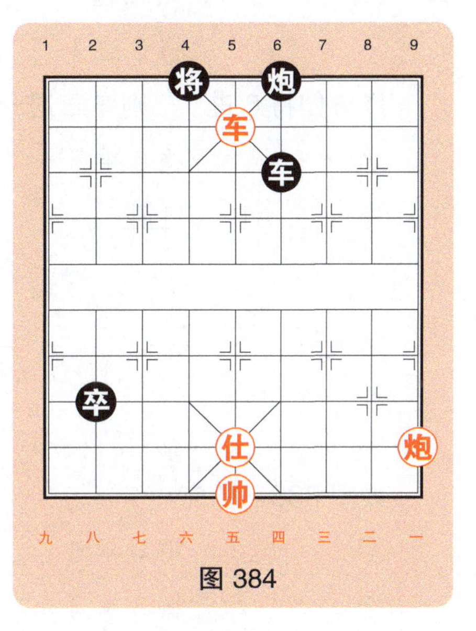

图 384

如图 384，红先。

① 仕五进六　车 6 进 6

② 车五退三　炮 6 进 1

③ 炮一进七！炮 6 平 3

黑方如走炮 6 平 5，则车五进三，车 6 退 1，车五进一，将 4 进 1，仕六退五，车 6 平 9，炮一平四，卒 2 平 3，炮四退六，卒 3 平 4，车五退五，卒 4 进 1，仕五退四，红胜定。

④ 车五进四　将 4 进 1

⑤ 炮一平七　卒 2 平 3

⑥ 车五退一　将 4 退 1　　⑦ 车五退三　红胜

黑方如车 6 退 8，则车五进四，将 4 进 1，炮七平四吃车，红胜定。

第 385 局　海底觅针

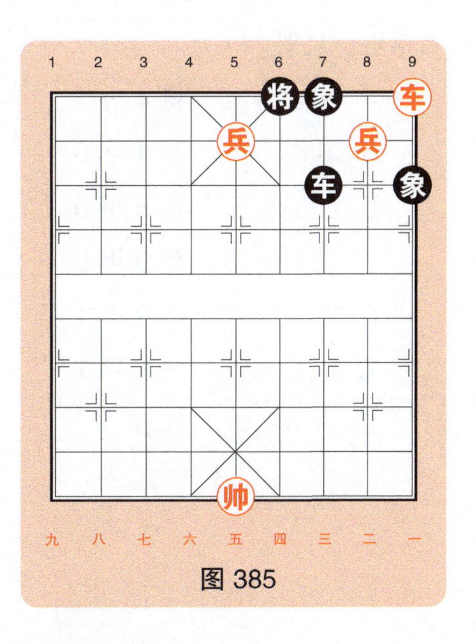

图 385

如图 385，红先。

① 车一平二　车 7 平 5

② 帅五平六　车 5 平 7

③ 兵二平一　车 7 平 4

黑方如车 7 退 1，则车二退一，车 7 进 8，帅六进一，车 7 平 6，车二平三，车 6 退 7，兵一平二，象 7 进 5，兵五平四，红胜。

④ 帅六平五　车 4 平 5

⑤ 帅五平六　车5退1　　⑥ 兵一平二　车5进3

黑方如将6进1，则兵二平三，将6退1，兵三进一，象9退7，车二平三，将6进1，车三退一，将6退1，车三平五，红胜。

⑦ 车二平三　将6进1　　⑧ 车三退一　将6退1

黑方如将6进1，则车三退一，将6退1，红车吃象胜定。

⑨ 车三平六　将6平5　　⑩ 兵二平三　车5退2

⑪ 兵三平四　红胜

第386局　戮力一心

如图386，红先。

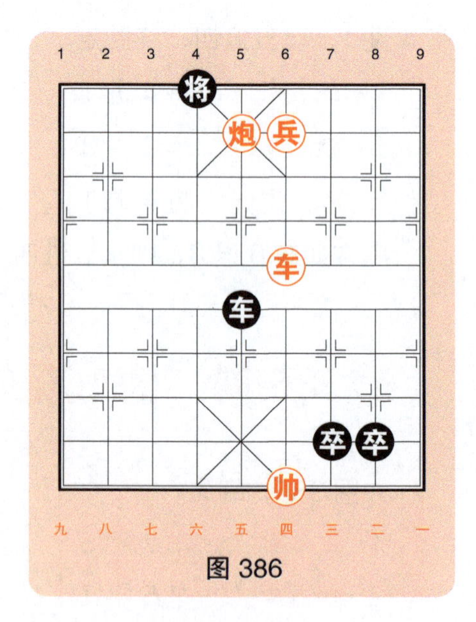

图386

① 车四平六　将4平5

② 车六平八　将5平4

③ 炮五进一！车5平4

黑方如车5平9，则车八平六，将4平5，车六平五，将5平4，帅四平五，红胜。

④ 车八进四　将4进1

⑤ 帅四平五　车4平5

⑥ 帅五平四　车5平9

⑦ 帅四平五　车9平5

⑧ 帅五平四　卒8进1　　⑨ 兵四平五　将4平5

⑩ 炮五退六　卒8平7　　⑪ 帅四平五　后卒平6

⑫ 车八退八　红胜

第387局　运筹帷幄

出自《史记·高祖本纪》："夫运筹帷幄之中，决胜千里之外，吾不如子房。"运筹帷幄：指拟定作战策略。

如图387，红先。

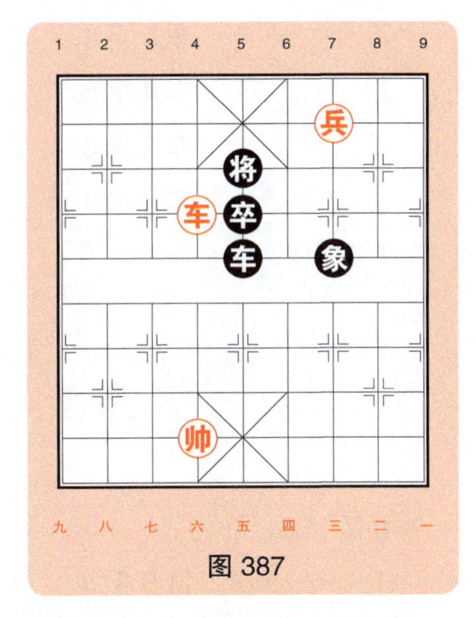

图387

原谱着法：

① 车六进一　将5退1

② 车六平四　车5平4

③ 帅六平五　将5平4

④ 兵三平四　卒5进1

⑤ 车四退二　象7退5

⑥ 车四进一　象5进3

⑦ 车四平七　卒5进1

⑧ 车七进二　将4进1

⑨ 车七进一　将4退1

黑方如走车4平6，则车七平六，将4平5，车六平五，将5平6，兵四平三，红胜。

⑩ 车七平五　车4进1　⑪ 兵四平五　将4进1

⑫ 车五平六　将4平5　⑬ 车六退五　红胜

原谱着法黑方应对有误，如应对正确双方和棋。试演变如下：

① 车六进一　将5退1　② 车六平四　车5平4

③ 帅六平五　将5平4　④ 兵三平四　车4平5

⑤ 帅五平四　车5进1　⑥ 车四退四　将4进1

⑦ 车四平八　车5退1　⑧ 兵四平五　将4平5

⑨ 兵五平六　将5平4　⑩ 兵六平七　将4平5

⑪ 车八进四　将5退1　⑫ 车八平六　车5平6

⑬ 帅四平五　将5平6　⑭ 兵七平六　车6平5
⑮ 帅五平六　车5进1　⑯ 车六平三　车5退1
⑰ 车三进一　将6进1　⑱ 车三退二　车5进1
⑲ 车三退一　车5退1　⑳ 车三进一　车5进1
㉑ 兵六平五　将6平5　㉒ 兵五平四　将5平6
㉓ 兵四平三　将6平5　㉔ 车三进一　将5退1
㉕ 车三平四　车5平4　㉖ 帅六平五　将5平4
㉗ 兵三平四　车4平5　㉘ 帅五平四　车5进1
㉙ 车四平五　车5平6　㉚ 帅四平五　车6退5
㉛ 车五退一　车6进1

双方和棋。

第388局　身无所措

如图388，红先。

① 车八平四　将5平4
② 车四平六　将4平5
③ 帅五平六　卒6平7
④ 车六平八　士5退4

黑方如卒5平4，则车八退一吃卒，红亦胜。

⑤ 车八平五

下一步吃卒，红胜定。

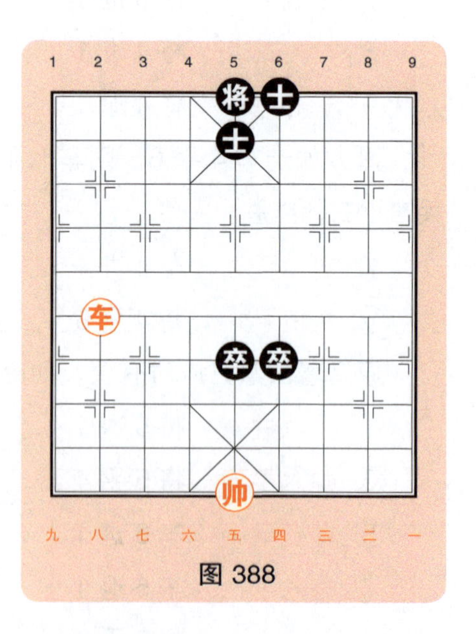

图388

第 389 局　羸羊触角

如图 389，红先。

① 车四进二　卒 8 进 1
② 车四退一　卒 8 进 1
③ 车四平二　士 5 退 6
④ 车二退一　车 5 平 6
⑤ 车三平四　车 6 进 5
⑥ 帅四进一　士 6 进 5
⑦ 帅四平五

黑方必丢士，红胜。

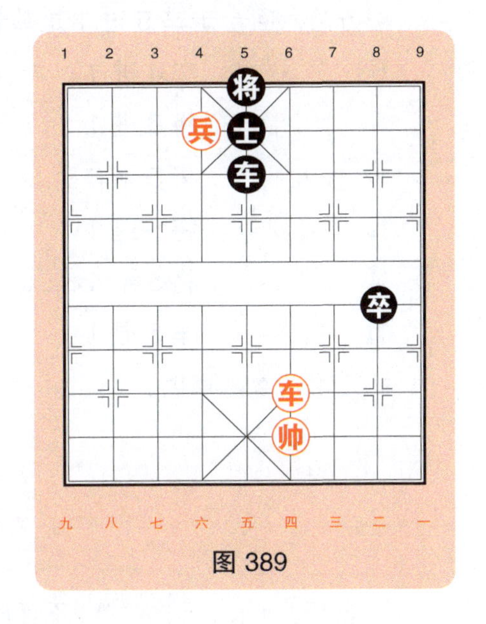

图 389

第 390 局　以兵服人

如图 390，原谱着法，红先。

① 车四平六　车 5 平 6
② 帅四平五　车 6 平 3
③ 兵七平六　将 5 平 6
④ 车六平二　车 3 平 5
⑤ 帅五平六　车 5 平 4
⑥ 帅六平五　卒 5 进 1
⑦ 车二退二　将 6 进 1
⑧ 兵六平五　将 6 平 5
⑨ 兵五平四　将 5 平 6
⑩ 车二平四　将 6 平 5
⑪ 帅五平四　将 5 平 4
⑫ 车四进二　将 4 退 1

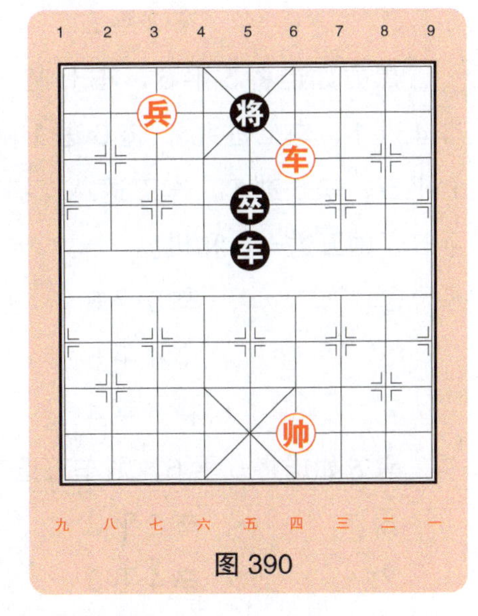

图 390

⑬ 车四平五　卒5进1　⑭ 兵四平五　将4退1

⑮ 车五平四　红胜

黑方第六回合走卒5进1是败着，否则可以守和。试演变如下：

⑥ …………　车4进1　⑦ 车二退一　车4平5

⑧ 帅五平六　将6进1　⑨ 兵六平五　将6平5

⑩ 兵五平四　将5平6　⑪ 兵四平三　将6平5

⑫ 车二进一　将5退1　⑬ 车二平四　车5平4

⑭ 帅六平五　将5平4　⑮ 兵三平四　车4平5

⑯ 帅五平四　车5退1

红方无杀着，和棋。

第391局　驱虎离山

原谱着法冗长，误作红胜，不可取，故从略。本局是一则和棋，试演变如下。

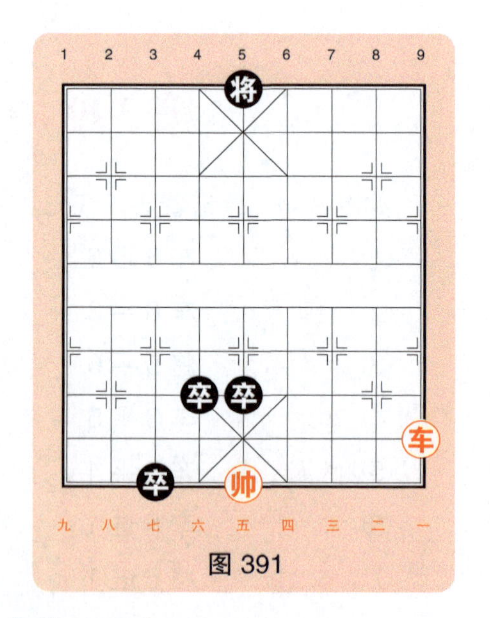

图 391

如图391，红先。

① 车一平七　卒3平2

黑方如走将5平6，车七退一，卒4进1，车七进九，将6进1，车七平五，卒5进1，车五退八，卒4平5，帅五进一，和棋。

② 帅五平四　卒5平6

③ 车七进三　卒4平5

④ 车七平五　将5平4

黑方如走将5平6，则车五退二，红胜。

⑤ 帅四平五　卒2平3　⑥ 车五进四　卒3平4

⑦ 帅五平四　卒4平3　⑧ 帅四平五　卒3平4

双方不变作和。

第392局 倾身下士

出自《晋书·慕容超载记》："入则尽欢承奉，出则倾身下士，於是内外称美焉。"指礼贤下士，尊重人才。本局是车士对车炮的实用残局，是车士一方守和的定式，应予牢记。

如图392，红先。

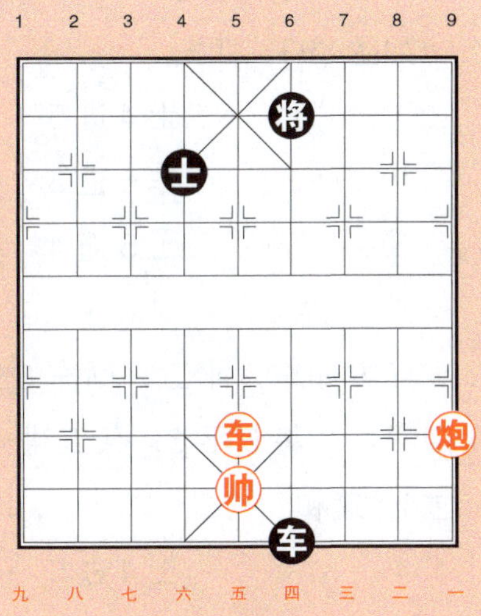

1 2 3 4 5 6 7 8 9

九 八 七 六 五 四 三 二 一

图392

原谱着法：

① 炮一平四　将6退1
② 炮四平二　将6进1
③ 炮二平三　将6退1
④ 车五进五　车6退2
⑤ 炮三进五　将6进1
⑥ 炮三平六

后以海底捞月杀法，红胜。

经过研究本局是和棋谱，试演变如下：

① 炮一平四　将6退1　② 炮四平二　将6进1
③ 炮二平三　将6退1　④ 车五进五！车6退1
⑤ 帅五进一　将6进1　⑥ 炮三进七

红方如炮三进五，则车6退6兑车，和棋。

⑥ …………　车6退6　⑦ 车五进二　车6平7
⑧ 炮三平四　车7退1　⑨ 炮四平二　车7平8
⑩ 车五退五　将6退1　和棋

原谱误作红胜，原因是第四回合黑方误走车6退2捉炮，则炮三进五，车炮联合捉士，造成黑方丢士，红胜。

第 393 局　兵势尚强

本局是车士守和车兵的定式残局，在实战中时常遇到，领会并牢记关键着法非常重要。

原谱只有“车七平六”一着棋，误为红胜，实则演变下去是和棋。

如图 393，红先。

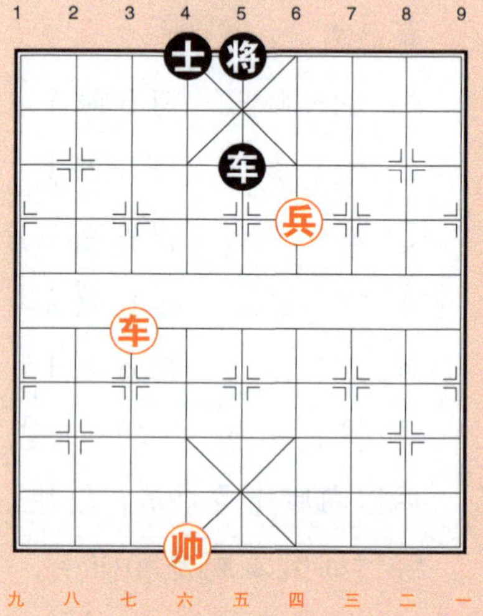

① 车七平六　士 4 进 5

② 车六进二　车 5 进 3

③ 车六平八　士 5 退 4

④ 车八平六

红方如车六平五，则车 5 退 2，兵四平五，将 5 平 6，兵五进一，士 5 退 4，速和。

④ …………　士 4 进 5

⑤ 兵四平三　车 5 退 3

⑥ 帅六进一　车 5 平 4

图 393

黑方兑车及时，形成单兵对单士的和棋局面。

⑦ 车六进一　士 5 进 4　⑧ 兵三平四　士 4 退 5

⑨ 兵四平五　将 5 平 6　⑩ 兵五进一　士 5 退 4

⑪ 兵五平四　士 4 进 5　⑫ 兵四平五　士 5 退 4

⑬ 帅六平五　将 6 进 1　⑭ 帅五退一　将 6 退 1

⑮ 兵五平四　士 4 进 5　⑯ 兵四平五　士 5 退 4

⑰ 帅五进一　将 6 进 1　双方和棋

第 394 局　地险兵强

如图 394，红先。

① 车六平三　车 5 平 8

② 车三退三　车 8 进 6

③ 帅五退一　车 8 平 6

④ 车三平五

黑方中卒丢失，红胜定。

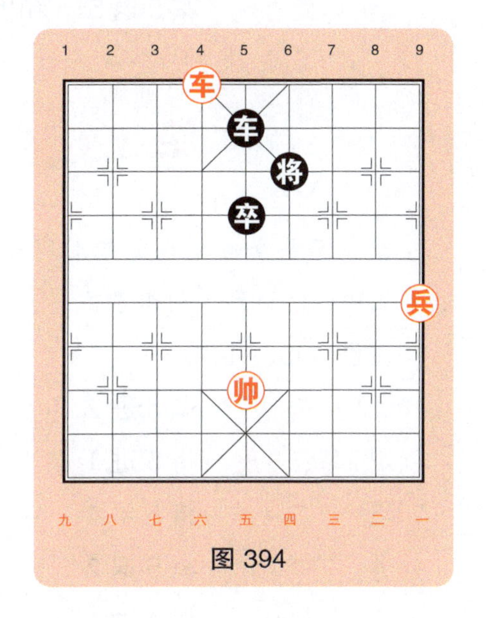

图 394

第 395 局　引兵渡河

原谱着法只有"兵九进一"一着棋，误作红胜，实则应为和棋。试演如下：

如图 395，红先。

① 兵九进一　车 6 退 6

② 车五进四

红方如车五进三，则象 1 退 3，兵九进一，车 6 平 5，车五进二，象 3 进 5，兑车成和。

② ············　象 1 退 3

③ 车五平六　车 6 平 5

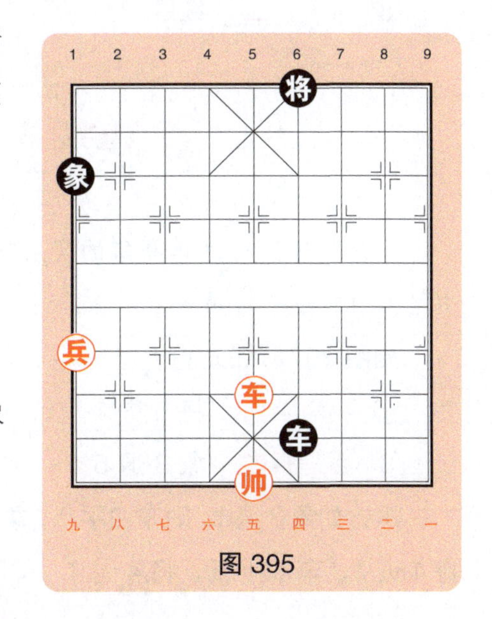

图 395

④ 帅五平六　车5进2　　⑤ 车六进三　将6进1
⑥ 车六平七　将6平5　　⑦ 车七平六　车5进5
⑧ 帅六进一　车5退5　和棋

第396局　一兵取功

这是车兵必胜单车的残局定式，在实战中经常遇到，值得学习。

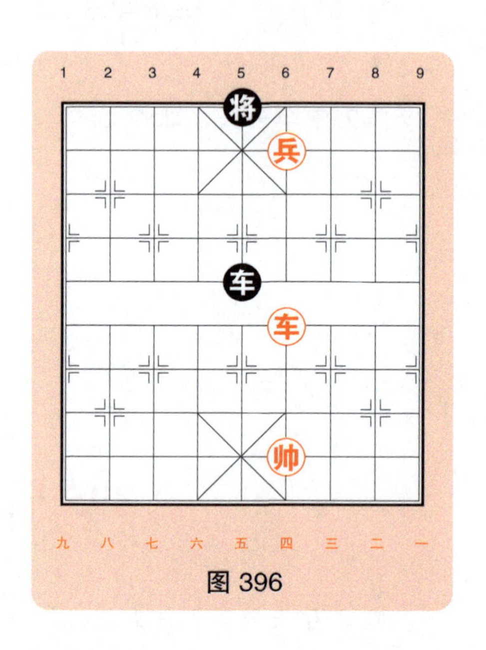

图396

如图396，红先。

① 兵四平三　车5进2
② 车四进五　将5进1
③ 兵三平四　将5平4
④ 车四平八　车5退2
⑤ 车八退一　将4进1
⑥ 车八平五　车5平6
⑦ 帅四平五　车6退2
⑧ 车五退二　红胜

第397局　将帅不忠

本局是车兵巧胜车高象的实用残局。红方要注意避免兑车，伺机抢占中路，由底线包抄杀入。

如图397，红先。

① 兵四平三　将5进1　　② 车四进五　将5平4
③ 兵三平四　象3退5

黑方如象3退1，则车四平八，象1进3，帅四退一，车5平4，车八退三，将4进1，车八平五，将4退1，帅四平五，将4进1，车五进三，红胜。

④ 车四平八　象5进7

⑤ 车八退三　将4进1

⑥ 车八平二　车5进1

⑦ 车二平六　将4平5

⑧ 车六平四　将5平4

⑨ 车四进一　象7退5

黑方如车5退3，则车四退二，要杀的同时捉吃象，红胜定。

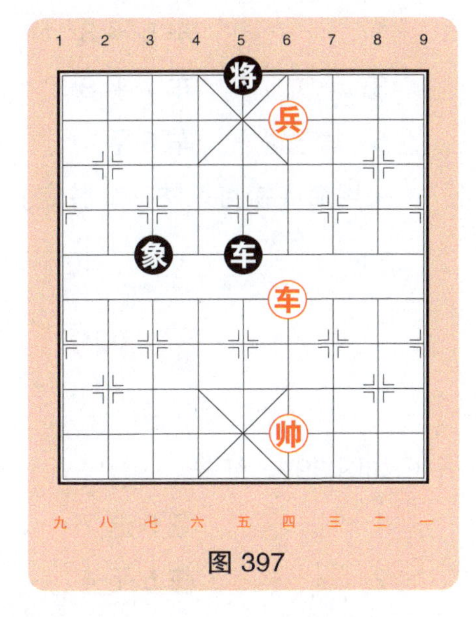

图 397

⑩ 车四退二　车5平4

⑪ 兵四平五　象5退3

⑫ 车四进二　象3进5

⑬ 车四进二　象5进3

⑭ 车四平六　红方吃车胜定

第398局　王母蟠桃

蟠桃是中国古代神话传说中桃类食品。相传每年三月三日为王母娘娘诞辰，当天要开盛会，以蟠桃为主食，宴请众仙，众仙赶来为她祝寿。故称为蟠桃会。蟠桃会是盛大而庄严的，低层次的神仙们，在蟠桃会上要注意行为举止，否则很容易出错，会被王母娘娘严厉惩罚。本局是车底兵巧胜单车的实用残局。取胜的要点是要抢占中路。

图 398

如图398，红先。

① 帅四退一

红方等着，让黑方走棋，黑方车必须离开要道。

① ………… 车5平8　　② 车四平五　车8平7
③ 帅四平五　车7平8　　④ 车五退四　车8进8
⑤ 帅五进一　车8平4　　⑥ 车五进四

采用海底捞月杀法，红胜定。

第399局　避难而行

如图399，红先。

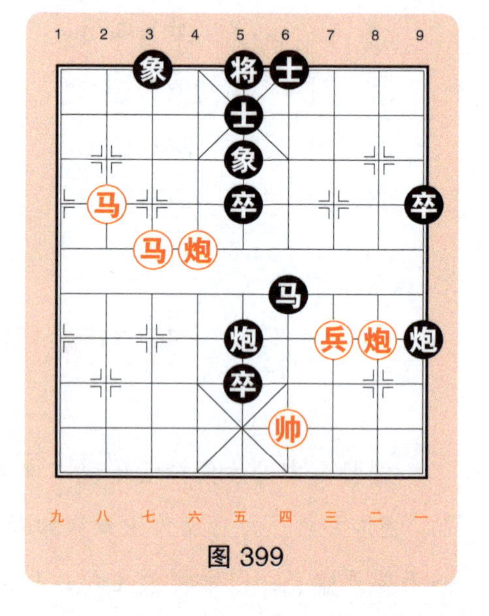

图399

① 炮二进六　象5退7
② 马八进七　将5平4
③ 炮六进一　将4进1
④ 后马进八

红方如前马退八，则士5退4，马八进六，将4平5，马六退四，将5进1，马四进三，将5平6，马七进五，炮5退2，马五退三，将6退1，炮二退一，红胜。

④ ………… 将4进1

黑方如将4退1，则炮二退二，士5进6，马七退八，将4平5，后马进六，将5进1，马八进七，红胜。

⑤ 炮二退二　马6进4　　⑥ 炮六退二　前卒进1
⑦ 帅四退一　炮5退2

黑方如马4退2，则马八退六，马2退4，马七退八，将4退1，马六进八！马4退3，炮二平六，红胜。

⑧ 马八退六　炮5平4　　⑨ 马七退八　将4平5
⑩ 马六进七　炮4退3　　⑪ 马八退六　红胜

第 400 局　双马饮泉

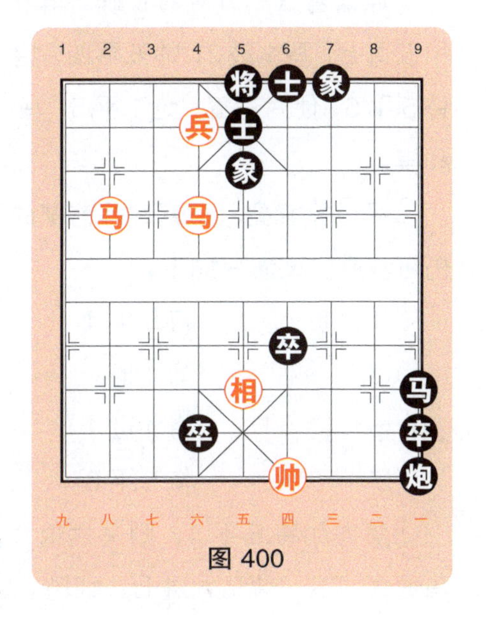
图 400

如图 400，红先。

① 马八进六　马 9 退 7

黑方伏有马 7 进 8，帅四平五，马 8 退 6，帅五平四，马 6 进 7，帅四进一，卒 6 进 1 连杀，黑胜。

② 兵六进一　将 5 平 4

③ 前马进八　将 4 平 5

④ 马六进七　将 5 平 4

⑤ 马七退五　红胜

至此黑方如将 4 平 5，则马五进三杀！又如将 4 进 1，则马五退七杀，红胜。

第 401 局　幽鸟攒阶

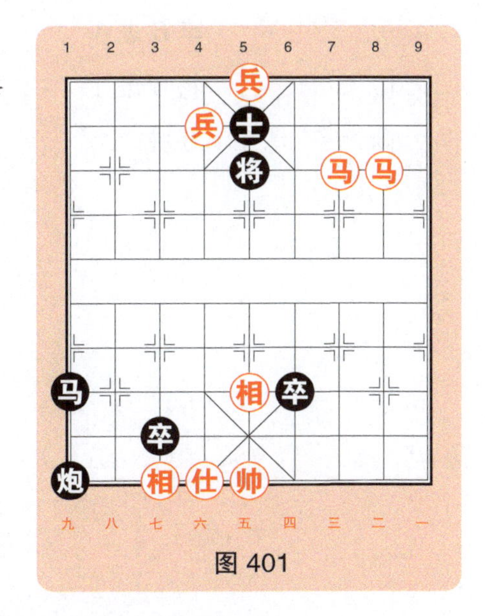
图 401

有几只小鸟在台阶上蹦蹦跳跳，十分可爱。形容本局红方双马兵灵活机动的杀法。

如图 401，红先。

原谱着法：

① 马三退四　将 5 平 4

黑方如将 5 平 6，则马二进三，将 6 退 1，兵六平五，红速胜。

② 兵六平七　卒 6 平 5

③ 马二退四　将 4 平 5

④ 前马退六　将 5 平 6

⑤ 马四进二　将6退1　　⑥ 马六进四　士5进4

⑦ 兵七平六　红胜

原谱着法黑方应对正确可弈和，例如第三回合黑方改走卒3进1，则相五退七，马1进3，帅五平四，炮1退1，马四退五，将4平5，马二退一，将5平6，仕六进五，炮1平5，马一退三，卒6进1，马五退四，炮5退8，和棋。

经过徐家亮、王嘉良等前辈的研究，原谱第二回合红方走相五进七，仍可获胜。试演变如下：

① 马三退四　将5平4　　② 相五进七　卒6平5

③ 马四退六　马1退2　　④ 马二退四　将4退1

⑤ 马六进五　将4进1　　⑥ 马五进七　将4平5

⑦ 马四退六　将5平6

黑方如将5平4，则马六退八，卒5平6，马八进七，卒6进1，前马进九，下一着马九进七，红胜。

⑧ 马六退八　卒5平6

黑方如炮1退3，则马七进六，炮1退4，马八进七，炮1进1，相七退五，红胜。

⑨ 马八进七　卒6进1　　⑩ 后马退五　将6退1

⑪ 马七退五　将6进1　　⑫ 前马进三　将6退1

⑬ 马三进二　红胜

第 402 局　踏雪寻梅

如图 402，红先。

① 兵三进一　将 6 退 1

② 兵三进一　将 6 平 5

③ 马二退四　炮 2 退 1

④ 马四进六　炮 2 平 4

⑤ 马六退八　卒 1 平 2

⑥ 马八进七　卒 2 平 3

⑦ 马七退六　红胜

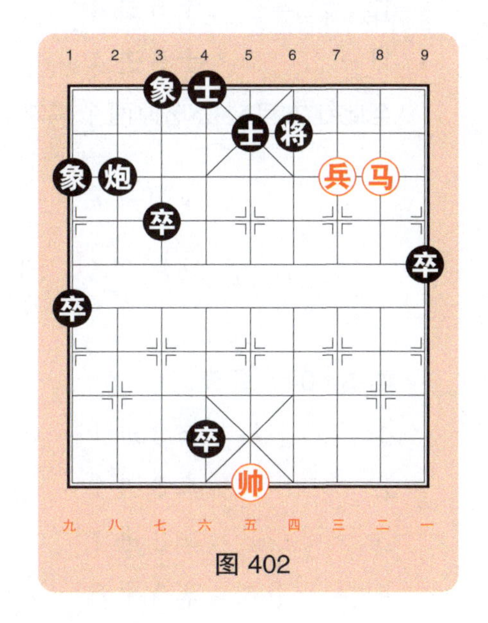

图 402

第 403 局　二郎搜山

如图 403，红先。

① 马一进二　将 6 进 1

② 兵七进一　士 6 退 5

黑方如士 4 进 5，则帅五退一，士 5 进 4，兵七平六，士 6 退 5，兵六平五，红兵仍可吃士象，红胜。

③ 相三进一　卒 3 进 1

④ 相七进九　卒 7 进 1

⑤ 帅五退一　士 5 进 4

⑥ 兵七平六　士 4 退 5

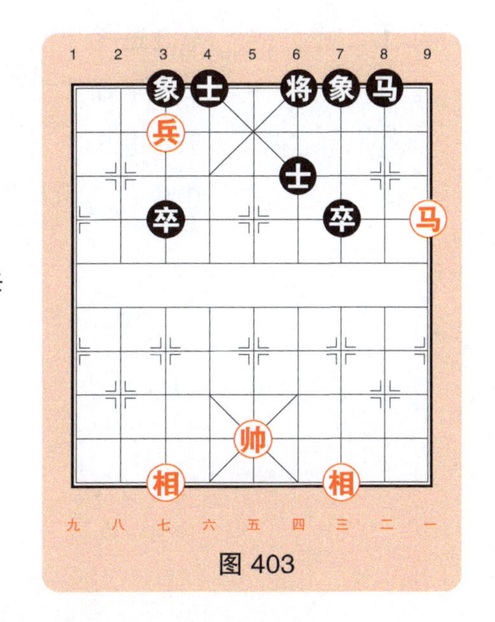

图 403

⑦ 兵六平五	士5进4	⑧ 兵五平四	士4退5
⑨ 兵四平三	士5进4	⑩ 兵三平二	士4退5
⑪ 兵二平三	士5进4	⑫ 兵三平四	士4退5
⑬ 兵四平五!	士5进4	⑭ 马二退一	

至此红方可轻松吃掉两个黑卒，形成马底兵必胜单士残局，红胜。

第404局　转祸为福

如图404，红先。

① 炮二退六　卒3进1

② 炮二平八　卒3进1

③ 炮八进五　卒3进1

④ 炮八平五　卒5平6

⑤ 帅六平五　红胜

经研究发现红方还有更简捷的杀法：

① 炮二退八　卒3进1

② 炮二平五　卒5平6

③ 炮五进八　士4进5

④ 帅六平五　红胜

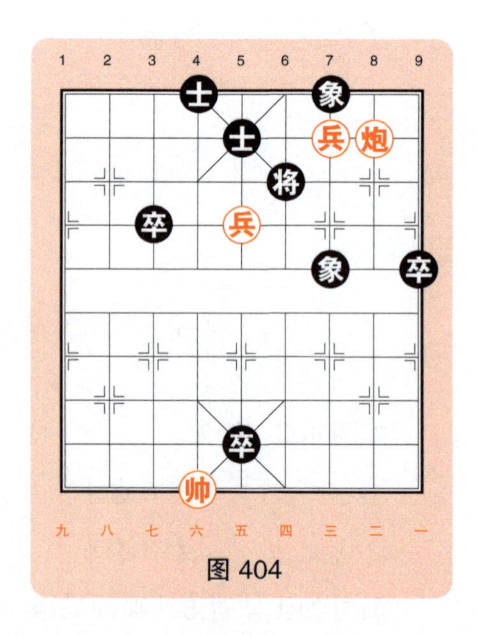

图404

第405局　双鹊投林

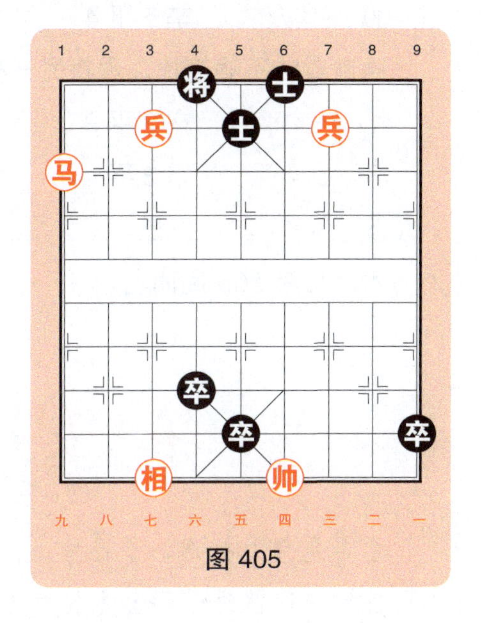

图405

如图405，红先。

① 马九退七　卒4进1

黑方如将4平5，则兵七进一，士5进6，兵三平四，卒9平8，马七进九，卒5进1，帅四进一，卒8平7，帅四进一，红胜。

② 兵七进一　将4平5

③ 马七进九　士5进4

④ 兵三平四　红胜

第406局　入穴取虎

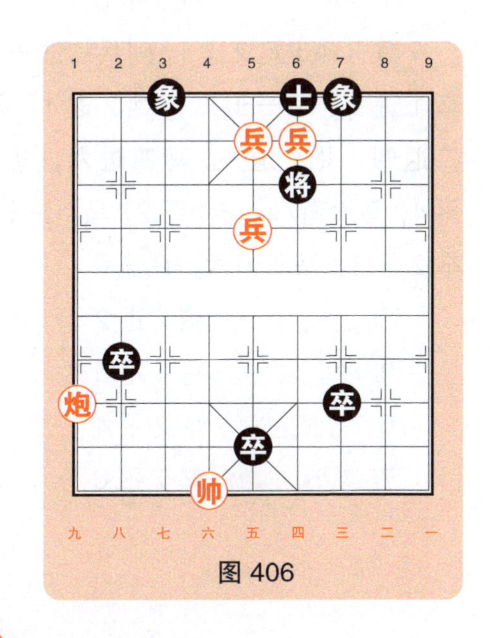

图406

如图406，红先。

原谱着法：

① 炮九进七　士6进5

② 兵四平五　象7进9

③ 炮九平八　卒2平3

④ 炮八退二　卒3平4

⑤ 炮八平五　卒4平5

⑥ 炮五退四　卒7平6

⑦ 炮五平六　卒6平5

黑方如走卒6进1，则炮六平八，

卒 6 进 1，炮八退三，红胜。

⑧ 炮六进六　后卒平 4　　⑨ 前兵平六　卒 4 进 1

⑩ 炮六退八　卒 5 平 4　　⑪ 帅六进一　红胜

原谱着法不够简捷，现将另一种着法试演如下：

① 炮九平六　卒 2 平 3　　② 炮六进七　士 6 进 5

③ 兵四平五　卒 3 平 4　　④ 炮六平五　卒 4 进 1

⑤ 后兵平四　红胜

本局与第 265 局同名。

第 407 局　追风赶月

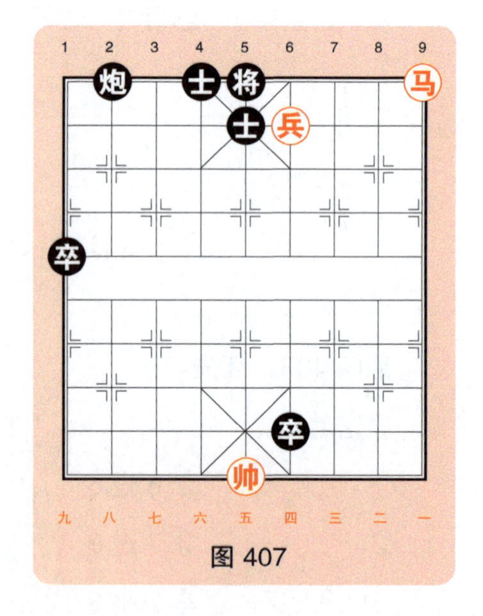

图 407

意思是努力拼搏，不畏险途，为达到目标快速前进。形容本局红方马兵走法紧凑。

如图 407，红先。

① 兵四平三　将 5 平 6

黑方如走炮 2 进 1，则兵三进一，卒 1 进 1，马一退二，炮 2 进 1，马二退四，炮 2 退 1，马四进六，炮 2 平 4，马六退八，卒 1 平 2，马八进七，卒 2 平 3，马七退六，红速胜。

② 马一退二　炮 2 进 2

③ 兵三进一！将 6 平 5　　④ 马二退四！炮 2 退 1

⑤ 马四进六　炮 2 平 4　　⑥ 马六退八　卒 6 平 7

⑦ 马八进七！卒 7 平 6　　⑧ 马七退六　红胜

第 408 局　得失有变

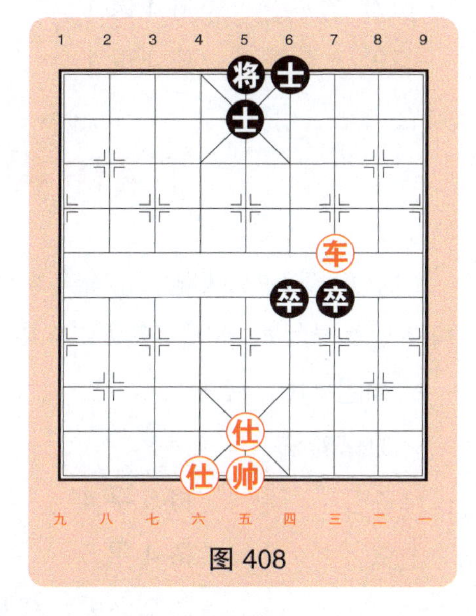

图 408

如图 408，红先。

原谱着法：

① 仕五退四　卒 6 平 7
② 帅五进一　卒 7 平 6
③ 车四进一　卒 6 平 7
④ 车四平六　卒 7 平 6
⑤ 帅五平六！卒 6 平 7
⑥ 车六平八　士 5 退 4
⑦ 车八平五　红胜

另一种着法：

① 仕五退四　将 5 平 4
② 帅五进一　将 4 进 1
③ 车四进一　卒 6 平 7
④ 车四平六　士 5 进 4
⑤ 帅五平六　士 6 进 5
⑥ 车六平八　士 5 进 6
⑦ 车八进一　卒 5 平 4
⑧ 车八退三　红胜

第 409 局　家无安堵

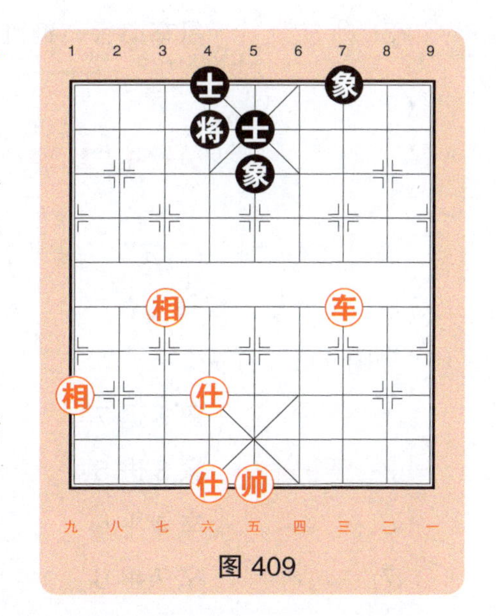

图 409

正常形势下，士象全可以守和单车。由于本局黑将的位置不好，单车可以巧胜。

如图 409，红先。

① 车三进四

原谱虽只有这一着棋，但为以后的胜利指明了方向。

① …………　象 7 进 9
② 帅五进一　象 9 进 7

③ 帅五进一　象7退9　　④ 仕六退五　象9退7

⑤ 车三退二　士5进4　　⑥ 帅五平六　士4进5

⑦ 车三平八　将4退1　　⑧ 车八进三　将4进1

⑨ 车八退一　将4退1　　⑩ 车八平五　红胜

第410局　威震华夷

华夷：指中原大地。比喻声势和影响极大。本局红方一车威震黑方四卒双士。

如图410，红先。

原谱着法：

① 车五平八　将5平4

② 车八平六　将4平5

③ 车六退二　黑卒必丢，红胜

另一种着法：

① 车五退二　将5平4

② 车五平六　将4平5

③ 帅五进一　黑卒必丢，红胜

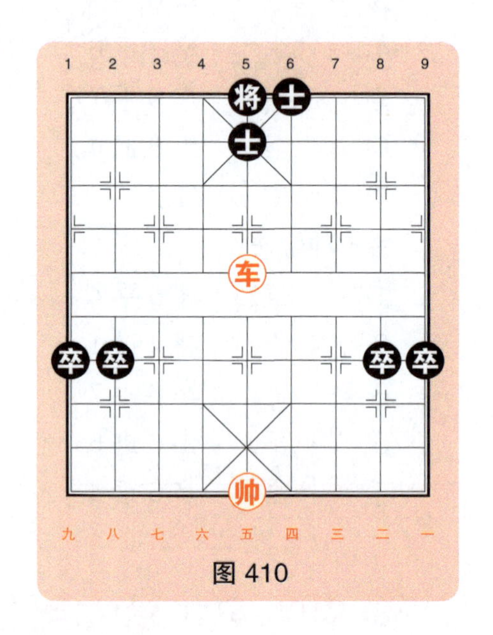

图410

第411局　痛断根除

原谱仅有“车一平五”一着棋，并标注“破象破士红胜”。经过研究本局是一个和棋。现演变如下：

如图411，红先。

① 车一平五　象5退7　　② 帅五平四　象7进5

③ 兵五进一　象3进5　　④ 车五进二　卒5平4

⑤ 车五退三　卒4平5　　⑥ 车五平四　卒6平7

⑦ 车四平三　卒7平6　　⑧ 车三进五　士5退6

⑨ 车三退五　士6进5　和棋

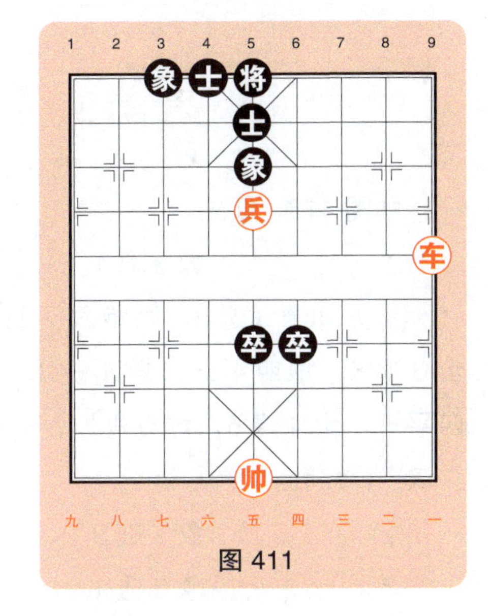

图 411

另一种着法：

① 车一平五　将5平6

② 帅五平四

红方如走兵五平六，则将6平5，帅五平四，象5退7，车五平七，象7进5，和棋。

② …………　将6平5

③ 兵五进一　象3进5

④ 车五进二　卒5平4

⑤ 车五平二　卒4平5

⑥ 车二进二　士5退6

⑦ 车二退六　士4进5

⑧ 帅四平五　将5平4　和棋

第412局　残虏投降

如图412，红先。

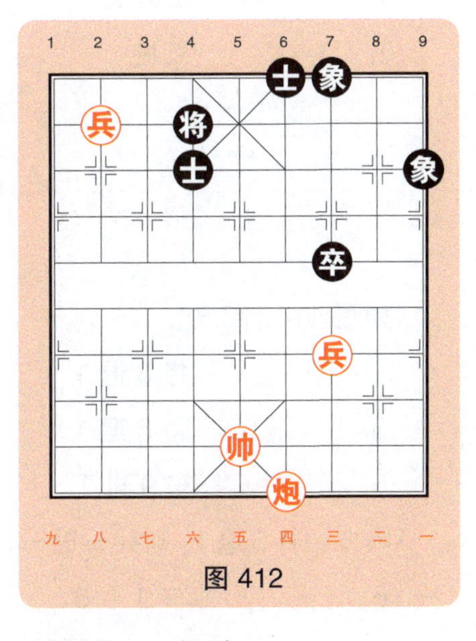

图 412

① 兵八平七　将4退1

② 兵七进一　将4进1

③ 炮四进八

红方妙手，黑方士象和将均无活动空间。

③ …………　卒7进1

④ 兵三进一　象9进7

⑤ 兵三进一　象7进9

⑥ 兵三平二！　象9退7

⑦ 兵二进一　象7进9

⑧ 帅五进一　象9退7

⑨ 兵二平一　象7进9

⑩ 兵一进一　红胜

第 413 局　守静待时

如图 413，红先。

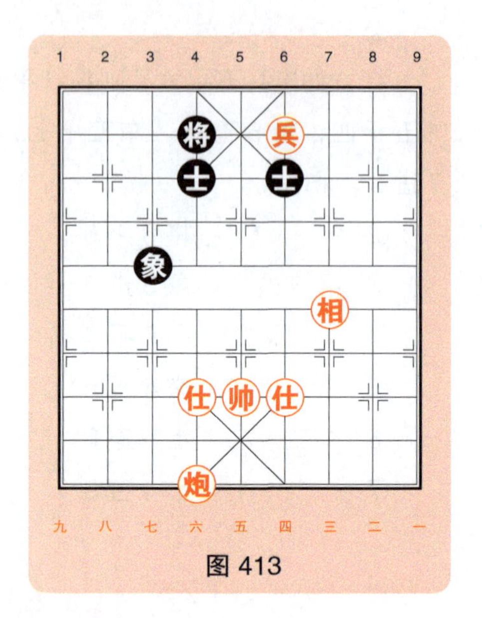

图 413

① 帅五退一　象 3 退 1

黑方如象 3 退 5，则炮六平四，士 6 退 5，炮四平五，象 5 进 3，兵四平五，士 4 退 5，炮五进八，一兵兑双士，红胜。

② 相三退五　象 1 进 3

③ 相五进七！象 3 退 1

④ 炮六平七！将 4 退 1

⑤ 炮七平四　士 6 退 5

黑方如士 4 退 5，则炮四平六，将 4 平 5，兵四平五，士 6 退 5，炮六平五，红胜。

⑥ 兵四平五！士 4 退 5　　⑦ 炮四平六　将 4 平 5

⑧ 炮六平五　红胜

第 414 局　私渡关津

如图 414，红先。

① 相七进九　将 6 退 1　　② 相九进七　将 6 进 1

③ 相五退三　将 6 退 1　　④ 相七退五　将 6 进 1

⑤ 相五进三！车 9 进 1

黑方如将 6 退 1，则兵一进一，黑车不能吃兵，否则红方仕五进四要杀。

⑥ 仕五进四　车 9 平 6　　⑦ 车五进五！将 6 退 1

⑧ 车五退六　车 6 平 9

黑方如车6进3，则兵一进一，车6平9，车五进三！车9平6，仕四退五，车6平9，兵一进一，冲兵过河红胜定。

⑨ 兵一进一　将6进1

黑方如车9进2，则车五进二，车9退4，车五进四，照将抽吃车，红胜。

⑩ 车五进六！　将6退1

⑪ 车五退三　车9平6

⑫ 仕四退五　车6平9

⑬ 兵一进一　红兵过河胜定

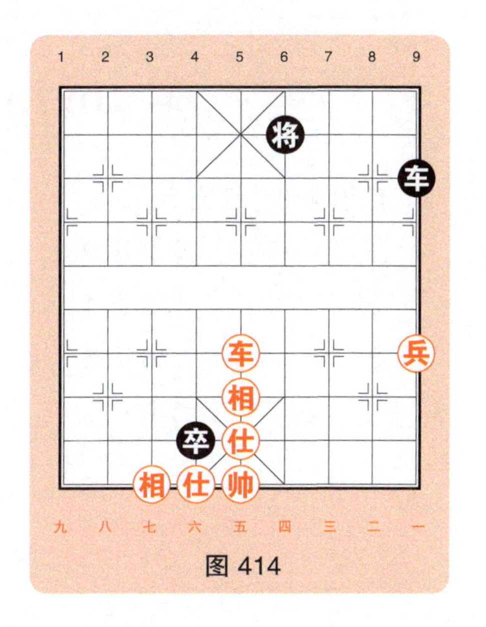

图 414

第415局　私下三关

如图415，红先。

① 炮二进二　卒2平3

② 帅五进一

红方进帅，避开威胁的同时，还可以助攻，一着两用。

② ………… 卒9进1

③ 兵六平七　卒9进1

④ 兵七进一

为以后右炮左移做准备。

④ ………… 卒9平8

⑤ 炮二退二　象9退7

⑥ 炮二平八　象7进5

⑦ 炮八平五　后卒平7

⑧ 帅五进一　卒7平6

⑨ 帅五平六

铁门栓杀，红胜。

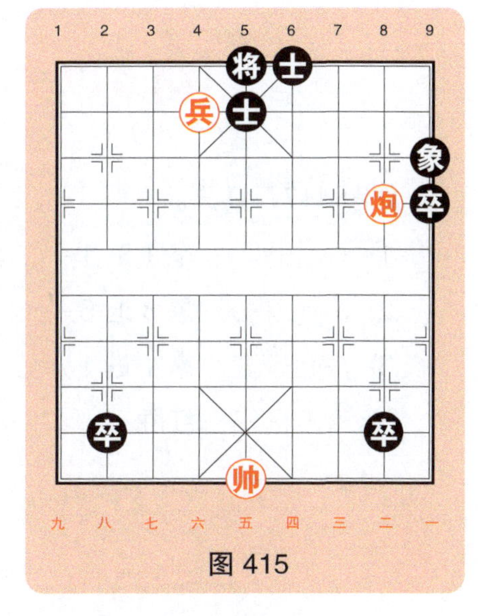

图 415

第416局　动中有静

如图416，红先。

① 炮一平七！　卒2平3

② 兵二平三　卒3进1

③ 炮七平四　士6退5

④ 兵三平四　红胜

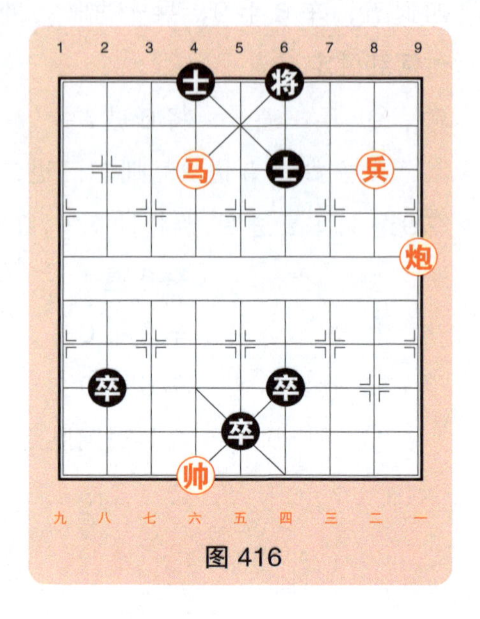

图416

第417局　蹇驽困厩

如图417，红先。

① 马六退八　卒1进1

② 马八退七　象3退5

③ 马七退五　卒1进1

④ 马五进三　红胜

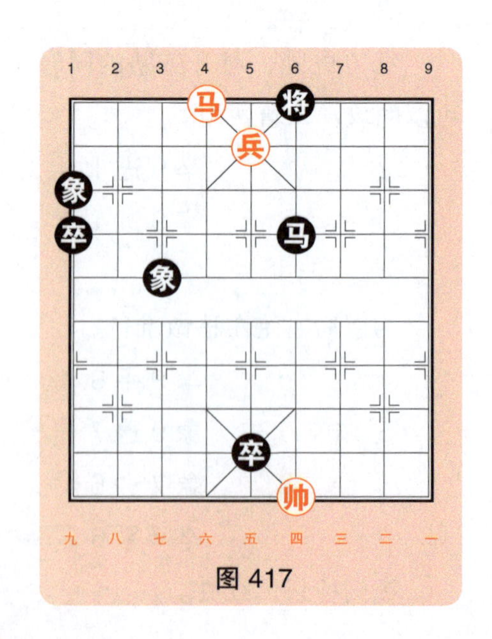

图417

第 418 局　瓯焚伤马

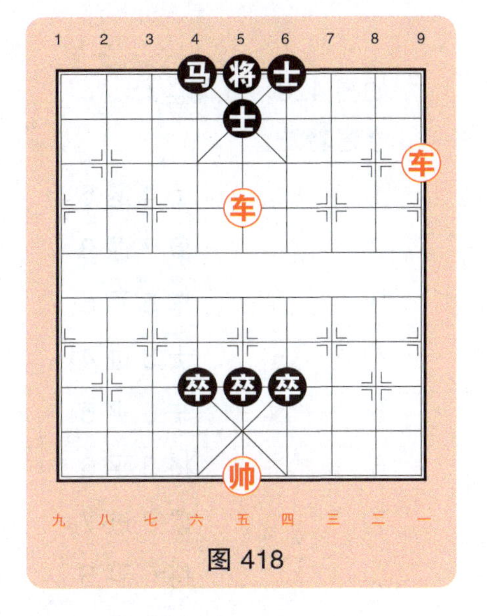

图 418

如图 418，红先。

① 车一平六　马 4 进 2

黑方如卒 6 进 1，则车六进一，卒 5 进 1，车五退五，卒 6 平 5，帅五进一，卒 4 平 3，车六平七，卒 3 平 2，车七进一，卒 2 平 1，车七平八，黑卒必丢，则单车必胜马双士。

② 车六进一　马 2 退 4

③ 帅五平六　卒 6 平 7

黑方如卒 6 进 1，则帅六平五，卒 6 平 7，帅五平四，卒 7 平 8，车六退一，卒 8 平 7，车六平四，下一着车四进二，红速胜。

④ 车六进一　将 5 平 4　　⑤ 车五退四　红胜定

第 419 局　一虎下山

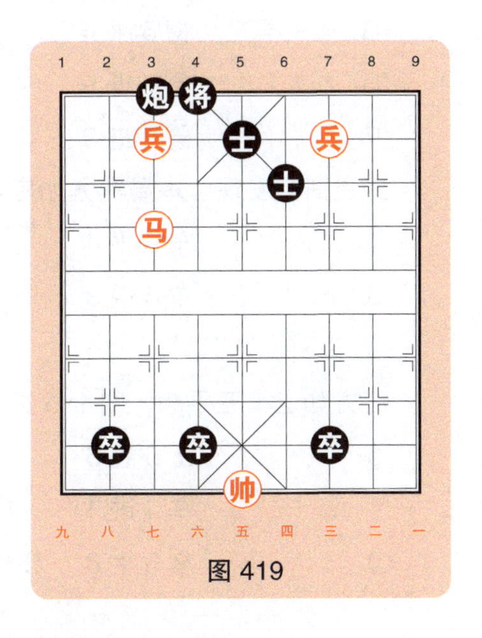

图 419

如图 419，红先。

① 兵七进一　将 4 平 5

② 兵三平四　卒 7 平 6

③ 马七进九　卒 4 平 5

④ 帅五平六　卒 2 平 3

⑤ 马九进七　红胜

本局与第 354 局同名。

第 420 局　失左右手

如图 420，红先。

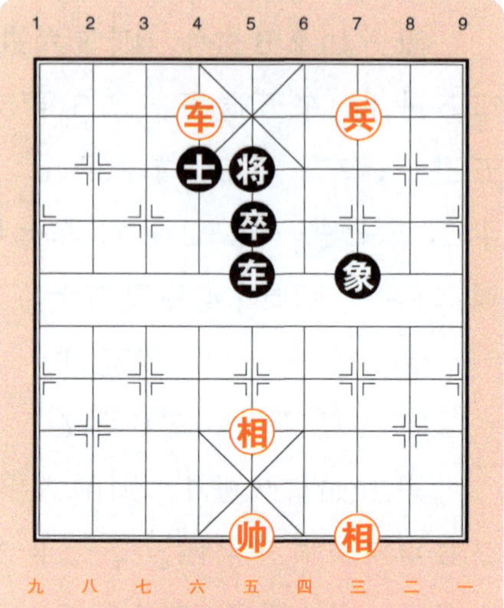

图 420

原谱着法：

① 车六进一　士 4 退 5
② 车六平八　象 7 退 9
③ 兵三平四　车 5 平 6
④ 车八退二　士 5 进 4
⑤ 车八退一　车 6 平 5
⑥ 车八进三　将 5 平 6
⑦ 兵四平三　象 9 进 7
⑧ 车八平二　将 6 平 5
⑨ 车二退二　将 5 退 1
⑩ 车二平六　车 5 平 6
⑪ 帅五平六　车 6 平 5　⑫ 车六平四　车 5 平 4
⑬ 帅六平五　将 5 平 4　⑭ 兵三平四　卒 5 进 1
⑮ 车四退二　象 7 退 9　⑯ 车四平一　象 9 退 7
⑰ 车一平三　象 7 进 9　⑱ 车三平二　红胜

经过研究发现，本局黑方如应对正确是一局和棋。试演如下：

① 车六进一　车 5 平 4　② 车六平五　士 4 退 5
③ 兵三平四　车 4 退 3　④ 帅五平四　卒 5 进 1
⑤ 车五平二

红方如走车五平八，则士 5 进 4，车八退三，将 5 平 6，和棋。

⑤ …………　士 5 进 6　⑥ 车二平八　卒 5 进 1
⑦ 车八退二　车 4 进 1　⑧ 车八退一　车 4 进 3
⑨ 车八平四　卒 5 平 6　和棋

第 421 局　内攻外御

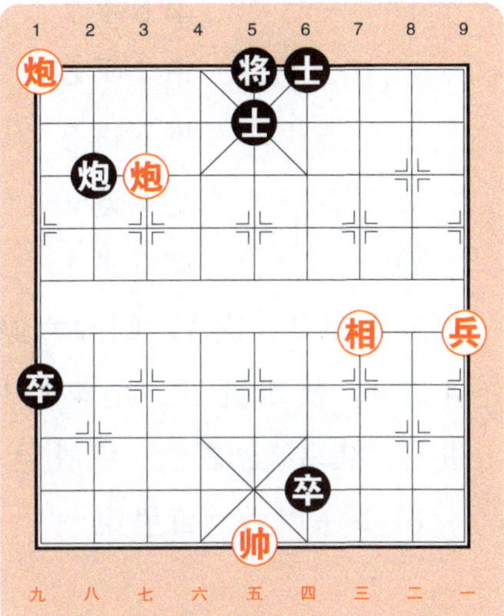

如图 421，红先。

图 421

① 炮七进二　炮 2 退 2

② 炮七退一　炮 2 进 1

③ 炮九平八

至此，黑方边卒被控制，无法参与进攻。

③ …………　将 5 平 4

④ 兵一进一　卒 1 进 1

⑤ 兵一平二　卒 1 进 1

⑥ 兵二平三　炮 2 进 8

⑦ 兵三平四　炮 2 平 1

⑧ 炮七平八　将 4 进 1

⑨ 兵四进一　士 5 进 4

⑩ 后炮退五　士 4 退 5

⑪ 前炮退四　将 4 退 1

⑫ 兵四平五　将 4 进 1

⑬ 兵五平六　将 4 退 1

⑭ 前炮平六　将 4 平 5

⑮ 炮八平二　红胜

第 422 局　抹马潜戈

如图 422，红先。

① 仕五进四　卒 6 平 7

② 仕六进五　卒 7 平 6

③ 马五退四　炮 4 进 2

④ 马四退五　炮 4 退 2

⑤ 仕五退四　卒 6 进 1

黑方如卒 3 进 1，则帅六退一，炮 4 进 4，仕四进五，炮 4 退 1，马五进七，红马绕到左边，红胜定。

⑥ 马五退六　红胜定

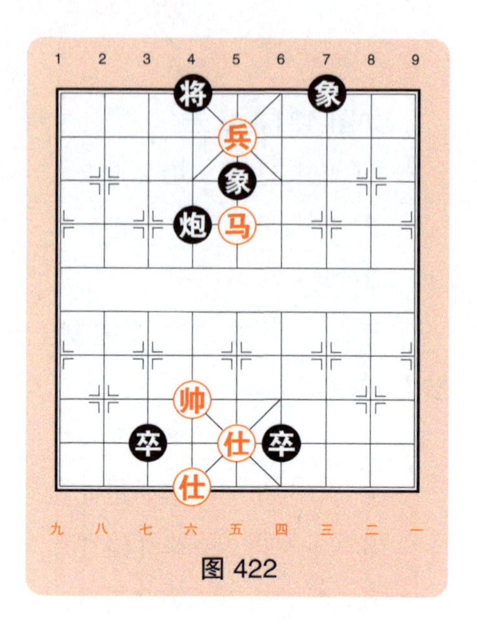

图 422

第 423 局　遐迩归心

如图 423，红先。

① 兵七平六　卒 6 进 1

② 兵六平五　卒 5 平 4

③ 炮五进一　卒 6 进 1

④ 兵五进一　卒 9 进 1

⑤ 炮五平三　绝杀

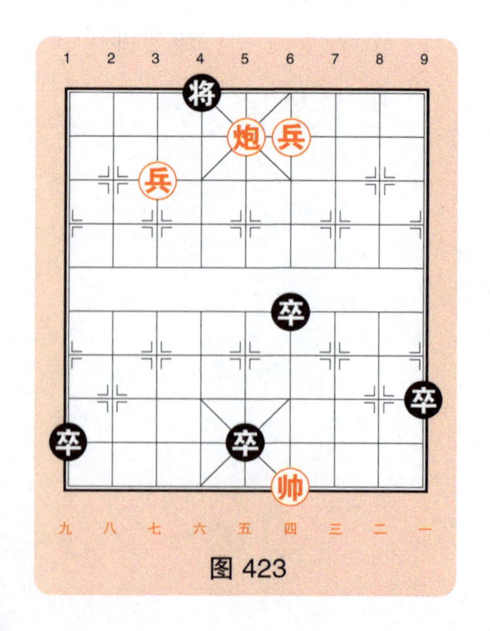

图 423

第 424 局　怯勇自服

炮双士可以守和单车，但本局黑方炮的位置不佳，双卒又没有过河联手，红方有巧胜的机会。

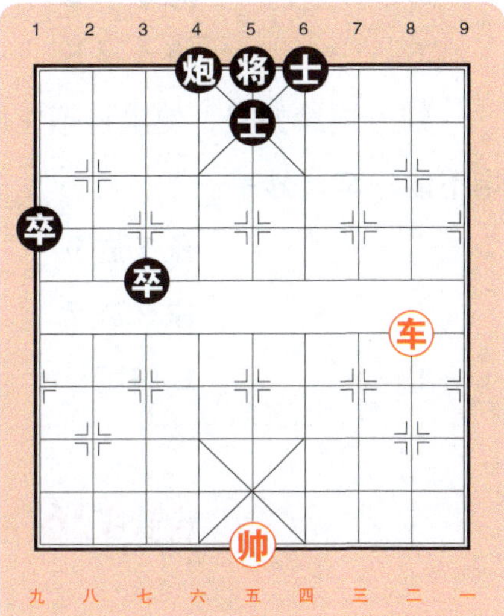

如图 424，红先。

图 424

① 车二平八　卒 1 进 1

② 帅五进一　炮 4 进 2

③ 车八进五　炮 4 退 2

④ 车八平七　卒 1 进 1

⑤ 车七退四　卒 1 平 2

⑥ 车七进四　卒 2 进 1

⑦ 帅五退一　卒 2 进 1

⑧ 帅五进一　卒 2 进 1

⑨ 帅五退一　卒 2 平 1

⑩ 车七平八！卒 1 进 1

⑪ 帅五进一　卒 1 平 2

⑫ 车八退九　炮 4 进 2

⑬ 车八进九　炮 4 退 2

⑭ 车八平七　红胜

本局红方运用控制战术巧胜黑方。

第 425 局　驱将擒胡

本局是实用残局，黑方炮与双象联手是容易守和单车的，但本局红方有兵，黑炮必须全力护卒。红车采用顿挫、追击、捉双等手段，破象或吃卒即可获胜。

如图 425，红先。

① 车二平八

红方平车伏有车八进四，将 5 进 1，车八平三，吃象黑胜。

① ………… 将5平4

② 帅五退一 炮9退1

③ 车八进四 将4进1

④ 车八退七 炮9进1

⑤ 车八平一 炮9平8

⑥ 车一平六 将4平5

红方连续顿挫，使黑将不在原位、炮不能护卒，妙手。

⑦ 车六进七 象7进9

⑧ 车六平一 象9进7

⑨ 车一退四 红胜定

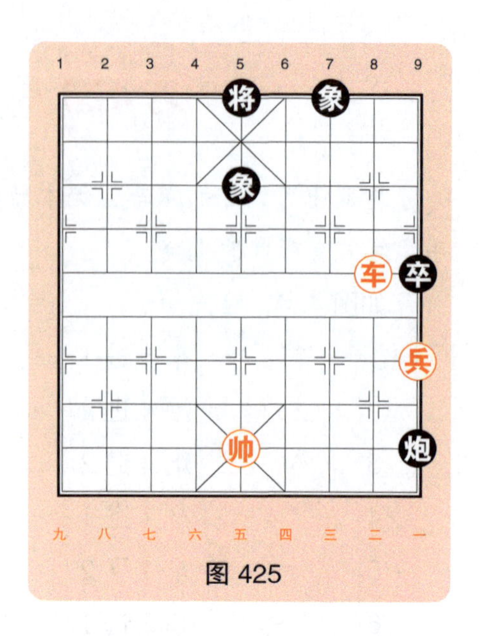

图425

第426局 马灵兵胜

如图426，红先。

① 炮七平六 炮8平4

② 仕六退五 炮4平1

黑方如炮4平5，则帅五平六，炮5平1，仕五进六，炮1平4，炮六进二，马2进4，仕六退五，红胜定。

③ 帅五平六

红方亦可走炮六退一，则炮1平5，帅五平四，炮5退2，马八进六，炮5平4，马六进五，炮4平5，马五进六，马2进4，马六进七，红胜。

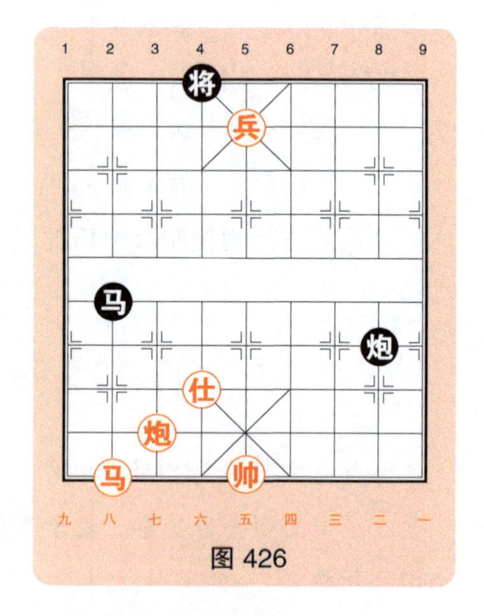

图426

③ ………… 炮1进3

④ 马八进九 马2进3

⑤ 马九退七 炮1退4

⑥ 仕五进六 炮1平4

⑦ 炮六进三 马3退4

⑧ 仕六退五 红胜定

第427局　踊跃用兵

本局是炮高兵例胜士象全的实用残局。

如图427，红先。

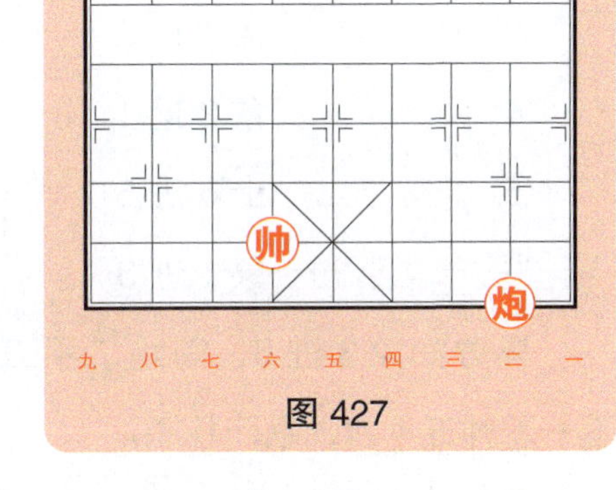

图427

① 兵五进一　士5进4

黑方如象7进5，则炮二平五，黑方欠行，红胜。

② 炮二进九　士4退5

③ 帅六进一！　士5进6

黑方如士5退4，则帅六平五，士4进5，兵五进一，将5平4，帅五退一，红胜。

④ 兵五平四　将5进1　⑤ 炮二退一　将5退1

⑥ 兵四进一　士6进5　⑦ 炮二平五　象7进9

⑧ 炮五退二　象9进7　⑨ 炮五平四　象7退9

⑩ 炮四平二　象9退7　⑪ 炮二进二　红胜

第428局　一心向火

本局为炮兵例胜士象全的实用残局。

如图428，红先。

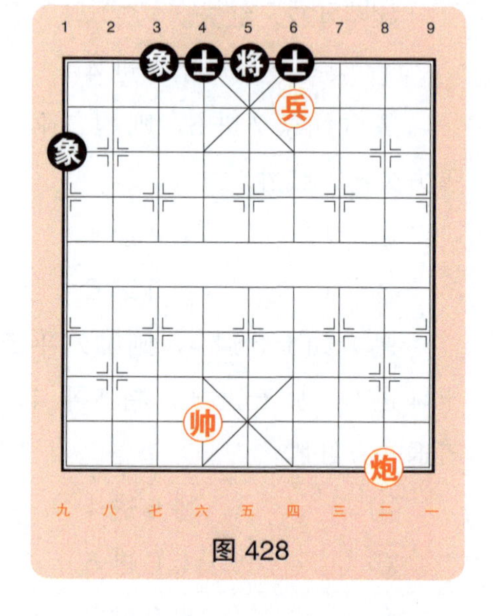

图428

① 炮二平五　象1进3

② 炮五进二　象3退1

③ 帅六平五　象1进3

④ 帅五平四　象3退1

⑤ 炮五平二　士6进5

⑥ 帅四平五　象1进3

黑方如象3进5，则炮二平五，下一着帅五平四，铁门栓杀。

⑦ 帅五退一　象3退1

⑧ 炮二平七　象3进5

黑象被迫进中路。

⑨ 炮七平五　象1退3　　⑩ 帅五平四　红胜

第429局　上陵下替

指下级凌驾于上级，上级无所作为，即上下失序，纲纪失常。出自《左传·昭公十八年》："于是乎下陵上替，能无乱乎？"

如图429，红先。

① 马七退五　象7退5　　② 马五进四

红方进马吃掉一士，黑方士象已残，红胜定。

② ………… 将4平5

③ 马四退五 士4退5

④ 马五进七 象5进3

⑤ 象七退九 象9进7

⑥ 马九进八 象7退5

⑦ 马八进九 士5进4

⑧ 马九退七 将5平4

⑨ 兵四平五 象5退7

⑩ 马七退八 象7进5

⑪ 马八进九 红胜

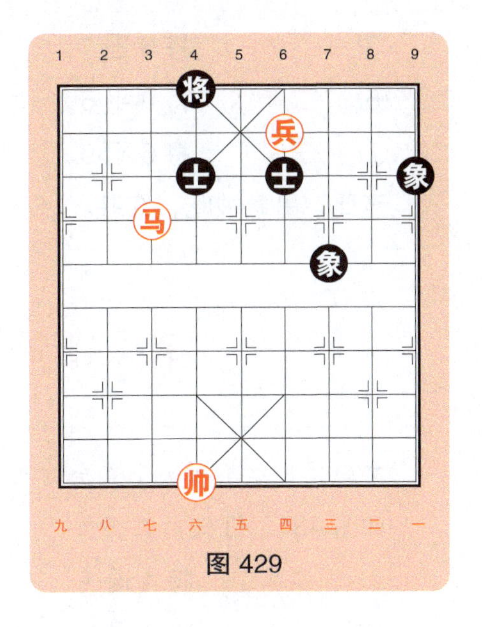

图 429

第430局 能为必胜

一般情况下士象全可以守和单车，但本局黑方双象位置不佳，红方有巧胜的机会。

如图430，红先。

① 车七退一

红方退车控制双象的行动，是取胜的要着。

① ………… 将6进1

② 车七平二 将6退1

黑方如象1退3，则车二退二，象3退5，车二平四，士5进6，帅五平四，士4进5，车四平二，士5进4，车二进二，士4退5，车二进一，照将抽士，红胜。

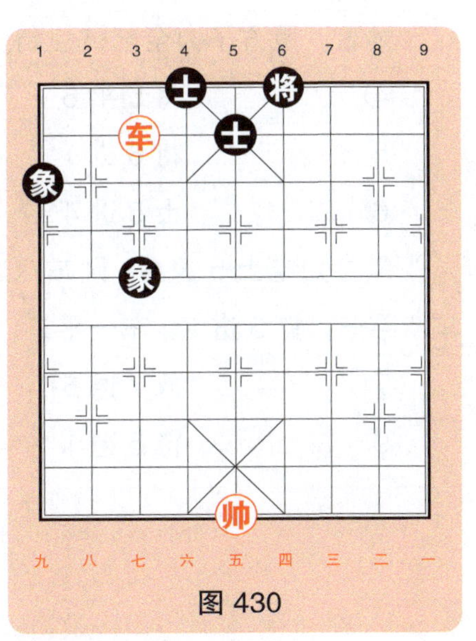

图 430

③ 车二进二　将6进1　　④ 车二退四　将6退1

⑤ 车二平四　将6平5　　⑥ 车四平五！将5平6

⑦ 帅五进一　将6平5　　⑧ 帅五平四

至此，黑象被吃，红胜。

第431局　功成则退

本局又是单车巧破士象全的实用残局。

如图431，红先。

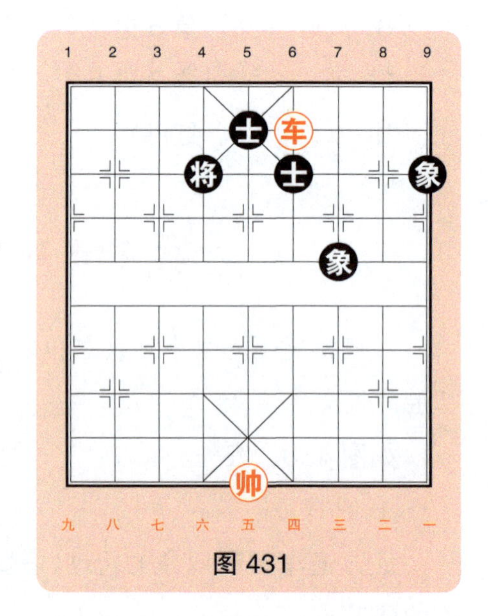

图431

① 车四平二　将4退1

② 车二退二　将4退1

黑方如象7退5，则车二平六，士5进4，帅五平六，士6退5，车六平八吃士，红胜。

③ 车二平六　将4平5

④ 车六进一

妙着，黑方子力全部被控制。

④ …………　将5平6

⑤ 车六平八　将6进1

⑥ 车八进二　士5进4

黑方如走士5退6，则车八退三，士6进5，帅五平四，象7退5，车八平一，象5进7，车一平二，黑士必丢，红胜。

⑦ 帅五平四　象7退5　　⑧ 车八平一　象9进7

⑨ 车一退一　将6退1　　⑩ 车一平六　红胜

第 432 局　钳塞士口

本局又是单车巧胜士象全残局。

如图 432，红先。

① 车七平六！　士 4 进 5

② 车六平八　象 5 退 3

黑方如走士 5 退 6，则车八退一，士 6 进 5，车八平二，红胜定。

③ 车八退二　象 3 进 5

④ 车八进四　士 5 退 6

⑤ 车八退三　士 6 进 5

⑥ 车八平二　红胜

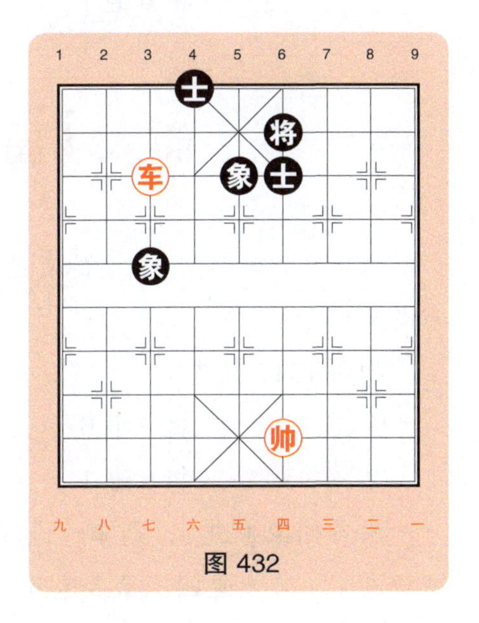

图 432

第 433 局　束手就系

本局黑方士象位置均不佳，红方单车有巧胜的机会。

如图 433，红先。

① 车二进六　将 6 进 1

② 车二平一！

妙手！关键要着。

② …………　将 6 进 1

③ 车一退一　士 5 退 6

黑方如象 9 退 7，则车一退二，将 6 退 1，车一平四，士 5 进 6，帅五平四！士 4 退 5，车四平三，黑方

图 433

士象必丢其一，红胜。

④ 车一平二　士6进5　⑤ 帅五进一　士5退4

⑥ 车二退一　将6退1　⑦ 车二平六　红胜

第434局　上下离心

本局为单车巧胜士象全的实用残局，其着法与第430局“能为必胜”有许多类似的地方。

如图434，红先。

① 车七退一　将5平6

② 车七平一　将6进1

黑方如象1进3，则车一进二，将6进1，车一退四，象3退5，车一平四，士5进6，帅五平四，士4进5，车四平二，黑方必丢士，红胜。

③ 车一退二　将6退1

④ 车一平四　将6平5

⑤ 车四平五　将5平6

⑥ 帅五进一　将6平5

⑦ 帅五平四　红胜

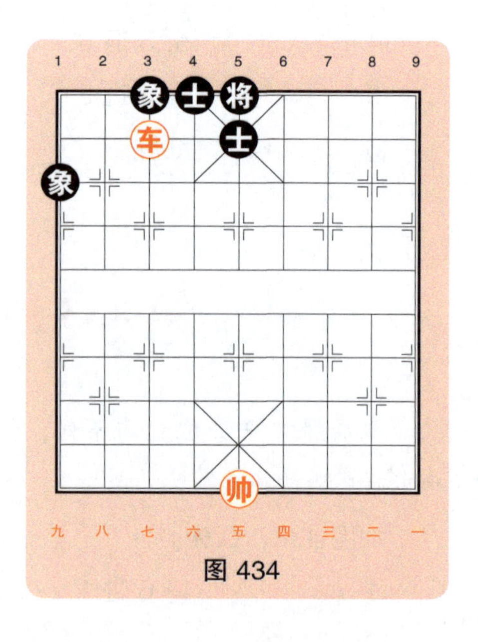

图434

第 435 局　独行千里

本局也是单车巧胜士象全的实用残局，其着法与第 430 局“能为必胜”和第 434 局“上下离心”非常相近。

如图 435，红先。

① 车一进五　将 4 平 5
② 帅五退一　将 5 平 4
③ 车一平六　将 4 平 5
④ 车六平五　将 5 平 4
⑤ 帅五进一　将 4 平 5
⑥ 帅五平六

黑象必丢，红胜。

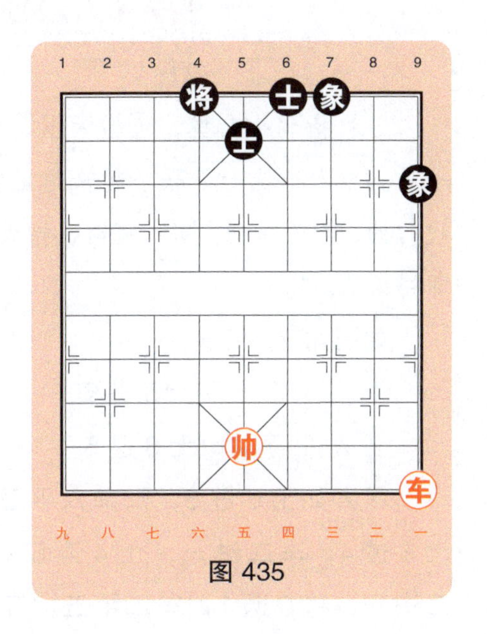

图 435

第 436 局　上下失望

本局亦为单车巧胜士象全的实用残局。局中红方吃黑士的着法，是实战中常用的技巧。

如图 436，红先。

① 车七进六　将 6 退 1
② 车七平四　士 5 进 6
③ 帅五平四　士 4 进 5
④ 车四平二　士 5 进 4
⑤ 车二进一！士 4 退 5
⑥ 车二进一　将 6 退 1
⑦ 车二平五

红方破士后胜定。

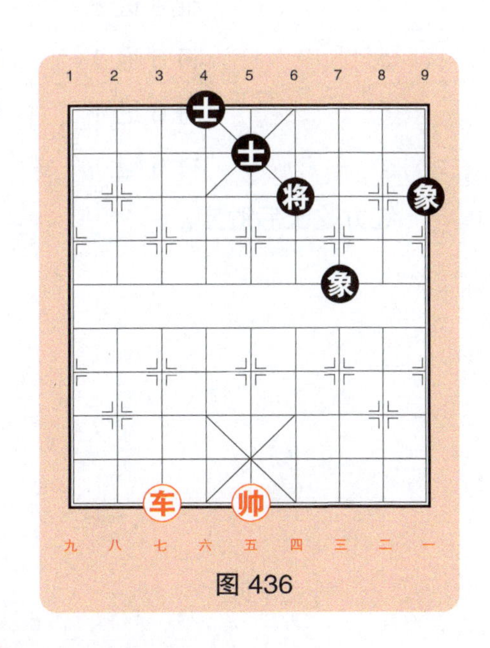

图 436

第 437 局　斗柄回寅

斗：指北斗七星，包括天枢、天璇、天玑、天权、玉衡、开阳、摇光七星。古人把这七星联系起来想象成为古代舀酒的斗形，故名北斗。其勺状的柄，即为斗柄。寅：寅时，指天亮前三点到五点钟的时刻。斗柄回寅：即将天明。

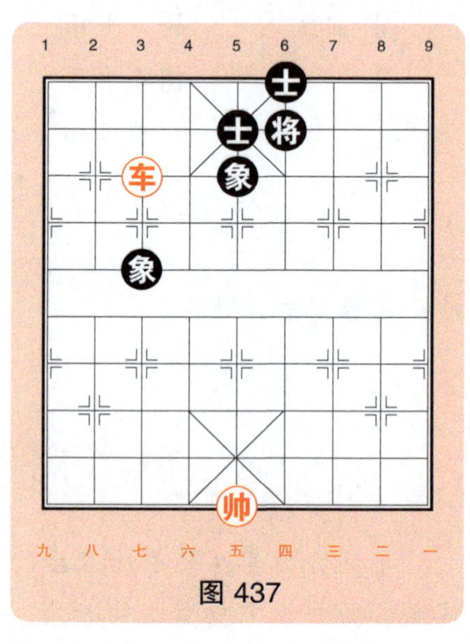

图 437

如图 437，红先。

① 车七退一　士 5 进 6

② 车七平二！士 6 退 5

黑方如士 6 进 5，则帅六平五，士 5 进 4，车二进一，士 4 退 5，车二进一，将 6 退 1，车二平五，红方吃士胜定。

③ 车二平四　士 5 进 6

④ 帅五平四　士 6 进 5

⑤ 车四平二　将 6 退 1

⑥ 车二进三　将 6 进 1

⑦ 车二退一　将 6 退 1　⑧ 车二平五

红方吃士后胜定。

第 438 局　左右并攻

本局是炮兵相例胜双象的实用残局。如图 438，红先。

图 438

① 兵八平七　象 7 进 9

② 兵七平六　将 4 退 1

黑方如象 9 进 7，则炮三退二，象 7 退 9，炮三平六，将 4 平 5，兵六进一，象 9 进 7，炮六平五，以下炮兑双象，红胜。

③ 兵六进一　象 9 进 7

④ 炮三平五

黑中象必丢，红胜定。

第 439 局　士卒威服

本局是马兵对双士卒的实用残局。如图 439，红先。

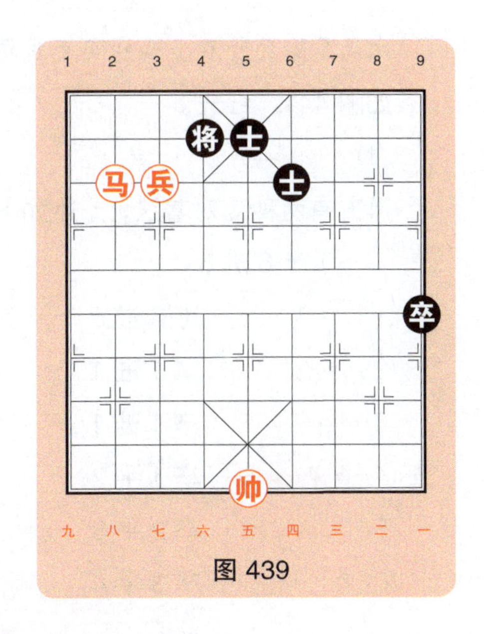

图 439

① 兵七进一　将 4 退 1

② 兵七平六　将 4 平 5

③ 马八退六　将 5 平 6

④ 帅五平四　将 6 平 5

⑤ 马六退四　卒 9 进 1

⑥ 马四进二　卒 9 平 8

⑦ 马二进三　将 5 平 6

⑧ 兵六平五　红胜

第 440 局　三军夺帅

本局是单车有相对三卒联手的实用残局。

如图 440，红先。

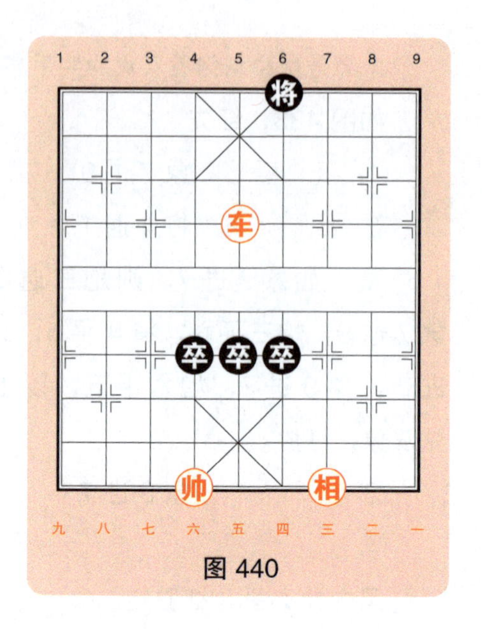

图 440

① 帅六平五　卒 6 平 7

② 车五平三　卒 7 平 8

③ 车三平四　将 6 平 5

④ 帅五平四　卒 8 平 7

⑤ 车四平五　将 5 平 4

⑥ 帅四平五　卒 7 平 6

⑦ 车五平六　将 4 平 5

⑧ 车六退三　红胜

第 441 局　国富兵强

本局是炮兵胜双士卒的实用残局。

如图 441，红先。

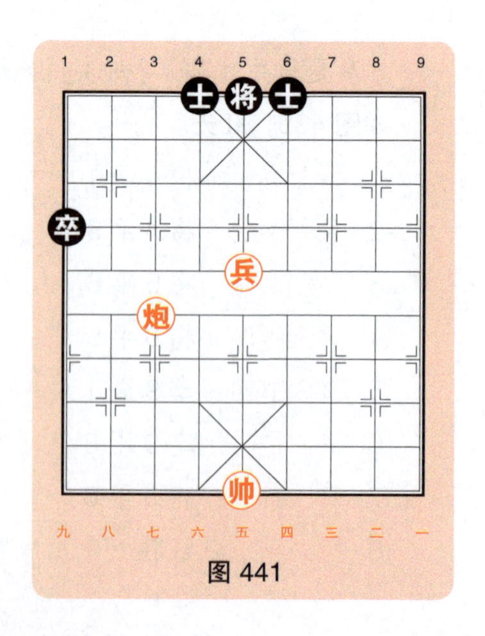

图 441

① 炮七平五

黑方有两种应对着法，分述如下：

（一）士 6 进 5

① …………　士 6 进 5

② 炮五平四　卒 1 进 1

③ 兵五平四　卒 1 进 1

④ 炮四退四　卒 1 平 2

⑤ 兵四进一　卒 2 平 3

⑥ 兵四进一　卒 3 平 4

⑦ 兵四进一　卒 4 平 5　　⑧ 帅五进一　卒 5 进 1

⑨ 炮四平七　士 5 进 4　　⑩ 炮七平五

黑卒被吃，余着为炮兵例胜残局，红胜。

（二）士 4 进 5

① …………　士 4 进 5　　② 炮五平三　士 5 进 4

③ 炮三进一

红方进炮封锁黑方边卒的前进道路，取胜要着。

③ …………　士 6 进 5　　④ 帅五平四　士 5 退 6

⑤ 兵五平六　士 6 进 5　　⑥ 兵六平七　士 5 进 6

⑦ 兵七平八　士 4 退 5　　⑧ 炮三平七　士 5 进 4

⑨ 炮七进四　士 4 退 5　　⑩ 炮七平九　士 5 进 4

⑪ 兵八进一　卒 1 进 1　　⑫ 兵八平九

黑卒被吃后，炮兵例胜双士，红胜。

第 442 局　济济多士

本局为炮兵仕对炮卒的实用残局。

如图 442，红先。

① 炮五平四　炮 3 平 6

② 仕四退五　炮 6 平 5

③ 帅五平四　炮 5 平 4

④ 仕五进四　炮 4 平 6

⑤ 炮四进三　卒 7 平 6

⑥ 仕四退五　将 6 退 1

⑦ 兵五进一　将 6 退 1

⑧ 兵五进一　卒 6 进 1

⑨ 帅四进一　红胜

图 442

第 443 局　日月交蚀

本局为炮兵对炮双士的实用残局。红方着法层层推进，如日月之交蚀，故名。

如图 443，红先。

① 帅五进一　炮 3 平 2

黑方如炮 3 进 2，则炮六平八，炮 3 平 5，炮八退九，炮 5 平 7，炮八平三，炮 7 进 6，帅五进一，炮 7 退 1，炮三进一，炮 7 退 1，炮三进一，最终黑方遭闷杀，红胜。

② 炮六平七　炮 2 进 2

③ 炮七退二　炮 2 进 1

④ 炮七平三　红胜

图 443

第 444 局　地网天罗

本局是炮双低兵例胜双象的实用残局。

如图 444，红先。

① 帅四平五　象 3 进 1

② 炮五平八　象 1 进 3

③ 炮八退三　象 3 退 5

④ 炮八平二　象 5 退 3

⑤ 炮二进二　象 3 进 1

⑥ 兵五平六　象 1 退 3

⑦ 兵四平五　象 3 进 1

⑧ 炮二平四　象 1 退 3

⑨ 炮四进一　红胜

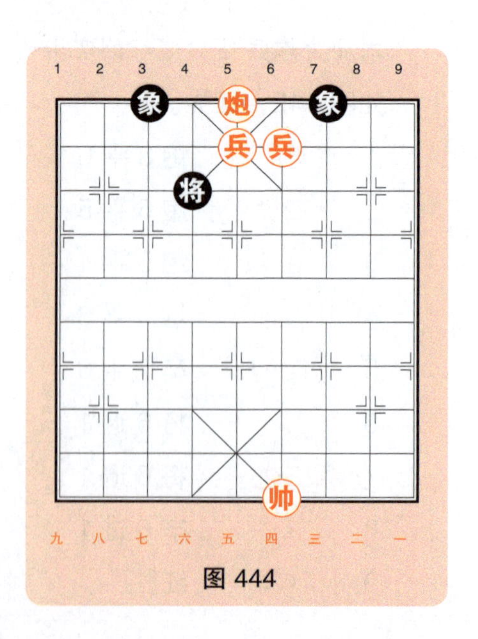

图 444

第445局　双孙扶老

本局为双兵巧胜单缺象的实用残局。

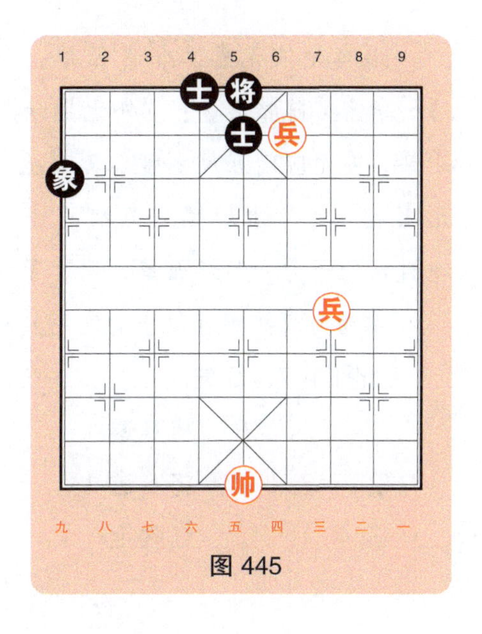

图445

如图445，红先。

① 兵三进一　象1进3

② 兵三进一　象3退5

③ 兵三进一　象5进3

黑方如士5退6，则兵三平四，士4进5，后兵平五吃象，红胜定。

④ 兵三进一　象3退5

⑤ 兵三进一　象5进3

⑥ 兵三平四　红胜

第446局　锐兵健步

本局是双兵例胜双象的实用残局。

图446

如图446，红先。

① 兵八平七　将4平5

② 兵六平五　象5进3

③ 帅五平六　象3退5

④ 兵七平六　将5平6

⑤ 兵五平四　象5进3

⑥ 帅六平五　象3退5

⑦ 帅五平四　象5进3

⑧ 兵四进一　将6退1

⑨ 兵四进一　将6平5

⑩ 兵四进一　红胜

第447局　茕茕孑立

形容无依无靠，非常孤单。出自晋·李密《陈情表》：“外无期功强近之亲，内无应门五尺之童。茕茕孑立，形影相吊。”本局黑方只有双士，没有过河的子力，形影孤单，茕茕孑立。

本局为双兵例胜双士的实用残局。

如图447，红先。

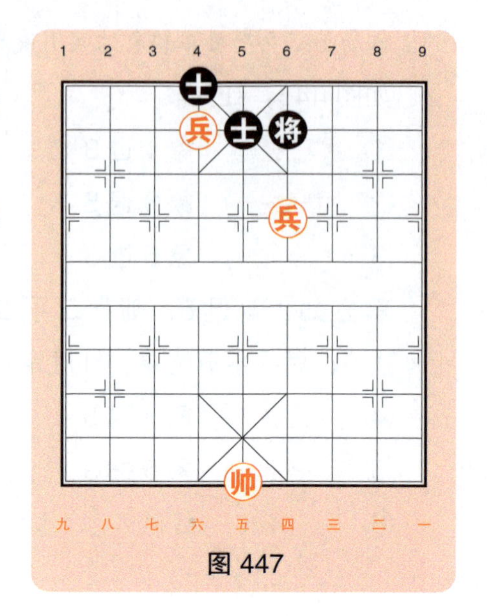

图447

① 兵四平五　将6退1

② 兵五进一　将6进1

③ 兵六平五　红胜定

第448局　游丝系虎

本局为单车巧胜炮双象的实用残局。

如图448，红先。

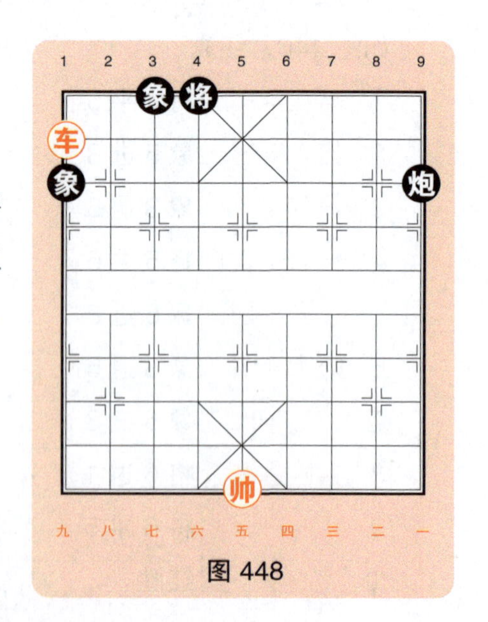

图448

① 车九平一　炮9平4

黑方如炮9平5，则车一进一，将4进1，车一平五，炮5平4，车五退四，将4退1，车五平六，将4进1，帅五进一，黑方必丢象或炮，红胜。

② 车一进一　将4进1

③ 车一退二　炮4进3

④ 车一退二　炮4退3

⑤ 车一平六　红胜

第449局　只马归命

马双象守和单车只有一种定式，即马在中象位，一象在河口与边象连环，除此之外，单车方可以取胜。

如图449，红先。

图449

① 车五平三　将5平4

② 车三平四　将4平5

黑方如象3进1，则车四进三，将4进1，帅五进一，象1进3，车四退四，象3退1，车四平五，红吃象速胜。

③ 帅五平四　象3进1

④ 车四进三　将5进1

⑤ 帅四平五　将5平4

黑方如马7进9，则车四平九，捉象抽马，红胜。

⑥ 帅五进一　象1进3

⑦ 车四退四　象3退1

⑧ 车四平五　象1进3

⑨ 车五平六　将4平5

⑩ 车六平七　红胜

第 450 局　驽驹失厩

如图 450，红先。

① 车七退三　马 4 进 6

② 车七进二　将 4 退 1

③ 车七平五　红胜

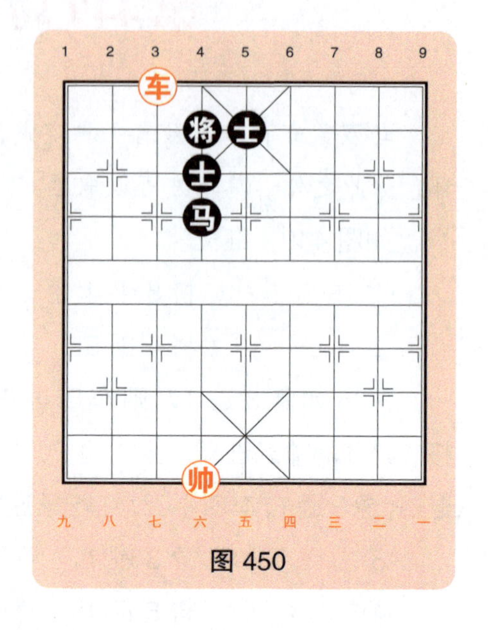

图 450

第 451 局　华衣怒马

本局是单车巧胜马双象的实用残局。局中马虽在中象位，表面似和，但黑双象位置不佳，红方有机会取胜。

如图 451，红先。

① 车五退一　将 5 平 4

② 车五平八　将 4 进 1

③ 车八进三　将 4 退 1

④ 车八退四　将 4 进 1

⑤ 车八平六　将 4 平 5

⑥ 车六进五　将 5 平 6

⑦ 车六平五　将 6 进 1

⑧ 帅五进一

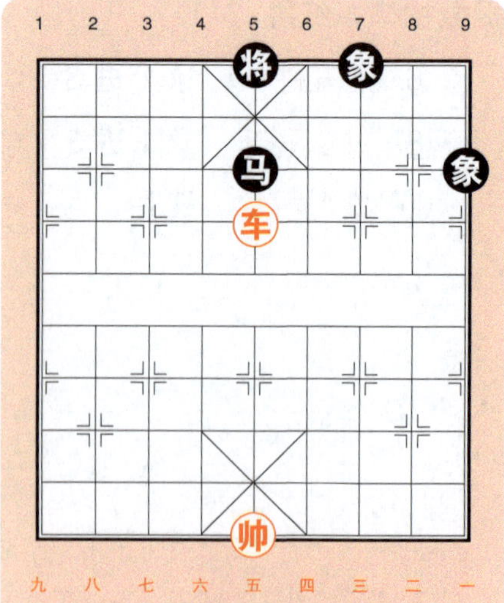

图 451

巧妙的等着。黑方双象和马全被牵制，无法走动，红胜。

第 452 局　野马踅田

本局为单车例胜马双士的实用残局。取胜要点是车把马赶到无士一边。

如图 452，红先。

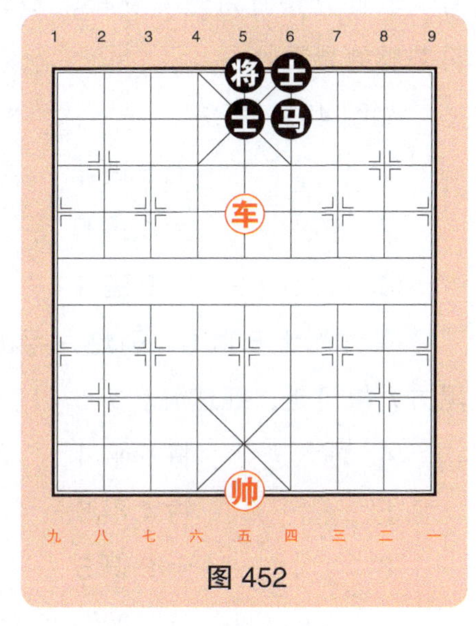

图 452

① 车五平八　将 5 平 4

② 车八平六　将 4 平 5

③ 车六进二

原谱到此结束，并注明“车赶马至无士一边胜”。

③ …………　马 6 退 8

④ 车六平八　将 5 平 4

⑤ 车八进二　将 4 进 1

⑥ 车八退三　将 4 退 1　　⑦ 车八平六　将 4 平 5

⑧ 帅五平六　马 8 进 6　　⑨ 车六平四　马 6 退 8

黑方如走马 6 进 8，则车四平八，士 5 退 4，车八进三，士 6 进 5，帅六平五，马 8 进 6，车八退二，将 5 平 6，帅五平四，将 6 平 5，车八平三，士 5 退 6，车三平四，黑方必丢士或马，红胜。

⑩ 车四平八　士 5 退 4　　⑪ 车八进三　士 6 进 5

⑫ 帅六平五　马 8 进 6　　⑬ 车八退三　马 6 进 8

黑方如马 6 退 8，则车八平三，红速胜。

⑭ 车八平二　马 8 退 6　　⑮ 帅五进一　将 5 平 6

⑯ 车二平四　红胜

第 453 局　变生肘腋

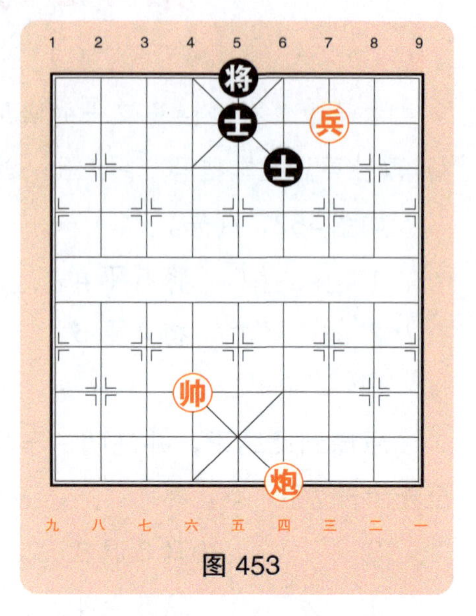

图 453

本局是炮低兵例胜双士的实用残局。取胜方法可用炮兑双士，形成单兵必胜的局面。

如图 453，红先。

① 兵三平四　士 5 进 4

② 炮四平六　士 4 退 5

③ 帅六退一　士 5 进 4

黑方如士 5 退 6，则炮六平五，黑方无棋可走，红速胜。

④ 炮六进七　将 5 平 4

⑤ 炮六进一　将 4 平 5

⑥ 炮六平八　士 6 退 5　　⑦ 帅六平五　红胜

第 454 局　计罗并照

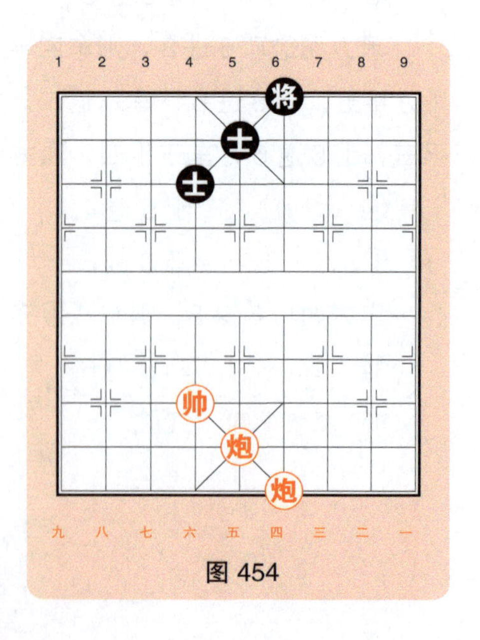

图 454

本局是双炮例胜双士的实用残局。“计罗并照”形容本局红方双炮着法紧凑，黑方双士难逃罗网。

如图 454，红先。

① 炮五平四　将 6 平 5

② 帅六平五　将 5 平 4

③ 前炮平六　将 4 平 5

④ 炮六进三　将 5 平 6

⑤ 炮六平五　红胜

本局与第 28 局同名。

第 455 局　孤生无倚

本局是炮兵相例胜单炮的实用残局。孤生无倚：指本局黑方只有一炮，无依无靠。

如图 455，红先。

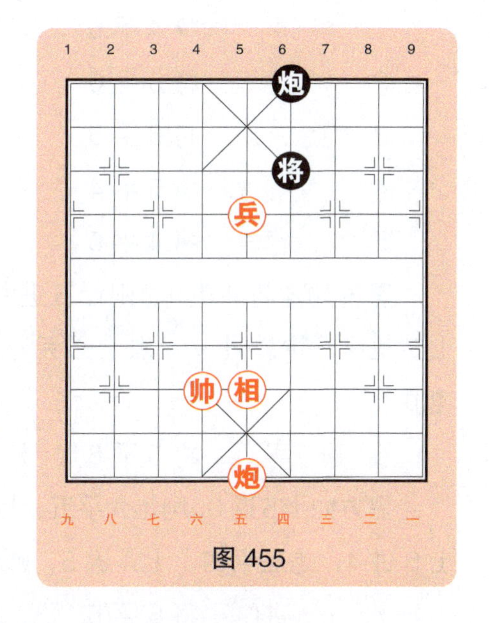
图 455

① 炮五平一　将 6 退 1
② 炮一进二　将 6 进 1
③ 相五进三　将 6 退 1
④ 帅六平五　将 6 进 1
⑤ 炮一平四　炮 6 进 7
⑥ 兵五平四　将 6 退 1
⑦ 帅五平四　红胜

第二回合黑方有另一种比较顽强的着法：

② …………　将 6 平 5
③ 兵五平四　炮 6 平 5
④ 相五进三　将 5 进 1　⑤ 炮一平五　炮 5 平 4
⑥ 炮五退一　将 5 退 1　⑦ 相三退五　将 5 平 6
⑧ 帅六退一　炮 4 进 4　⑨ 帅六退一　炮 4 平 6
⑩ 帅六平五　炮 6 进 1　⑪ 帅五平四　炮 6 进 1
⑫ 帅四进一　炮 6 退 1　⑬ 帅四进一　炮 6 进 1
⑭ 兵四平三

黑炮必丢，红胜。

第 456 局　国士无双

本局为炮仕例胜双士的实用残局，应用价值极高。

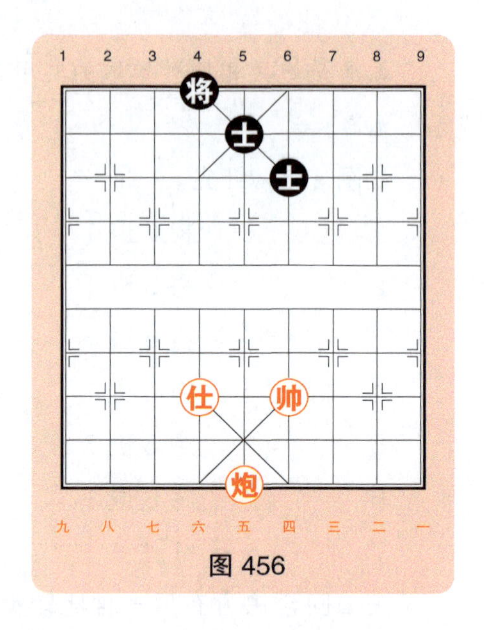

图 456

如图 456，红先。

① 炮五平六　将 4 平 5

② 帅四平五　将 5 平 6

③ 炮六进一　将 6 平 5

④ 仕六退五　将 5 平 4

⑤ 炮六退一　将 4 平 5

黑方如走将 4 进 1，则仕五进六，士 5 进 4，炮六进一，黑士必丢，红速胜。

⑥ 帅五平六　将 5 平 6

黑方如士 5 退 6，则炮六平五，士 6 进 5，帅六退一！将 5 平 6，仕五进四，士 5 进 4，炮五平四，士 4 退 5，帅六平五，士 5 进 4，炮四进七，红胜。

⑦ 仕五进四　将 6 平 5　　⑧ 炮六平四　将 5 平 6

⑨ 帅六平五　将 6 进 1　　⑩ 仕四退五　红胜

第 457 局　送往迎来

本局是炮兵巧胜双卒的实用残局。

如图 457，红先。

① 兵五进一　将 4 平 5

黑方如卒 7 进 1，则兵五平六，下一着炮二平六，红速胜。

② 炮二平五　将 5 平 4

③ 兵五平四

红方平兵控制黑卒过河是取胜的关键。

③ ………… 将4平5

④ 帅五平六 卒6平5

⑤ 炮五进五 将5进1

⑥ 炮五平三 将5退1

⑦ 兵四进一 卒7进1

⑧ 兵四平三

吃卒，红胜定。

本局与第176局同名。

图457

第458局 顾彼失此

本局是马兵例胜炮象的实用残局。我们实战中会经常遇到。

如图458，红先。

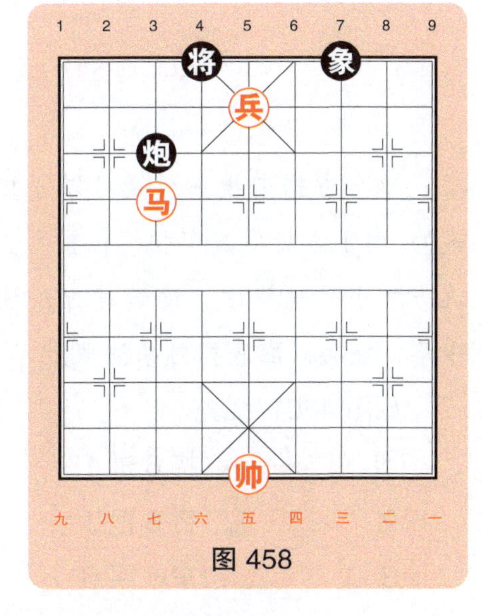

图458

① 帅五进一 象7进9

② 马七退六 象9退7

③ 马六进五 炮3退2

④ 兵五平六 将4平5

⑤ 帅五平四 炮3进5

⑥ 马五进七 炮3平6

⑦ 兵六平五 将5平6

⑧ 马七退五 炮6退2

⑨ 马五退六 象7进5

⑩ 马六退五 炮6进4

⑪ 马五退四 炮6退1

⑫ 马四进二 象5进7

⑬ 马二进三 炮6退4

⑭ 马三进二 红胜

第 459 局　单驹随牝

本局是马低兵例胜单马的实用残局。

如图 459，红先。

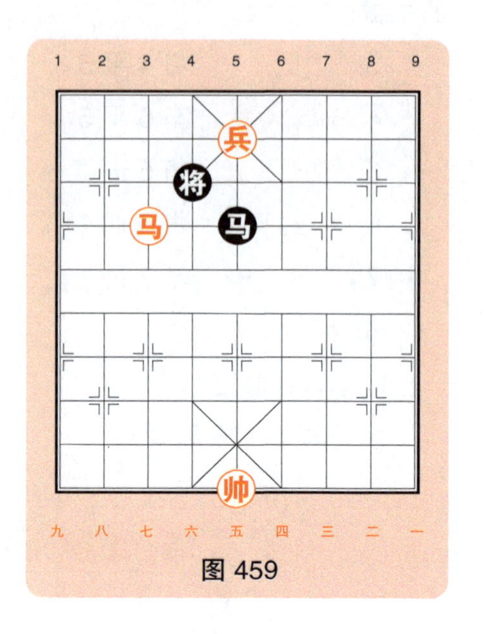

图 459

① 马七进八　将 4 平 5

② 兵五平四　将 5 平 6

③ 马八退六　马 5 进 4

黑方如马 5 退 6，则马六进五，红速胜。

④ 兵四平三　马 4 退 5

⑤ 马六进五　将 6 平 5

⑥ 兵三平四　红胜

第 460 局　赶虎出穴

单车占据中线一般是可以守和车炮的，由于本局黑方车和将位置不佳，红方利用顿挫战术，逼迫黑方车让出中路，最后以海底捞月杀法取胜。

如图 460，红先。

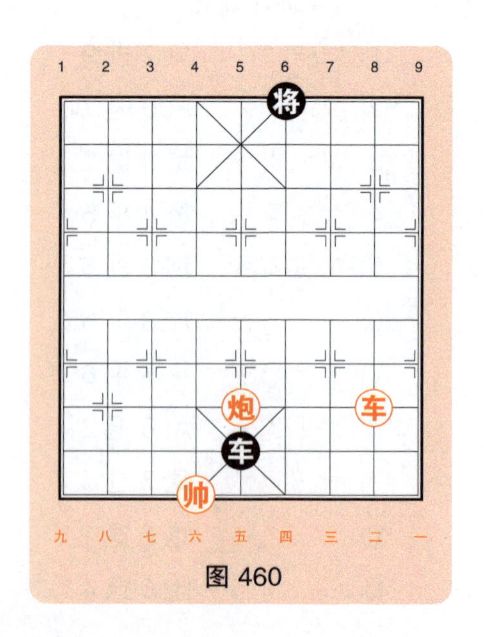

图 460

① 车二进七　将 6 进 1

② 车二退一　将 6 退 1

③ 车二平五　车 5 平 6

④ 帅六平五　车 6 退 1

⑤ 车五退四　将 6 进 1

⑥ 炮五进一　车 6 退 1

⑦ 炮五平六　将6退1　⑧ 炮六进一　将6进1
⑨ 车五进四　将6退1　⑩ 炮六平三　车6退1
⑪ 炮三进五　车6平7　⑫ 车五进一　将6进1
⑬ 炮三平四　红胜

第461局　三辰不轨

本局是单车巧胜双炮的实用残局。

如图461，红先。

图461

① 帅六进一　炮4进1

② 车五平七　炮4退1

黑方如炮5平6，则车七平五，炮4平5，车五平四，将5平6，帅六平五，炮5退1，帅五进一，炮5进1，车四平三，将6平5，车三进一，红胜。

③ 帅六平五　炮4进4

黑方如将5平6，则车七平四，将6平5，车四平六，炮4平2，帅五平六，黑炮必丢，红速胜。

④ 车七进二　炮4退4　⑤ 车七退一　炮5进1
⑥ 车七退一　炮5退1　⑦ 车七平六　炮4平2
⑧ 帅五平六　红胜定

第 462 局　一恸而绝

如图 462，红先。

① 帅五进一　象 7 退 9

② 炮五平八　象 9 进 7

③ 炮八退二　红胜

图 462

第 463 局　填塞道路

本局是炮高兵例胜单象的实用残局。

如图 463，红先。

① 炮五平八　将 4 平 5

② 兵五平六　象 3 退 1

③ 兵六进一　象 1 进 3

④ 炮八进四　将 5 退 1

⑤ 炮八平六　将 5 进 1

⑥ 帅四退一　将 5 退 1

⑦ 兵六进一　象 3 退 1

⑧ 炮六平八　象 1 退 3

⑨ 炮八进二　红胜

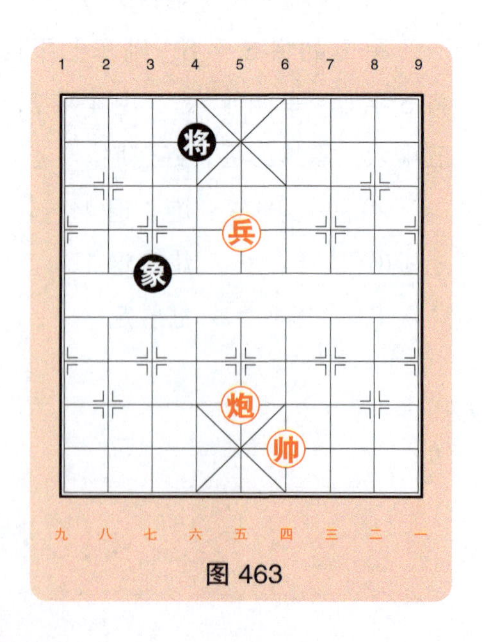

图 463

第 464 局　侵害边卒

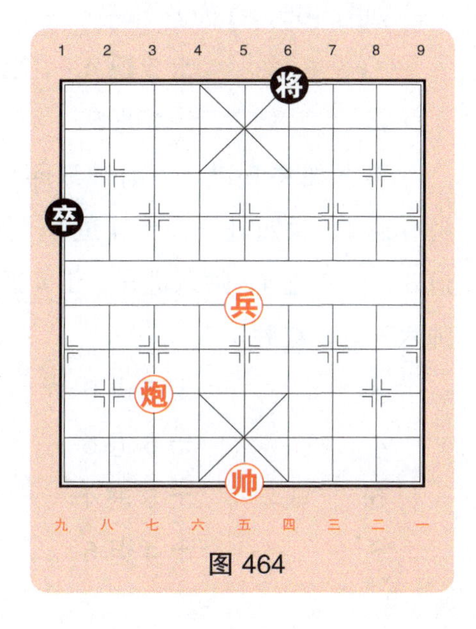

图 464

如图 464，红先。

① 兵五进一　将 6 平 5

黑将如不平中，红方则兵五平四，以后炮七平四，绝杀。

② 炮七平五　将 5 平 4

黑方如将 5 平 6，则炮五平四要杀，将 6 平 5，炮四进三，红方封锁黑方边卒的前进道路，以后消灭边卒而速胜。

③ 炮五平四　将 4 平 5

④ 炮四进三　将 5 进 1

⑤ 帅五平四　将 5 退 1

⑥ 兵五平六　将 5 进 1

⑦ 兵六平七　将 5 退 1

⑧ 兵七平八　将 5 进 1

⑨ 炮四进二　将 5 进 1

⑩ 炮四进二　将 5 退 1

⑪ 炮四平九　将 5 退 1

⑫ 兵八进一　卒 1 进 1

⑬ 兵八平九　红胜

第465局　一木难支

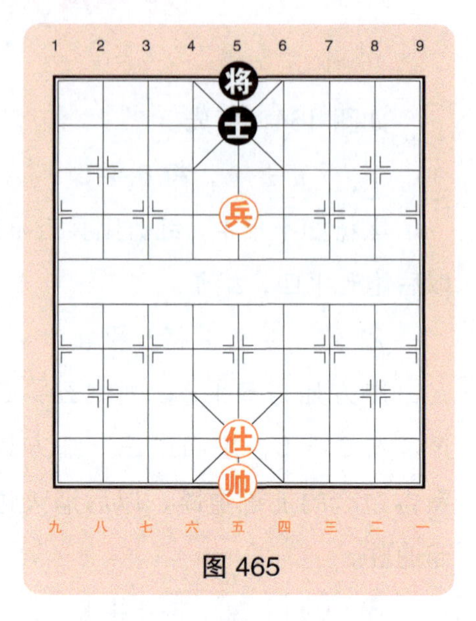

图465

本局是单兵有仕例胜单士的残局定式。

如图465，红先。

① 兵五进一　士5退4

② 兵五平四　士4进5

黑方如将5进1，则帅五平六，将5退1，兵四进一，士4进5，仕五退四，士5进4，帅六进一，士4退5，帅六平五，红胜。

③ 兵四进一　士5进6

④ 帅五平六！士6退5

⑤ 仕五进四　士5进4

⑥ 帅六进一　士4退5

⑦ 帅六平五　红胜

第466局　士孤将寡

图466

本局是单马例胜单士的实用残局定式。民间称为“七步杀”。

如图466，红先。

① 马四退五　将4进1

黑方如将4退1，则马五进七，抽吃黑士，红胜。

② 马五进三　士5进6

③ 马三退四　士6退5

④ 马四进六　士5退6

黑方如将4退1，则马四进六，吃黑士，红胜。

⑤ 马六进八　士6进5　⑥ 马八进七　将4退1

⑦ 马七退五　红胜

第467局　七擒七纵

公元225年，诸葛亮为维护国家统一，削除地方割据势力，采取攻心策略，将叛乱头领孟获捉住七次，放了七次，使他真正服输，不再为敌。比喻运用策略，使对方心服归顺自己。

如图467，红先。

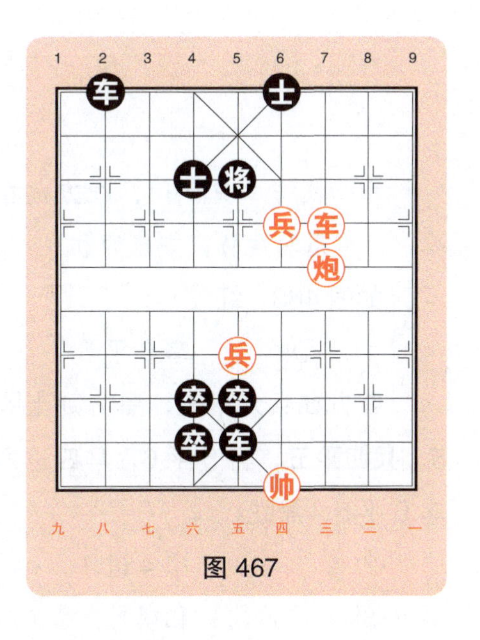

图467

① 兵四进一　将5退1

② 兵四进一　将5退1

黑方如将5平4，则炮三平六，士4退5，车三平六，士5进4，兵四平五，将4平5，车六平五，红胜。

③ 车三平五　将5平4

④ 车五进三　将4进1

黑方如将4平5，则炮三进四，士6进5，兵四进一，红胜。

⑤ 炮三进三　士4退5

⑥ 兵四平五　将4进1

⑦ 车五平八　将4平5　⑧ 前兵平六

红方如走兵五平四，则车5进1，帅四平五，将5平6，捉卒要杀，黑胜。

⑧ …………　将5平4

黑方如士6进5，则车八退二，士5进4，车八退二，卒5平6，车八平五，将5平6，车五平四，将6平5，车四退三，士4退5，炮三退一，将5平4，兵六平五，将4平5，兵五平四，将5平4，车四进五，将4退1，炮三进一，将4退1，兵四平五，红胜。

⑨ 兵六平七　将4平5　　⑩ 车八退二　将5退1

⑪ 车八退二　卒5平6

黑方如走将5进1，则兵七平六，将5平4，兵六平五，将4平5，前兵平四，士6进5，炮三进一，卒5平6，炮三平五，士5进4，车八平五，将5平6，车五平四，将6平5，车四退三，下一着车四进五绝杀，红胜。

⑫ 车八平五　将5平6　　⑬ 车五平四　将6平5

⑭ 车四退三　车5退2　　⑮ 兵七平六　将5平4

⑯ 车四平六　将4平5　　⑰ 车六退一　和棋

第468局　单马独还

本局黑方二鬼把门，红方危在旦夕，只有退马协防，方能弈和。

如图468，红先。

图468

① 马四退五　卒6平5

红方如兵六平五，黑方则士4进5，兵四平五，将5平6，马四进六，卒6平5，黑胜。

② 帅五平四　卒4进1

③ 马五退四　和棋

第 469 局　匹马平戎

本局是马双兵守和双士三卒的实用残局。

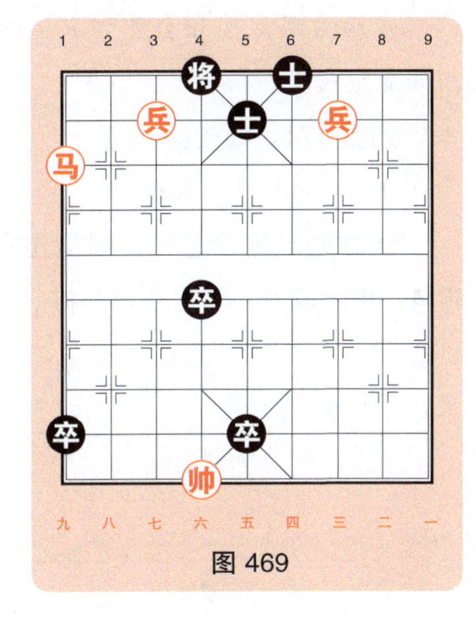

图 469

如图 469，红先。

① 兵七进一

红方如走马九退七，则卒 1 平 2，兵七进一，将 4 平 5，至此，红方如马七进五，则士 5 进 4，兵三平四，士 6 进 5，黑胜定。

①…………　将 4 进 1

② 马九退七　将 4 进 1

③ 马七退五　将 4 退 1

④ 马五退四　卒 5 平 6

⑤ 帅六平五　卒 4 进 1

⑥ 马四退二　卒 6 平 7

⑦ 帅五进一　和棋

第 470 局　公私安堵

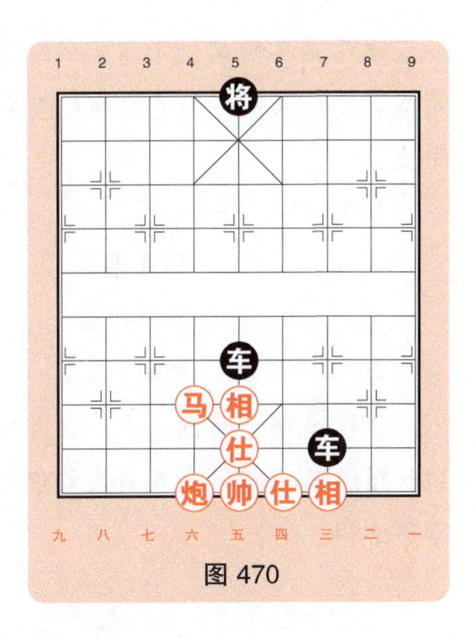

图 470

局名形容无论出现什么情况，本局马炮仕相全守和双车，就像一堵墙一样稳定。

如图 470，红先。

① 炮六平七　和棋

黑方双车配合，通过塞象眼的方法，可用一车换掉红方马双相。但只要红方应对得当，炮双仕依然可轻松守和单车。

第 471 局　藏锋敛锷

本局为双炮仕相全守和双车的实用残局定式。

如图 471，红先。

① 后炮平七　和棋

红方如走炮六进一，黑方走车 7 退 4，炮六退一，双方也是和棋。

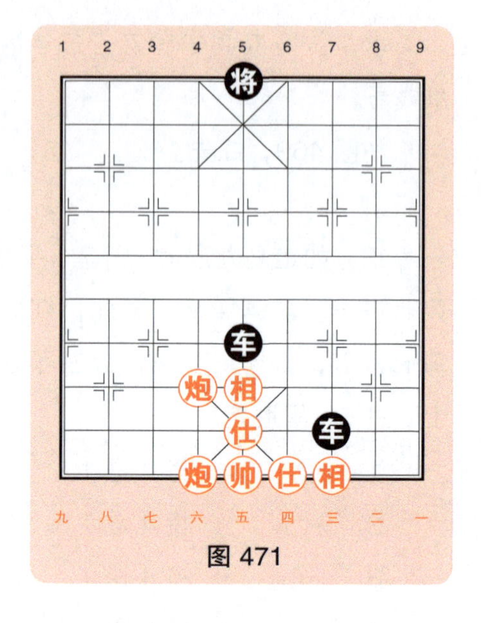

图 471

第 472 局　中外乂安

本局是车相单仕守和车卒的残局定式。中外乂安：形容本局红方天下平安。

如图 472，红先。

① 车六进二　卒 4 平 3

② 车六平七　卒 3 平 4

③ 车七平六　和棋

因黑卒属于有根之子，红方车可以长跟黑卒，黑车不能离开发动攻击，双方必和。

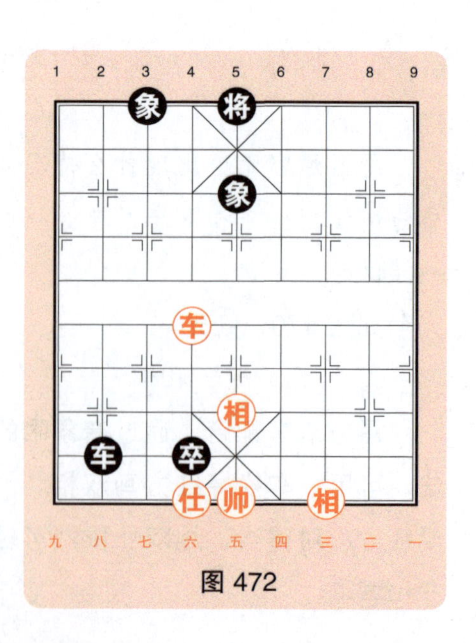

图 472

第473局　盘石固守

本局是车双卒对车仕相全的残局，只有巧胜而非必胜，守和的机会很多。本局名用来形容本局红方防守稳固如磐石。

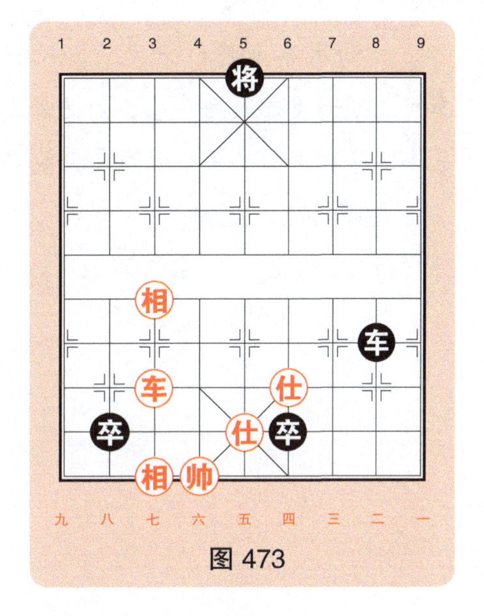

图473

如图473，红先。

① 相七退九　车8进3

② 帅六进一　车8退1

③ 车七平五

红方照将不让黑将居中，以防黑方一卒换双仕。

③ …………　将5平6

④ 车五平七　车8退2

⑤ 帅六退一　和棋

第474局　保卫一方

本局红方炮守底线，边相护炮，车护帅兼保边相，形成稳固的防守体系，可以守和。

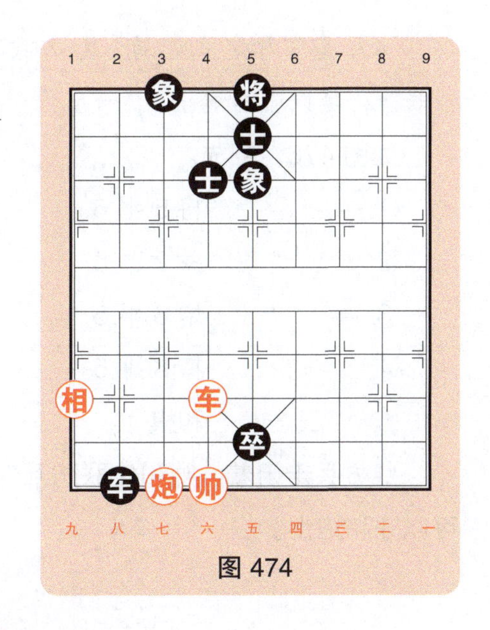

图474

如图474，红先。

① 车六平五　车2退1

② 车五平六　象3进1

③ 炮七进四　车2平3

④ 炮七平八　象1退3

⑤ 炮八退四　车3平2

⑥ 炮八平七　和棋

第 475 局　四方清宴

本局黑卒坐稳红方九宫中心，黑车可以随时发起致命一击，红方车马炮三个大子和老帅必须全力防守，故名。

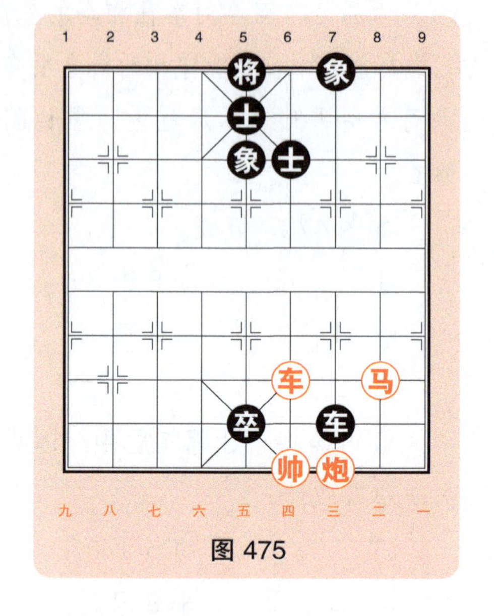
图 475

如图 475，红先。

① 车四平五　车 7 平 8

② 车五平四　和棋

第 476 局　一兵解危

本局是守和定式残局。红方兵、仕联防，可以守和炮士。

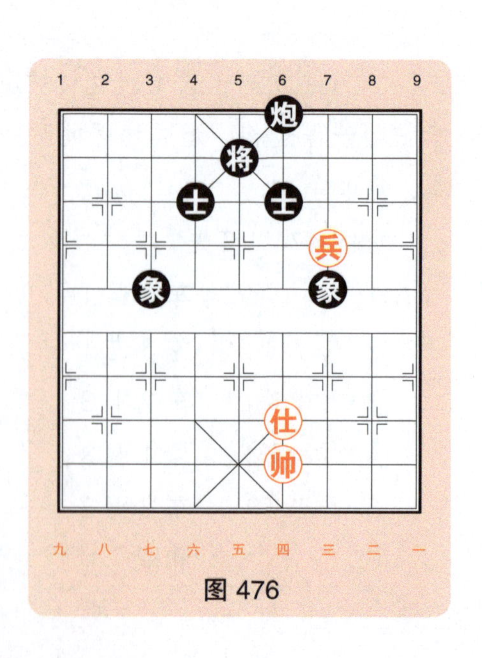
图 476

如图 476，红先。

① 兵三平二　将 5 平 6

② 仕四退五　象 3 退 5

③ 兵二平三　炮 6 平 5

④ 兵三平二　将 6 平 5

⑤ 仕五进四　和棋

红方兵走闲着，帅和仕联防互保，可以守和炮士。

第 477 局　三仙炼丹

本局是三兵守和炮卒双士的实用残局。

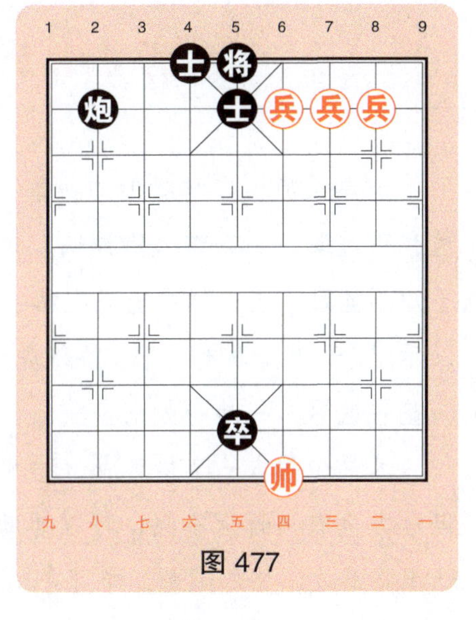

图 477

如图 477，红先。

① 兵二平一　士 5 进 6

② 兵一平二　士 4 进 5

③ 兵二平一　将 5 平 4

④ 兵一平二　将 4 进 1

⑤ 兵二平一　将 4 进 1

⑥ 兵一平二　将 4 平 5

黑将平中助攻。

⑦ 兵二平一　士 5 进 4

⑧ 兵一平二　士 6 退 5　　⑨ 兵二平一　炮 2 进 3

⑩ 兵一平二　炮 2 平 6　　⑪ 兵三进一

红方如继续走兵二平一，则将 5 平 6，兵一平二，炮 6 进 4，兵二平一，卒 5 进 1，帅四平五，炮 6 平 3，兵一平二，炮 3 退 8，黑胜。

⑪ …………　炮 6 平 2　　⑫ 兵四平三

红方如走兵二平三，则炮 2 退 3，前兵平二，士 5 退 4，兵二平三，士 4 退 5，前兵平二，炮 2 退 1，兵二平三，炮 2 平 3，红方必丢一兵，黑胜。

⑫ …………　炮 2 平 6　　⑬ 后兵平四　将 5 平 6

⑭ 兵二平三　炮 6 进 4　　⑮ 前兵平二　卒 5 进 1

⑯ 帅四平五　炮 6 平 1　　⑰ 兵二平三　炮 1 退 8

⑱ 前兵平四！炮 1 平 2

黑方如士 5 退 6，则兵四进一，士 4 退 5，兵四平五，炮 1 进 1，兵三进一，炮 1 退 1，兵三平四，速和。

⑲ 前兵平五　炮 2 进 3　　⑳ 兵五平四　炮 2 平 6

㉑ 前兵平五	炮6平5	㉒ 兵五平四	士5退6
㉓ 兵四进一	士4退5	㉔ 兵三进一	和棋

第478局　虎溪三笑

虎溪是庐山东林寺前的一条小溪。相传晋朝和尚慧远居住东林寺时，送客不过溪。一日诗人陶渊明、道士陆修静来访，三人谈笑甚欢，相送时不知不觉过了溪，林中老虎突然吼叫，三人大笑而别。后人于此建三笑亭，以示纪念。亭上写有一联：桥跨虎溪，三教三源流，三人三笑语；莲开僧舍，一花一世界，一叶一如来。

本局中黑方三卒均可成为过河卒，红方单缺相本来是不能守和三卒的，但红方也有一过河高兵，可以协助防守。只要红兵在卒林线遮挡将门，不让黑将助攻，相走闲着，即可守和。

如图478，红先。

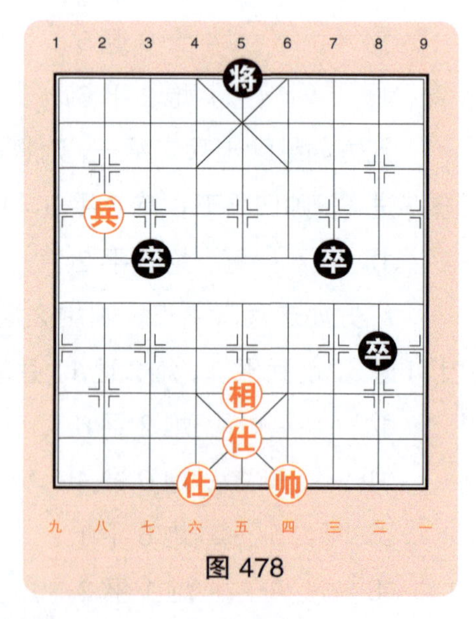

图478

① 兵八平七	卒8平7		
② 兵七平六	前卒平6		
③ 兵六平五	卒6平5		
④ 相五退七	卒3进1		
⑤ 帅四平五	卒7进1		
⑥ 帅五平四	卒7进1		
⑦ 相七进九	卒3进1		
⑧ 帅四进一	卒7进1		
⑨ 相九退七	卒5平6		
⑩ 相七进九	卒7进1		
⑪ 帅四退一	卒6平5	⑫ 相九退七	卒3进1
⑬ 相七进九	卒3进1	⑭ 相九进七！	卒3平4
⑮ 兵五平六	将5进1	⑯ 兵六平五	和棋

第 479 局　三军劫寨

原谱只有“帅四平五”一着，并标注和棋。经过研究实为黑胜。演变如下：

如图 479，红先。

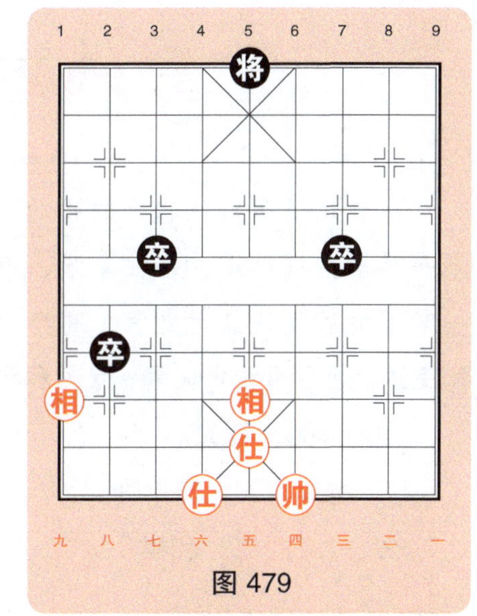

图 479

① 帅四平五　卒 2 平 3
② 帅五平四　前卒平 4
③ 帅四平五　卒 4 平 5
④ 相九退七　卒 5 平 6
⑤ 帅五平四　卒 7 进 1
⑥ 帅四平五　卒 7 进 1
⑦ 帅五平四　卒 6 平 5
⑧ 帅四平五　卒 5 平 4
⑨ 帅五平四　卒 4 平 3
⑩ 帅四平五　前卒平 2
⑪ 帅五平四　卒 7 平 6　⑫ 帅四平五　卒 6 平 5
⑬ 帅五平四　卒 5 平 4　⑭ 帅四平五　卒 3 进 1

至此，黑方三卒过河，形成例胜仕相全的局面。

⑮ 帅五平四　卒 3 进 1　⑯ 帅四平五　卒 4 平 5
⑰ 帅五平四　卒 5 平 6　⑱ 帅四平五　卒 6 平 7
⑲ 帅五平四　卒 3 平 4　⑳ 帅四平五　卒 4 平 5
㉑ 帅五平四　卒 2 平 3　㉒ 帅四平五　卒 3 进 1
㉓ 帅五平四　卒 3 进 1　㉔ 帅四平五　卒 3 平 4
㉕ 相五进七　卒 5 平 6　㉖ 相七退五　卒 7 进 1
㉗ 帅五平四　卒 6 进 1　㉘ 相五进七

红方如仕五进四，则卒 7 平 6，相七进九，将 5 平 6，帅四平五，卒6进1，黑胜。

㉘ …………	将5平6	㉙ 相七退五	卒6进1	
㉚ 帅四平五	卒7进1	㉛ 相七进九	卒6平5	
㉜ 仕六进五	卒7平6	㉝ 仕五进四	将6平5	
㉞ 相九退七	将5平4	黑胜		

第480局　三顾草庐

本局是三卒对仕相全的残局。黑方一卒虽占据肋道，塞住象眼，但另一卒下去后无法靠近九宫，高卒也不能直进。红方用相走闲着，双方和棋。

如图480，红先。

① 相三退五　卒2平3

② 相九进七　和棋

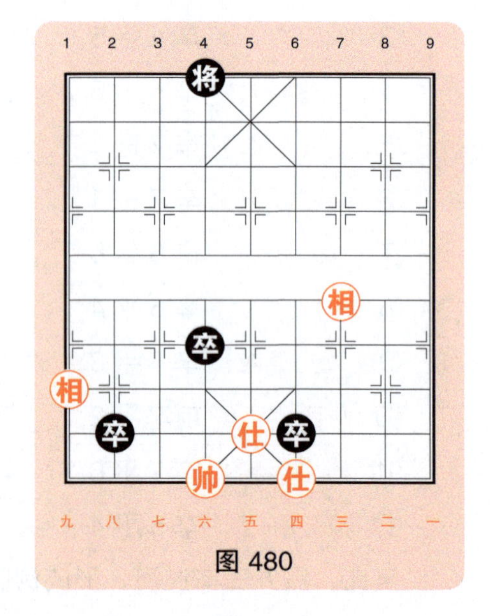

图480

第 481 局　众寡不敌

本局红车盯住黑卒，黑方无法摆脱，双方和棋。

如图 481，红先。

① 仕四进五　象 5 退 7
② 帅五平六　车 1 进 1
③ 车六进八　将 5 进 1
④ 车六退八　卒 1 进 1
⑤ 仕五进四　车 1 进 2
⑥ 车六平五　象 3 进 5
⑦ 车五进三　和棋

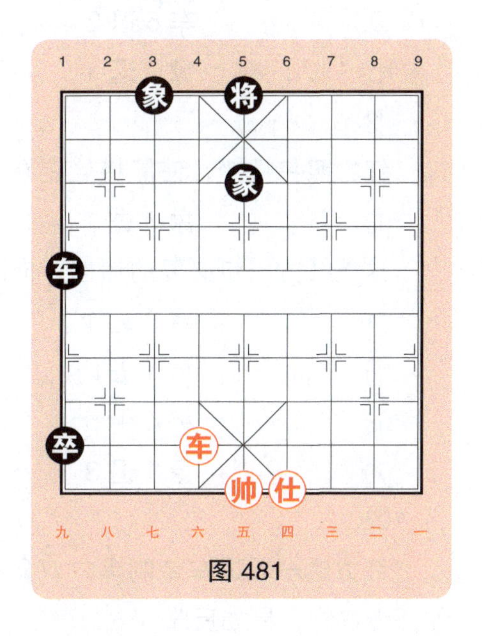

图 481

第 482 局　保障若石

本局红方车、帅分占左右肋道，中炮牵制黑方中车，黑象在底线又容易受攻，故而红方有巧胜机会。

如图 482，黑先。

① …………　车 5 进 2
② 帅六平五　象 3 进 1
③ 帅五平四　象 1 进 3
④ 车四平六　象 3 退 1
⑤ 车六退一　车 5 退 1
⑥ 炮五进一　象 1 进 3
⑦ 相三退五　象 3 退 1
⑧ 相五退七　象 1 进 3
⑨ 炮五退一

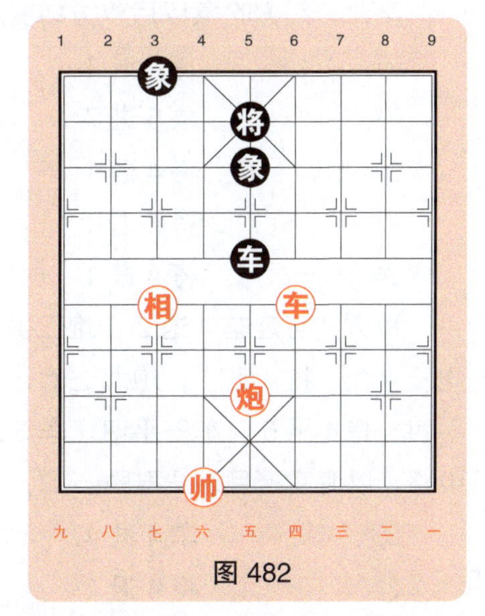

图 482

以上几个回合，红方进行了战略转移，把红相调到左翼底线，以便将来红车吃黑象时正好保住自己的相，一着两用，这是深谋远虑的好棋。

⑨ ………… 车5退2　⑩ 车六进二 车5进3

⑪ 帅四平五 象3退1　⑫ 车六平九 象1退3

⑬ 车九平二

红方照将顿挫，使黑将处在易攻击的位置上，将来可加以利用。

⑬ ………… 象3进1　⑭ 车二进四

这是红方一步必要的顿挫，借此把车调往左翼攻象。

⑭ ………… 将5进1　⑮ 车二退六 车5退3

⑯ 车二平九 象1进3　⑰ 车九平七 将5平4

⑱ 车七平六 将4平5　⑲ 车六进二 象3退1

⑳ 车六平九 象1退3　㉑ 车九平七 将5平6

㉒ 车七平四

红方这一着进车牵制黑方双象和将，以后再出帅助战，吃掉黑底象已如探囊取物，易如反掌。

㉒ ………… 将6平5　㉓ 车四进二 车5进3

㉔ 帅五平四 将5平4　㉕ 车四进一 将4进1

㉖ 车四进一

至此，红方吃象以后双方转变成车炮相必胜车单象的例胜残局。

㉖ ………… 将4退1　㉗ 车四平七 车5退2

㉘ 帅四平五 象5进7　㉙ 车七退五 车5平4

㉚ 车七平五 将4退1　㉛ 炮五进一 将4进1

㉜ 相七进五 将4退1　㉝ 相五进三 象7退9

㉞ 炮五退一 将4进1

黑方亦可走车4退2，炮五平三，将4进1，车五进一，将4退1，炮三平九，将4进1，炮九进七，象9进7，车五平三，车4平5，帅五平四，将4平5，车三平四，车5进3，炮九退七，以下红炮平中，抢占中路，以海底捞月杀法取胜。

㉟ 炮五平三 车4进4　㊱ 帅五退一 车4退4

㊲ 车五进四 将4退1　㊳ 车五退一 红胜

第 483 局　保障坚牢

本局是车炮双士例和双车的定式，实战中经常可以用到。

如图 483，红先。

① 车四平三　车 3 进 1

② 车三平六　将 4 平 5

③ 车六进二　和棋

黑方虽有双车却无从下手，红方防线坚固如磐石，双方和棋。

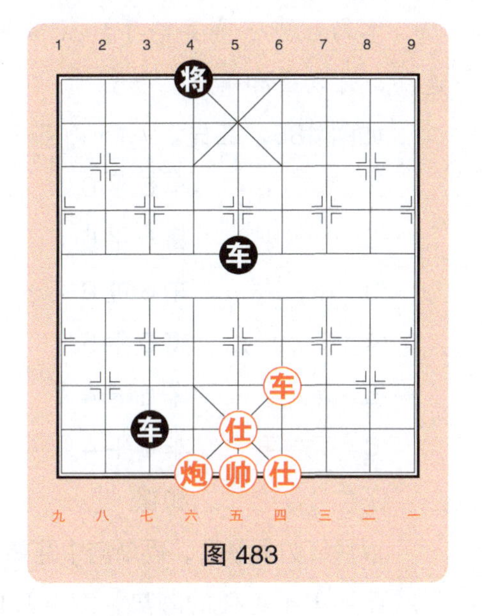

图 483

第 484 局　化蛇当道

本局红方以"担子炮"长拦黑车，黑车无法摆脱，形成定式和棋。

如图 484，红先。

① 炮一平二　车 1 平 2

② 炮九平八　和棋

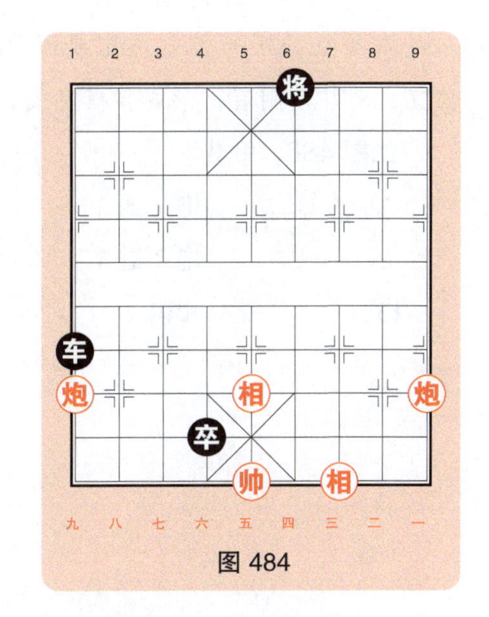

图 484

第485局　三家鼎立

本局红方三高兵联手，双相占中连环，可以守和单车。

如图485，红先。

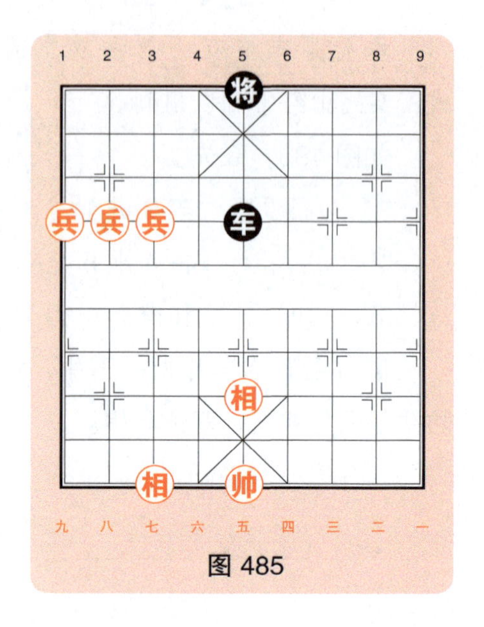

图485

① 帅五平四　车5平6

② 帅四平五　将5平6

③ 帅五进一　车6进6

④ 兵七平六　将6平5

⑤ 兵六平五　车6退4

⑥ 兵八平七　车6平4

⑦ 兵七平六　和棋

以后红方兵联手，逐渐向中路靠近，形成更加牢不可破的阵势，双方和棋。

第486局　扣马苦谏

本局红马牢牢控制黑炮要照将的位置，用帅走闲着，形成和棋定式。

如图486，红先。

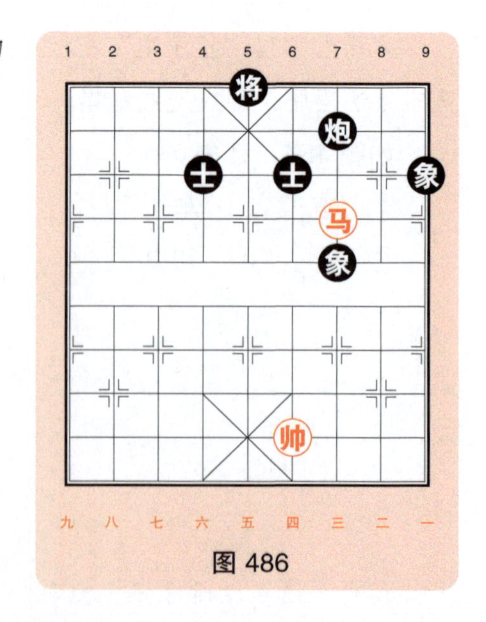

图486

① 帅四退一　炮7退1

② 马三进二　炮7进1

③ 马二退三　和棋

第 487 局　平定中原

本局双相联手可以走闲着，黑炮低卒没有进攻点，形成和棋定式。

图 487

如图 487，红先。

① 相三退一　炮 4 平 5

② 相一进三　炮 5 进 1

③ 相五退三　和棋

第 488 局　全师保安

本局黑方双车侧翼攻杀，志在必得，红方一车以“叶底藏花”的着法，妙手成和。

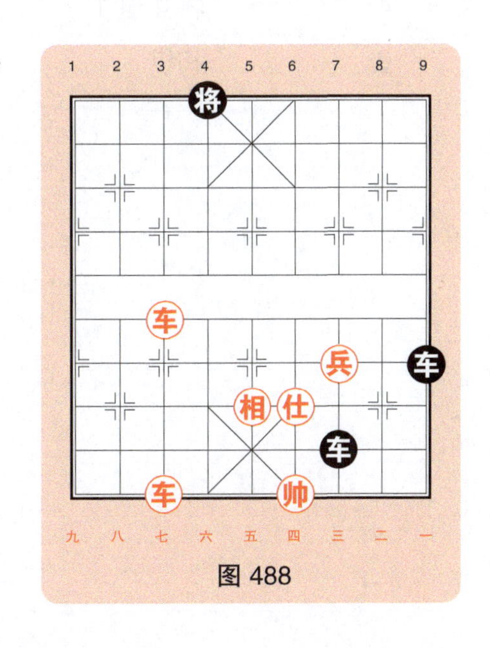

图 488

如图 488，红先。

① 前车平六　将 4 平 5

② 车七平五！

黑方如车 9 进 3，则相五退三，反叫将，红速胜。

② …………　车 7 退 2

③ 相五退三　车 7 平 5

双方和棋。

第489局　本固邦宁

出自《尚书·五子之歌》："皇祖有训，民可近不可下，民惟邦本，本固邦宁。"指人民安居乐业则国家太平安宁。

本局是仕相全守和马卒的实用残局。

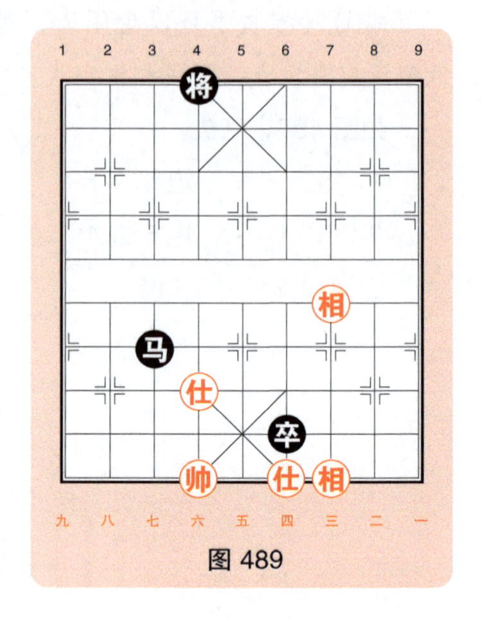

图489

如图489，红先。

① 帅六平五　马3进2

黑方如马3退5，则帅五平六，卒6进1，相三进五，马5进3，相五进七，将4平5，仕六退五，卒6平7，相三退五，卒7平8，和棋。

② 仕六退五　马2退3　③ 仕五进六　将4进1

④ 相三进一　将4退1　⑤ 相一退三　马3进1

⑥ 帅五平六　和棋

第 490 局　保国宁家

本局是仕相全守和单车的实用残局。局中红方仕相位置不佳，但黑车位置亦欠佳。

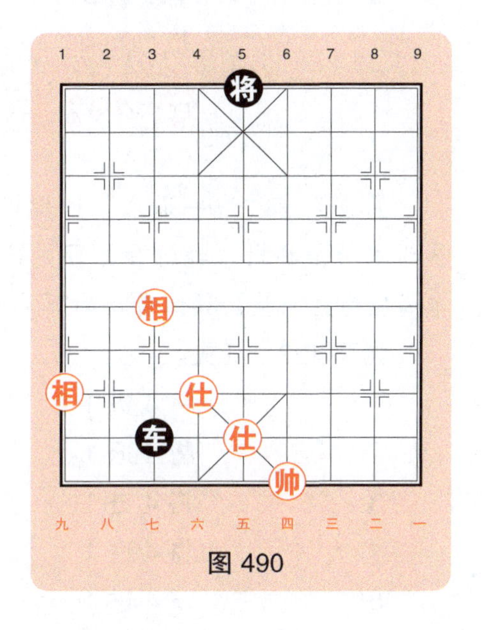

图 490

如图 490，红先。

① 相七退五　车 3 平 2

② 帅四平五　将 5 进 1

③ 帅五平四　车 2 退 2

④ 相九退七　车 2 平 9

⑤ 帅四平五　车 9 平 4

⑥ 帅五平四　和棋

第 491 局　凭险自固

本局也是演示仕相全守和单车的实用残局。

如图 491，红先。

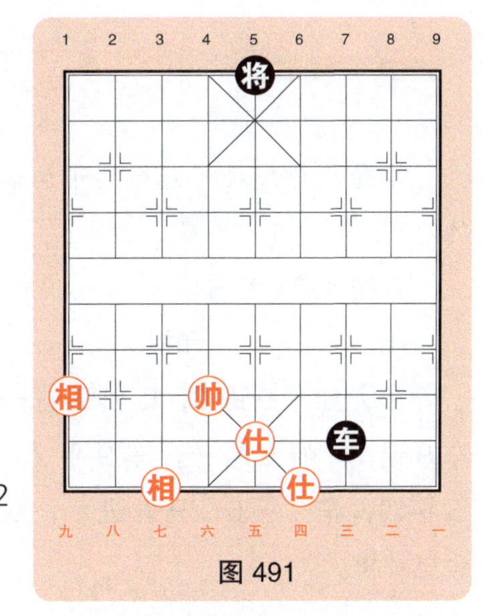

图 491

① 帅六退一　车 7 退 3

② 帅六退一　车 7 平 5

③ 帅六进一

红方如走帅六平五，则将 5 平 4，红相必丢，黑胜。

③ …………　车 5 平 4

④ 仕五进六　将 5 平 4

⑤ 仕四进五　车 4 平 8

黑方如车 4 平 2，则帅六退一，车 2 进 3，帅六平五，将 4 平 5，相七进五，和棋。

⑥ 帅六退一　车8进4　⑦ 帅六进一　车8平5
⑧ 仕五进四　车5退3　⑨ 仕五退四　和棋

第492局　仗剑鞭马

原谱只有“炮一退八”一步棋，认为本局是和棋。经过多方面的研究本局应为红先胜，具体着法如下。

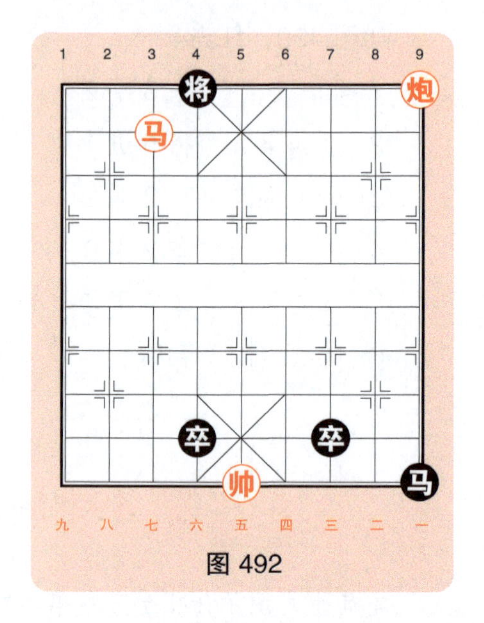

图492

如图492，红先。

① 马七进五　将4进1
② 马五退四　将4退1
③ 马四进二！将4进1
④ 炮一退一　将4进1
⑤ 马二退三　卒4进1
⑥ 帅五进一　卒7平6
⑦ 帅五进一　马9退8
⑧ 马三进四　红胜

第493局　控马避敌

本局是马兵双相连环，守和单车的定式。

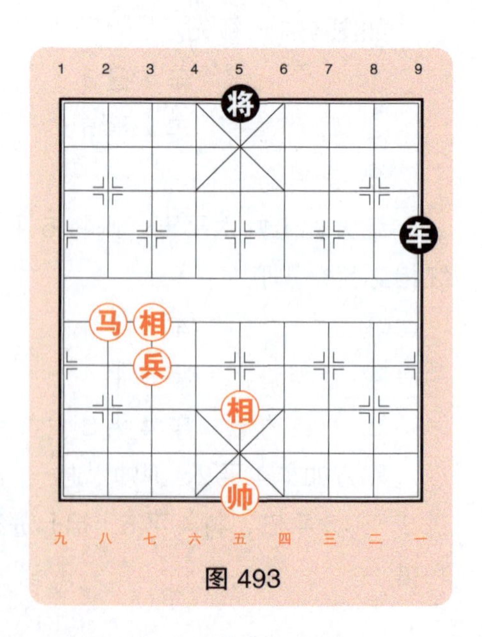

图493

如图493，红先。

① 马八退九　和棋

黑方如车9进6，则帅五进一，车9退1，帅五退一，车9平2，帅五平四，车2平5，马九进八，双方也是和棋。

第 494 局　三出祁山

本局是三低兵守和炮高卒的实用残局。红方只要控制黑将不在中路通头，就可和棋。

图 494

如图 494，红先。

① 兵三平二　卒 3 平 4
② 兵二平三　炮 2 进 4
③ 兵三平二　炮 2 平 5
④ 兵二平三　卒 4 平 5
⑤ 帅五平六　将 6 平 5
⑥ 兵三平二　卒 5 平 4
⑦ 帅六平五　卒 4 平 5
⑧ 帅五平六　炮 5 平 4
⑨ 帅六平五　和棋

第 495 局　士而怀居

如图 495，红先。

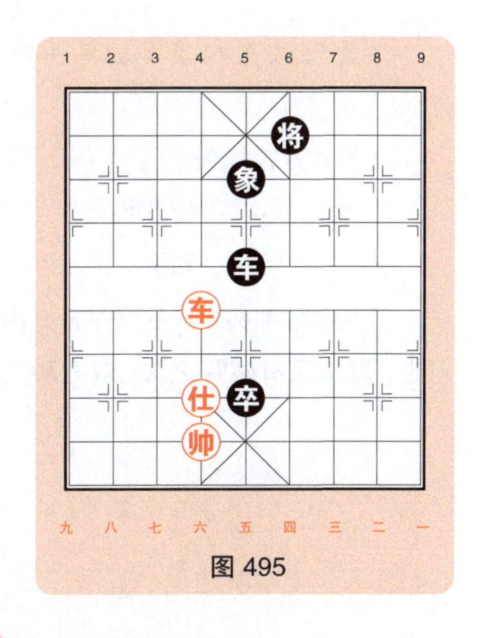

图 495

① 车六进二　将 6 平 5
② 车六退二　车 5 平 2
③ 车六进三　车 2 退 3
④ 帅六退一　车 2 平 4

兑车后形成卒象例胜单仕局面，黑胜定。

第496局　士马疲劳

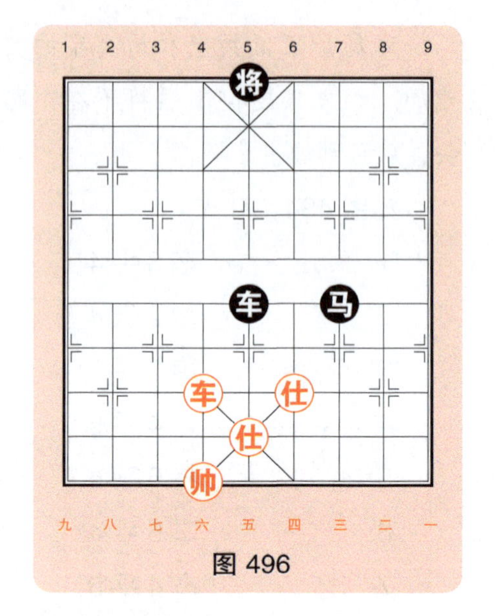

图496

本局是车双仕例和车马无士象的实用残局。

如图496，红先。

① 车六进三　车5平2

② 车六退二　马7退6

③ 车六平五　将5平6

④ 车五平四　车2进4

⑤ 帅六进一　车2退6

⑥ 帅六退一　车2平4

⑦ 帅六平五　将6平5

⑧ 车四进一　和棋

本局红方用车控制马前进的道路，是防御的要点。

第497局　三镇连兵

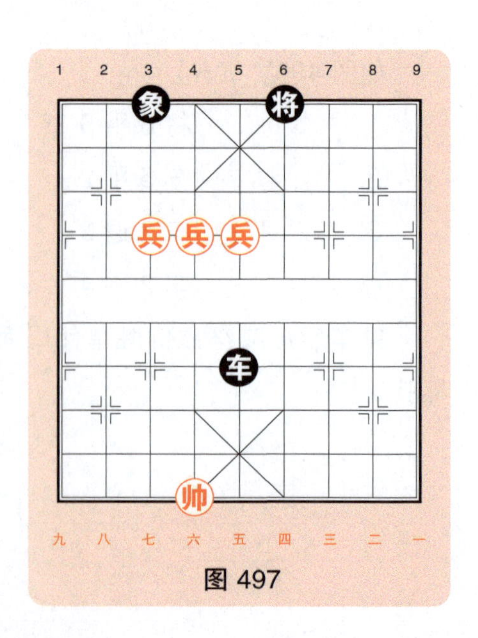

图497

这是三兵例和单车的实用残局定式。

如图497，红先。

① 兵七平八　将6平5

② 兵八平七　和棋

红兵遮住帅头，三兵联手，有闲着可走，黑车没有破解之法，双方和棋。

第 498 局　努力固守

如图 498，红先。

① 兵五平六　将 6 进 1

② 兵六平五　将 6 进 1

③ 兵五平六　和棋

本局红方炮不离四路底线，以兵走闲着，黑方 7 路卒被封，无法取胜。

图 498

第 499 局　固兵保全

本局是双兵双相例和单车的残局定式。

如图 499，红先。

① 帅五进一　车 5 平 6

② 帅五退一　车 6 进 2

③ 相三进一　和棋

红方双高兵联手，遮住中路，用帅走闲着，终成和棋。

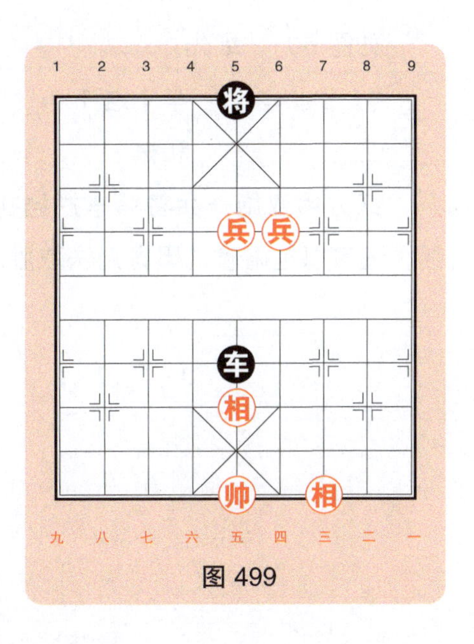

图 499

第 500 局　士兵连结

本局是双兵双仕例和单车的残局定式。

如图 500，红先。

① 帅四退一　和棋

红双兵高联遮挡将脸，帅可走闲，黑车难破双仕，不能取胜。

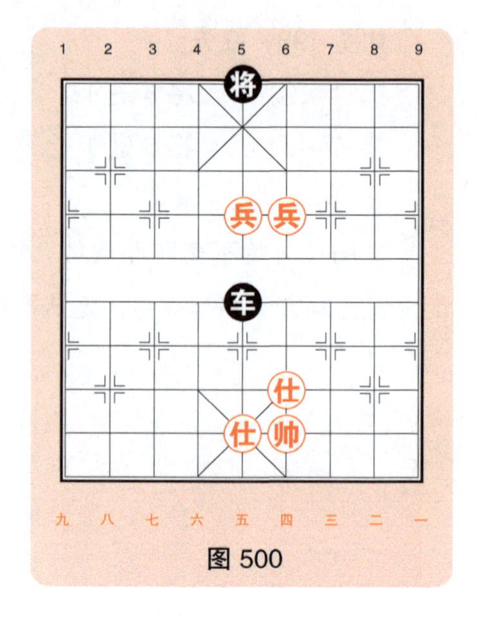

图 500

第 501 局　边城隔虏

如图 501，红先。

① 前炮退一　车 1 退 1

② 后炮进一　和棋

红方用双炮一兵将黑车拦挡在边线，还可以走闲着，黑方无法取胜。

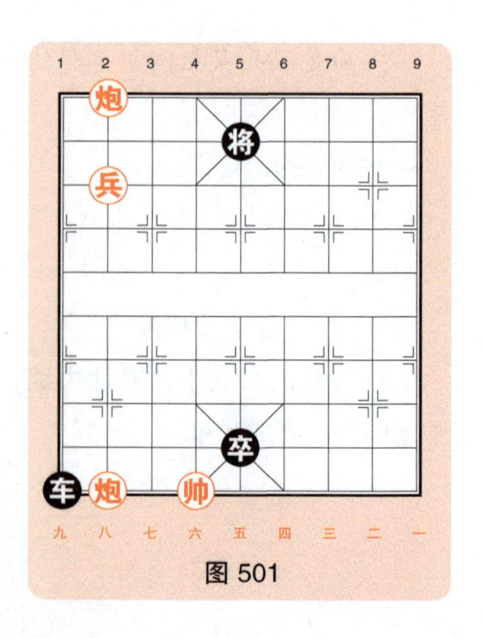

图 501

第 502 局　兵马徒劳

本局是炮双相例和马卒的残局定式。

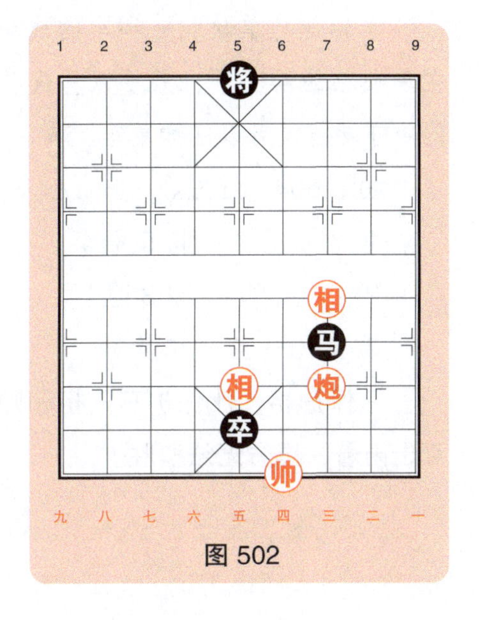
图 502

如图 502，红先。

① 相五退七　马 7 退 9

② 相七进五　马 9 进 8

③ 相三退一　和棋

红方用炮拦挡马的将军，相走闲着，马卒徒劳无功，不能取胜。

第 503 局　只马当士

本局是马单缺仕守和车的残局。在单缺士的情况下，只要以马代替仕的防守功能就可以守和单车。

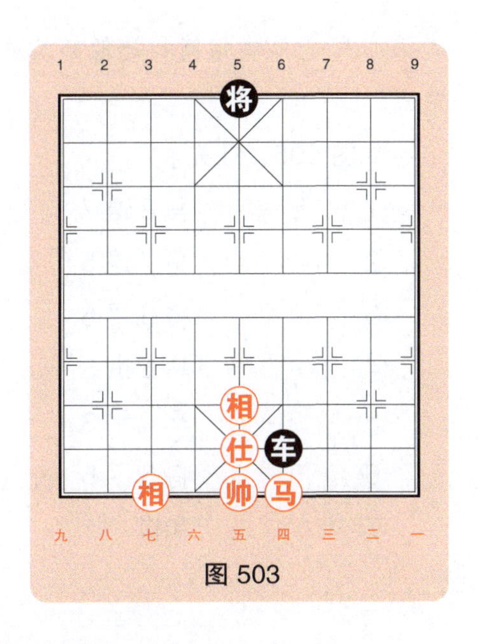
图 503

如图 503，红先。

① 相七进九　车 6 退 2

② 相九退七　车 6 平 4

③ 马四进二　车 4 平 6

④ 马二退四　和棋

红方左右子力都可走闲，黑车孤立无援，双方和棋。

第 504 局　只马当相

本局是马单缺相守和车的残局。在单缺相的情况下，只要以马代替相的防守功能就可以守和单车。

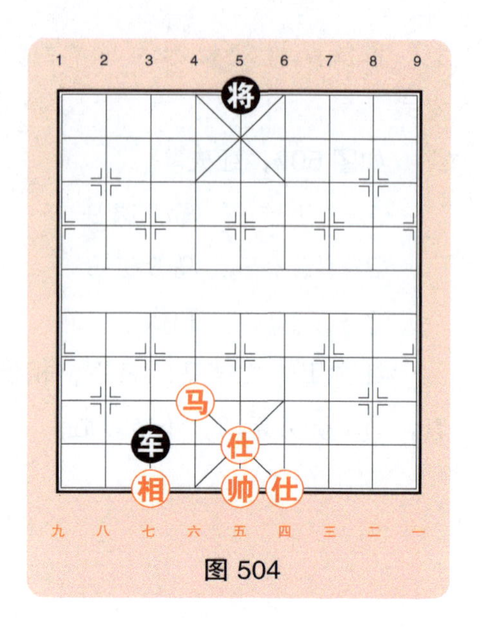

图 504

如图 504，红先。

① 帅五平六　将 5 平 4

② 帅六平五　车 3 退 1

③ 相七进五　和棋

马保护相，仕保护马，相和帅都可走闲着，黑方无法取胜。

第 505 局　士卒离心

本局是单缺相例和马低卒的残局定式。

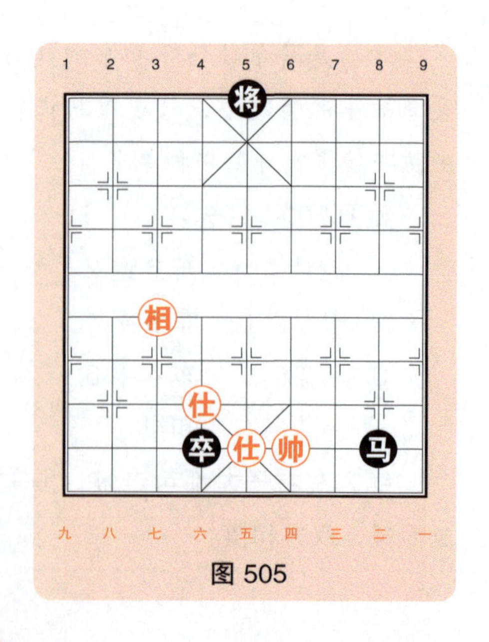

图 505

如图 505，红先。

① 仕五退四　马 8 退 7

② 帅四进一　马 7 退 5

③ 帅四平五　将 5 平 6

④ 仕六退五　马 5 进 3

⑤ 帅五平六　卒 4 平 3

⑥ 仕五退六　将 6 平 5

⑦ 仕六进五　和棋

第 506 局　休士息马

本局是单缺士例和马低卒的残局定式。

如图 506，红先。

① 相五进七　马 2 退 3

② 帅六进一　马 3 退 5

③ 帅六退一　马 5 进 6

④ 相七退五　和棋

红方双相即可走闲，又能阻挡黑马在 6 路的将军，黑方无法取胜，双方和棋。

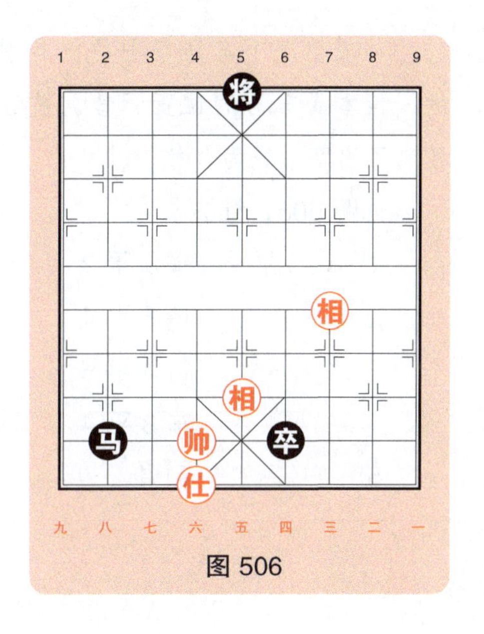

图 506

第 507 局　影不离形

本局黑方虽有车炮双士，但车炮受牵制，红方只要车长跟黑炮，形影不离，黑炮不能脱离。红方利用帅走闲着，可以守和。

如图 507，红先。

① 帅五进一　炮 4 进 7

② 车七退七　炮 4 退 3

③ 车七进三　和棋

黑炮摆脱不了红车的长跟，双方和棋。

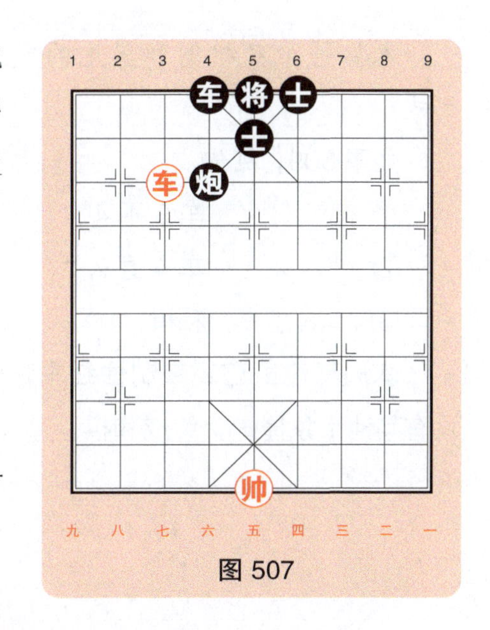

图 507

第 508 局　驽马困厩

一般情况下车马双士是例胜单车的，但本局车马的位置不佳，被红车控制了出路，成为和棋。

如图 508，红先。

① 车八进八　车 4 平 3

② 车八退三　将 5 平 4

③ 车八平六　将 4 平 5

④ 车六平八　车 3 平 4

⑤ 车八进三　和棋

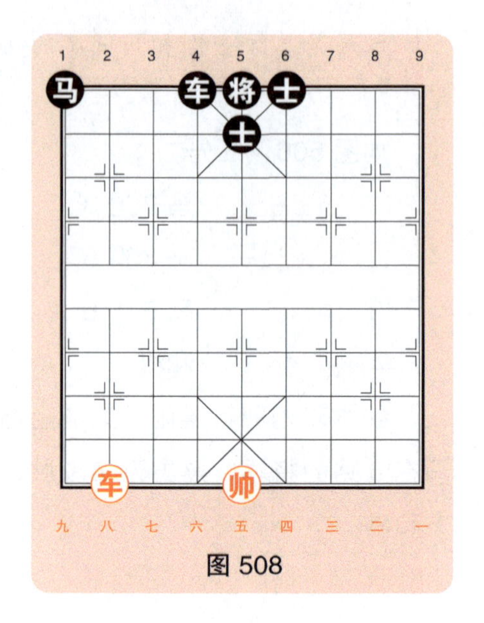

图 508

第 509 局　守正嫉邪

本局是车双相例和车炮的残局定式。

如图 509，红先。

① 帅五平六　车 3 平 4

② 帅六平五　车 4 退 2

③ 车五进一　和棋

本局黑炮虽已经牵制住红车，但没有其他士象掩护，终成和棋。

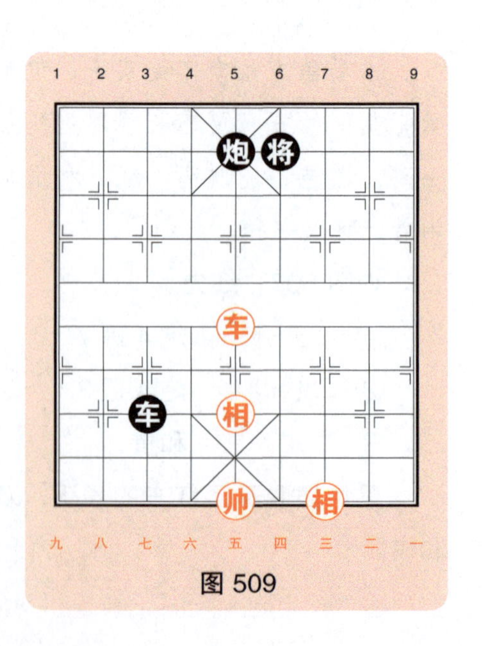

图 509

第510局　内外俱安

本局是车双仕例和车炮的残局定式。

如图510，红先。

① 帅五平四　和棋

本局黑方炮也无士象掩护，同样为和棋。

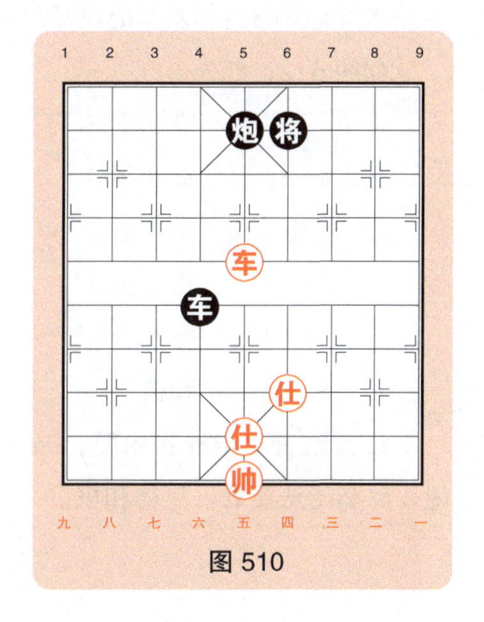

图510

第511局　单车肘士

本局是车仕例和车卒的残局定式。民间有“单车保立士”之称，形成和棋。

如图511，红先。

① 帅六退一　和棋

本局是车仕守和车卒的定式残局，以下变化是：车5平2，帅六进一，车2进6，帅六退一，车2平3，车六平九，车3退2，车九平六，双方和棋。

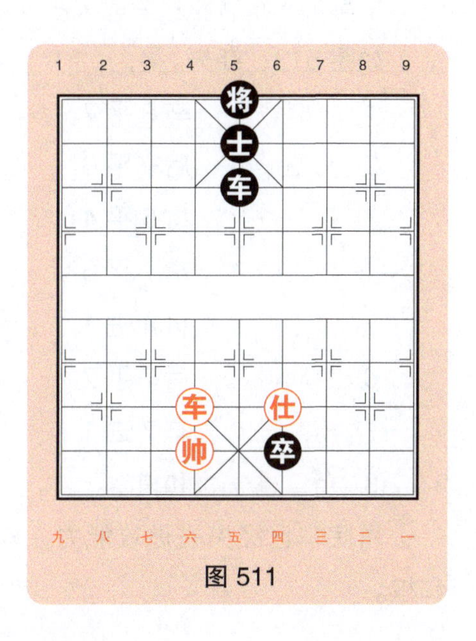

图511

第 512 局　收兵罢战

本局是双相例和双卒的残局定式。

如图 512，红先。

① 相五退七　卒 2 平 3

② 相七进五　卒 3 平 4

③ 相五进三　卒 4 进 1

④ 相三退五　将 5 进 1

⑤ 相七退九　将 5 退 1

⑥ 相九进七　和棋

红方因有双相掩护中路，又可走闲，黑卒无法靠近，只得和棋。

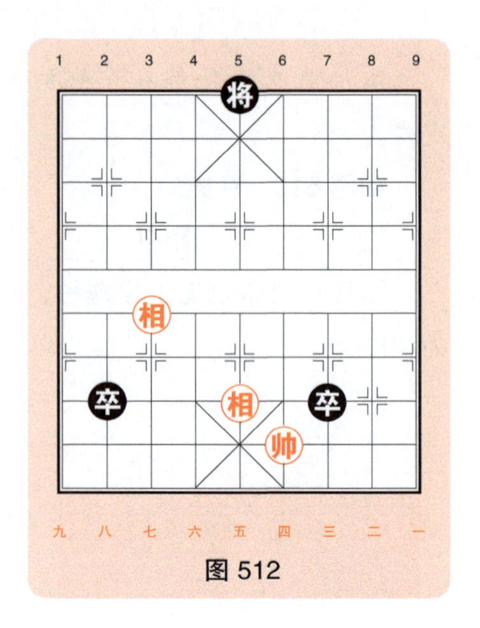

图 512

第 513 局　攻围难克

本局是双相例和双卒的又一残局定式。

如图 513，红先。

① 相七退九　卒 8 平 7

② 帅四平五　后卒平 6

③ 相九进七　将 5 平 4

④ 相五进三　卒 7 平 6

⑤ 帅五退一　将 4 进 1

⑥ 相七退九　后卒平 7

⑦ 相九进七　卒 7 进 1

⑧ 相三退一　和棋

黑底卒已经失去进攻能力，双方和棋。

图 513

第514局　轻财爱士

本局是双仕例和双卒的实用残局。本局黑方虽有双卒，但没有一卒兑换双仕的着法，故而和棋。

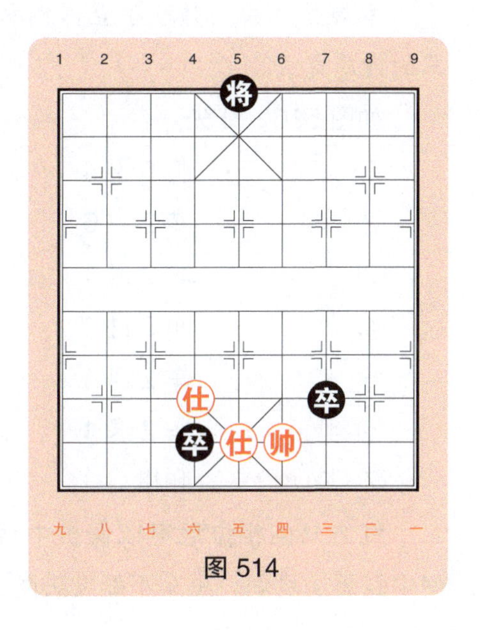
图 514

如图514，红先。

① 仕五退四　卒4进1

② 仕四进五　卒4平5

③ 仕五退四　卒5平6

④ 帅四退一　卒7平6

⑤ 仕六退五　卒6平5

⑥ 仕五退六　将5进1

⑦ 帅四进一　和棋

第515局　将士离心

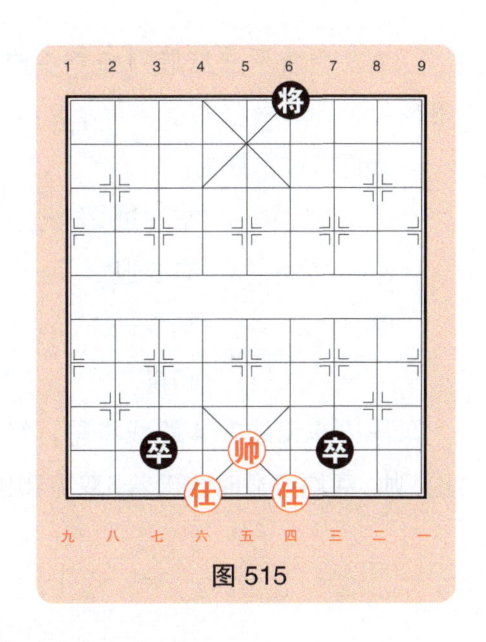
图 515

如图515，红先。

① 帅五进一　卒3平4

② 仕六进五　卒7平6

③ 仕五进四　卒6进1

④ 帅五平六　卒4平3

⑤ 仕四退五　和棋

本局黑方双卒在低位，无法一卒换双仕，且红帅上宫顶，黑卒无可奈何，故为和棋。

第 516 局　匹马嘶风

本局是马兵相帅联手互保例和单车的残局定式。

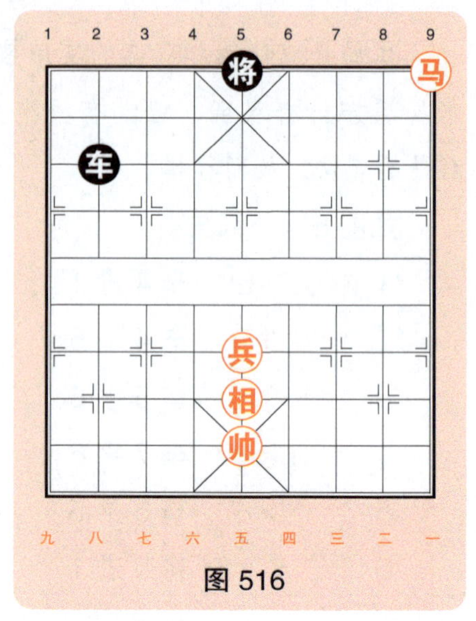

图 516

如图 516，红先。

① 马一退三　将 5 平 4

② 马三退四　车 2 进 6

③ 帅五退一　车 2 退 1

④ 帅五进一　车 2 进 1

⑤ 帅五退一　车 2 退 1

⑥ 帅五进一　车 2 退 1

⑦ 马四退三　和棋

红方马回相位后可以保护中兵，使中路更加稳固，黑车不能突破防线，故而和棋。

第 517 局　三寇连兵

本局为炮双兵联防例和单车的实用残局。

图 517

如图 517，红先。

① 帅六退一　车 5 进 3

② 炮六平七　车 5 退 3

③ 炮七平六　车 5 进 1

④ 帅六进一　和棋

黑方车无法在 4 路线将军，红方炮、帅、兵均可适时走闲着，双方和棋。

第518局　长生不老

本局也是炮双兵例和单车的实用残局。

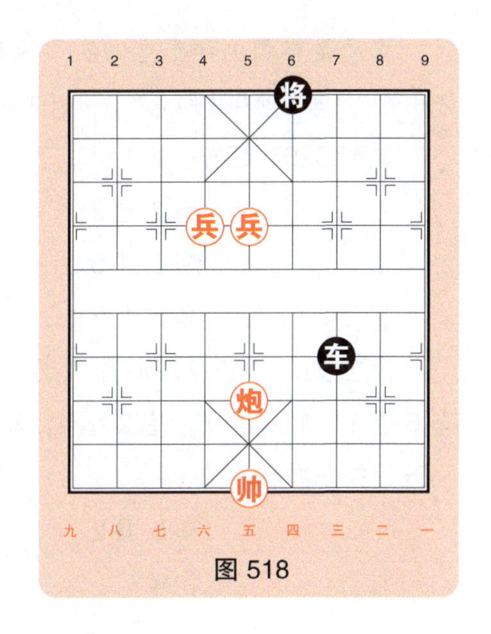

图518

如图518，红先。

① 帅五进一　车7平6

② 帅五退一　车6平5

③ 帅五进一　将6进1

④ 兵五平四　车5平6

⑤ 兵四平五　和棋

黑方单车控制不了红方四子，没有获胜的机会，故而和棋。

第519局　三灵不昧

本局双炮一兵相互联手，布成坚固防线，可以守和黑车。

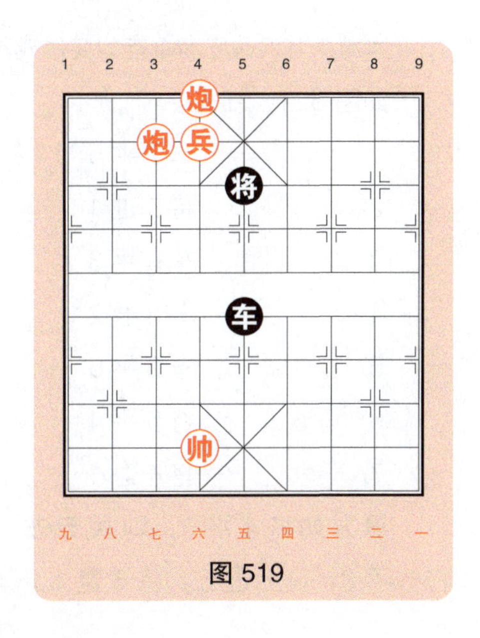

图519

如图519，红先。

① 帅六退一　车5进3

② 炮七平八　车5平2

③ 炮八平七　和棋

第 520 局　腹背无患

本局是车相例和车炮的实用残局。守和要点是车随时在中路兑车，可以守和。

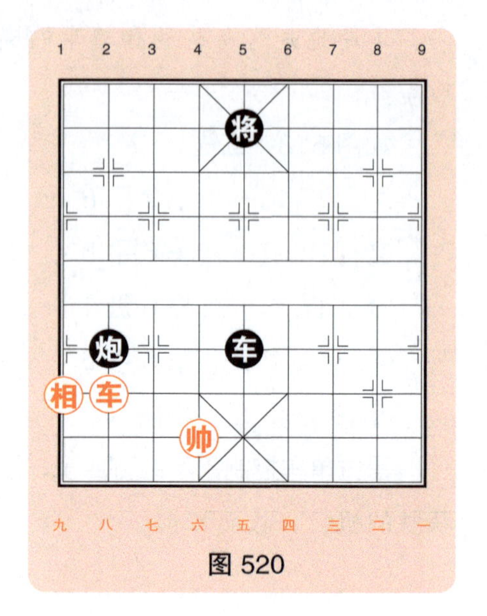

图 520

如图 520，红先。

① 车八平七　炮 2 退 2

② 车七平六　炮 2 进 5

③ 相九进七　车 5 进 3

黑方如车 5 进 2，则帅六退一，车 5 进 1，帅六进一，炮 2 平 4，车六平五，兑车亦和。

④ 车六平五　车 5 退 2

⑤ 相七退五　和棋

第 521 局　易马隐树

本局是马双兵守和单车的实用残局。

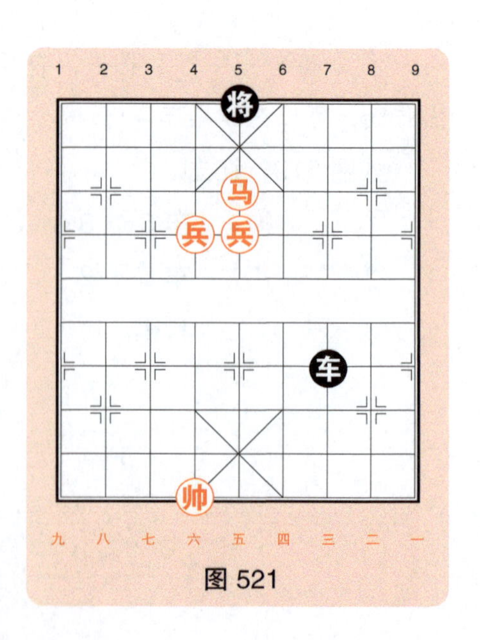

图 521

如图 521，红先。

① 帅六进一　车 7 平 5

② 帅六退一　将 5 进 1

③ 马五进七　车 5 平 3

④ 马七退五　车 3 退 2

⑤ 帅六进一　车 3 平 5

⑥ 马五进七　将 5 平 4

⑦ 兵六进一　将 4 退 1

黑方如将 4 平 5，则兵五进一，将 5 平 6，马七进五，将 6 退 1，马五退四，至此，车困帅，马走闲着，也是和棋。

⑧ 兵六进一　将4平5　　⑨ 兵五进一　车5平4

⑩ 帅六平五　车4平5

黑方如车4退3，则兵五进一，将5平4，兵五进一或兵五平六，红胜。

⑪ 帅五平六　车5退2　　⑫ 兵六进一　将5进1

⑬ 马七退五　将5进1　和棋

第522局　勒兵固守

本局双炮一兵联手，布成坚固防线，黑车无法取胜，形成例和局面。

如图522，红先。

① 帅六退一　车5进3

② 炮六平七　车5退2

③ 炮七平六　将5平6

④ 帅六进一　将6进1

⑤ 帅六退一　和棋

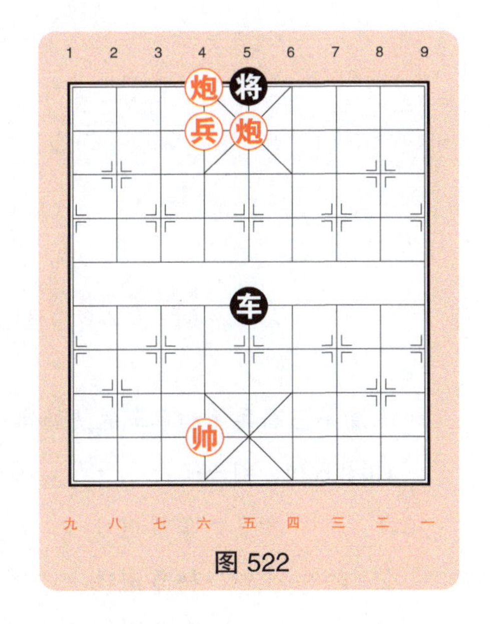

图522

第523局　一鸣惊人

本局是炮双兵例和单车的残局定式。

如图523，红先。

① 帅五进一　和棋

红方炮双兵组成防线，黑方无法突破，红帅走闲着即可成和。

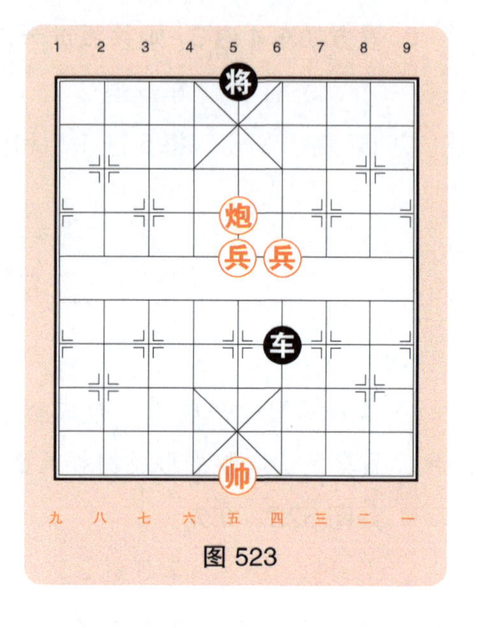

图523

第524局　鼎足三立

本局是三高兵例和单车的残局定式。

如图524，红先。

① 前兵平四　车5进1

② 前兵平五　将5进1

③ 帅六退一　车5进2

④ 前兵平四　将5退1

⑤ 前兵平五　车5退2

⑥ 帅六进一

本局红方兵和帅都有闲着可走，和棋。

图524

第 525 局　不敷自保

本局为实战中经常遇到的车炮例和车卒的残局定式。

如图 525，红先。

① 车五进一　和棋

黑方将无士象保护，黑车不能离开 4 路，红炮对底线保护得当，黑车同样不可沉底，双方和棋。

图 525

第 526 局　守株待兔

本局是炮双兵例和单车的残局定式。炮兵帅都可走闲着，单车无法全部控制。

如图 526，红先。

① 兵三平二　车 5 平 8

② 兵二平三　车 8 进 3

③ 帅四进一　车 8 平 7

④ 兵三平二　车 7 进 1

⑤ 帅四退一　和棋

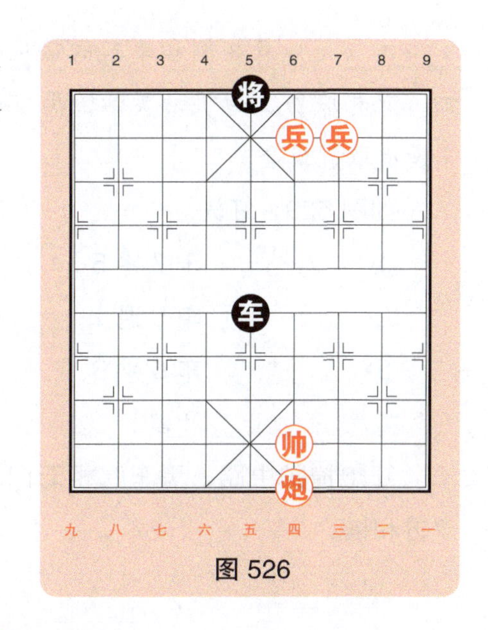

图 526

第 527 局　孤军四战

本局马兵相例和单车的又一残局定式。

如图 527，红先。

① 马七进六　车 5 进 1

黑方如车 5 退 1，则马六进四，将 6 进 1，马四退五吃车，红胜。

② 马六退七　车 5 退 1

③ 马七进八　将 5 进 1

④ 马八退七　将 5 平 6

⑤ 兵五平四　和棋

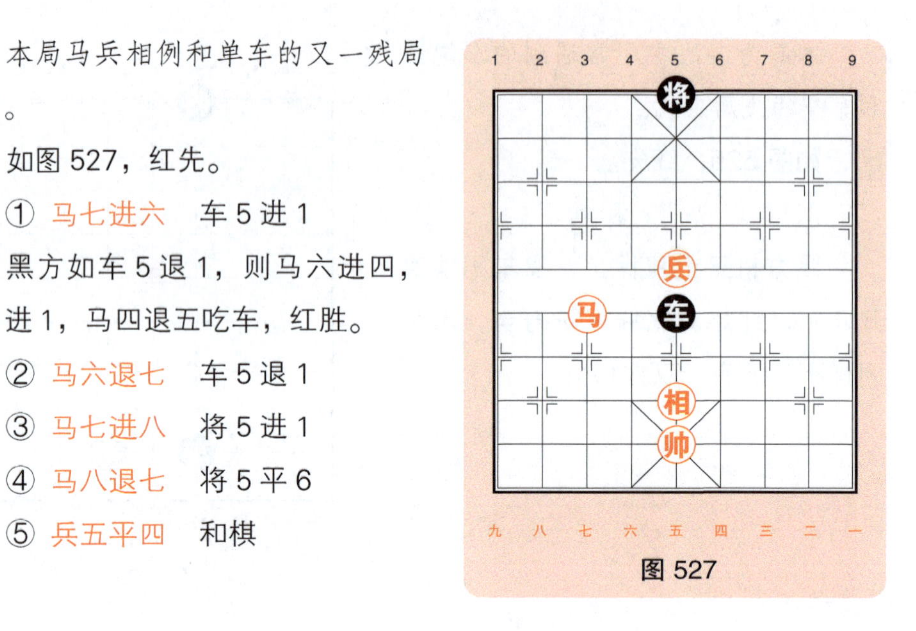

图 527

第 528 局　固守无虞

本局是炮双相例和单车的常见定式。双相联防，炮机动灵活，黑方单车没有取胜机会。

如图 528，红先。

① 帅五进一　车 7 平 5

② 炮五平七　车 5 退 1

③ 炮七进一　车 5 平 3

④ 炮七平五　和棋

红炮掩护中路，黑车吃相无门，双方和棋。

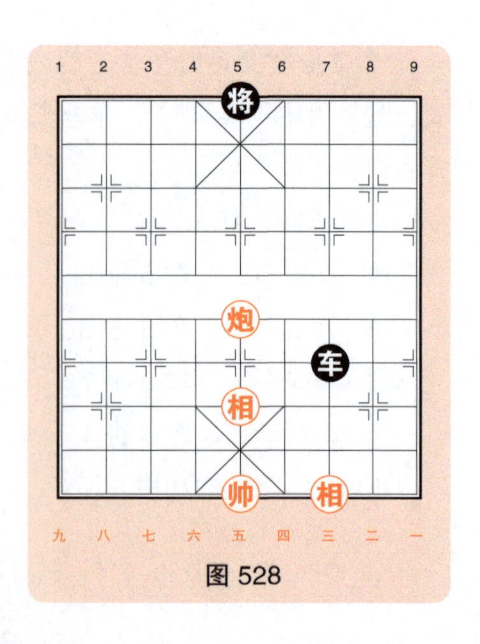

图 528

第 529 局　朽索御马

本局是马双相例和单车的唯一残局定式。

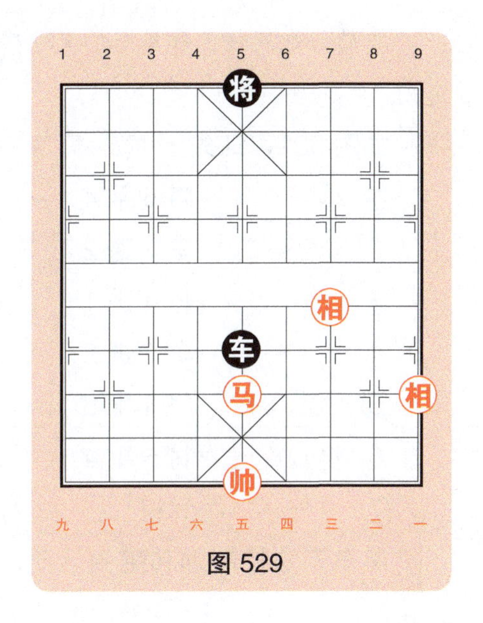

图 529

如图 529，红先。

① 帅五进一　车 5 平 2

② 帅五退一　车 2 进 3

③ 帅五进一　车 2 平 4

④ 帅五平四　车 4 平 5

⑤ 马五进三　车 5 退 3

⑥ 马三退五　和棋

第 530 局　固守邦基

本局是炮双仕例和单车的残局定式。

图 530

如图 530，红先。

① 炮四平三　车 5 平 6

② 帅五平六　车 6 平 4

③ 帅六平五　车 4 平 7

④ 炮三平四　将 5 进 1

⑤ 炮四进一

红方如走帅五平六，则车 5 平 4，帅六平五，车 4 进 2 吃仕，黑胜。

⑤ …………　车 7 进 4

⑥ 炮四退一　将 5 退 1

⑦ 帅五平六　和棋

第 531 局　水中摸月

本局为炮双仕例和单车的又一残局定式。

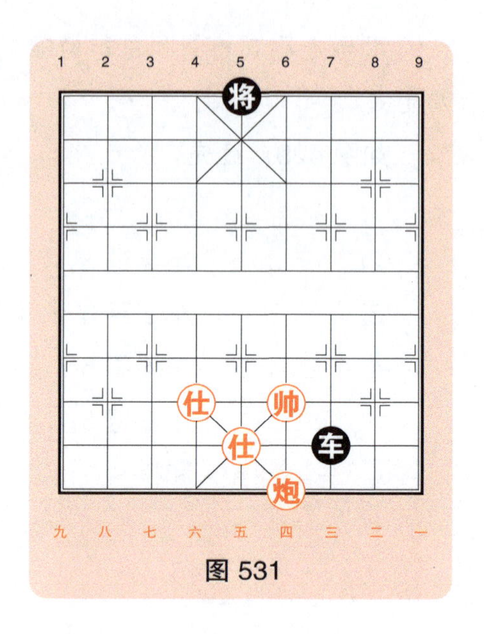

图 531

如图 531，红先。

① 炮四平五　将 5 平 4

② 炮五平四　车 7 退 2

③ 帅四退一　将 4 进 1

④ 帅四进一　车 7 进 2

⑤ 炮四平六　将 4 平 5

⑥ 炮六平五　将 5 平 4

⑦ 炮五平四　和棋

黑车无法控制帅和炮的活动，双方和棋。

第 532 局　三教皈一

本局是单炮巧和三卒的残局。一般情况下，一炮难以守和三卒，但本局三卒在一侧，黑方无有士象，红炮可以退守底线，封锁黑卒的路线，实现巧合。

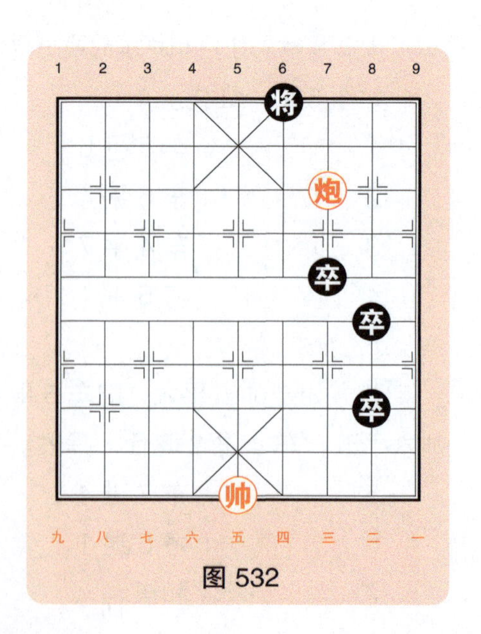

图 532

如图 532，红先。

① 炮三平四　前卒平 7

② 炮四退七　后卒进 1

③ 帅五进一　后卒进 1

④ 帅五进一　卒 8 进 1

⑤ 帅五退一　卒 8 进 1

⑥ 帅五进一　卒 8 进 1

⑦ 帅五退一　卒8平7　⑧ 帅五进一　将6进1

黑方如前卒进1，则炮四进一，中卒进1，炮四进一，后卒进1，炮四进一，和棋。

⑨ 帅五退一　前卒进1　⑩ 炮四进一　中卒进1

⑪ 炮四进一　后卒进1　⑫ 炮四平九

红方如炮四进一，则后卒平6，炮四进一，后卒平6，帅五平六，后卒平5，炮四平五，将6平5，炮五进一，卒6平5，帅六退一，后卒平4，黑胜。

⑫ …………　后卒平6　⑬ 帅五平六　后卒平6

⑭ 帅六进一　和棋

第533局　一马化龙

本局是一马守和三卒的实用残局，一马当先，遮前蔽后，呼风唤雨，犹如飞龙在天。

如图533，红先。

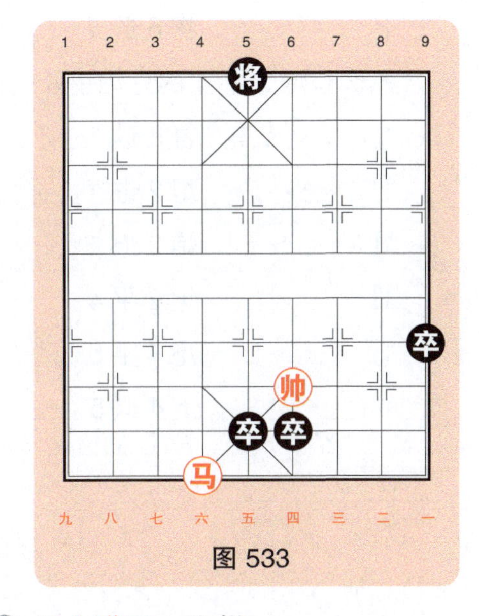

图533

① 马六进五　卒9平8

② 马五进四　卒8平7

③ 马四进五　卒7平6

④ 帅四平五　后卒平5

⑤ 帅五平四　将5进1

⑥ 马五退六　将5退1

⑦ 马六进五　将5进1

⑧ 马五退六　卒5平4　⑨ 马六进五　和棋

本局红方守和有一定规律，那就是进马守中路，退马守住黑高卒的两个进攻点，一马如龙遮前护后，终成和局。

第534局　华山隐士

本局黑卒已为低卒，黑方必须以将控制中路，炮借用士做支架进行攻杀。红方则利用“空头炮”战术使黑方无法支士助杀，成为巧和。

如图534，红先。

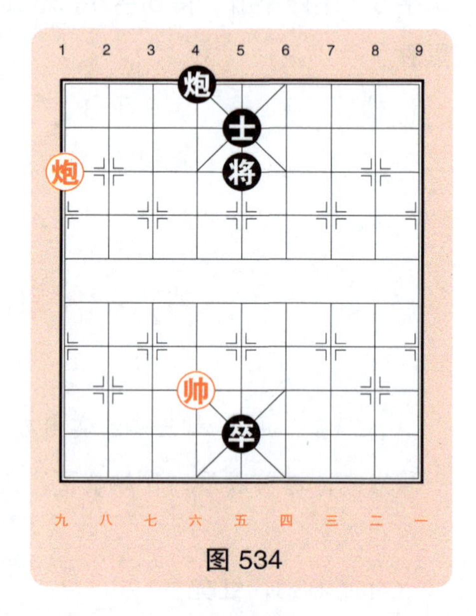

图 534

① 炮九平八　炮4平1

② 炮八平九　炮1进1

③ 炮九平八　炮1进1

④ 炮八平七　炮1平2

⑤ 炮七退一　士5进4

⑥ 炮七平六　将5退1

⑦ 炮六退一　炮2退2

⑧ 炮六进一　将5退1

黑伏有炮2平4的兑炮手段。

⑨ 炮六平五　将5进1

⑩ 炮五平六　炮2进1

⑪ 炮六平五　炮2退1　⑫ 炮五平六　将5退1

⑬ 炮六平五　炮2平4　⑭ 帅六平五　将5进1

⑮ 帅五平四　炮4平5　⑯ 炮五平一　将5进1

⑰ 炮一进一　士4退5　⑱ 炮一平二　和棋

第535局　息马论道

本局是马炮对马卒的实用残局。马炮方的马被拴连，行动不得；马卒方虽有九宫卒控制帅的行动，但马要防止黑炮的照将，也是不能行动。双方都有闲棋可走，和棋。

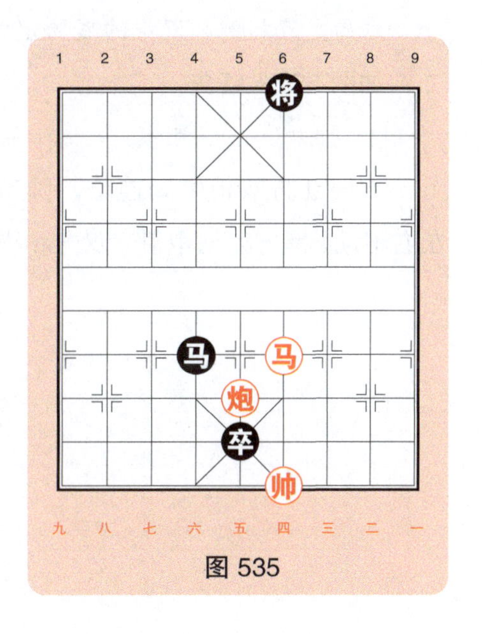

图 535

如图 535，红先。

① 炮五平六　将 6 进 1　和棋

黑方如马 4 进 6，则马四进五，将 6 平 5，炮六平五，将 5 平 4，马五退四，马 6 进 8，马四退三，双方也是和棋。

第536局　子不离母

本局是单炮例和炮双士的残局定式。

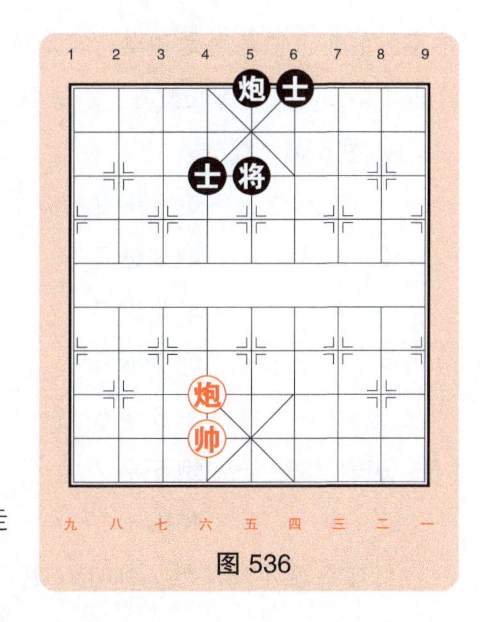

图 536

如图 536，红先。

① 帅六退一　士 4 退 5

② 炮六平五　炮 5 平 4

③ 帅六进一　士 5 进 4

④ 炮五平六　士 4 退 5

⑤ 炮六平五　炮 4 进 1

⑥ 炮五平四　士 5 进 4

⑦ 炮四平六　和棋

红方炮放在帅前迎头，帅上下走闲着，黑方无法取胜。

第 537 局　二相扶国

本局是双相例和双炮的残局定式。

如图 537，红先。

① 帅六退一　和棋

本局红方双相中间连接，帅可以左右移动，黑方无法取胜，双方和棋。

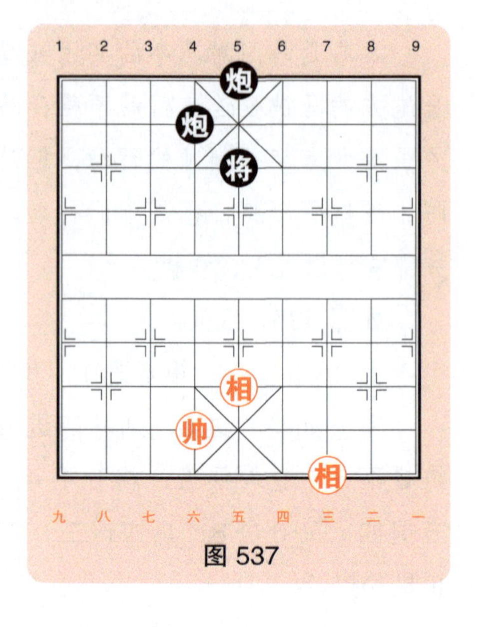

图 537

第 538 局　独占中原

本局是单车例和车炮的残局定式。单车方的车占中路则是和棋；车炮方的车占中路则可用“海底捞月”杀法取胜。

如图 538，红先。

① 帅五进一　炮 5 平 2

② 帅五退一　炮 2 进 7

③ 车五退三　车 6 进 7

④ 帅五进一　炮 2 平 5

⑤ 帅五平六　车 6 退 6

⑥ 帅六退一　炮 5 平 7

⑦ 帅六平五　和棋

红车只要不离中线，帅走闲着，可以守和。

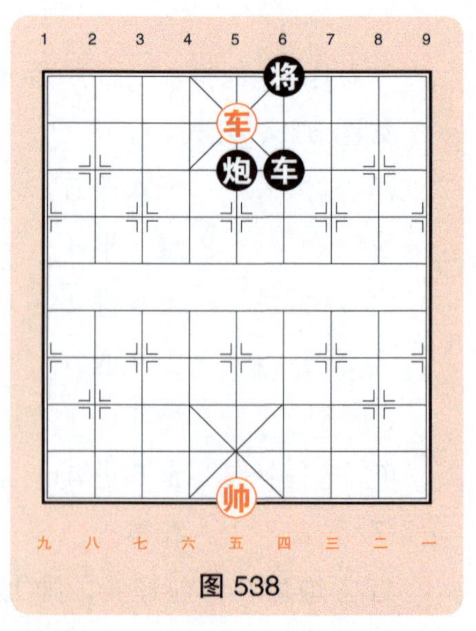

图 538

第539局　一心定国

本局是单车例和车底卒的残局定式。单车方的车占中路则是和棋；车卒方的车占中路则可用“海底捞月”杀法取胜。

如图539，红先。

① 车五退一　车4进5

② 帅五进一　车4进1

③ 帅五平四　卒6平7

④ 帅四退一　车4退1

⑤ 帅四进一　车4进1

⑥ 帅四退一　和棋

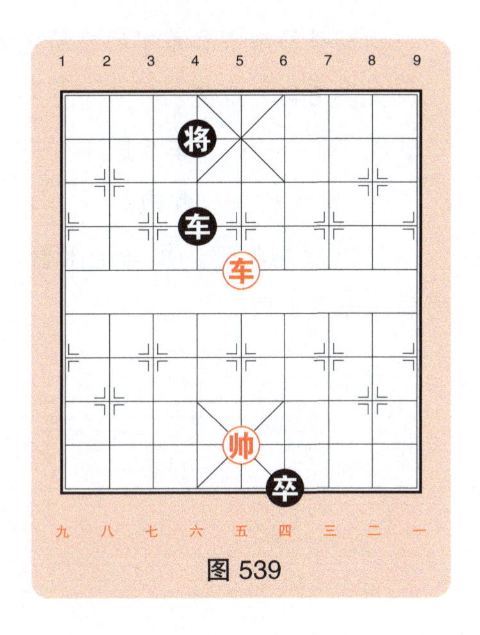

图539

第540局　鸳鸯交颈

本局是双马例和单车的残局定式。

如图540，红先。

① 帅六退一　和棋

连环马在中线联手，防止车的攻击，帅有闲着可应，双方和棋。

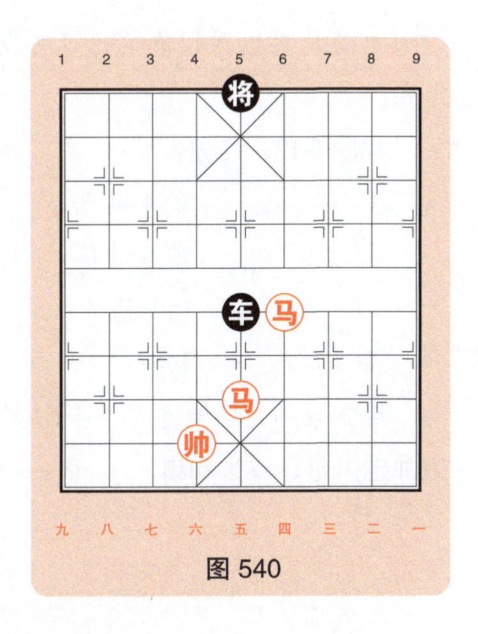

图540

第541局　野马脱绊

本局是马炮例和单车的残局定式。

如图541，红先。

① 马三进四　车5进1

② 帅六退一　和棋

红方用炮防守，用马走闲着，黑方单车无法取胜。

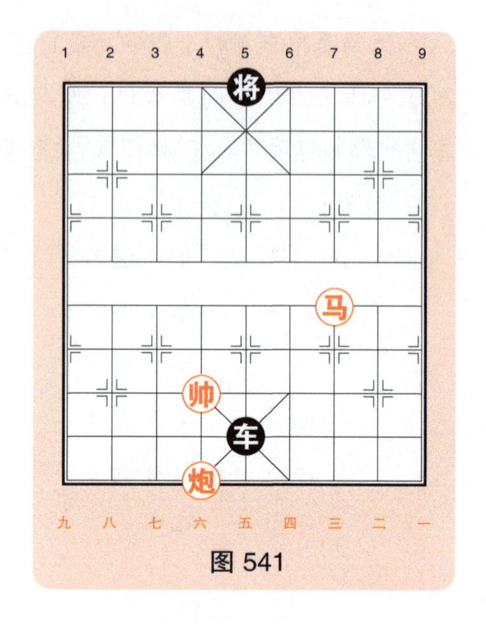

图541

第542局　固前遮后

本局是双炮例和单车的实用残局定式。

如图542，红先。

① 帅六进一　车4平5

② 帅六退一　车5进5

③ 帅六进一　将5进1

④ 炮六进一　和棋

红方以帅为炮架连成“担子炮”，用帅走闲着，双方和棋。

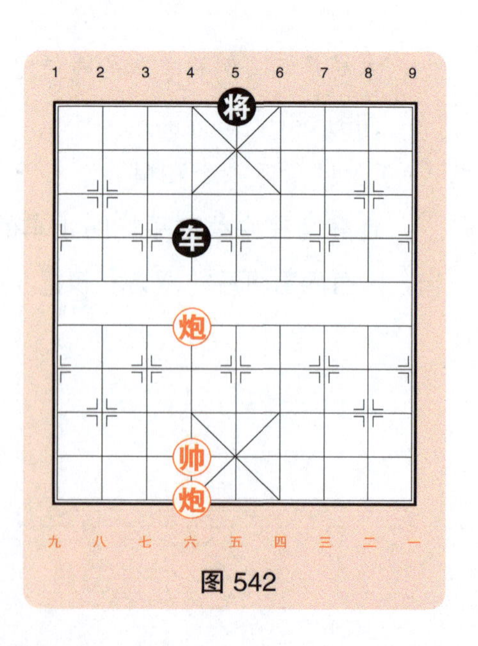

图542

第 543 局　狐假虎威

此局红方只有一炮，黑方虽有二炮，也无法取胜。

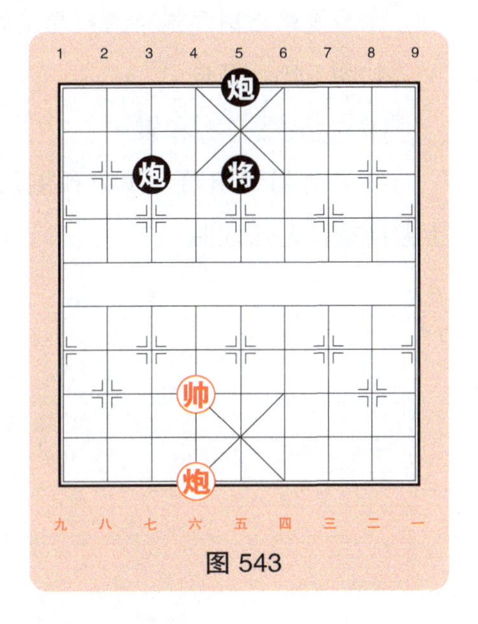

图 543

如图 543，红先。

① 帅六退一　和棋

红方只要用炮在底线护住帅头，黑方虽然有双炮也无可奈何，双方和棋。

第 544 局　居中秉权

本局红方帅已经上升到高位，而黑卒是低位，红炮不离中线可以守和。

如图 544，红先。

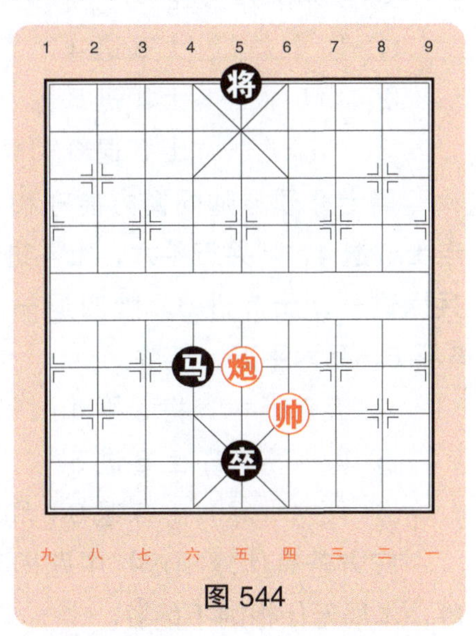

图 544

① 帅四平五　将 5 进 1

② 帅五平六　马 4 进 2

③ 帅六平五　马 2 退 3

④ 炮五进一　卒 5 平 6

⑤ 帅五平四　卒 6 平 5

⑥ 帅四平五　卒 5 平 4

⑦ 帅五平四　和棋

红炮在中路拦阻黑马的进攻，红帅横移走闲着，终成和棋。

第 545 局　懒散无拘

本局是单相例和炮卒的残局定式。

如图 545，红先。

① 相五进三　和棋

红方有相走闲着，黑方孤炮没有士象助攻，无法取胜。

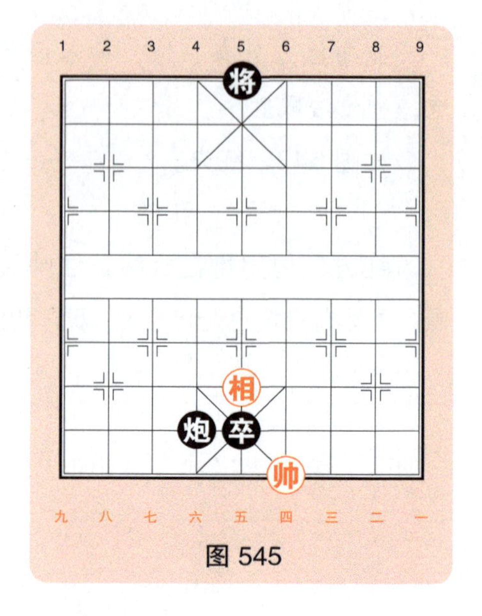

图 545

第 546 局　孤犊望月

本局是单兵例和单士的实用残局定式。

如图 546，红先。

① 兵五进一　士 5 退 4

② 帅五平四　士 4 进 5

③ 帅四进一　士 5 退 6

黑士必须与帅同侧方能守和。如走士 5 退 4，则兵五平六，士 4 进 5，兵六进一，士 5 进 6，帅四退一，将 5 平 6，兵六平五，红胜。

④ 兵五平六　将 5 平 4

⑤ 帅四平五　士 6 进 5

⑥ 兵六平五　士 5 退 6　和棋

红方若有仕或相遮挡中路即可取胜，本局无仕相则不能胜。

图 546

第 547 局　彼此无碍

本局是单兵例和炮高卒的实用残局定式。守和的方法是不让黑将在中线露面，兵可走闲着，则炮卒无法取胜。

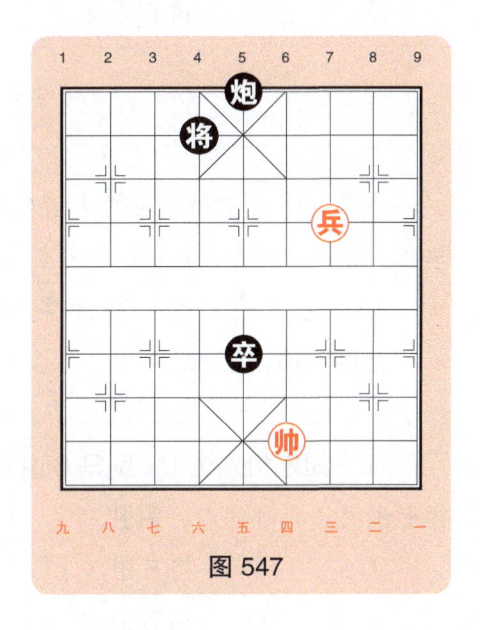

图 547

如图 547，红先。

①帅四退一　将 4 平 5
②帅四平五　炮 5 平 4
③兵三平二　将 5 平 6
④兵二平三　炮 4 平 5
⑤帅五平六　将 6 平 5
⑥帅六平五　和棋

第 548 局　两不得济

本局是单兵守和炮士的实用残局。守和的方法是注意兵在帅前，有机会就用兵兑掉士，同时要注意抢占中路，可以弈和。

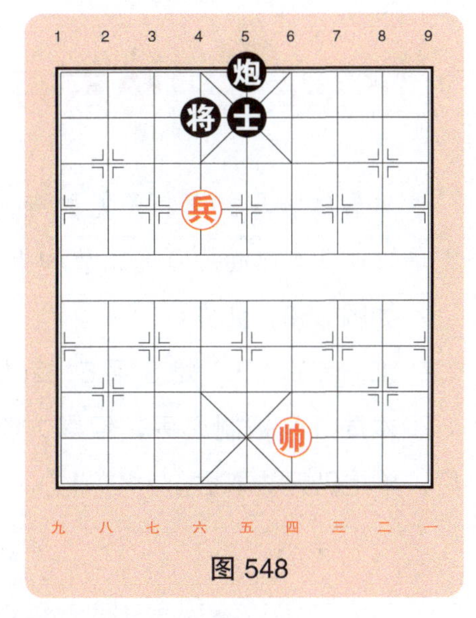

图 548

如图 548，红先。

①帅四退一　士 5 进 6
②帅四平五　炮 5 平 4
③兵六平五　炮 4 平 5
④兵五平四　士 6 退 5
⑤帅五平四　将 4 进 1
⑥帅四进一　将 4 平 5
⑦兵四平五　将 5 平 4
⑧兵五平四　炮 5 平 6

⑨	兵四平五	士5进6	⑩	帅四平五	炮6平5
⑪	兵五平四	士6退5	⑫	帅五平四	将4平5
⑬	兵四平五	将5平4	⑭	兵五平四	和棋

第549局　孤雁折群

本局是单相守和单马的实用残局。单相一方守和的要点是帅、相分别在两边，即棋坛上所说的术语“左将右相”。

如图549，红先。

① 相九退七!

红方如走相九进七，则马6退4，相七退九，马4进2，黑胜。

① ………… 将5进1

② 相七进五 马6退5

③ 相五进三 马5进3

④ 相三退一 和棋

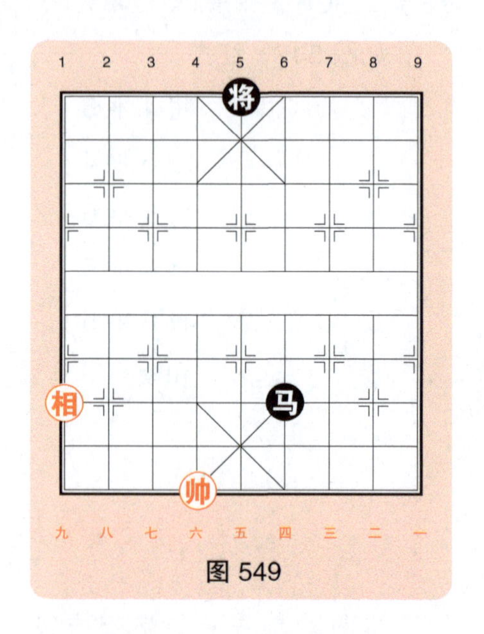

图549

第550局　势不两立

本局红方马被牵制不能脱身，黑方单炮也没有取胜的可能，故和棋。

如图550，红先。

① 帅五进一 炮3平5 和棋

本局红马被制必丢，但黑方吃马后，单炮仍无法取胜。

图550